21世纪物流管理系列教材

机场运营管理

JICHANG YUNYING GUANLI （第三版）

周慧艳 汪泓 石丽娜 ◎编著

清华大学出版社
北　京

内容简介

本书主要由三部分组成:第一部分为机场基础知识篇,主要介绍民用航空系统、机场系统;第二部分为机场运营篇,主要介绍机场容量管理、机场航站区的运营、机场货运经营、机场安检与联检、出入机场地面交通系统、机场的成本与收入、机场融资;第三部分为机场管理篇,主要介绍机场管理模式、机场服务质量、机场特许经营、机场环保与机场公共关系、机场竞争、机场营销、机场群。

本书内容充实,并具有很强的实用性,力求理论联系实际,充分结合我国民航在实际工作中的特定要求,在一些章节后面附上案例,并在最后附上一些实用的小工具,是高等院校航空商务、航空经营管理、国际货运、物流管理等相关专业师生及机场管理人员在学习、教学、参考、阅读时的必备材料,也可以作为民航企业、物流企业的培训教材。

本书封面贴有清华大学出版社防伪标签,无标签者不得销售。
版权所有,侵权必究。举报:010-62782989,beiqinquan@tup.tsinghua.edu.cn。

图书在版编目(CIP)数据

机场运营管理 / 周慧艳,汪泓,石丽娜编著. —3版. —北京:清华大学出版社,2020.8(2024.7重印)
21世纪物流管理系列教材
ISBN 978-7-302-55679-4

Ⅰ.①机… Ⅱ.①周… ②汪… ③石… Ⅲ.①机场-运营管理-高等学校-教材 Ⅳ.①F560.81

中国版本图书馆CIP数据核字(2020)第100821号

责任编辑:梁云慈
封面设计:李伯骥
责任校对:宋玉莲
责任印制:曹婉颖

出版发行:清华大学出版社
网　　址:https://www.tup.com.cn,https://www.wqxuetang.com
地　　址:北京清华大学学研大厦A座　　　　邮　编:100084
社 总 机:010-83470000　　　　邮　购:010-62786544
投稿与读者服务:010-62776969,c-service@tup.tsinghua.edu.cn
质量反馈:010-62772015,zhiliang@tup.tsinghua.edu.cn

印 装 者:三河市铭诚印务有限公司
经　　销:全国新华书店
开　　本:185mm×260mm　　印　张:21.75　　字　数:504千字
版　　次:2008年10月第1版　2020年8月第3版　印　次:2024年7月第6次印刷
定　　价:58.00元

产品编号:082987-01

前 言

机场作为航空运输和城市的基础设施,是综合交通运输体系的重要组成部分。经过几十年的建设和发展,我国机场体系初具规模,初步形成了以北京、上海、广州等枢纽机场为中心,其余省会和重点城市机场为骨干,以及众多干、支线机场相配合的基本格局,为保证我国航空运输持续快速健康协调发展,促进经济社会发展和对外开放,以及完善国家综合交通体系等发挥了重要作用,对加强国防建设、增进民族团结、缩小地区差距、促进社会文明也具有重要意义。但随着我国民航业的不断开放和民航运输总量的与日俱增,很多问题就在机场的日常运营管理中出现:航班延误、与航空公司的分歧、机场的服务质量、机场的公共形象,等等。机场管理者只有解决上述问题,才能在维护公共利益的同时,取得更大的经济效益和社会效益,实现机场的可持续发展。

本书作者通过对国内外关于机场运营与管理书籍的研读,结合我国机场的发展现状和民航局的机场规划,以机场作为研究对象,分三大部分来介绍机场的运营管理。第一部分为机场基础知识篇,主要介绍民用航空系统、机场系统;第二部分为机场运营篇,主要介绍机场容量管理、机场航站区的运营、机场货运经营、机场安检与联检、出入机场地面交通系统、机场的成本与收入、机场融资;第三部分为机场管理篇,主要介绍机场管理模式、机场服务质量、机场特许经营、机场环保与机场公共关系、机场竞争、机场营销、机场群。在第二版修订过程中,全面保证了内容与数据的与时俱进,并在第二部分增加了机场安检与联检等内容。第三版在保证数据、文件内容更新的同时,增加了第16章机场群。

本书内容充实,并具有很强的实效性,力求理论联系实际,充分结合我国民航在实际工作中的特定要求,在一些章节后面附上案例,并在最后以线上扩展资料的形式附上一些实用的小工具,如国内/国际机场代码、民用机场运营管理暂行办法、全国民用机场布局规划、民用机场旅客服务质量标准等,是高等院校航空商务、航空经营管理、国际货运、物流管理等相关专业师生及机场管理人员在学习、教学、参考、阅读时的必备材料,也可以作为民航企业、物流企业的培训教材。本书的主要特色是:

内容全。本书在编写过程中参考了目前机场和航空公司相关内部材料,且吸收了当前机场相关书籍的优点,做到了教材内容全、新,能满足教学和实际工作的需要。

结构新。目前,国内有关机场运营管理的教材极其匮乏,且知识点相对零散。本书在编写过程中结合学院多年的办学经验以及与上海航空有限公司等航空公司的合作基础,从基础知识、运营、管理三方面进行了系统的研究和阐述。

通俗易懂。本书在编写过程中充分考虑了初学者的需要,对一些相关的基本知识和基本概念都做了详细的介绍。

本书的第1章至第5章、第7章至第9章由周慧艳编写,第10章至第15章由汪泓编写,第6章由石丽娜编写,第16章由韦薇编写。全书由汪泓教授(原上海工程技术大学校长)主编并审定。

　　本书在编写过程中,参考了很多业内外人士的观点、书籍和文章,在此谨向他们表示真诚的感谢。同时也非常感谢上海航空有限公司高级研究员徐宝纲老师给我们提供了很多实践性的材料。由于编者水平有限,书中难免存在错误和不妥之处,恳请读者和专家批评指正。

编　者

2020 年 2 月

目　　录

第一部分　机场基础知识篇

第1章　民用航空系统 ⋯⋯⋯⋯⋯⋯⋯⋯⋯⋯⋯⋯⋯⋯⋯⋯⋯⋯⋯⋯⋯⋯⋯⋯ 1
　1.1　民用航空的概念 ⋯⋯⋯⋯⋯⋯⋯⋯⋯⋯⋯⋯⋯⋯⋯⋯⋯⋯⋯⋯⋯⋯⋯ 2
　1.2　民用航空的分类 ⋯⋯⋯⋯⋯⋯⋯⋯⋯⋯⋯⋯⋯⋯⋯⋯⋯⋯⋯⋯⋯⋯⋯ 2
　1.3　民用航空系统的构成 ⋯⋯⋯⋯⋯⋯⋯⋯⋯⋯⋯⋯⋯⋯⋯⋯⋯⋯⋯⋯⋯ 3
　1.4　民航机场 ⋯⋯⋯⋯⋯⋯⋯⋯⋯⋯⋯⋯⋯⋯⋯⋯⋯⋯⋯⋯⋯⋯⋯⋯⋯⋯ 5
　本章小结 ⋯⋯⋯⋯⋯⋯⋯⋯⋯⋯⋯⋯⋯⋯⋯⋯⋯⋯⋯⋯⋯⋯⋯⋯⋯⋯⋯ 15
　复习与思考 ⋯⋯⋯⋯⋯⋯⋯⋯⋯⋯⋯⋯⋯⋯⋯⋯⋯⋯⋯⋯⋯⋯⋯⋯⋯⋯ 15
　在线自测 ⋯⋯⋯⋯⋯⋯⋯⋯⋯⋯⋯⋯⋯⋯⋯⋯⋯⋯⋯⋯⋯⋯⋯⋯⋯⋯⋯ 16

第2章　机场系统 ⋯⋯⋯⋯⋯⋯⋯⋯⋯⋯⋯⋯⋯⋯⋯⋯⋯⋯⋯⋯⋯⋯⋯⋯⋯ 17
　2.1　机场系统的构成 ⋯⋯⋯⋯⋯⋯⋯⋯⋯⋯⋯⋯⋯⋯⋯⋯⋯⋯⋯⋯⋯⋯⋯ 17
　2.2　机场净空区 ⋯⋯⋯⋯⋯⋯⋯⋯⋯⋯⋯⋯⋯⋯⋯⋯⋯⋯⋯⋯⋯⋯⋯⋯⋯ 18
　2.3　跑道 ⋯⋯⋯⋯⋯⋯⋯⋯⋯⋯⋯⋯⋯⋯⋯⋯⋯⋯⋯⋯⋯⋯⋯⋯⋯⋯⋯⋯ 19
　2.4　滑行道 ⋯⋯⋯⋯⋯⋯⋯⋯⋯⋯⋯⋯⋯⋯⋯⋯⋯⋯⋯⋯⋯⋯⋯⋯⋯⋯⋯ 27
　2.5　停机坪 ⋯⋯⋯⋯⋯⋯⋯⋯⋯⋯⋯⋯⋯⋯⋯⋯⋯⋯⋯⋯⋯⋯⋯⋯⋯⋯⋯ 29
　2.6　航站楼 ⋯⋯⋯⋯⋯⋯⋯⋯⋯⋯⋯⋯⋯⋯⋯⋯⋯⋯⋯⋯⋯⋯⋯⋯⋯⋯⋯ 29
　2.7　飞行区的设施 ⋯⋯⋯⋯⋯⋯⋯⋯⋯⋯⋯⋯⋯⋯⋯⋯⋯⋯⋯⋯⋯⋯⋯⋯ 30
　2.8　出入机场地面交通系统 ⋯⋯⋯⋯⋯⋯⋯⋯⋯⋯⋯⋯⋯⋯⋯⋯⋯⋯⋯⋯ 36
　本章小结 ⋯⋯⋯⋯⋯⋯⋯⋯⋯⋯⋯⋯⋯⋯⋯⋯⋯⋯⋯⋯⋯⋯⋯⋯⋯⋯⋯ 36
　复习与思考 ⋯⋯⋯⋯⋯⋯⋯⋯⋯⋯⋯⋯⋯⋯⋯⋯⋯⋯⋯⋯⋯⋯⋯⋯⋯⋯ 36
　在线自测 ⋯⋯⋯⋯⋯⋯⋯⋯⋯⋯⋯⋯⋯⋯⋯⋯⋯⋯⋯⋯⋯⋯⋯⋯⋯⋯⋯ 36

第二部分　机场运营篇

第3章　机场容量管理 ⋯⋯⋯⋯⋯⋯⋯⋯⋯⋯⋯⋯⋯⋯⋯⋯⋯⋯⋯⋯⋯⋯⋯ 37
　3.1　容量和延误分析 ⋯⋯⋯⋯⋯⋯⋯⋯⋯⋯⋯⋯⋯⋯⋯⋯⋯⋯⋯⋯⋯⋯⋯ 37
　3.2　机场高峰时间与航班安排 ⋯⋯⋯⋯⋯⋯⋯⋯⋯⋯⋯⋯⋯⋯⋯⋯⋯⋯⋯ 44

本章小结 …… 51
　　复习与思考 …… 51
　　在线自测 …… 51

第 4 章　机场航站区的运营 …… 52
　4.1　机场航站区的规划 …… 52
　4.2　航站楼 …… 54
　4.3　航站楼机坪 …… 69
　　本章小结 …… 73
　　复习与思考 …… 73
　　在线自测 …… 73

第 5 章　机场货运经营 …… 74
　5.1　航空货运市场 …… 74
　5.2　机场货运站 …… 75
　5.3　现代机场货运设施 …… 85
　　本章小结 …… 88
　　复习与思考 …… 88
　　在线自测 …… 88

第 6 章　机场安检与联检 …… 89
　6.1　机场安检工作机构和人员 …… 89
　6.2　民航机场安检工作的应知规定 …… 91
　6.3　安检工作的任务和流程 …… 95
　6.4　海关检查 …… 100
　6.5　边防检查 …… 102
　6.6　检验检疫 …… 106
　　本章小结 …… 108
　　复习与思考 …… 108
　　在线自测 …… 108

第 7 章　出入机场地面交通系统 …… 109
　7.1　出入机场地面交通系统问题 …… 110
　7.2　确定地面交通方式的原则方法 …… 112
　7.3　出入机场地面交通方式 …… 113
　7.4　机场的停车场 …… 117
　7.5　航站楼车道边 …… 120
　7.6　出入机场地面道路布局 …… 122
　7.7　地面交通的总体考虑 …… 123
　　本章小结 …… 125
　　复习与思考 …… 125

在线自测 ………………………………………………………………………… 125

第 8 章　机场的成本与收入 …………………………………………………… 126
　8.1　机场的成本 …………………………………………………………… 126
　8.2　机场的收入 …………………………………………………………… 127
　　本章小结 ………………………………………………………………… 132
　　复习与思考 ……………………………………………………………… 132
　　在线自测 ………………………………………………………………… 133

第 9 章　机场融资 ……………………………………………………………… 143
　9.1　我国机场融资的主要模式 …………………………………………… 143
　9.2　我国机场融资存在的问题 …………………………………………… 145
　9.3　机场投资主体的创新 ………………………………………………… 146
　9.4　典型融资方式 ………………………………………………………… 148
　9.5　BOT …………………………………………………………………… 152
　　本章小结 ………………………………………………………………… 161
　　复习与思考 ……………………………………………………………… 161
　　在线自测 ………………………………………………………………… 161

第三部分　机场管理篇

第 10 章　机场管理模式 ………………………………………………………… 165
　10.1　机场的所有权形式 …………………………………………………… 165
　10.2　机场的经营管理模式 ………………………………………………… 166
　10.3　我国机场管理模式 …………………………………………………… 168
　10.4　机场民营化 …………………………………………………………… 170
　　本章小结 ………………………………………………………………… 180
　　复习与思考 ……………………………………………………………… 180
　　在线自测 ………………………………………………………………… 181

第 11 章　机场服务质量 ………………………………………………………… 182
　11.1　机场服务质量产生的背景 …………………………………………… 182
　11.2　服务质量的测度 ……………………………………………………… 183
　11.3　服务水平协议 ………………………………………………………… 188
　11.4　航班的延误程度 ……………………………………………………… 189
　11.5　机场的质量管理 ……………………………………………………… 190
　　本章小结 ………………………………………………………………… 191
　　复习与思考 ……………………………………………………………… 192
　　在线自测 ………………………………………………………………… 192

第 12 章 机场特许经营 ································· 203
12.1 机场特许经营的概念 ································· 203
12.2 机场特许经营的分类 ································· 204
12.3 机场特许经营的发展 ································· 205
12.4 我国机场实施特许经营的益处 ························· 207
12.5 机场特许经营的实施模式 ····························· 208
本章小结 ··· 220
复习与思考 ······································· 220
在线自测 ··· 221

第 13 章 机场环保与机场公共关系 ·························· 233
13.1 机场的环境保护 ··································· 233
13.2 机场的公共关系 ··································· 247
本章小结 ··· 252
复习与思考 ······································· 253
在线自测 ··· 253

第 14 章 机场竞争 ······································· 254
14.1 机场航空业务的竞争性分析 ··························· 254
14.2 机场非航空业务的竞争力分析 ························· 278
本章小结 ··· 294
复习与思考 ······································· 294
在线自测 ··· 294

第 15 章 机场营销 ······································· 295
15.1 机场产品的定义及其基本特征 ························· 295
15.2 机场营销及其特征 ································· 298
15.3 机场营销的对象与内容 ····························· 301
15.4 机场的营销策略 ··································· 309
本章小结 ··· 319
复习与思考 ······································· 319
在线自测 ··· 320

第 16 章 机场群 ··· 322
16.1 机场群发展简介 ··································· 322
16.2 多机场系统与机场群 ······························· 323
16.3 国外机场群发展模式 ······························· 325
16.4 我国三大机场群发展现状 ··························· 329
本章小结 ··· 333
复习与思考 ······································· 334

  在线自测……………………………………………………………………… 334

附录 ……………………………………………………………………………… 335
  附录1　国内城市机场代码表 …………………………………………… 335
  附录2　国际城市机场代码表 …………………………………………… 335
  附录3　民用机场运营管理暂行办法 …………………………………… 335
  附录4　全国民用运输机场布局规划 …………………………………… 335
  附录5　民用运输机场服务质量标准 …………………………………… 335

参考文献 ………………………………………………………………………… 336

第一部分 机场基础知识篇

第1章 民用航空系统

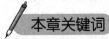 **本章关键词**

民用航空(civil aviation)　　　　　　商业航空(commercial aviation)
通用航空(general aviation)　　　　　民用航空系统(civil aviation system)
机场(airport)

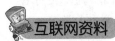 **互联网资料**

http://www.caac.gov.cn/
http://www.caacnews.com.cn/
http://www.iata.org/
http://www.icao.int/

1903年12月17日,奥维尔·莱特在美国北卡罗来纳州的基蒂霍克驾驶"飞行者一号"飞机进行试飞。飞机在空中飞行12秒,飞行距离为36.5米,此举成为人类第一次可操纵的动力飞机的持续飞行。从此,航空新纪元开始。

1909年,法国人布莱里奥(Louis Bleriot)成功地飞过了英吉利海峡,开创了历史上第一次国际航行。

1914—1918年的第一次世界大战,由于军事的需要,航空技术获得了快速发展。

1919年德国首先开始了国内的民航运输,同年8月英、法开通了定期的空中客运。

1944年,在美国芝加哥召开了54个国家参加的会议,签署了《芝加哥公约》,并在1947年成立了国际民航组织(ICAO)。

1945年,欧洲的几个航空公司组建了国际航空运输协会(IATA),促进了航空运输的有序发展。

1.1　民用航空的概念

民用航空是指使用各类航空器从事除了军事性质(包括国防、警察和海关)以外的所有的航空活动。这个概念明确了民用航空是航空的一部分,同时以"使用"航空器界定了它和航空制造业的界限,用"非军事性质"表明了它和军事航空的不同。

1.2　民用航空的分类

人类的飞行梦想虽然从远古就开始,但是,人类真正飞上天开始于1783年蒙哥菲尔兄弟制造的热气球载人升空,随后德国人用热气球运送邮件和乘客。但是,气球是不可操纵的航空器,直到1852年,法国出现了飞艇,真正拥有了可进行操纵的有动力的航空器。19世纪是轻于空气的航空器主宰的时代,而且这些航空器也用于民用,最终还在战争中发挥用途。但是轻于空气的飞行器,体积大,速度慢,操纵也不方便,在军事上易受攻击,因而它们的出现不论在民用还是在军用领域中都没有开辟真正的航空时代。

19世纪英国科学家凯利(G. Cayley)和德国科学家里林塔尔(O. Llilienthal)钻研滑翔机,在空气动力的理论、飞机的构造和操纵的实践上作出了贡献。

1903年12月17日,奥维尔·莱特在美国北卡罗来纳州的基蒂霍克驾驶"飞行者一号"飞机进行试飞。飞机在空中飞行12秒,飞行距离为36.5米,此举成为人类第一次可操纵的动力飞机的持续飞行。从此,航空新纪元开始。

1909年,法国人布莱里奥(Louis Bleriot)成功地飞过了英吉利海峡,开创了历史上第一次国际航行。

第一次世界大战结束后,飞机开始转向民航,在1919年的巴黎和会上,法国政府草拟了巴黎和约,被称为《巴黎公约》,即世界上第一部国家间的航空法。

经过近一个世纪的发展,民用航空已经成为国民经济的一个重要组成部分。民用航空可以分为商业航空和通用航空。

1.2.1　商业航空

商业航空也称为航空运输,是指以航空器进行经营性的客货运输的航空活动。它的经营性表明这是一种商业活动,以营利为目的。它又是运输活动,这种航空活动是交通运输的一个组成部分,与铁路、公路、水路和管道运输共同组成了国家的交通运输系统。尽管航空运输在运输量方面和其他运输方式比是较少的,但由于其快速、远距离运输的能力及高效益,航空运输在总产值上的排名不断提升,而且在经济全球化的浪潮中和国际交往上发挥着不可替代的、越来越大的作用。

1.2.2　通用航空

航空运输作为民用航空的一个部分划分出去之后,民用航空的其余部分统称为通用航空,因而通用航空应用范围十分广泛,根据通用航空经营许可管理规定(交通运输部令2016年第31号),共包括四大类31项:

(1) 甲类:陆上石油服务、海上石油服务、直升机机外载荷飞行、人工降水、医疗救护、航空探矿、空中游览、公务飞行、私用或商用飞行驾驶执照培训、直升机引航作业、航空器代管服务、出租飞行、通用航空包机飞行。

(2) 乙类:空中游览、直升机机外载荷飞行、人工降水、航空探矿、航空摄影、海洋监测、渔业飞行、城市消防、空中巡查、电力作业、航空器代管、跳伞飞行服务。

(3) 丙类:私用驾驶员执照培训、航空护林、航空喷洒(撒)、空中拍照、空中广告、科学实验、气象探测。

(4) 丁类:使用具有标准适航证的载人自由气球、飞艇开展空中游览;使用具有特殊适航证的航空器开展航空表演飞行、个人娱乐飞行、运动驾驶员执照培训、航空喷洒(撒)、电力作业等经营项目。

其他需经许可的经营项目,由民航局确定。

1.3 民用航空系统的构成

民用航空是一个庞大复杂的系统,其中有事业性的政府机构,有企业性质的航空公司,还有经营性事业单位性质的民航机场(空港),以及大量参与通用航空各种活动的个人与企事业单位。只有各个部分协调运行才能保证民用航空事业的迅速发展。

1.3.1 政府部门

民用航空业对安全的要求高,涉及国家主权和交往的事务多,要求迅速的协调和统一的调度,因而几乎各个国家都设立独立的政府机构来管理民航事务,我国是由交通运输部下的中国民用航空局来负责管理。政府部门管理的内容主要是:

(1) 提出民航行业发展战略和中长期规划、与综合运输体系相关的专项规划建议,按规定拟订民航有关规划和年度计划并组织实施和监督检查。起草相关法律法规草案、规章草案、政策和标准,推进民航行业体制改革工作。

(2) 承担民航飞行安全和地面安全监管责任。负责民用航空器运营人、航空人员训练机构、民用航空产品及维修单位的审定和监督检查,负责危险品航空运输监管、民用航空器国籍登记和运行评审工作,负责机场飞行程序和运行最低标准监督管理工作,承担民航航空人员资格和民用航空卫生监督管理工作。

(3) 负责民航空中交通管理工作。编制民航空域规划,负责民航航路的建设和管理,负责民航通信导航监视、航行情报、航空气象的监督管理。

(4) 承担民航空防安全监管责任。负责民航安全保卫的监督管理,承担处置劫机、炸机及其他非法干扰民航事件相关工作,负责民航安全检查、机场公安及消防救援的监督管理。

(5) 拟定民用航空器事故及事故征候标准,按规定调查处理民用航空器事故。组织协调民航突发事件应急处置,组织协调重大航空运输和通用航空任务,承担国防动员有关工作。

(6) 负责民航机场建设和安全运行的监督管理。负责民用机场的场址、总体规划、工程设计审批和使用许可管理工作,承担民用机场的环境保护、土地使用、净空保护有关管理工作,负责民航专业工程质量的监督管理。

(7) 承担航空运输和通用航空市场监管责任。监督检查民航运输服务标准及质量,维护航空消费者权益,负责航空运输和通用航空活动有关许可管理工作。

(8) 拟定民航行业价格、收费政策并监督实施,提出民航行业财税等政策建议。按规定权限负责民航建设项目的投资和管理,审核(审批)购租民用航空器的申请。监测民航行业经济效益和运行情况,负责民航行业统计工作。

(9) 组织民航重大科技项目开发与应用,推进信息化建设。指导民航行业人力资源开发、科技、教育培训和节能减排工作。

(10) 负责民航国际合作与外事工作,维护国家航空权益,开展与港澳台的交流与合作。

(11) 管理民航地区行政机构、直属公安机构和空中警察队伍。

(12) 承办国务院及交通运输部交办的其他事项。

1.3.2 民航企业

指从事和民航业有关的业务的各类企业,其中最主要的是航空运输企业,即我们常说的航空公司,它们掌握航空器从事生产运输,是民航业生产收入的主要来源。其他类型的航空企业如油料、航材、销售等,都是围绕着航空运输企业开展活动的。航空公司的业务主要分为两个部分:一部分是航空器的使用(飞行)、维修和管理;另一部分是公司的经营和销售。

1.3.3 民航机场

机场是民用航空和整个社会的结合点,机场也是一个地区的公众服务设施。因此,机场既带有营利的企业性质,同时也带有为地区公众服务的事业性质,因而世界上大多数机场是地方政府管辖下的半企业性质的机构,主要为航空运输服务的机场称为航空港或简称空港,使用空港的一般是较大的运输飞机,空港要有为旅客服务的地区(候机楼)和相应设施。

1.3.4 参与通用航空的各种活动的个人与企事业单位

包括飞行学校、通用航空公司、为通用航空服务的各类企业、航空研究单位、航空体育活动单位以及拥有飞机的个人和企事业单位。这是一个庞杂的群体,其活动形式多样,满足人们对航空活动的多种需要。

1.4 民航机场

1.4.1 机场的概念

国际民航组织将机场(航空港)定义为:供航空器起飞、降落和地面活动而划定的一块地域或水域,包括域内的各种建筑物和设备装置,主要由飞行区、旅客航站区、货运区、机务维修设施、供油设施、空中交通管制设施、安全保卫设施、救援和消防设施、行政办公区、生活区、后勤保障设施、地面交通设施及机场空域等组成,如图1.1所示。

图 1.1 机场

机场的主要功能有:
(1) 保证飞机安全、及时起飞和降落;
(2) 安排旅客和货物准时、舒适地上下飞机;
(3) 提供方便、快捷的地面交通连接市区。

机场提供以下三项基本服务:
(1) 基本的营运服务(essential operational services and facilities):保障飞机和机场用户的安全,包括空中交通管制、飞机进近和着陆、气象服务、通信、警察和保安、消防和急救(包括搜寻和援救)、跑道和房屋的维护。

(2) 处理交通流量的服务(traffic-handling services):与飞机相关的活动,如清洁、动力的提供、装卸和卸载的行李/货物,这些活动有时候也称作地面作业。有的活动直接和交通量有关,包含旅客、行李或货物运输。

(3) 商业活动(commercial activities):通常包括经营商店、饭店、酒吧、报摊、停车场、电影院、保龄球、理发店、超市、会议中心和宾馆等,还包括候机楼和机场的土地。

1.4.2　机场的分类

1. 按服务对象划分

按服务对象划分,机场分为军用机场、民用机场和军民合用机场。

军用机场用于军事目的,有时也部分用于民用航空或军民合用,但从长远来看,军用机场将会和民用机场完全分离。

民用机场又分为商业运输机场(通常称为航空港)、通用航空机场以及用于科研、生产、教学和运动的机场。通用航空机场主要用于通用航空,为专业航空的小型飞机或直升机服务。

在我国,有些机场属单位和部门所有,如飞机制造厂的试飞机场,体育运动的专用机场和飞行学校的训练机场。在国外还有大量的私人机场,服务于私人飞机或企业的公务飞机,这种机场一般只有简易的跑道和起降设备,规模很小,但数量很大。

2. 按航线性质划分

按航线性质划分,可分为国际航线机场(国际机场)和国内航线机场。

国际机场有国际航班进出,并设有海关、边防检查(移民检查)、卫生检疫和动植物检疫等政府联检机构。国际机场又分为国际定期航班机场、国际不定期航班机场和国际定期航班备降机场。

国内航线机场是专供国内航班使用的机场。我国的国内航线机场包括"地区航线机场"。地区航线机场是指我国内地城市与港、澳等地区之间定期或不定期航班飞行使用的机场,并设有相应的类似国际机场的联检机构。

3. 按机场在民航运输网络系统中所起作用划分

按机场在民航运输网络系统中所起作用划分,可分为枢纽机场、干线机场和支线机场。

所谓枢纽机场,从功能上来看,是指那些能够在较短时间内将来自世界各地不同地方的客源通过机场内航班调配分拨后运输至其最终目的地的机场。枢纽机场具有中转功能强、国内国际航线密集、规模经济性和范围经济性等特点。干线机场连接枢纽机场,空运量较为集中。而支线机场则空运量较少,航线多为本省区内航线或邻近省区支线。

4. 按机场所在城市的性质、地位划分

按机场所在城市的性质、地位划分,可分为Ⅰ类机场、Ⅱ类机场、Ⅲ类机场和Ⅳ类机场。

Ⅰ类机场,即全国经济、政治、文化大城市的机场,是全国航空运输网络和国际航线的枢纽,运输业务繁忙,除承担直达客货运输外,还具有中转功能。北京、上海、广州三城市机场均属于此类机场,亦为枢纽机场。

Ⅱ类机场,即省会、自治区首府、直辖市和重要的经济特区、开放城市和旅游城市,或经济发达、人口密集城市的机场,可以建立跨省、跨区域的国内航线,是区域或省区内民航运输的枢纽,有的可开辟少量国际航线,亦为干线机场。

Ⅲ类机场,即国内经济比较发达的中小城市,或一般的对外开放和旅游城市的机场,除开辟区域和省区内支线外,可与少量跨省区中心城市建立航线,故也可称为次干线机场,如青岛、温州、三亚等机场。

Ⅳ类机场,即省、自治区内经济比较发达的中小城市和旅游城市,或经济欠发达、地面交通不便城市的机场。航线主要是在本省区内或连接邻近省区。这类机场也可称为支线机场。

5. 按旅客乘机目的划分

按旅客乘机目的划分,可分为始发/终程机场、经停(过境)机场和中转(转机)机场。

始发/终程机场中,始发和终程旅客占旅客的大多数,始发和终程的飞机或掉头回程架次比例很高。目前国内机场大多属于这类机场。

经停机场往往位于航线的经停点,没有或很少有始发航班飞机,只有比例不大的始发、终程旅客,绝大多数是过境旅客,飞机一般停驻时间很短。

中转机场中,有相当大比例的旅客下飞机后,立即转乘其他航线的航班飞机飞往目的地。

6. 我国机场的分类

依托我国航空运输发展战略、发展趋势和实际情况,从国家战略层面对我国机场规模的类型进行了界定。2008年《关于加强国家公共航空运输体系建设的若干意见》界定了门户复合型枢纽机场和区域枢纽机场两大机场规模类型,其中明确提出加强北京、上海、广州三大门户复合型枢纽机场建设,以及昆明、成都、西安、重庆、乌鲁木齐、郑州、沈阳、武汉八大区域枢纽机场建设的发展战略。2010年《全国民航冬春航班换季工作准备就绪》中提出三种规模类型的机场名单,分别是门户复合枢纽——北京、广州、上海三大城市四个机场;区域枢纽机场——昆明、成都、西安、重庆、乌鲁木齐、郑州、沈阳、武汉八个机场;干线机场——深圳、杭州、大连、厦门、南京、青岛、呼和浩特、长沙、南昌、哈尔滨、兰州、南宁十二个机场。2012年《国务院关于促进民航业发展的若干意见》提出大型国际枢纽、门户枢纽和区域性枢纽机场三种机场规模类型,其中确定了培育发展大型国际枢纽、门户枢纽和区域性枢纽机场的主要任务,即着力把北京、上海、广州机场建成功能完善、辐射全球的大型国际航空枢纽,培育昆明、乌鲁木齐等门户机场,增强沈阳、杭州、郑州、武汉、长沙、成都、重庆、西安等大型机场的区域性枢纽功能。2017年《全国民用运输机场布局规划》对目前机场布局现状评价为,北京、上海、广州机场的国际枢纽地位明显提高,成都、深圳、昆明、西安、重庆、杭州、厦门、长沙、武汉、乌鲁木齐等机场的区域枢纽功能显著增强,着重强调了门户复合枢纽机场和区域枢纽机场的枢纽功能。2018年《国际航权资源配置与使用管理办法》根据民航"十三五"规划确定的三种枢纽类别——分别是大型国际枢纽、国际枢纽和区域枢纽,对各种枢纽类别对应的机场成员进行了调整,大型国际枢纽机场分别为北京、上海、广州;国际枢纽机场分别为天津、昆明、深圳、重庆、西安、乌鲁木齐、哈尔滨;区域枢纽机场分别为天津、石家庄、太原、呼和浩特、大连、沈阳、长春、杭州、厦门、南京、青岛、福州、济南、南昌、温州、宁波、合肥、南宁、桂林、海口、三亚、郑州、武汉、长沙、贵阳、拉萨、兰州、西宁、银川。《民用航空支线机场建设标准》(MH5023-2006)将支线机场界定为:设计目标年旅客吞吐量小于300万人次(含),主要起降短程飞机,规划的直达航班一般在1000~1500公里范围内。

梳理国家政策对我国机场体系和机场规模的界定,初步形成了复合枢纽机场、区域枢纽机场、干线机场和支线机场相配合的四层级民用机场分类体系,如表1.1所示。

表1.1 四层级民用机场分类体系

规范文件	机场规模类型	机场成员
《关于加强国家公共航空运输体系建设的若干意见》《全国民航春航班换季工作准备就绪》	门户复合型枢纽机场	北京、上海、广州
	区域枢纽机场	昆明、成都、西安、重庆、乌鲁木齐、郑州、沈阳、武汉
《全国民航冬春航班换季工作准备就绪》	干线机场	深圳、杭州、大连、厦门、南京、青岛、呼和浩特、长沙、南昌、哈尔滨、兰州、南宁
《国务院关于促进民航业发展的若干意见》《全国民用运输机场布局规划》	大型国际航空枢纽	北京、上海、广州
	区域枢纽	沈阳、杭州、郑州、武汉、长沙、成都、重庆、西安、昆明、乌鲁木齐、深圳、厦门
《国际航权资源配置与使用管理办法》	大型国际枢纽	北京、上海、广州
	国际枢纽	天津、昆明、深圳、重庆、西安、乌鲁木齐、哈尔滨
	区域枢纽	天津、石家庄、太原、呼和浩特、大连、沈阳、长春、杭州、厦门、南京、青岛、福州、济南、南昌、温州、宁波、合肥、南宁、桂林、海口、三亚、郑州、武汉、长沙、贵阳、拉萨、兰州、西宁、银川
《民用航空支线机场建设标准》	支线机场	设计目标年旅客吞吐量小于300万人次(含),主要起降短程飞机,规划的直达航班一般在1000~1500公里范围内

7. 英国机场的分类

(1) Category A—Gateway International Airports:国际机场,频繁地服务于长距离的国际航班;

(2) Category B—Regional Airports:国内机场,短途的定期、国内航班,特别是服务于国内腹地地区的需求;

(3) Category C—Local Airports:内地机场,主要是指包机以及国内穿梭式的服务;

(4) Category D—General Aviation Aerodromes：通用航空机场，通用航空及休闲运动用机场。

8. 美国机场的分类

(1) Commercial Service Primary Airports：主要的商业服务机场，定期服务，年登机人数等于或超过美国所有商业服务机场的登机人数的0.01%；

(2) Other Commercial Service Airports：其他的商业服务机场，定期服务，年登机人数小于美国所有商业服务机场的登机人数的0.01%；

(3) Reliever Airport：第二机场，缓解商业机场的拥挤，并提供较远的作为支线机场的服务；

(4) General Aviation Airport：通用航空机场，通用航空及休闲运动用机场。

1.4.3 机场的等级

1. 飞行区等级

跑道的性能及相应的设施决定了什么等级的飞机可以使用这个机场，机场按这种能力的分类，称为飞行区等级。ICAO规定，飞行区等级代码（aerodrome reference code）（如表1.1所示）由第一要素代码（即根据飞机基准飞行场地长度而确定的代码，等级指标Ⅰ）和第二要素代字（即根据飞机翼展和主起落架外轮间距而确定的代字，等级指标Ⅱ）的基准代号划分。基准代号的意图是提供一个简单的方法，将有关机场特性的许多规范相互联系起来，为打算在该机场上运行的飞机提供一系列与之相适应的机场设施。即根据机场所需用起降机型的种类来确定跑道长度或所需道面强度。表1.2中的代码表示飞机基准飞行场地长度。它是指某型飞机以最大批准起飞质量，在海平面、标准大气条件（15℃，1个大气压）、无风、无坡度情况下起飞所需的最小飞行场地长度。飞行场地长度也表示在飞机中止起飞时所要求的跑道长度，因而也称为平衡跑道长度，飞行场地长度是对飞机的要求来说的，与机场跑道的实际距离没有直接的关系。表中的代字应选择翼展或主起落架外轮外侧之间距两者中要求较高者。与飞行区等级代码匹配的飞机类型如表1.3所示。

表1.2 飞行区等级代码

指标Ⅰ		指标Ⅱ	
数码	基准场地长度（米）	字码	翼展（米）	主起落架外轮外侧边间距（米）
1	<800	A	<15	<4.5
2	800～<1200	B	15～<24	4.5～<6
3	1200～<1800	C	24～<36	6～<9
4	≥1800	D	36～<52	9～<14
		E	52～<65	9～<14
		F	65～<80	14～<16

表 1.3　与飞行区等级代码匹配的飞机类型

ICAO Aerodrome Reference Code	飞 机 类 型
Code 4F	A380
Code 4E	B747,B777,A330,A340
Code 4D	B767,A300,A310,MD11
Code 4C	A320,B737,B727

2. 跑道导航设施等级

跑道导航设施等级按配置的导航设施能提供飞机以何种进近程序飞行来划分。

(1) 非仪表跑道——供飞机用目视进近程序飞行的跑道,代字为 V。

(2) 仪表跑道——供飞机用仪表进近程序飞行的跑道,可分为:

① 非精密进近跑道——装备相应的目视助航设备和非目视助航设备的仪表跑道,能足以对直接进近提供方向性引导,代字为 NP。

② Ⅰ类精密进近跑道——装备仪表着陆系统和(或)微波着陆系统以及目视助航设备,能供飞机在决断高度低至 60 米和跑道视程低至 550 米或能见度低至 800 米时着陆的仪表跑道,代字为 CAT Ⅰ。

③ Ⅱ类精密进近跑道——装备仪表着陆系统和(或)微波着陆系统以及目视助航设备,能供飞机在决断高度低至 30 米和跑道视程低至 350 米时着陆的仪表跑道,代字为 CAT Ⅱ。

④ Ⅲ类精密进近跑道——装备仪表着陆系统和(或)微波着陆系统的仪表跑道,可引导飞机直至跑道,并沿道面着陆及滑跑。根据对目视助航设备的需要程度又可分为三类,分别以 CAT ⅢA、CAT ⅢB 和 CAT ⅢC 为代字。

a. ⅢA 类(Cat ⅢA)运行:精密进近和着陆最低标准的决断高低于 30 米,或无决断高;跑道视程不小于 200 米。

b. ⅢB 类(Cat ⅢB)运行:精密进近和着陆最低标准的决断高低于 15 米,或无决断高;跑道视程小于 200 米但不小于 50 米。

c. ⅢC 类(Cat ⅢC)运行:精密进近和着陆最低标准无决断高和无跑道视程的限制。

3. 航站业务量规模等级

按照航站的年旅客吞吐量或货物(及邮件)运输吞吐量来划分机场等级(如表 1.4 所示)。业务量的大小与航站规模及其设施有关,也反映了机场繁忙程度及经济效益。若年旅客吞吐量与年货邮吞吐量不属于同一等级时,可按较高者定级。

表 1.4　航站业务量规模分级标准表

航站业务量规模等级	年旅客吞吐量(万人)	年货邮吞吐量(千吨)
小型	<10	<2
中小型	[10,50]	[2,12.5]
中型	[50,300]	[12.5,100]
大型	[300,1000]	[100,500]
特大型	≥1000	≥500

4. 民航运输机场规划等级

以上三种划分等级的标准,从不同的侧面反映了机场的状态:能接收机型的大小、保证飞行安全和航班正常率的导航设施的完善程度、客货运量的大小。在综合上述三个标准的基础上,提出了一种按民航运输机场规划分级的方案。当三项等级不属于同一级别时,可根据机场的发展和当前的具体情况,确定机场规划等级(如表1.5所示)。

表1.5 民航运输机场规划等级表

机场规划等级	飞行区等级	跑道导航设施等级	航站业务量规模等级
四级	3B、2C 及以下	V、NP	小型
三级	3C、3D	NP、CAT Ⅰ	中小型
二级	4C	CAT Ⅰ	中型
一级	4D、4E	CAT Ⅰ、CAT Ⅱ	大型
特级	4E 及以上	CAT Ⅱ 及以上	特大型

5. 机场消防保障等级

机场消防保障等级应根据该机场起降的最高类别航空器机身长度、宽度和起降频率(一年连续最繁忙的3个月内的起降次数)确定。按机身长度、宽度共划分为10个等级,见表1.6。按航空器起降频率调整消防保障等级的原则为:使用该机场的最高类别航空器在最繁忙的连续3个月内起降架次大于或等于700次的,采用表1.6中相对应的消防保障等级;起降架次小于700架次的,则相对于表1.6中消防保障等级最多降低一级;最高类别航空器的机身长度和宽度不在同一等级的,应按高的一级确定消防保障等级。

表1.6 按航空器机身长、宽度划分的消防保障等级

消防保障等级	机身长度(m)	机身宽度(m)
1	0~9(不含)	2
2	9~12(不含)	2
3	12~18(不含)	3
4	18~24(不含)	4
5	24~28(不含)	4
6	28~39(不含)	5
7	39~49(不含)	5
8	49~61(不含)	7
9	61~76(不含)	7
10	76~90(不含)	8

1.4.4 机场的发展史

1. 世界机场发展史

机场的发展历史大致可以分成三个阶段,当飞机在1903年出现的时候还没有机场的概念,当时只要找到一块平坦的土地或草地,能承受不大的飞机重量,飞机就可以在上面起降了。

第一阶段:真正意义上的机场最早出现于1910年,在德国出现了第一个机场,用于起降"齐柏林飞船"。这个机场只是一片划定的草地,安排几个人来管理飞机的起飞、降落,设有简易的帐篷来存放飞机。很快,帐篷变成了木质机库,但仍然没有硬地跑道,被划定的草地并不像一个机场,反而更像当时的公园或者高尔夫球场,当然,就更没有用于与飞行员通话的无线电设备,也没有导航系统帮助飞行员在恶劣天气情况下起降。空中交通管制也仅仅是由一人挥动红旗来作为起飞的信号,在这种条件下,飞机只能在白天飞行。由于这个时候的飞机在安全性和技术方面尚不稳定,而且作为新生事物,也没被社会所广泛接受,使用十分有限,直到1920年飞机还多是用于航空爱好者的试验飞行或军事目的飞行,并不搭载乘客,所以机场也只是为飞机和飞行人员服务,基本上不为当地社会服务。这是机场发展的幼年期,只是飞行人员的机场。

第二阶段:1919年后,随着第一次世界大战的结束,飞行技术得到迅速的应用,欧洲一些国家率先开始对机场设计进行初步的改进,当年修建完成的巴黎Le Bourget机场和伦敦Hounslow机场保证了巴黎至伦敦的定期旅客航班的开通,欧洲开始建立起最初的民用航线(1919年2月5日德国的德意志航空公司开辟的柏林至魏玛之间的每日定期民航客运是欧洲第一条民航飞机定期航线;1919年3月22日,法国的法尔芒航空公司使用"法尔芒—戈立德"飞机在巴黎和比利时的布鲁塞尔之间开辟每周一次的定期航班飞行,是世界上第一条国际民航客运航线;1919年8月25日英国第一家民用航空公司"空运和旅游有限公司"使用德·哈维兰公司生产的可载客4人的DH-16型双翼飞机开通的伦敦至巴黎每日定期航线是世界上第一条每日定期航班)。随着航空运输的发展,机场大量建设起来,特别是在1920—1939年,欧美国家的航线大量开通,同时为了和殖民地联系,各殖民国家和殖民地之间开通了跨洲的国际航线,如英国开通了到印度和南非的航线,荷兰开通由阿姆斯特丹到雅加达的航线,美国开通了到南美和亚洲的航线,机场在全世界各地大量出现。随着航空技术的进步,飞机对机场的要求也提高了,机场建设中出现了各种问题,如:航管和通信的要求、跑道强度的要求、一定数量旅客进出机场的要求。为满足这些要求出现了塔台、混凝土跑道和候机楼,现代机场的雏形已经基本出现,这时的机场主要是为飞机服务,是"飞机的机场"。

第二次世界大战中飞机发挥的重要作用使航空业得到快速发展,也在全世界范围内进一步刺激了机场的发展。美国联邦政府以更好地保卫美国国防及美国利益为由,拨巨资作专项资金建设和改进了数百个机场,其中最大的和最好装备的机场由政府接管,确保机场设施最为先进,及保证适应大型军用飞机的使用,同时继续鼓励私人开发建设机场。美国政府对机场建设的支持一起延续到第二次世界大战之后,使美国成为世界上机场数量最多的国家。

在第二次世界大战以后,出现了更成熟的航空技术及飞行技术,加上全世界经济复苏发展的推动,国际交往得到增加,航空客货运输量快速增长,开始出现了大型中心机场,也叫航空港。1944年国际民航组织(International Civil Aviation organization,ICAO)的成立,出现了一个对世界航空运输统一管理的机构,在它的倡议下,52个国家在美国芝加哥签署的《关于国际航空运输的芝加哥公约》成为现行国际航空法的基础。它在国家机场设计方面和空中交通规程标准化方面起了十分重要的作用,ICAO标准和推荐的规程包括了跑道特性、机场灯光和大量有关安全的其他范畴。在20世纪50年代,国际民航组织为全世界的机场和空港制定了统一标准和推荐要求,使全世界的机场建设有了大体统一的标准,新的机场建设已经有章可循。

第三阶段(1960年至今):20世纪50年代末,大型喷气运输飞机投入使用,使飞机变成真正的大众交通运输工具,航空运输成为地方经济的一个重要的不可缺少的组成部分。而这种发展也给机场带来了巨大的压力,它要求全世界范围内的机场设施提高等级:首先,先进的飞机性能要求各个机场的飞行区必须有很大改进,不仅是跑道、滑行道、停机坪的硬度和宽度、长度,还涉及飞机起降设施水平的提高、空管系统的改进,等等。其次,载重量更大、航程更远的喷气飞机的使用,也造成乘机旅行、客流量和货运量的增加,原有的候机厅可能不能满足需要而要重新设计或改扩建,满足新增加的要求。

这种情况下,大量的机场需要改进,而改进大量的机场需要数量极为巨大的资金,以美国政府执行的方针为代表,他们在确保机场基金的情况下采用向用户征收(包括旅客)机场使用费的办法扩充机场改扩建所需资金,确保了机场设施等级和水平的提高,机场得到了有效改进。

从20世纪六七十年代起,自美国开始而向世界各国延伸的机场改扩建行为就一直没有停止,并逐步出现了固定式旅客登机桥、候机楼与飞机间的可伸缩式走廊;出现了因候机楼面积扩大而供旅客使用的活动人行道(电梯)和轻轨车辆;出现了自动运送行李和提取系统;出现了在候机楼与远处停放飞机之间的运送旅客的摆渡车;也出现了许多新建或扩建的先进货物处理设施。

一句话,得到了技术改进、提升的机场的发展,不仅保证了航空运输行业日益发展的需求,而且还带动了机场所在地的商业、交通、旅游、就业等,它为所在地区的经济发展提供了巨大的动力。但是机场的发展也为城市的发展带来许多矛盾和问题,如随着飞机起降速度的增加,跑道、滑行道和停机坪都要加固或延长;候机楼、停车场、进出机场的道路都要改建和扩建;航班数量的增加使噪声对居民区的干扰成了突出问题等。但不论如何,机场成了整个社会的一个部分,因而这个时期的机场是"社会的机场",这种情况要求机场的建设和管理要和城市的发展有协调的、统一的、长期的考虑。

2. 我国机场发展史

中国在1920年开通了京沪航线京津段及京济段后就在北京南苑、济南张庄、上海虹桥、上海龙华和沈阳东塔等地出现了民用机场,随后在全国各大城市都建立了机场,开辟了航线。但在1949年10月中华人民共和国成立之前,中国大陆能用于航空运输的主要航线机场只有36个,大都设备简陋,多是小型机场。中华人民共和国成立后,军委民航局立即着手进行了机场建设工作,先是改建天津张贵庄机场、太原齐贤机场和武汉南湖机场,新开工建设北京首都机场、昆明巫家坝机场、南宁吴墟机场、贵阳磊庄机场、成都双流机场等。特别是在1958年开始的"大跃进"运动中,各省、市、自治区在首府及其所辖重点城市开展了修建机场的热潮,建起了一批机场。20世纪60年代,为了开辟国际航线,并适应喷气式大型飞机的起降技术要求,中国又快速改扩建了上海虹桥、广州白云机场,使其成为国际机场。随后,中国又新建、改建、扩建了太原武宿机场、杭州笕桥机场、兰州中川机场、乌鲁木齐地窝铺机场、合肥骆岗机场、天津张贵庄机场、哈尔滨阎家岗机场等一批机场。由于这一时期航空运输还是只能为较少的人员提供服务,对机场的需求也只处于第二阶段即"飞机的机场"阶段。因为此时中国民航使用的飞机机型较小,所以建设的机场规模也较小,大多是中小型机场。此时,中国大陆用于航班飞行的机场达到70多个(其中军民合用机场36个),初步形成了大、中、小机场相结合的机场网络,基本上能适应当时中国的航空运输要求。

中国机场建设的真正跃进是在1978年开始的。改革开放政策的实施,使民航机场的作用日益显现,特别是4个经济特区和14个沿海开放城市及海南省,都把机场建设作为开发特区和发展本地经济和旅游必不可少的工作,竞相新建和改建机场。于是厦门高崎机场、汕头外砂机场、大连周水子机场、上海虹桥机场、广州白云机场、湛江霞山机场、福州义序机场、青岛流亭机场、连云港白塔埠机场、烟台莱山机场、秦皇岛机场、北海福城机场、南通兴东机场、温州永强机场、宁波栎社机场、海口大英山机场、三亚凤凰机场、桂林奇峰岭机场、敦煌机场、黄山屯溪机场、张家界机场等得到新建、改建或扩建。同时,中国陆续引进大型中、远程宽体喷气式飞机,从而促进了机场在标准、规模、安全保障等方面建设水平的提高。

1984年后,内地省会以及各大中城市也掀起了民航机场的建设热潮,其数量之多、范围之广在中国民航史上都是空前的,新建或扩建的大型机场有:洛阳北关机场、成都双流机场、重庆江北机场、西宁曹家堡机场、长沙黄花机场、沈阳桃仙机场、长春大房身机场、南京大校场机场、昆明巫家坝机场、西安咸阳机场。扩建或改建的中型机场有:呼和浩特白塔机场、包头东山机场、齐齐哈尔机场等;新建或改建的小型机场有:黑河机场、榆林机场、银川新城机场、佳木斯机场、丹东机场、赣州机场、常州机场、石家庄机场等。

中国国民经济的持续快速发展和民航运输突飞猛进的增长,进一步要求更大规模的现代化机场的建设,自20世纪90年代起,深圳黄田机场、石家庄正定机场、福州长乐机场、济南遥墙机场、珠海三灶机场、武汉天河机场、南昌昌北机场、上海浦东机场、南京禄口机场、郑州新郑机场、海口美兰机场、三亚凤凰机场、桂林两江机场、杭州萧山机场、贵阳龙洞堡机场、银川河东机场、广州新白云机场等现代化机场相继投入使用。同时一大批中、小型机场也完成了新建、改建和扩建。这一时期的机场建设指导思想是"集中力量,抓重点机场建设",逐步拓宽融资渠道,加大投资力度。"八五"(1990—1995年)时期,民航基本建设投资122亿元,技术改造投资60.9亿元,而"九五"(1996—2000年)时期民航基本建设投资达到680亿元,技术改造投资126亿元,分别是"八五"时期的5.6倍和2.1倍。"十五"(2001—2005年)时期,机场建设投资仍然保持着增长趋势,全行业固定资产投资达到947亿元。"十一五"期间,我国民航新增机场33个,改扩建机场33个,直接基本建设投资达 2500 亿元人民币。

总体上看,经过"八五""九五""十五""十一五"期间的努力,中国机场建设在数量和质量上都得到很大发展,一大批重点机场建设项目相继建成投产,改变了中国民用机场设施较为落后的局面。截至 2019 年年底,全国颁证运输机场达到 238 个,其中,4F 级机场 13 个,4E 级机场 38 个,4D 级机场 38 个,4C 级机场 143 个,3C 级机场 5 个,3C 级以下机场 1 个,基本形成了大、中、小型机场配套、规模较为适宜的机场网络格局。同时,在机场建设技术质量上也有很大改变,机场功能不断得到完善,旅客服务设施现代化水平不断提高,安全运行条件得到明显改善。

但是由于土地资源的缺乏,未来的空港发展有以下的趋势:

飞机发展的大型化和高速化不能再以延长跑道和增加噪声为代价,而是受到空港规模的限制,空港的规模不会继续扩大,因而飞机的大型化和高速化的技术要适应空港规模,要以提高空港的效率为目的。

大型的国际航班的空港和中、小型空港分开。大型国际空港在一个国家或一个区域内只能在整体规划下合理布局,航空网的发展促使中小城市发展中型或小型空港,这些空港和大空港的航班衔接,形成以大型空港为枢纽的航空网。

海上空港。由于选址征地的困难,近海的大城市开始在岸边或海上建立空港。海上空港有四种形式:第一种是部分填海,如香港新机场;第二种是在海上打桩填海造出人工岛,如日本大阪的关西国际空港和澳门国际空港;第三种是海上固定平台(类似采油平台);第四种是海上漂浮机场。后两种都正在设计和建造。海上空港避免了陆地机场的土地和噪声问题,但它的造价高昂,使运输费用提高,关西机场的起降费和机场费都位居世界第一。

全面实行计算机化和信息化的管理,使安全性提高,延误减少,效率提高。

本章小结

民用航空是指使用各类航空器从事的除了军事性质(包括国防、警察和海关)以外的所有的航空活动。这个概念明确了民用航空是航空的一部分,同时以"使用"航空器界定了它和航空制造业的界限,用"非军事性质"表明了它和军事航空的不同。

民用航空分为两部分:商业航空和通用航空。

民用航空系统由三大部分组成:政府部门、民航企业、民航机场。

机场是供航空器起飞、降落和地面活动而划定的一块地域或水域,包括域内的各种建筑物和设备装置。

机场按照不同的标准有不同的分类方法,同时也可以有不同的等级分类方法。

世界机场的发展历史大约可以分成三个阶段:飞行人员的机场;飞机的机场;社会的机场。

复习与思考

1. 什么是民用航空?

2. 民用航空可以分为哪两类？
3. 通用航空的范围是什么？
4. 民用航空系统由哪几部分组成？
5. 机场的定义是什么？
6. 机场有哪些主要功能？
7. 机场所能提供的基本服务有哪些？
8. 机场是如何进行分类的？
9. 机场是如何进行等级划分的？
10. 机场的历史发展包括哪三个阶段？

 在线自测

第 2 章 机场系统

本章关键词

机场系统(airport system)　　　　机场净空区(regional airport clearance)
跑道(runway)　　　　　　　　　滑行道(taxiway)
停机坪(apron)　　　　　　　　　航站楼(terminal building)
飞行区的设施(airfield facilities)
出入机场地面交通系统(the ground transport system accessing to the airport)

互联网资料

http://www.chinaairports.cn/indxe.html
http://www.caac.gov.cn/
http://www.caacnews.com.cn/
http://www.iata.org/
http://www.icao.int/

> 机场是民用航空和整个社会的结合点，机场也是一个地区的公众服务设施。同时，机场也是民用航空系统的一个子系统，只有整个系统运行正常，机场才能正常为航空公司、为旅客提供服务。

2.1 机场系统的构成

如图2.1所示，机场系统的组成可简单地划分为供飞机活动的空侧部分及供旅客和货物转入或转出空侧的陆侧部分。

空侧包括供飞机起飞和降落的航站区空域及供飞机在地面上运行的飞行区两部分。

陆侧包括供旅客和货物办理手续和上下飞机的航站楼、各种附属设施及出入机场的地面交通设施三部分。

机场系统也可以分为空域和地域两部分。

空域即为航站区空域，供进出机场的飞机起飞和降落，而地域由飞行区、航站区和进出机场的地面交通三部分组成。

飞行区为飞行活动的区域，主要包括跑道、滑行道和停机坪。

航站区为飞行区与出入机场的地面交通的交接部。因而,它由三个主要部分组成:

地面交通出入航站楼的交接面——包括公共交通的站台、停车场、供车辆和行人流通的道路等设施;

航站楼——用于办理旅客和行李从地面出入交接面到飞机交接面之间的各项事务;

飞机交接面——航站楼与停放飞机的联结部分,供旅客和行李上下飞机。

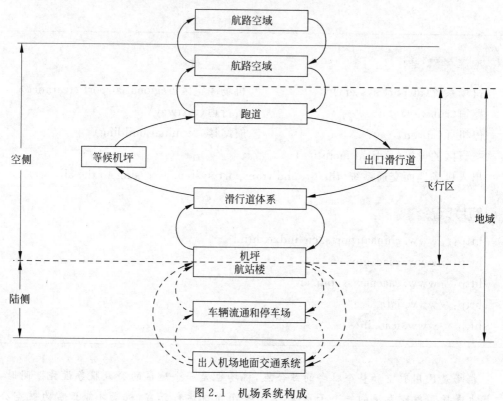

图 2.1 机场系统构成

2.2 机场净空区

飞机在机场起飞降落必须按规定的起落航线飞行。机场能否安全有效地运行,与场址内外的地形和人工构筑物密切相关。它们可能使可用的起飞或着陆距离缩短,并使可以进行起降的气象条件的范围受到限制。因此,必须对机场附近沿起降航线一定范围内的空域(即在跑道两端和两侧上空为飞机起飞爬升、降落下滑和目视盘旋需要所规定的空域)提出要求,也就是净空要求,保证在飞机的起飞和降落的低高度飞行时不能有地面的障碍物来妨碍导航和飞行。这个区域称为机场净空区或进近区,所谓进近是指飞机下降时对准跑道飞行的过程。它也是机场的重要组成部分。机场净空区的地面和空域要按照一定标准来控制,机场净空条件的好坏,直接关系到旅客生命财产的安危。一旦净空条件受到破坏,其后果将非常严重。

机场条件的破坏通常是由超高障碍物引起的,空中漂浮物或烟雾、粉尘也会引起。为此,必须规定一些假想的平面或斜面作为净空障碍物限制面(即净空面,如图2.2所示),用于限制机场周围地形及人工构筑物的高度。

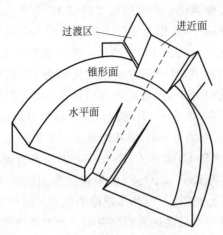

图 2.2　净空障碍物限制面

由这些平面构成的空间,是飞机起降时使用的空间,由空港当局负责控制管理,保证地面的建筑(楼房、天线等)不能伸入这个区域,凡超过假想面之上的部分应除去或移走,以便达到净空标准。空中的其他飞行物(飞鸟、风筝等)也不得妨碍飞机的正常运行。

导航设施等级不同的跑道对净空面的要求不同。因此,从长远考虑,最好把所有净空面都按机场未来规划最严格的设计而设置,以使今后的扩建保持最大的主动权。

航空无线电导航是以各种地面和机载无线电导航设备,向飞机提供准确可靠的方向、距离及位置信息。来自非航空导航业务的各类无线电设备、高压输电线、电气化铁路、工业、科学及医疗设备等引起的有源干扰及导航台周围地形地物的反射或再辐射,可能会对导航信息造成不良影响,严重时,可能使机场关闭。因此,对机场周围的一定范围内,还必须提出电磁环境的净空要求。

2.3　跑道

跑道是机场工程的主体。机场的构形主要取决于跑道的数目、方位以及跑道与航站区的相对位置。跑道是供飞机起降的一块长方形区域。它提供飞机起飞、着陆、滑跑以及起飞滑跑前(和着陆滑跑后)运转的场地。因此,跑道必须要有足够的长度、宽度、强度、粗糙度、平整度以及规定的坡度。跑道数目取决于航空运输量的大小。跑道方位主要与当地风向有关。

2.3.1　跑道的基本参数

1. 方位

跑道的方位即跑道的走向。飞机最好是逆风起降,而且过大的侧风将妨碍飞机起降。因此,跑道的方位应尽量与当地常年主导风向一致。跑道方位还受到周围地形、机场发展规划、可用面积大小以及相邻机场状况的影响。跑道方位以跑道磁方向角表示,由北顺时针转动为正。

跑道方位识别号码按照跑道中心线的磁方向以 10°为单位,四舍五入用两位数表示;同时将数字置于跑道相反的一端,作为飞行人员和调度人员确定起降方向的标记。如天津滨海国际机场的跑道磁方向角为 160°～340°,则南端识别号码为 34,北端识别号码为 16。又如磁方向为 267°的跑道,其跑道方位识别代码为 27,而这条跑道的另一端的磁方向是 87°,跑道方位识别代码为 09,二者的磁方向相差 180°,而跑道方位识别代码相差 18。如果机场有两条跑道则用左(L)和右(R)表示,如北京首都国际机场的两条平行跑道,东跑道北端识别标志为 18L,南端为 36R,而西跑道北端识别标志为 18R,南端为 36L。有三条时,中间跑道编号加上字母 C,即 L、C、R;如果有四条跑道则为 L、R、L、R;如果有五条跑道则为 L、C、R、L、R 或者 L、R、L、C、R;如果有六条跑道则为 L、C、R、L、C、R;依此类推。当有四条或更多平行跑道时,一组相邻跑道的识别号码可用上述方法取得,另外一组相邻跑道的识别号码则以一对最接近的数字表示。如四条跑道的磁方向均为 93°～273°,其中一组跑道识别标志号码为 09～27,而另一组则为 10～28。

2. 数量

跑道的数量主要取决于航空运输量。运输不很繁忙,且常年风向相对集中的机场,只需单条跑道。运输非常繁忙的机场,则需要两条或多条跑道。其基本构形可以是平行、交叉或开口 V 形。非平行跑道可以避开过大的侧风。平行跑道的间距、交叉跑道交叉点的位置对跑道容量(单位时间内可能容纳的最大飞机运行次数)是有影响的。

3. 跑道的长度

跑道的长度是机场的关键参数,是机场规模的重要标志,它直接与飞机起降安全有关。设计跑道长度主要是依据预计使用该机场飞机的起降特性(特别是要求跑道最长的那种机型的构形和性能特点)。此外,跑道长度还与下列因素有关:飞机起降质量与速度,飞机起飞(或降落)质量越大,离地速度(或接地速度)越大,滑跑距离就越长;跑道条件,如表面状况、湿度和纵向坡度等;机场所在环境,如机场的标高和地形;气象条件,特别是地面风力、风向和气温等。当海拔高度高,空气稀薄,地面温度高时,发动机的功率就会下降,因而都需要加长跑道。拉萨贡嘎机场的跑道为 4000m,是我国对外开放的机场中最长的跑道。

对于飞机起降所要求的长度,应根据起飞和着陆两种情况考虑。

(1) 起飞长度要求

起飞长度要考虑三种情况:正常起飞、继续起飞和中断起飞。

① 正常起飞情况,见图 2.3(a)。正常起飞又称全发起飞(全部发动机工作起飞)。由静止启动点 A 到飞机离开地面的距离称为离地距离 LOD。从 A 点到飞机距地面安全高度 35 英尺(10.7 米)的水平距离为 D_{35};将 1.15 D_{35} 作为正常起飞要求的长度,称为起飞距离 TOD。实际上,飞机在正常起飞滑跑时,离地前并不需要 TOD 这么长距离。因此,铺砌全强度道面可以缩短;一般除将 1.15LOD 铺砌为全强度道面外,至少还将 0.5(TOD−1.15LOD) 长度铺砌为全强度道面。铺砌全强度道面的长度称为起飞滑跑距离 TOR。将 TOD−TOR 长度设为净空道。

② 继续起飞和中断起飞情况,见图 2.3(b)。起飞滑跑过程中,当有一台发动机失效时,为了保障运行安全,需要做出是继续起飞还是中断起飞的决断。为此,应明确一决断速度 V_1(又称故障临界速度),V_1 应小于前轮抬起速度(即抬头速度)V_R。设当发觉出现故障时飞机滑跑速度为 V,当 $V>V_1$ 时应继续起飞;如果中断起飞,则飞机减速到停止的距离过长。当 $V<V_1$ 时应中断起飞;如果继续起飞,因 V 过小且动力不足,使得离地距离和起飞距离过长。

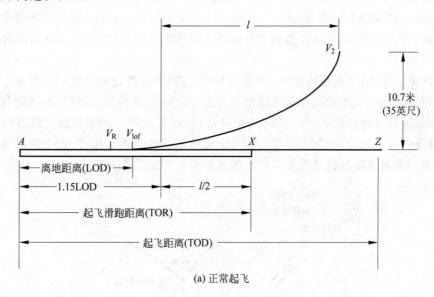

(a) 正常起飞

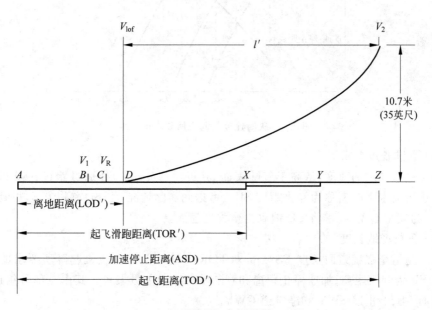

(b) 继续起飞或中断起飞

图 2.3

继续起飞时，驾驶员应操纵飞机继续加速到 V_R 抬起前轮，再加速到离地速度 V_{lof}，而后离地升空加速到安全高度 35 英尺，且速度到 V_2（相应水平位置点 Z）。从静止启动点 A 到离地点的水平距离称为离地距离 LOD'；而从 A 点到 Z 点的距离 D'_{35} 即为继续起飞时的起飞距离 TOD'（不再乘以 1.15）。将 $TOR'=LOD'+(TOD'-LOD')/2$ 称为起飞滑跑距离，TOR' 需铺砌强度道面；而将 $TOD'-TOR'$ 作为净空道长度。

中断起飞时，驾驶员要采取各种减速措施，使飞机从加速转为减速运动，直到飞机停止到 Y 点。AY 即为加速停止距离 ASD(accelerate stop distance)，ASD 不需要全部是全强度道面，可将 ASD 与全强度道面之差的距离设为停止道 SWY(stopway)，其强度可以降低一些。

对任何一架飞机，决断速度 V_1 不是一个固定的数值，驾驶员可在一定范围内根据跑道条件、机场环境、气象状况和起飞质量自行选择。V_1 值选得越大，继续起飞的起飞距离越短，而加速停止距离越长；反之，起飞距离加长，而加速停止距离变短。最理想的情况是，选择某一决断速度，使飞机所需的起飞距离与加速停止距离相等，这个距离称为平衡场地长度。决断速度与起飞所要求的长度之间的关系如图 2.4 所示。

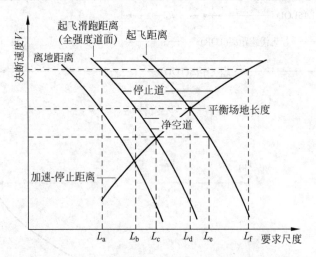

图 2.4　决断速度与起飞所要求的长度

(2) 着陆长度要求

当飞机以要求的速度，从高于着陆表面 50 英尺(15.2 米)处通过跑道入口到接地并完全停止所需水平距离称为停止距离 SD。考虑到实际情况，将 SD 除以 0.6，得到着陆距离 LD。为安全起见，要求将 LD 铺砌为全强度道面。

(3) 飞行场地长度

实际跑道全强度道面长度 $FS=\max(TOR, TOR', LD)$。飞机起降所要求的飞行场地长度 FL 为起飞距离、加速停止距离和着陆距离三者中最大者。其由三部分组成，即全强度道面 FS、停止道 SWY 和净空道 CWY。

(4) 跑道长度的修正

通常，飞机生产厂都会提供适当的飞机手册用于机场跑道长度设计。飞机手册以图线和表格形式给出飞机的起降性能。当飞机手册没有提供海拔、气温等修正数据时，可利用基本跑道长度按下列方法修正跑道长度。基本跑道长度是在标准大气条件下、海平面、无风、平坡,满足起飞或降落的跑道长度。

① 海拔修正。机场海拔高度每高出海平面 300 米,跑道长度增加 7%。非常热或高海拔地区另外考虑。

② 气温修正。机场基准温度每超过机场海拔高度的标准大气温度 1℃,起飞跑道长度增加 1%。气温修正是在海拔修正的基础上进行的。如海拔和气温两项修正的总量超过修正前长度的 35%,应做专门研究。

③ 坡度修正。下坡起飞,滑跑距离缩短;上坡起飞,滑跑距离增长。经过海拔和气温修正后,跑道长度再按跑道有效坡度(跑道中心线上的最高点与最低点的标高差与跑道长度之比)进行修正。有效坡度每增加 1%,跑道长度增加 10%。

此外,还有风向、风速、道面摩擦系数等引起的跑道长度修正。

4. 跑道的宽度

飞机在跑道上滑跑、起飞、着陆不可能总是沿着中心线,可能会有偏离,有时还要掉头。因此,跑道应有足够的宽度,但也不宜过宽,以免浪费土地。跑道的宽度取决于飞机的翼展和主起落架的轮距。

5. 跑道的坡度

一般来说,跑道是没有纵向坡度的,这主要是为了保证飞机起飞、着陆和滑跑的安全。所以,应尽量避免沿跑道的纵向坡度(简称纵坡)及坡度的变化。当无法避免时,其最大值应尽量减小,且变坡间距离不应小于要求的值。在有些情况下,可以有 3°以下的坡度,在使用有坡度的跑道时,要考虑对飞机性能的影响。

跑道横向应有坡度,且尽量采用双面坡,以便加速道面的排水。当采用双面坡时,中心线两侧的坡度应对称。整条跑道上的横坡应基本一致。横坡坡度不小于 0.01,但也不能大于 0.015(基准代字为 C、D)或 0.02(基准代字为 A、B),以利于飞机滑跑安全。

6. 道面

通常跑道道面是指结构道面,可分为水泥混凝土、沥青混凝土、碎石、草皮和土质等若干种。

跑道道面分为刚性和非刚性道面。刚性道面由混凝土筑成,能把飞机的载荷承担在较大面积上,承载能力强,在一般中型以上空港都使用刚性道面。国内几乎所有民用机场跑道均属此类。非刚性道面有草坪、碎石、沥青等各类道面,这类道面只能抗压不能抗弯,因而承载能力小,只能用于中小型飞机起降的机场。同时,水泥混凝土道面和沥青混凝土道面为高级道面。

跑道道面要求有一定的摩擦力。为此,在混凝土道面一定距离要开出 5 厘米左右的槽,并定期(6~8 年)打磨,以保持飞机在跑道积水时不会打滑,当然,有一种方法,就是在刚性道面上加盖高性能多孔摩擦系数高的沥青,即可减少飞机在落地时的震动,又能保证有一定的摩擦力。

7. 强度

对于起飞重量超过 5700 千克的飞机,为了准确地表示飞机轮胎对地面压强和跑道强度之间的关系,国际民航组织规定使用飞机等级序号(aircraft classification number,ACN)和道面等级序号(pavement classification number,PCN)方法来决定该型飞机是否可以在指定的跑道上起降。

PCN 数是由道面的性质,道面基础的承载强度经技术评估而得出的,每条跑道都有一个 PCN 值。

ACN 数则是根据飞机的实际重量,起落架轮胎的内压力,轮胎与地面接触的面积以及主起落架机轮间距等参数由飞机制造厂计算得出的。ACN 数和飞机的总重只有间接的关系,如 B747 飞机由于主起落架有 16 个机轮承重,它的 ACN 数为 55,B707 的 ACN 数为 49,而它的总重只有 B747 的 2/5,两者 ACN 却相差不大。

使用这个方法计算时,当 ACN 值小于 PCN 值,这类型的飞机可以无限制地使用这条跑道。在一些特殊情况下,ACN 值可以在大于 PCN 值 5%～10%时使用这一跑道,但这会带来跑道使用寿命的缩短。

2.3.2 跑道附属区域

跑道附属区域构成如图 2.5 所示。

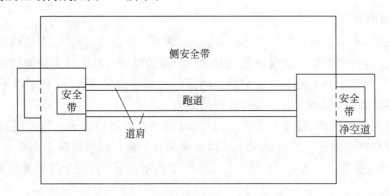

图 2.5 跑道附属区域

1. 跑道道肩

跑道道肩是在跑道纵向侧边和相接的土地之间有一段隔离的地段,这样可以在飞机因侧风偏离跑道中心线时,不致引起损害。此外大型飞机很多采用翼吊布局的发动机,外侧的发动机在飞机运动时有可能伸出跑道,这时发动机的喷气会吹起地面的泥土或砂石,使发动机受损,有了道肩会减少这类事故。有的机场在道肩之外还要放置水泥制的防灼块,防止发动机的喷气流冲击土壤。

跑道道肩一般每侧宽度为 1.5 米,道肩的路面要有足够强度,以备在出现事故时,使飞机不致遭受结构性损坏。

2. 跑道安全带

跑道安全带的作用是在跑道的四周划出一定的区域来保障飞机在意外情况冲出跑道时的安全,分为侧安全带和道端安全带:

(1) 侧安全地带:是由跑道中心线向外延伸一定距离的区域,对于大型机场这个距离应不小于150米,在这个区域内要求地面平坦,不允许有任何障碍物。在紧急情况下,可允许起落架无法放下的飞机在此地带实施硬着陆。

(2) 道端安全地带:是由跑道端至少向外延伸60米的区域,建立道端安全地带的目的是减少由于起飞和降落时冲出跑道的危险。

在道端安全地带中有的跑道还有安全停止道,简称安全道。安全道的宽度不小于跑道,一般和跑道等宽,它由跑道端延伸,它的长度视机场的需要而定,它的强度要足以支持飞机中止起飞时的质量。

3. 净空道

净空道是指跑道端之外的地面和向上延伸的空域。它的宽度为150米,在跑道中心延长线两侧对称分布,在这个区域内除了有跑道灯之外不能有任何障碍物,但对地面没有要求。可以是地面,也可以是水面。净空道的作用在于飞机可在其上空进行一部分起始爬升,并达到安全高度(35英尺)。

2.3.3 跑道的布置形式

跑道的布置形式取决于跑道的数量和方位。跑道的数量主要取决于航空交通量的大小。跑道的方位主要取决于风向、场地及周围环境条件。在航空交通量小、常年风向相对集中时,只需单条跑道;在航空交通量大时,则须设置两条或多条跑道。跑道的布置形式由单条跑道、平行跑道、交叉跑道和开口V形跑道等基本构形组成。

1. 单条跑道

单条跑道是最简单的一种布置形式,如图2.6(a)所示。单条跑道在目视飞行规则(VFR)情况下每小时的容量约为50~100架次;而在仪表飞行规则(IFR)情况下,根据不同的飞机组合情况和具备的助航设备,其容量减至每小时50~70架次。

2. 平行跑道

通常为两条和四条平行跑道,如图2.6(b)~图2.6(d)所示。多于四条平行跑道时,会使空中交通管制变得很困难。

平行跑道的容量,在很大程度上取决于跑道的数目和跑道间的间距。平行跑道之间的间距,差别可以很大。为便于讨论,可将间距分为"近距""中距"和"远距"三种。"近距"平行跑道之间的间距为213.4~761.7米,在IFR情况下,一条跑道上的运行同在另一条跑道上的运行是相互制约的,每小时容量为50~60架次;"中距"平行跑道之间的间距为762~1310.3米,在IFR情况下,一条跑道上的着陆同另一条跑道上的起飞无关,容量为每小时60~70架次;"远距"平行跑道之间的间距为1310.6米以上,在IFR情况下,两条跑道能独立地进行着陆和起飞,容量为100~125架次。

在VFR情况下,"近距""中距"和"远距"平行跑道的每小时容量为100~200架次,间距对容量无影响,容量取决于飞机组合情况。

3. 交叉跑道

两条或更多的方向不同的相互交叉的跑道,称作交叉跑道,如图2.6(e)、图2.6(f)、

图2.6(g)所示。当机场所在地区相对强烈的风向在一个以上时,如果只有一条跑道,就会造成过大的侧风,因此就要求有方向不同的交叉跑道。在风力强烈时,一对交叉跑道中,只能使用其中一条跑道,这就使飞行区的容量显著减少。如果风力相对较弱,两条跑道则可同时使用。交叉跑道的容量,在很大程度上取决于交叉点的位置(例如是在中间还是接近端部)和跑道的使用方式(例如是起飞还是着陆)。交叉点离跑道的起飞端和着陆入口越远,容量就越低(图2.6(g));交叉点接近于起飞端和着陆入口,容量就最大(见图2.6(e)),此时,交叉跑道的每小时容量为60~70架次(IFR)或70~175架次(VFR)。由于交叉跑道的相互干扰大,容量偏低,所以应尽量避免采用。

4. 开口V形跑道

两条跑道散开而不交叉时,称为开口V形跑道,如图2.6(h)、图2.6(i)所示。与交叉跑道一样,当某个方向的风力强烈时,只能使用一条跑道;当风力微弱时,两条跑道可以同时使用。

跑道的容量与飞机起飞和着陆的方向有关。当起飞和着陆从V形顶端向外散开时,如图2.6(h)所示,其容量最大,此时,开口V形跑道的每小时容量为50~80架次(IFR)或60~185架次(VFR)。

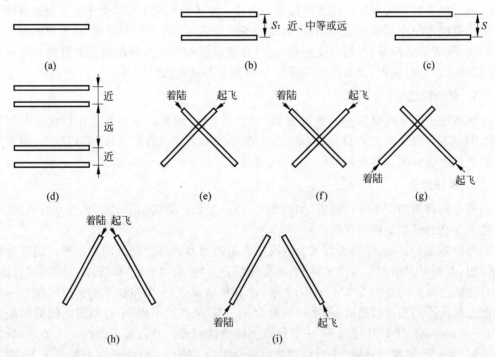

图2.6 跑道的布置形式

从跑道的容量和空中交通管制的难易情况来看,单向跑道是最可取的。因为,在其他条件相同时,单向跑道的容量比别的跑道要大。对空中交通管制来说,引导飞机在单方向运行不像多方向运行那样复杂。随着对常年风风向的准确掌握和飞机侧风降落的能力的加强,新的大型多跑道空港都采用平行跑道布局。交叉跑道与开口V形跑道两种形式比较,后者更为可取。

2.3.4 跑道的道面标志

跑道的类别不同,它的道面标志也不同,目视跑道有下列基本标志:
(1) 中心线;
(2) 跑道号;
(3) 等待位置标志。

非精密进近跑道要加上跑道端标志和定距离标志;对于精密进近跑道还要增加着陆区标志和跑道边线标志。各类跑道的标志线如图 2.7 所示。

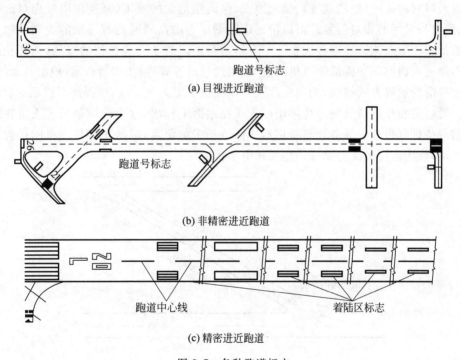

图 2.7 各种跑道标志

跑道端标志表示跑道可用部分的开始,通常是由铺设道面的起点作为跑道端,但在有安全道或起降不能全部使用跑道时,跑道端就会移入跑道一定距离。

2.4 滑行道

滑行道是机场内供飞机滑行的规定通道。滑行道的主要功能是提供从跑道到候机楼区的通道,使已着陆的飞机迅速离开跑道,不与起飞滑跑的飞机相干扰,并尽量避免延误随即到来的飞机着陆。此外,滑行道还提供了飞机由候机楼区进入跑道的通道。滑行道可将性质不同的各功能分区(飞行区、候机楼区、飞机停放区、维修区及供应区)连接起来,使机场最大限度地发挥其容量潜力并提高运行效率。滑行道应以实际可行的最短距离连接各功能分区。

滑行道系统主要包括：主滑行道、进出滑行道、飞机机位滑行通道、机坪滑行道、辅助滑行道、滑行道道肩及滑行带。滑行道系统可以根据实际需要和可能，分阶段建设，逐步完善。避免一次建设费用过高，而利用率又过低。

主滑行道又称干线滑行道，是飞机往返于跑道与机坪的主要通道，通常与跑道平行。

进出（进口或出口）滑行道又称联络滑行道（俗称联络道），是沿跑道的若干处设计的滑行道，旨在使着陆飞机尽快脱离跑道，如图 2.8 所示。出口滑行道大多与跑道正交，快速出口滑行道与跑道的夹角介于 25°与 45°之间，最好取 30°。飞机可以较高速度由快速出口滑行道离开跑道，不必减到最低速度。出口滑行道距跑道入口的距离取决于飞机进入跑道入口时的速度（进场速度）、接地速度、脱离跑道时的速度、减速度以及出口滑行道数量、跑道与机坪的相对位置。出口滑行道数量应考虑高峰时运行飞机的类型及每类飞机的数量。一般在跑道两端各设置一个进口滑行道。对于交通繁忙的机场，为防止前面飞机不能进入跑道而妨碍后面飞机的进入，则通过设置等待坪、双滑行道（或绕行滑行道）及双进口滑行道等方式解决，为确定起飞顺序提供了更大灵活性，也提高了机场的容量和效率。滑行道和跑道端处的等待坪用标志线在地面上标出，这个区域是为了飞机在进入跑道前等待许可指令。等待坪与跑道端线保持一定的距离，以防止等待飞机的任何部分进入跑道，成为运行的障碍物或产生无线电干扰。

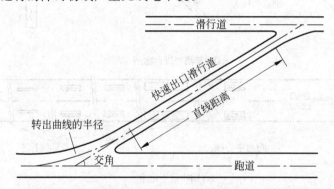

图 2.8　联络滑行道

滑行道应有足够宽度。由于滑行速度低于飞机在跑道上的速度，因此滑行道宽度比跑道宽度要小。滑行道的宽度由使用机场最大的飞机的轮距宽度决定，要保证飞机在滑行道中心线上滑行时，它的主起落轮的外侧距滑行道边线不少于 1.5～4.5 米。在滑行道转弯处，它的宽度要根据飞机的性能适当加宽，如图 2.9 所示。

滑行道的设计应避免同使用中的跑道相交叉，由于飞机在滑行道的速度大大小于其在跑道上的速度，其控制纵坡、竖曲线和视距的标准不如跑道严格。国际民航组织对起降区视距的要求也是有规定的，跑道字码为 C、D 和 E 时，从滑行道 3 米高处应能通视 300 米内的滑行道表面。对 A、B 两类跑道，标准略低。为保证机场运转安全，交通通道间及其与邻近障碍物间必须有足够的间距，国际民航组织对滑行道与跑道之间、两条平行滑行道之间和一条滑行道与固定障碍物之间的最小净距都有规定。例如，对 VFR 运行，国际民航组织建议对数码 3 和数码 4 的机场的平行跑道的最小间距采用 210 米，数码 2 机场

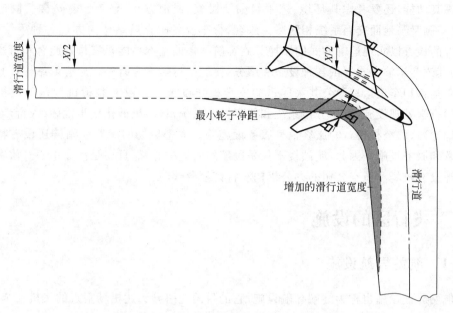

图 2.9 增加的滑行道宽度

采用 150 米,数码 1 机场采用 120 米,等等。

一般情况下,滑行道所受载荷比跑道更重。滑行道比跑道窄,机轮几乎沿不变的轨迹滑行。在滑行道上滑行时,飞机速度很低,机翼几乎不产生升力,特别是在起飞时,飞机以全重作用在滑行道上。同时在滑行道上飞机运行密度通常要高于跑道。因此,飞机的总重量和低速滑行时的压强就会比跑道所承受的略高。所以滑行道道面强度要和配套使用的跑道两端的强度相等或更高。

飞机机位滑行通道和机坪滑行道均为机坪上的滑行道。辅助滑行道供飞机通向维修坪或隔离坪等所用。

为了保证飞机的滑行安全,通常在滑行道两侧对称地设置道肩,而且还要向两侧延伸一定的距离,延伸部分连同滑行道(机位滑行道除外)统称为滑行带。

2.5 停机坪

停机坪也叫机坪,机坪是飞机停放和旅客登机的地方。停机坪的面积要足够大以保证进行上述活动的车辆和人员的行动,机坪上用漆标出运行线,使飞机按照一定线路进出滑行道。

机坪又分为停放机坪和登机机坪。飞机在登机机坪进行装卸货物、加油,在停放机坪过夜,维修和长时间停放。

2.6 航站楼

航站楼(主要指旅客航站楼,即候机楼)是航站区的主体建筑物。航站楼的设计,不仅要考虑其功能,还要考虑其环境、艺术氛围及民族(或地方)风格等。航站楼一侧连着机坪,另一侧又与地面交通系统相联系。旅客、行李及货邮在航站楼内办理各种手续,并进行必要的检查以实现运输方式的转换。旅客航站楼的基本功能是安排好旅客和行李的流程,为其改变运输方式提供各种设施和服务,使航空运输安全有序。旅客航站楼的基本设施应包括:(1)车道边;(2)公共大厅;(3)安全检查设施;(4)政府联检机构;(5)候机室大厅;(6)行李处理设施(行李分检系统和行李提取系统);(7)机械化代步设施(人行步道、自动扶梯等);(8)登机桥;(9)旅客信息服务设施等。大型机场的旅客航站楼还设有特许商业经营和服务设施。因此,航站楼不仅是民航的营运中心,而且还是商业中心。旅客航站楼内还设有机场和航空公司的办公机构和特许经营部门。

2.7 飞行区的设施

2.7.1 航站导航设施

航站导航设施也称为终端导航设施,它的目的是引导到达机场附近的飞机安全、准确地进近和着陆。

航站导航设备分为非精密进近设备和精密进近设备。

非精密进近设备通常是指装置在机场的 VOR—DME 台(甚高频全向信标测距仪)、NDB(无方向信标)台及机场监视雷达,作为导航系统的一部分,它们把飞机引导至跑道平面,但不能提供在高度方向上的引导。

精密进近设备则能给出准确的水平引导和垂直引导,使飞机穿过云层,在较低的能见度和云底高下,准确地降落在跑道上。目前使用最广泛的精密进近系统是仪表着陆系统。还有部分使用的精密进近雷达系统以及正在发展并将最终取代仪表着陆系统的卫星导航着陆系统。

1. 仪表着陆系统(ILS)

仪表着陆系统是在 20 世纪 40 年代末和精密进近雷达几乎同时发展起来的着陆系统。到 20 世纪 60 年代末,它的精度和可靠性都超过了精密进近雷达系统。仪表着陆系统作为国际民航组织推荐的飞机标准进近和着陆设备,能在气象恶劣和能见度差的条件下,给驾驶员提供引导信息,保证飞机安全进近和着陆,因此 ILS 在世界上得到普遍使用。

仪表着陆系统的地面系统由航向台(localizer)、下滑台(glideslope)和指点信标三个部分组成,如图 2.10 所示。飞机上的系统是由无线电接收机和仪表组成,它的任务是给驾驶员指示出跑道中心线并给出按照规定的坡度降落到跑道上的航路。

(1)航向台:它是一个甚高频发射台,位于跑道中心线的延长线上,通常距跑道端 300~500 米。它发射两个等强度的无线电波束,称为航向信标波束,使用的频率为 108.10~111.95MHz,两个波束分布在沿跑道中心线的两侧,使用两种调幅频率,左侧是 90Hz 调幅,右侧是 150Hz 调幅。飞机的接收机收到 90Hz 的电波强于 150Hz 电波时,表明飞机在跑道左侧,表上指针指向右,飞机要向右调整;反之收到 150Hz 的电波强于

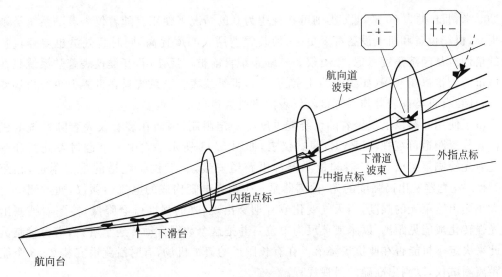

图 2.10　仪表着陆系统

90Hz时飞机应向左调整。如果收到的两个电波强度相等,机上的ILS仪表指针指在正中,说明飞机飞在跑道中心线向上延伸的垂直平面上,飞机可沿着波束方向准确地在跑道中线上着陆。信标波束作用距离为25海里,在10海里距离内是一个与水平成3°上仰的很窄的波束,向左、右各延伸35°;在10～25海里,在两侧延伸只有10°,高度为7°。航向台发射的波束在天线的背面也能收到,但比正面要弱,天线正面的叫前航道,背面叫后航道,通常飞机都使用前航道降落,在特定情况下,(如风向不利)也可以用后航道降落。

(2) 下滑台:航向台提供了飞机下降时的水平导航(航向导航),下滑台向飞机提供垂直导航,下滑台在跑道一侧500英尺,离跑道的进近端1000英尺,它使用的频率在325～329MHz之间,和航向台的波束相似。下滑道信标波束也是两个强度相等的波束,分布在与地平面成3°的下滑道的上、下两侧,在下滑道上侧是以90Hz调幅,在下滑道下侧是用150Hz调幅。飞机下降坡高于下滑道,则90Hz的电波强,仪表指针向下,驾驶员使飞机机头向下;反之,如150Hz电波强,飞机则应升高;当两束电波强度相当,飞机则保持正常的3°坡度下降,平稳地降在跑道上。

(3) 指点信标:为了使驾驶员在降落时准确知道飞机所在位置,仪表着陆系统一般设置三个指点信标,使用75MHz电波,每个信标信号有自己的编码。外指点标距跑道端5海里,飞机飞越它时,驾驶舱内相应的蓝灯闪亮并有400Hz的声音信号。中指点标的位置距跑道端0.5海里,飞机飞越它上空时琥珀色的灯闪亮,并有1300Hz的声音信号提醒驾驶员注意,这时飞行的高度约为60米。内指点标的位置离跑道端只有300米,飞机通过它时高度只有30米,这是二类仪表着陆的决断高度,通过时驾驶舱的白灯闪亮并有3000Hz声音警告信号。

仪表着陆系统按着陆的最小能见度分为3类。现在使用的标准仪表着陆系统为Ⅰ类,它可以在跑道目视视程550米或能见度800米以上、决断高度60米以上时使用。Ⅱ类仪表着陆系统可在跑道视程为350米、决断高度为30米以上的情况使用。Ⅲ类仪表着陆系统没有决断高度限制,但是根据跑道目视视程不同又分为三个类别,Ⅲa类对应视程为200米，Ⅲb类为50米，Ⅲc类则可在视程为0的情况下使用。随着仪表着陆系统类别的提高，机场设备和机上设备都要更换，使装置费用大幅度提高，同时驾驶员也要经过特殊的培训。从经济角度考虑，Ⅰ类仪表着陆系统目前被广泛使用，Ⅱ类仪表着陆系统只在大城市的繁忙机场使用（如我国的北京、上海），Ⅲ类仪表着陆系统只在世界上少数机场使用，而且装有Ⅲ类仪表着陆系统接收仪表的飞机数量也不是很多。

由于使用Ⅱ类以上仪表着陆系统能见度有一定限制，因而在装有仪表着陆系统的机场都要装置跑道目视视程（RVR）测试仪表，如图2.11所示。它由一个透射发光器和一个透射光检测器组成，发光器和检测器都沿跑道安装，一般位于跑道的中点附近，相距150米。发光器发出高强度的光，检测器是一个由光电管构成的电流检测仪，通过测电流的大小测出这束光的强度，当天气变化或有烟雾出现，光的强度就会降低，检测器把测出的光强转化成能见距离（以米或英尺为单位），并把这个数据自动传送到塔台，塔台管制员以此来决定飞机能否在此机场降落。在有长跑道的繁忙机场，有时沿跑道安装2~3个能见距离测试仪，以测出准确的目视视程。

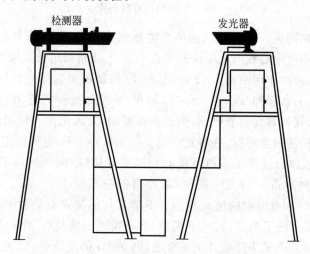

图2.11 跑道目视视程（RVR）测量仪

仪表着陆系统的使用受到许多限制，有许多不足之处：

第一，它在单一航道上使用，这个航道下降坡道为3°，这使航道在低高度上延伸10海里，从而对机场在这一方向上的净空提出较严格的要求，而且飞机只能在这个距离之外以一定角度进入航路，使交通流量受到限制。

第二，系统的性能受到地形和建筑物的影响，有时还受到移动车辆的影响。

第三，在200英尺以下，下滑道信号有时因受地面干扰不够稳定。

2. 精密进近雷达系统（PAR）

由发射器、显示器和两个天线组成。一般装在可移动的车辆上，一个天线水平扫描，确定飞机相对跑道的横向位置，一个天线垂直扫描显示飞机的飞行高度，这两个信号同时出现在管制员的显示屏上，管制员根据显示出的航道向驾驶员发出指令或建议，引导飞机安全着陆。

精密进近雷达系统装置体积小,可移动而且不需要飞机上装很多设备,因而成为军用导航的首选系统,但它的精确程度和可靠性受管制员的水平影响很大而不如ILS系统稳定和易于掌握,因而民用航空最终在20世纪70年代选定ILS系统作为标准系统。精密进近雷达系统目前只有在偏远地区或紧急情况(如出现地震、突然事件等)时才在民航中使用。

3. 微波着陆系统(MLS)

由于空中流量的迅速增加,仪表着陆系统在地形要求上,飞机进入下滑道的时间上以及波段频率的分配上对流量的增大都有限制。在20世纪70年代开发了微波着陆系统,国际民航组织也推荐这一系统,作为20世纪90年代末逐步取代现有的仪表着陆系统的标准系统。20世纪80年代末,在北美和欧洲已经有微波着陆系统在使用。

微波着陆系统使用5031~5091MHz的频段,这是超高频(UHF)波段,不易受干扰,而且频道数目为ILS的5倍。它的组成部分与仪表着陆系统类似,它以方位发射机发射相当于ILS中的航向道波束,以确定飞机的横向位置,但它的宽度为±40°,飞机可在跑道中线两侧40°范围内进入航道。它的高度发射机发射相当于仪表着陆系统中的下滑道波束的垂直导航波束,驾驶员可选择的下滑坡度范围在3°~15°之间,同时微波着陆系统使用精密测距仪为驾驶员提供准确的距离信号以取代仪表着陆系统的指点标系统。这样,微波着陆系统以和仪表着陆系统相似的方法实现飞机着陆导航任务。但微波着陆系统的流量通过能力,精确度和安装的初成本都比仪表着陆系统优越。可是卫星导航技术的迅速发展超过了人们的预计,在20世纪90年代初已经看出卫星着陆系统要大大优于微波着陆系统,因而国际民航组织不再积极推荐微波着陆系统,因此它只能在民航中得到有限的应用。

2.7.2 机场地面灯光系统

夜间飞行的飞机在机场进近降落,不论是在仪表飞行规则(IFR)或目视飞行规则(VFR)下都需要地面灯光助航。

1. 跑道灯光

如图2.12所示,跑道侧灯沿跑道两侧成排安装,为白色灯光,通常装在有一定高度的金属柱上,以防被杂草掩盖。灯上盖有透镜使灯光沿跑道平面照射,当离跑道端600米的距离时,透镜的颜色变为一面为红色一面为白色,红色灯光提醒驾驶员已经接近跑道端。跑道端灯的情况与跑道侧灯相同,但是使用一面红一面绿的透镜,红色朝向跑道,绿色向外,驾驶员着陆时看到近处的跑道端是绿色灯光,远处的跑道端是红色灯光。

跑道中心灯沿跑道中心安置,间隔为22米一个,跑道中间部分为白色,在距跑道端300米之内,灯光为红色,提醒驾驶员跑道即将终结。中心灯使用强光灯泡,并嵌入跑道表面,上面覆盖耐冲击的透明罩,能抵抗机轮的压力。

接地区灯从跑道端开始在跑道上延伸750米,白色灯光,嵌入地面,使驾驶员注意这是着陆的关键地区,飞机应该在此区域内接地。为帮助驾驶员找到跑道出口,在滑行道的出口,有滑行道灯,使用绿色灯光,间隔为15米,滑行道的中心灯为绿色,边灯为蓝色。

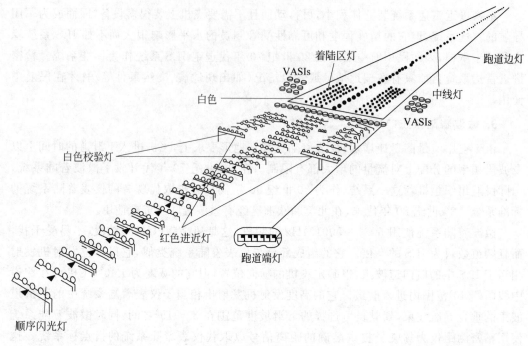

图 2.12　跑道灯光

2. 仪表进近灯光

飞机在进近的最后阶段，一般都要由仪表飞行转为目视飞行。这时驾驶员处于高负荷的工作状态，对于夜航的驾驶员，使用进近灯光来确定距离和坡度，从而做出决断。

进近灯光根据仪表着陆的等级或非仪表着陆有着不同的布局，非仪表着陆的进近灯安装在跑道中线的延长线上，长度至少为 420 米，间距为 30 米，为白色灯光。图 2.13 是Ⅰ、Ⅱ类仪表着陆使用的不同的进近灯光布局。

下面以Ⅱ类仪表着陆系统的进近灯光系统为例来说明。

进近灯光从跑道中心线的延长线上 900 米（或 720 米）处开始，为 5 个灯一排的白色强光灯，每隔 30 米一排，一直装到跑道端，横排灯的中点和跑道中心延长线重合，上面装有顺序闪光灯，它从远端顺序闪光，直指跑道端，每秒两次。驾驶员在空中可以看到一个运动的光点从远处指向跑道端，在距跑道端 300 米处，在中线灯两侧再加装两排横向灯，最前面两排为白色灯，为驾驶员提供目视测量机翼是否水平的依据，后面各排是红色进近灯，提醒驾驶员，这个区域不能着陆。

3. 目视坡度进近指示器（visual slope indicator，VASI）

VASI 装在跑道外着陆区附近，由两排灯组成，如图 2.14 所示。

两排灯组相距一段距离，每排灯前装有上红下白的滤光片，经基座前方挡板的狭缝发出两束光，它置于跑道端沿着着陆坡度发射，上面一束是红光，下面一束是白光。如果飞机的下降坡度正确，驾驶员看到的是上红下白的灯光；如果驾驶员看到的全是白光，表明飞机飞得太高，要向下调整；如果看到的灯全部是红光，表明飞机飞得太低。VASI 的作用距离为 4 海里，高度为 30 米，对于一些特大型飞机（如波音 747），需要设置多组 VASI

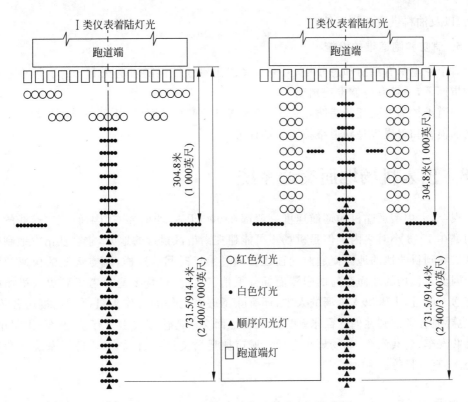

图 2.13 Ⅰ、Ⅱ类仪表着陆跑道进近灯光布局

(一般 2~3 组)以保证飞机在着陆时一直能看到灯光。

2.7.3 飞行区的其他设施

1. 测量基准点

空港的地理位置基准点,由国家的测绘机构定出准确的地理经度和纬度,作为这个机场的地理坐标。这一点通常选在空港主跑道的中点。

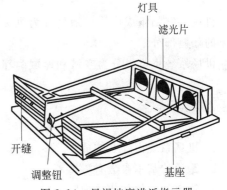

图 2.14 目视坡度进近指示器

2. 标高校核位置

空港的标高,指它的海拔高度,由于飞机在起飞前都要进行高度表设定,因此一个空港要设置一个专门位置,为飞机在起飞前校核高度,这个位置在停机坪的一个指定位置,在停机坪高度变化不大时,整个机坪都是校核位置。

3. 航行管制服务的设施

在飞行区设有航管中心、塔台和气象服务中心。

4. 地面维护设施

地面维护设施包括机库(飞机维修和停放的地方)、货运中心或货场(处理空运货物的场所)以及油料供应的管道等。

5. 消防和跑道维护设施

每个空港都有消防和急救中心,一旦飞机出事往往伴随着起火和伤亡。该中心在塔台的指挥下,一旦有事就迅速出动。

跑道维护的主要任务是防止积雪、积水或其他磨损,此外防止鸟撞及野生动物对机场道面的损害和阻碍也是跑道维护工作的任务。

2.8 出入机场地面交通系统

现今,大中型运输机的巡航速度一般都在 900 千米/小时左右,因而,国内航线的乘机时间都在 1～3 小时之内。但是机场不可能建在离市区很近的地方,旅客从出发地到机场和从机场到目的地的地面交通时间往往会超过乘机时间。这样,航空运输的快速的优点便会因出入机场的地面交通的阻滞而部分抵消。为此,机场要充分考虑到出入机场的地面交通。而且,由于出入机场的人中,还有除了旅客之外的工作人员、访客、接送者等,因此,也要充分考虑到他们的需求。出入机场地面交通运输方式主要有:小汽车、出租车、包租公共汽车、公共汽车、机场班车、火车、城市捷运公交系统、机场专用捷运系统和专用高速公路、直升机等。

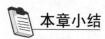
本章小结

机场系统的组成可简单地划分为供飞机活动的空侧部分及供旅客和货物转入或转出空侧的陆侧部分。

机场系统也可以分为空域和地域两部分。

复习与思考

1. 机场系统由什么构成?
2. 跑道的基本参数有哪些?
3. 跑道的方位如何确定?
4. 跑道包括哪些基本构形?
5. 机场仅一条跑道,其磁方向角度为 145°～325°,则该跑道东南端跑道方位识别号码标志是多少?

在线自测

第二部分 机场运营篇

第3章 机场容量管理

本章关键词

容量(capacity)　　　　　　　　延误(delay)

高峰时间(the peak time)　　　航班安排(flight arrangement)

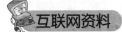互联网资料

http://www.chinaairports.cn/indxe.html

http://www.caac.gov.cn/

http://www.caacnews.com.cn/

http://www.iata.org/

http://www.icao.int/

> 机场的容量直接决定了机场是否能满足当地及国家经济的发展需求,因此,机场的规划对于机场的发展极其重要,规划的结果就是要使机场能有适当的容量来适应机场的发展需求。同时,在规划的时候,更加要考虑机场的高峰需求。而且,也要认识到,各方对于机场是有不同的需求的。机场在安排航班的时候,需要考虑各方的利益。

3.1 容量和延误分析

3.1.1 容量的概念

机场系统各项设施在一定时段内(通常为1小时,也可为1年或1天)通过不同运输对象(飞机、旅客、货物等)的最大能力,称为容量或极限容量。在飞行区内,跑道或滑行道的容量为单位时间内可能容纳的最大飞机运行次数。

为实现极限容量,必须对该设施连续不断地供应均衡的运输对象。然而,由于运输要求的变化和波动,实际上很难达到这一点。因而,在运输需求量接近极限容量时,运输对象必然会因等待通过而出现延误。需求量越接近于极限容量,平均延误时间越大。延误造成经济损失,延误多少也反映了服务水平和服务质量。依据某个可接受的服务水平,也即某个相应的可容许的平均延误时间所确定的容量,称作实际容量,见图3.1。机场系统各项设施的容量和延误,可单独地进行分析,而系统的容量决定于最受限制的设施的容量。系统的总延误则为各组成部分(设施)延误的总和。飞行区的容量通常由跑道的容量所控制。

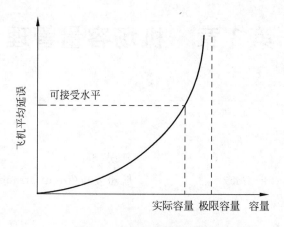

图 3.1　容量与延误的关系

容量分析主要用于判别现有设施是否满足运输需求,确定设施新建或扩建所需的规模。延误分析则主要用于方案比较及经济分析和评价。

3.1.2　跑道容量的影响因素

1. 空中交通管制因素

(1) 跑道上不容许同时有两架飞机运行——着陆飞机必须滑行到出口外,起飞飞机才能放行,其时间间隔取决于着陆飞机的跑道占用时间;后一架起飞飞机必须待前一架起飞飞机升起后,方可进入跑道,二者的间隔时间也取决于跑道占用时间。

(2) 着陆优先于起飞——当着陆飞机离跑道入口一定距离(约2海里或1分钟)以内时,应首先安排着陆;否则,可插入一次起飞。

(3) 同一飞行路径的两架飞机之间应有足够的水平距离间隔——由于飞机翼端在飞行时产生的尾流涡流会对后随飞机的飞行造成危害,因此,对前后两架飞机间的水平间隔做出了规定。

(4) 交通管制系统的完善程度(控制精度)和管制员所采用的顺序原则(按速度快慢排序原则或按先到先安排原则)。

2. 机队组成

机队中各种类型飞机的组成比例不同,会影响到其平均水平间隔和平均速度,从而影响到容量。

FAA采用机队指数MI来反映这一点。

$$MI=(C+3D)(\%) \tag{3-1}$$

C为最大起飞重为55.6~133.4KN的飞机的运行次数占总次数的比例；

D为最大起飞重大于133.4KN的飞机的运行次数占总次数的比例。

除了机队组成外，影响容量的飞机组成因素还有：在总运行次数中着陆和着陆—离地（飞行训练时采用）各占的比例。

$$着陆百分率 PA=(A+0.5TG)/(A+DA+TG)\times100\% \tag{3-2}$$

$$着陆—离地百分率 PTG=TG/(A+DA+TG)\times100\% \tag{3-3}$$

其中：A，DA和TG相应为小时内着陆、起飞和着陆—离地的运行次数。

3. 跑道布置和使用方案

当跑道为两条和两条以上时，其布置和使用方案对容量有较大影响。两条平行跑道间距较近时(中线到中线的距离为213.4~761.7米)，由于飞机在进入最后进近阶段时的横向偏差，两架飞机不能平行起降，而仍需保持水平间隔的要求。因而，其容量与单条跑道几乎一样。通常，采用一条供起飞而另一条供着陆的方案，但两条跑道仍不能完全独立运行。间距为中等时(762~1310.3米)，两条跑道可同时分别进行起飞和着陆。通常，起飞跑道的容量要比着陆的大，但从长时间来看，起飞率与着陆率应相等，因而，跑道的容量决定于着陆跑道的容量。当跑道间距大于1310.6米时，两条跑道分别独立起降。

4. 环境因素

影响容量的主要环境因素为能见度、风、跑道表面状况和噪声减除要求。能见度差时，需较长的水平间隔距离和跑道占用时间，因而其容量低于能见度好时。侧风过大(风速的垂直分量不应超过24千米/小时)，跑道湿滑或积雪，都会增加跑道使用时间，甚至引起跑道关闭，而减除或减轻噪声的要求，则会限制跑道在一天内某些小时的使用。

3.1.3 长期规划时跑道容量和延误的估算

美国FAA编制了可供长期规划时使用的估算小时容量、年容量和平均延误时间的图表，如表3.1所示。

对于跑道可能出现的布置和使用方案，归纳为19种典型情况。每一种情况均有全长的平行滑行道和足够的出口滑行道，并且无交叉滑行道的问题。机场的空域对飞机的飞行没有限制，至少有一条跑道安置仪表着陆系统，并有在雷达环境下飞行所必需的空中交通管制设施和服务。飞机的着陆百分率等于其起飞率，着陆—离地百分率随机队指数的增大而降低，如表3.2中所示。依据上述假设，按现行的空中交通管制规则及计算了各种跑道典型情况在目视飞行规则(VFR)和仪表飞行规则(IFR)条件下的小时容量。表3.1中列出了国内目前可能会遇到的7种跑道典型情况的小时容量值。

分析年容量时，除了采用上述假设外，还假设IFR天气状况约占10%的时间，机场按产生最大小时容量的使用方案运行的时间约占80%。而年内飞机运行次数的月、日和高峰小时分别采用表3.2中的比例。依据上述假设，推算各种跑道典型情况下的年容量。

表 3.1 长期规划用的跑道小时容量和年容量

跑道布置和使用方案		机队指数(%)	小时容量次(小时)		年容量 ($\times 10^3$ 次/年)
			VFR	IFR	
1	▭	0~20	98	59	230
		21~50	74	57	195
		51~80	63	56	205
		81~120	55	53	210
		121~180	51	50	240
2	▭▭ 213.4~761.7	0~20	197	59	355
		21~50	145	57	275
		51~80	121	56	260
		81~120	105	59	285
		121~180	94	60	340
3	▭▭ 762~1 310.3	0~20	197	62	355
		21~50	149	63	285
		51~80	126	65	275
		81~120	111	70	300
		121~180	103	75	365
4	▭▭ >1 310.6	0~20	197	119	370
		21~50	149	113	320
		51~80	126	111	305
		81~120	111	105	315
		121~180	103	99	370
5	✕	0~20	98	59	230
		21~50	77	57	200
		51~80	77	56	215
		81~120	76	59	225
		121~180	72	60	265
6	╱╱	0~20	150	59	270
		21~50	108	57	225
		51~80	85	58	220
		81~120	77	59	225
		121~180	73	60	255
7	╲╲	0~20	132	59	260
		21~50	99	57	220
		51~80	82	56	215
		81~120	77	59	225
		121~180	73	60	235

表 3.2 表 3.1 中所采用的假设

机队指数(%)	着陆百分率(%)	着陆—离地百分率(%)	年需求 / 高峰月中平均日需求	高峰月中平均日需求 / 平均高峰小时需求
0～20	50	0～50	290	9
21～50	50	0～40	300	10
51～80	50	0～20	310	11
81～120	50	0	320	12
121～180	50	0	350	14

图 3.2 绘示了估算飞机平均延误时间的曲线。按飞机年运行次数的预测值与跑道年容量的比值查用该图，即可得到每架飞机的平均延误时间；再乘以年预测运行次数，便得到总的年延误时间。图 3.2 中曲线变动范围的上半部分适用于运输飞机的运行占主导的机场，而整个范围则适用于通用飞机运行占主导的机场。

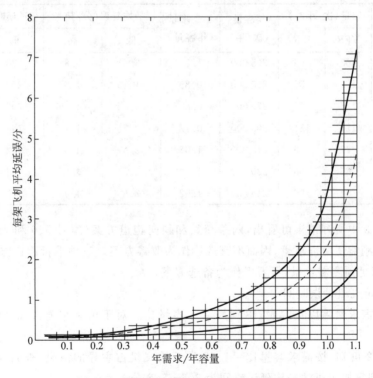

图 3.2 供长期规划用的平均飞机延误时间

应用表 3.1 和图 3.2 估算小时容量、年容量和平均延误时间的步骤，可通过例题说明。

［例题 3.1］ 现有一单跑道机场，配有全长滑行道和足够的出口滑行道、各项导航和交通管制设施，无空域限制。预测 2017 年的年运行次数为 220 000 次，其中，55% 为 C 类大飞机，4% 为 D 类重飞机。计算现有跑道的容量，判断是否适应预测需求量，并提出改善方案，确定飞机的年延误时间。

(1) 现有跑道容量计算

已知 $C=55$，$D=4$，由式(3-1)计算机队指数 $M=(C+3D)\% =(55+3\times 4)\% =67\%$

现有跑道为单条，由表 3.1 知，属 1 号跑道布置和使用方案。查该编号，由 MI=67%，可得到小时容量：VFR 时为 63 次/小时，IFR 时为 56 次/小时；并得到年容量为 205 000 次/年。

同预测需求量相比，年容量低于预测值(205 000＜220 000)。因而，除非增加容量，否则将会产生严重的延误。

(2) 选择改善方案

单条跑道的容量将不能满足 2025 年的需求，为此可增加一条跑道。两条跑道的方案可考虑 6 种。按上面类似的方法，由 MI=67%，查表 3.1 中相应跑道布置和使用方案的有关数值，可得到小时容量和年容量，所得结果列于表 3.3 中。

表 3.3 例题计算结果

跑道布置和使用方案编号	容量(次/小时)		年容量(次/年)	年需求量(年容量)	平均延误(分/架)		总延误时间($\times 10^3$ 分)	
	VFR	IFR			低	高	低	高
1	63	56	205 000	1.07	3.5	5.8	770	1 276
2	121	56	260 000	0.85	1.15	1.8	253	396
3	126	65	275 000	0.8	0.95	1.45	209	319
4	126	111	305 000	0.72	0.7	1.1	154	242
5	77	56	215 000	1.02	2.6	4.0	572	880
6	85	56	220 000	1.0	2.3	3.4	506	748
7	82	56	215 000	1.02	2.6	4.0	572	880

由表 3.3 中所列结果可看出，两条交叉和斜向跑道方案(编号 5、6 和 7)的年容量都不能适应或刚能适应需求量，因而不宜选择作为改善方案。三种平行跑道方案(编号 2、3 和 4)都能满足预测需求量，可考虑作为备选方案。

(3) 确定飞机延误时间

以预测需求量除以年容量，得到需求-容量比。对于单条跑道：220 000/205 000=1.07。

由图 3-2 可知，按需求容量比=1.07 和运输飞机占主导的情况，查曲线变化范围的上半部，得到每架飞机的平均延误时间为 3.5~5.8 分。

将每架飞机的平均延误时间乘以预测需求量 220 000 次，可得到年延误时间为 770 000~1 276 000 分。

比较各方案的延误时间，可以看出平行跑道方案的延误时间要小得多，特别是间距大的方案。可利用此延误时间估算值进行经济分析和评价，以选择最合适的改善方案。

一般情况下，滑行道的通行能力都大于跑道的通行能力。所以，不必进行滑行道通行能力的分析。仅在滑行道同跑道相交时，有可能出现其通行能力小于跑道通行能力的情况。这时,其通行能力取决于相交跑道上运行飞机的组成、使用方案、相交点距跑道起飞端点的距离和跑道运行次数。

3.1.4 机坪-门位的容量

飞机停放在航站楼机坪的指定位置上,以便上下旅客、装卸行李和货物、飞机加油和检查以及进行机舱服务工作。机坪-门位容量可定义为一个固定的门位数在规定的时段内最多能容纳的飞机数。

影响门位容量的因素有以下几方面:

(1) 可供飞机使用的门位类型和数目——门位类型是指其容纳大型、中型或小型飞机的能力。

(2) 使用门位的飞机类型组成和各类飞机需占用的门位时间——飞机占用门位的时间包括:操纵飞机进出门位、旅客上下飞机、装卸货物、飞机加油、机舱清扫、膳食和用水供应等。所需时间随飞机类型和航程远近而定,表3.4中列示了一些数据以供参考。

表 3.4 各类飞机的门位占用时间

飞行类型	典型飞机	门位占用和周转时间(分)
远程(特别是国际航线)	宽体喷气机 B-747	60~150
中程—远程	远程喷气机 B-767	45~90
短程—中程	短程、商务装载大的喷气机 A-300,B-727	25~60
短程	小飞机 Short-brother	20~45

(3) 门位的使用限制和利用程度——门位的使用情况可能有两种方式,一种是所有飞机都能使用各个门位(不受限制),另一种是各门位供特定用户或飞机使用。对于通用情况的门位容量,可按下式分析:

$$C_g = \frac{\mu N_g}{\sum_i m_i T_{gi}} \times 60 (架/小时) \tag{3-4}$$

式(3-4)中:N_g 为可供使用的门位数;μ 为门位利用系数,通常变动于 0.5~0.8 之间;m_i 为 i 类飞机在机队中的比例;T_{gi} 为 i 类飞机的门位占用时间。

[例题 3.2] 某机场共设有 10 个门位。利用该机场的机队组成为短程飞机 10%、中程飞机 60%、远程飞机 30%。各类飞机通用各个门位,其利用系数为 0.7。请分析门位的容量。

参照表 3.4,设门位的占用时间为:短程飞机 30 分、中程飞机 50 分、远程飞机 80 分。由式(3-4)可得:

$C = (0.7 \times 10 \times 60)/(0.1 \times 30 + 0.6 \times 50 + 0.3 \times 80) = 7.4$(架/小时)

该机场的门位容量为 7.4 架/小时。

门位为专用时,分别对每类门位按式(3-4)确定其容量。

3.2 机场高峰时间与航班安排

3.2.1 高峰时间

由于机场的收入一般取决于年旅客运输人次或年货物运输吨数所反映的客货周转量,因此机场的经营者一般以此来评价一个机场的经营能力。然而,虽然年度流量是营业收入的基本决定因素,但是高峰流量在很大程度上则是使用某一设施所需之有形消耗及业务费用的决定因素。因此,就工作人员的配置与有形设施(physical facilities)而言,每时每刻的需要量比年度总量更为关键。

与其他运输设施一样,对机场的需求程度在时间上有很大差别。一般可用下列形式表述:年度差别、某年度内的月高峰、某月或某周内的日高峰、某日内的时高峰。

大多数机场的主要着眼点是旅客流量。在许多大型机场,现在也由于货运的增长率高于客运,货物的运输业变得越来越重要。然而,就货运设施的计划与运输而言,航空货运的高峰并不与航空客运的高峰相重合。因此,货运相对来说,对机场设施的压力远远不如客运。

在考虑客流高峰的特性时,也要考虑到"旅客"并不是一个同族实体(homogeneous entity),而是由许许多多不同旅行需求的旅客组成的。旅客们因不同的情况而旅行。他们有不同的需要,并因此对客运体系提出不同的迫切要求。因此,不同高峰的特性正好反映了这一点。这些特性取决于旅客是国内旅行还是国际旅行,是乘定期航班还是乘包机,是为了休闲还是为了公务,是付全费还是享受优惠。

导致整个高峰问题复杂化的因素是,与其他运输方式不同,航空运输涉及旅客、机场、航空公司等多种关系,而在其他运输方式中,旅客只同一个经营者打交道。在高峰问题上,航空公司与机场经营者的目标并不见得一致。机场的经营者希望将需求更平均地分配于每一工作日,以便减少因高峰而引起的设施供应方面的要求。在另一方面,航空公司则希望最大限度地提高机队的利用率,希望通过在黄金时间(一般是高峰时间)提供服务的方式来提高载运率。这样,在满足作为航空公司客户的旅客的需要与满足作为机场客户的航空公司的需要之间,就存在着潜在的冲突。

3.2.2 描述高峰的方法

机场的设计并不能时刻满足需求。在一年的大多数时间里,机场有可能是空闲的,但是,也有那么一小部分的时间,机场是超负荷运行的。一般情况下,机场设施并没有设计成完全满足需求,而是一年中可以有几个小时超负荷运转。不同的机场与航空当局对这个问题有不同的处理方法。图3.3表示对于一个典型机场而言,交通高峰的一个特点,也就是按数量顺序排列的旅客流量曲线图。可以看出,每年有几个小时存在极高的交通流量。经营的实践趋向于接受每年有几个小时机场设施超负荷运转(即流量大于有形设施及运作能力),而随之便是延误与不便。如果不这样设计,很有可能导致不经济和浪费性经营。

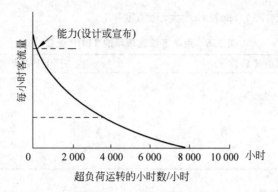

图 3.3 航空运输机场一年中小时客流量典型分布

1. 标准繁忙率

标准繁忙率(the standard busy rate,SBR)这一方法或其变形在英国及欧洲其他地方被视为是一种标准方法,尤其是英国机场当局(British Airports Authority,BAA)。这一方法被界定为"第三十高峰小时客流量法",即只有 29 个单位小时的流量高于这个单位小时。这种第三十高峰小时的理论来源于民用工程的实践。在这种实践中,这一设计准则公式多年来一直被用于决定公路的设计流量。SBR 的设计可以确保以设计年为准,设施在一年中超负荷运转的时间少于 30 小时。这一数字被认为是一个合理的超负荷运转的小时数。

2. 繁忙小时率

繁忙小时率(busy hour rate,BHR)或所谓 5%繁忙小时是对 SBR 的修改,因为 SBR 所包含的拥挤程度在不同的机场是不同的。通过将运营量按数量大小排序及计算占年流量 5%的累计流量的方法,便可以很容易地得出 BHR。排在下一位的流量就是 BHR。图 3.4 用图示法说明了这一点。BHR 方法的一个很大的不利方面在于:需要收集和分析的数据过多,非小机场力所能及。

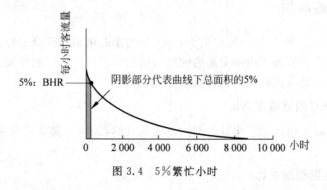

图 3.4 5%繁忙小时

3. 典型高峰小时旅客

美国联邦航空局(FAA)还使用一种用年旅客流量来测量高峰的比率方法。为从年流量中估算典型高峰小时旅客(typical peak hour passengers,TPHP),FAA 介绍了一种关系(见表 3.5)。通过该表可明显看出,随着日高峰的削减与昼间低槽的填平,高峰成了年流量下降中引人注目的部分，即机场增大，峰值变平。

表 3.5　用年客流量表示的 TPHP 流量

年旅客总数	TPHP 在年流量中的比例
20 000 000 以上	0.030
10 000 000～19 999 999	0.035
1 000 000～9 999 999	0.040
500 000～999 999	0.050
100 000～499 999	0.065
100 000 以下	0.120

4. 最忙时间表小时

最忙时间表小时（busiest timetable hour，BTH）这种简单的方法对于数据基础较差的小机场来说是可行的。利用平均载运率及现行或计划中的时间表便可计算出 BTH。这种方法受航空公司预测失误、重排航班表、为各种意外变化重新调整设备及平均载运率差别的制约。

5. 高峰轮廓小时

高峰轮廓小时（peak profile hour，PPH）有时亦称平均日高峰。这一方法颇为直观，易于理解。首先选择高峰月，然后以实际月天数（如 28 天，29 天，30 天，31 天）来计算每小时平均流量。这样便可以得出"平均高峰日"的平均小时流量。高峰轮廓小时是平均高峰日中价值最大的一个小时。经验表明：许多机场的高峰轮廓小时与标准繁忙率十分接近。

6. 其他方法

虽然许多非美国机场也使用 SBR 方法的某种形式来认定高峰，但在方法上却有不一致的地方。在引进 BHR 之前，英国机场当局（British Airport Authority）使用第二十高峰小时法，而当时许多其他英国机场则使用第三十高峰小时法。在法国，巴黎机场将其设计建立在 3% 超负荷运转的基础上。

3.2.3　高峰的本质

机场交通用一年中的月、一周中的天、一天中的小时来揭示高峰的特性。高峰的形式和时间在很大程度上取决于机场交通的性质与机场所服务的地区的性质。

以下是一些最影响高峰特性的因素：

1. 国内航班与国际航班之比

国内航班趋向于用反映工作日类型的方法来经营，因为多数的公务旅行都是使用国内航班。

2. 包机与定期航班之比

包机的时刻表是为最大限度地提高飞机的利用率而确定的，没有必要一定要安排在高峰期间。而经营定期航班的航空公司则认为高峰期间最有商业竞争力。

3. 远程运输与短程运输之比

短程航班在起飞后或起飞前常被安排用于最大限度地利用一天的时间。因此，短程航班的高峰一般是在上午8点至9点及下午4点半至6点半。远程航班的安排主要是考虑便利的到达时间,以便旅客和机组成员得到合理的休息及避开机场的宵禁。

4. 地理位置

航班的安排要保证旅客可以在方便地利用交通和饭店营业时间到达目的地。

5. 人员集结区(集散区)的性质

机场所服务的地区的性质对高峰的性质均有很强影响。比如,芝加哥、洛杉矶、伦敦、巴黎等综合性商业大都市的机场一年中流量平稳,只是在圣诞节、复活节及夏季假日期间出现高潮,反映休闲旅行的增加。位于季节性很强的度假区附近的机场,如地中海地区的机场,在假期的月份中表现出了十分显著的高峰。

3.2.4 影响航班安排的因素

对于航空公司来讲,安排航班,特别是在一个能力有问题的主要枢纽机场安排航班,是一个复杂的问题。航班的安排需要相当的技巧及对公司策略与经营程序的透彻理解。在需要考虑的诸多因素中,下列因素最为重要。

1. 利用率和载运率

航空器是一种昂贵的设备,只有通过飞行才能带来收入。很明显,在其他因素相等的情况下,高利用率这一因素尤为重要。然而,利用率本身并不能单独成为安排航班的标准。利用率必须与高载运率相结合。离开了第二个因素,航空器就可能被安排在低于盈亏平衡的水平下飞行。对于从事远程运输的现代宽体飞机而言,这一水平接近70%。

2. 可靠性

航空公司不会只凭着考察飞机利用率这一唯一标准来安排航班。然而,飞机利用率的考察却取决于载运率和正点率两个制约因素。在追求利用率的时候,就正点率而言,服务的可靠性将受到损害。航班的安排要考虑两种不确定因素的影响:设备的可靠性和由于航路原因而引起的晚点或延误。

3. 远程航班安排的窗口

航班的安排必须考虑到在始发、中途及目的地机场的离港与进港时间。例如,从伦敦飞往澳大利亚悉尼的航班应在傍晚离港,以保证刚好在悉尼早上6点(06:00)宵禁撤去之后到达。早上9点(09:00)飞离希思罗机场,经孟买到悉尼的航班,将于次日晚上9点40分(21:40)到达,距离夜里11点(23:00)的宵禁只有80分钟。除非有紧急情况,宵禁是不能豁免的。很明显,这样安排航班,一旦出现失误,回旋的余地太小了。在安排离港时间的时候还要看到,旅客要从市中心赶到机场,并要在预定的离港时间之前的一个合理时间到达。

图3.5是在实践中飞离伦敦的航班安排窗口的一些例子。在伦敦到东京的航线上,有两处禁止喷气式客机夜间飞行的地方:香港(格林尼治时间16:00—22:30)和东京(格林尼治时间14:00—21:00)。航班要安排在很窄的限制之内,以保证刚好在过午夜之前到达迪拜,并避开香港和东京的夜间宵禁。鉴于远程航班的这种特性,在安排航班时,必须考虑到离港前及途中的合理延误。

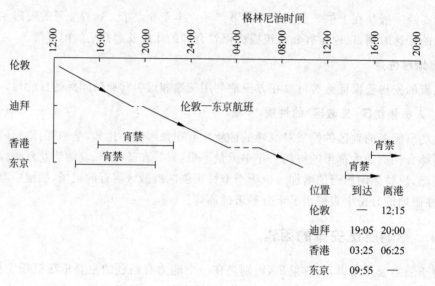

图 3.5　向东的航班安排窗口的例子

通过图 3.6 可以看出在安排由伦敦飞回悉尼的航班时所受到的限制因素。该图清楚地表明，考虑到宵禁及拥挤时间等因素，航班安排的窗口很窄。

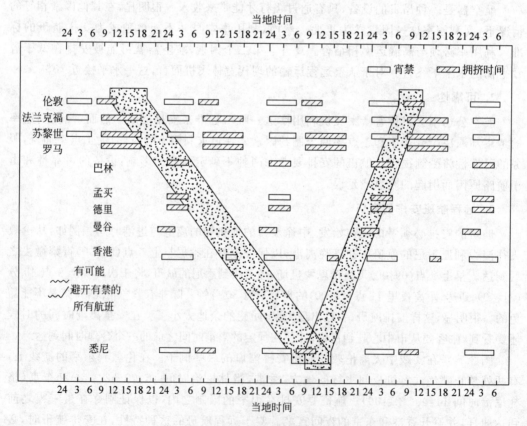

图 3.6　伦敦—香港—悉尼航线航班安排上的限制

4. 短程航班的便利

由于短程航班常常运送大量的公务旅行者,离港和进港时间对于航班市场至关重要。不能保证在当天的上下班时间前后往返的短程航班很难有市场。

5. 一般机组保证问题

除了远程航班在途中要有短暂停留,以及机组要换班等特殊问题之外,所有的航班都要考虑维修、地面、空中、机组等多方面的可行性。非常明显,在所需的不同机组人员的数量与航班安排之间存在着很强的相互关系,特别是当长短途航班通盘考虑时,这种关系尤为突出。

6. 飞机的保证

鉴于机队所用飞机的类型、使用年限、用途等各不相同,某一具体飞机应具备的保证性也不同。一般地讲,B747可连续运营120小时,此后便需要进行8小时的保养,包括进入维修地点和牵引时间,而这一时间也许意味着要停工12小时。每三周要有24小时的进一步保养时间,每三个月要进行一次大检修。大检修可能是2天半或5天,甚至一个月。

7. 市场可能性

就航空公司而言,离港或进港时间的安排必须具备市场可能性。在诸如上海浦东机场等主要枢纽点,航班的衔接尤为重要。只要有可能,旅客们就不会在机场做长时间的中途停留。航空公司要考虑的其他因素有:枢纽机场的离港和进港时间要与公共交通及旅馆的营业时间相协调,客房是否有保证,等等。如果一周内有数个航班,一周内的航班连续性问题也十分重要。

8. 夏季—冬季变化

如果存在大量的季节性交通(特别是在假期),在夏季与冬季经营之间,在航班安排策略上有很大不同。

9. 起降费定价政策

许多机场试图通过调整起降费及其他与航空器有关的费用的方法来达到下述目的:要么用价格政策来分散高峰,要么对黄金时间的晚间经营收取额外费用作为补偿。以英国机场局为例,该局在伦敦希思罗机场采用了惩罚性高峰小时收费制度,以鼓励航空公司将经营从希思罗转向盖特威克机场,或是将经营避开高峰期间。根据这一制度,一架远程B747高峰期间在希思罗机场的一次典型停留,其费用是非高峰期间的2.8倍,是在相同的高峰时间在知名度略小一些的伦敦盖特威克机场所需费用的183%。

3.2.5 航空公司的航班安排

就作为提供空中运输的基本因素的航空公司而言,航班安排问题涉及其结构内部的大量人员和分支部门。商务部门听取市场部门的建议。在给航班安排计划部门(该部门负责航空公司航班的总体规划)提供建议时,商务部门要考虑若干将影响到是否决定在航班表上再增加一个新航班的因素。这些因素可能包括下列几点:航线的历史性质、目前可利用的航线容量、飞机的类型、费用结构(等待、高峰、晚间等)。

3.2.6　IATA 的航班安排政策

IATA(国际航空运输协会)在其《航班安排程序指南》中规定了航班安排的一般政策。某些机场有官方限制,一般由政府部门进行协调。更加普遍的做法是航空公司通过机场协调部门,自行安排大家均可接受的航班表。根据建议,最好由国家航空公司或是最大的航空公司来负责机场协调工作。协调的结果是编制出公认的优先次序,然后再根据这些次序自然而然地,在尽可能少地保留分歧的前提下,制定出一份大家认可的航班表。这些优先次序包括:

1. 历史性优先权。航空公司有权优先在下一个相同季节安排航班。
2. 运营的有效期。如果两个或两个以上航空公司竞争同一运营时间,准备经营最长时间的航空公司有优先权。
3. 紧急情况。短期的紧急情况按延误处理,只有长期的紧急情况才影响到重排航班。
4. 设备、航线等的变化。在所有就同一时间段提出的新要求当中,由于使用速度不同的新设备或是调整班次,使之更加现实而提出的申请有优先权。

航空是由不同的部分组成的。这些部分可大致分为有规则的定期航班、有组织的包机、不规则的通用航空、军事活动,等等。机场的作用是通过咨询各部分的代表,为任何有限的设施提供适当的途径。国际航空运输协会(IATA)的政策指出,协调的目的在于:

(1) 不靠政府干涉解决难题;
(2) 保证所有的经营者在现有的限制之内,在满足其航班安排要求方面机会均等;
(3) 寻求一个公认的、可以将有关经营者经济上的不良后果降至最低程度的航班表;
(4) 最大限度地降低给公共旅行和贸易团体造成的不便;
(5) 对航班时刻安排限制进行定期评估。

在国际航空运输协会(IATA)每半年一次的夏季和冬季航班安排会议上,航班是在世界范围的基础上安排的。出席这种大型会议的有 100 多个国际航空运输协会(IATA)的成员航空公司和非成员航空公司。在会上,通过反复讨论各种航班提案,机场协调者们最终可达成一个为他们所代表的机场所同意的航班表。

3.2.7　机场的航班安排

许多存在高峰能力问题的大型机场均制定并宣布了强硬政策,这些政策影响着航班的安排。机场经营者的观点不仅表达了自己的需求,而且也反映了航空旅客和作为工业集团的航空公司的利益。在某些情况下,机场的政策甚至代表了那些非旅客的公众的利益。上述利益的保护是通过这样的方式进行的,在机场的经济和环境限制之内安排航班,提供安全和有秩序的交通运输服务以满足旅客的需要。各种利益集团的观点有很大差别。机场的经营者寻求在设施允许的范围内尽可能经济有效地经营。航空旅客希望在合理的、不拥挤的条件下旅行并尽量减少延误,希望在排除不可靠因素的前提下,在需要时有较高的服务频率。作为一个工业集团,航空公司也在追求经营效率及服务的高频率和可靠性。然而,每个航空公司都很自然地希望使自己的服务尽可能完善,希望得到最好的竞争条件。就航空公司而言,单个公司的目标并不一定与整个工业集团的利益一致。在某些机场,由于环境原因,能列入航班表的航空运输服务的数量是有限的,如伦敦希思罗机场每年只能安排 275 000 个航空运输活动。在这样的机场,非旅客的因素便被考虑在内了。在华盛顿国家机场(Washington D. C. National)也有类似的关于航空器活动的限制。

许多机场按惯例每半年或一年宣布一次它们的经营能力。服务于该机场的经营定期航班的航空公司的代表组成的航班安排委员会要注意到这一经营能力。

 本章小结

机场系统各项设施在一定时段内(通常为 1 小时,也可为 1 年或 1 天)通过不同运输对象(飞机、旅客、货物等)的最大能力,称为容量或极限容量。在飞行区内,跑道或滑行道的容量为单位时间内可能容纳的最大飞机运行次数。

与其他运输设施一样,对机场的需求程度在时间上有很大差别。一般可用下列形式表述:年度差别、某年度内的月高峰、某月或某周内的日高峰、某日内的时高峰。

在航班安排上,各种利益集团的观点有很大差别。机场的经营者寻求在设施允许的范围内尽可能经济有效地经营。航空旅客希望在合理的、不拥挤的条件下旅行并尽量减少延误,希望在排除不可靠因素的前提下,在需要时有较高的服务频率。作为一个工业集团,航空公司也在追求经营效率及服务的高频率和可靠性。

 复习与思考

1. 什么是容量?
2. 容量和延误的关系如何?
3. 跑道容量的影响因素有哪些?
4. 如何计算机队指数?
5. 现有一单跑道机场,配有全长滑行道和足够的出口滑行道、各项导航和交通管制设施,无空域限制。预测 2025 年的年运行次数为 230 000 次,其中,60% 为 C 类大飞机,10% 为 D 类重飞机。计算现有跑道的容量,判断是否适应预测需求量,并提出改善方案,确定飞机的年延误时间。
6. 影响门位容量的因素有哪些?
7. 描述高峰的方法有哪几种?
8. 航空公司的航班安排和机场的航班安排之间存在什么样的分歧?

在线自测

第4章 机场航站区的运营

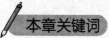

本章关键词

航站区(terminal area)　　　　航站楼(terminal building)
航站楼机坪(terminal apron)

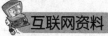

互联网资料

http：//www.chinaairports.cn/indxe.html
http：//www.caac.gov.cn/
http：//www.shanghaiairport.com/
http：//www.cahs.com.cn/
http：//www.iata.org/
http：//www.icao.int/

> 机场的航站区是机场的一个非常重要的组成部分。航站楼的设计、布局、流程设置等直接和旅客相关,航站楼机坪数目的多少等也会对机场的日常运营产生重大影响。

航站区是机场的客货运输服务区,是为旅客、货物、邮件空运服务的。航站区是机场空侧与陆侧的交接面,是地面与空中两种不同交通方式进行转换的场所。航站区主要由三部分组成:①航站楼、货运站;②航站楼、货运站前的交通设施,如停车场、停车楼等;③航站楼、货运站与飞机的联结地带——站坪。本章主要讨论航站楼和航站楼机坪,货运站和交通设施单独设置章节进行讨论。

4.1 机场航站区的规划

4.1.1 航站区的规划原则

航站区是机场的一个重要功能区,在规划中应遵循以下原则:
(1) 与机场总体规划相一致;
(2) 坚持"一次规划,分期实施",使其规模与旅客运输量相适应,各区域容量平衡,并具有未来扩建发展的余地;
(3) 相对于飞行区和机场的其他功能区的间距、方位合理;

(4) 航站区陆侧应便于交通组织,并与城市地面交通系统有良好的衔接;

(5) 航站区空侧应根据飞机运行架次、机型组合、地面保障服务设施等因素合理规划,使飞机的运行安全、顺畅、高效;

(6) 航站区应地势开阔、平坦,排水条件好,并尽可能少占地;

(7) 注意航站区的群体建筑效应,注意绿化、美化和保护航站区及其周围环境。

4.1.2 航站区的位置确定

在考虑航站区具体位置确定时,尽管有诸多影响因素,但机场的跑道条数和方位是制

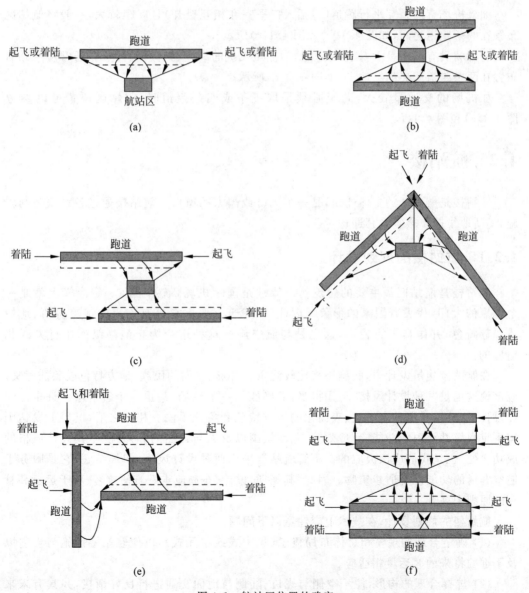

图 4.1 航站区位置的确定

约航站区定位的最重要因素。航站区—跑道构形,即两者的位置关系是否合理,将直接影响机场运营的安全性、经济性和效率。在考虑航站区的位置时,应布置在从它到跑道起飞端之间的滑行距离最短的地方,并尽可能使着陆飞机的滑行距离也最短,即应尽量缩短到港飞机从跑道出口至机坪,离港飞机从站坪至跑道起飞端的滑行距离,尤其是离港飞机的滑行距离(因其载重较大),以提高机场运行效率,节约油料。在跑道条数较多、构形更为复杂时,要争取飞机在离开或驶向停机坪时避免跨越其他跑道。同时,尽可能避免飞机在低空经过航站上空,以免发生事故而造成重大损失。

交通量不大的机场,大都只设一条跑道。此时,航站区宜靠近跑道中部,如图 4.1(a)所示。

如果机场有两条互平行跑道(包括入口平齐和相互错开)且间距较大,一般将航站区布置在两条跑道之间,如图 4.1(b)和图 4.1(c)所示。

若机场具有两条呈 V 字形的跑道,为缩短飞机的离港、到港滑行距离,通常将航站区布置在两条跑道所夹的场地上,如图 4.1(d)所示。

如机场的交通量较大,乃至必须采取三条或四条跑道时,航站区位置可以参考图 4.1(e)和图 4.1(f)。

4.2 航站楼

航站楼是航站区的主体建筑,是一个地区或国家的窗口。航站楼通过各种服务与设施,不断地集散着旅客及其迎送者。

4.2.1 航站楼的规划设计

航站楼是航站区最主要的建筑物。特别是国际机场,航站楼在一定意义上就是一个国家的大门,代表着国家的形象。因此,在建筑上要求它具有一定的审美价值、地域或民族特色,并作豪华的装饰,这也是与航空旅行这种迄今为止最高级的旅行方式相适应的。

在航站楼建筑设计中,我国历来比较注重其外形、立面的民族、地方特色或象征意义。应该说这也是一种设计风格,运用得当,的确能给一个机场,甚至一个省市增色许多。但在设计中,要反对那种庸俗化、表面化的地方特色和象征手法。相形之下,世界上发达国家更重视航站楼内的功能、环境效应、艺术氛围以及人与自然的和谐统一,其设计风格的成功之处,也是我们应该汲取的。不管航站楼采用何种设计风格,归根结底,它是服务于航空客运的功能性交通建筑物。因此,其规划、设计、布局应本着方便旅客、利于运营和管理的原则来展开。

航站楼的规划设计,在技术上应注意以下问题:

(1) 确定合理的规模和总体布局概念(集中式或单元式),以便航站楼设施与当前以及不远的将来的客运量相适应。

(2) 选择合理的构形,便于空侧与飞机、陆侧与地面交通进行良好衔接,并具有未来扩建的灵活性和扩建时尽可能较低程度地影响航站楼运营。扩建灵活性对航站楼来说非常重要。因为机场的建设不可能毕其功于一役,随着客、货运量增加,机场分阶段扩建在投资和运营等方面都有其合理性。

(3) 航站楼设施要先进,流程要合理,流程应简捷、明确、流畅,不同类型的流程有良好的分隔,各控制点设施容量均衡协调,使旅客、行李的处理迅速、准确。

(4) 航站楼结构与功能要协调,内部较大的营运区应具有可隔断性(采用大柱网),以适应灵活多变的布局。航站楼结构应便于各种建筑设备(供电、照明、供热、空调、给排水、垂直和水平输送设备、消防、监控等)的布置与安装,还应在采光、结构、建筑材料等方面注意建筑节能。

(5) 适应商业化趋势,提供多方面、多层次的旅客消费、休闲、业务等服务设施;航站楼要合理进行功能分区,使相关功能区既具有相对独立、不相干扰的特点,又能实现方便、迅捷的联系;适应建筑智能化趋势,在投资许可条件下,提高航站楼的智能化程度。

(6) 航站楼的主要功能是便利、迅速和舒适地实现两种交通运输方式的转换。航站楼规划要体现这一点,必须一方面处理好它与停机坪和地面交通运输系统的布局关系;另一方面要安排好楼内各项设施的单元的布局,使楼内的各项设施与出入机场地面交通系统的通过速率匹配。

航站楼的具体规划过程大致可分为以下四个阶段。

1. 确定设计旅客量

根据机场总体规划时预测的年旅客量,可初步估计航站楼的规模。确定各项设施所需建筑面积时,应依据高峰小时旅客量来计算。典型高峰小时旅客量与年旅客量有一定的比例关系,一般为年旅客量的 0.03%～0.06%。表 4.1 是美国 FAA 给出的高峰小时旅客量与年旅客量的比例关系。

表 4.1 高峰小时旅客量与年旅客量的关系(FAA)

年旅客量(×1 000 人次)	高峰小时旅客量占年旅客量的比例(%)
≥20 000	0.030
10 000～20 000	0.035
1 000～10 000	0.040
500～1 000	0.050
100～500	0.065
<100	0.120

2. 估算面积

面积估算是为航站楼及其各项设施提出尺寸要求,并不要求确定各单元的具体位置。各项设施所需面积,应根据其功能和特点来确定。表 4.2 是 FAA 提出的设计标准。

航站楼的面积要求与预期达到的服务水平有关。美国 FAA 建议航站楼总面积要求为每个年登机旅客 0.007～0.011 平方米,每个设计高峰小时旅客 14 平方米(国内航线)或 20.5 平方米(国际航线)。我国目前的实际控制数为高峰小时旅客 14～30 平方米(国内航线)或 24～40 平方米(国际航线)。

表 4.2　各项设施的空间设计标准(FAA)

国内航站楼设施	所需面积(平方米/高峰小时旅客量)	国际航站楼设施	所需外加面积(平方米/高峰小时旅客量)
办票大厅	1.0	健康	1.5
航空公司经营办公室	4.8	移民	1.0
行李领取	1.0	海关	3.3
候机室	1.8	农业	0.2
饮食设施	1.6	来宾候机室	1.5
厨房和储藏室	1.6	流通、行李、公用设施、墙	7.5
其他特许经营	0.5	总计	15.0
厕所	0.3		
流通、机械、维护、墙	11.6		
总计	24.2		

3. 制订总体布局方案

估算出各单元设施面积后,结合匡算的航站楼总面积,按不同功能区对各项设施进行组合。组合时,应使旅客的流动路线简单、明显、短捷,各项设施的功能要分明,同时,根据总规模、预期的旅客舒适程度要求和方便运营等因素制订总体布局方案。

4. 提出设计方案

这一阶段是根据估计面积和总体布局方案,绘出航站楼的各项平、立面图。图上要标明各单元位置、形状和尺寸,从而建立起各单元、各功能区间的联系,并按规定的要求进行评价。评价的内容主要包括:①旅客和行李的流动路线是否短捷,有无其他流动路线干扰或交织,是否有层位的变化等;②设立的检查或控制点是否有重复,可否减少;③旅客能否依靠自己行进,能相继认清各种导向标志;④各单元的容量能否满足具体需要,它们的流动速率是否相互匹配等;⑤可扩展性。根据评价的结果和航站楼的具体功能要求,进行反复修改,方能得到较理想的方案。

4.2.2　航站楼的布局

1. 水平布局

(1) 概述

航站楼的水平布局是否合理,对航站楼运营有至关重要的影响。确定航站楼水平布局时,要考虑许多因素,主要有旅客流量、飞机起降架次、航班类型、使用该机场的航空公司数量、场地的物理特性、出入机场的地面交通系统等。为合理选择平面布局方案,应处理好以下三个问题:

① 集中与分散(图 4.2 给出了集中和分散航站楼的概念示意,分散式航站楼也叫单

元式航站楼）。所谓集中，是指一个机场的全部旅客和行李都集中在一个航站楼内处理。目前，我国大多数机场都采用集中航站楼。但是，随着客流量迅猛增长，集中航站楼的规模愈来愈大。例如，芝加哥奥黑尔机场航站楼的两个相距最远的门的距离竟达 1.5 千米。同时，航站楼陆侧的停车设施规模也往往比较庞大。这样，旅客在航站楼内外的步行距离常常很大，有时甚至到了无法容忍的程度。

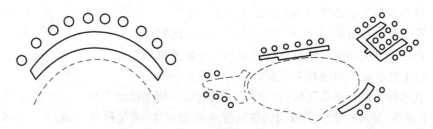

图 4.2　集中和分散航站楼的概念示意图

为使旅客舒适地进行航空旅行，参照国际航空运输协会（IATA）的建议，目前普遍认为应将旅客在航站楼内的步行距离控制在 300 米左右。这样，当客流量非常之大时，如仍沿袭集中航站楼的概念就很难达到要求。于是便出现了分散式航站楼或单元式航站楼的水平布局概念。具体思路是：在一个机场，设若干个（两个或两个以上）单元航站楼，每个航站楼的服务旅客类型相对单一化。例如，分设国内旅客航站楼、国际旅客航站楼、不同的航空公司使用不同的航站楼，等等。美国达拉斯的福特·沃尔斯机场就是一个比较典型的具有分散式航站楼的机场，该机场共 14 个单元航站楼。

形成单元式航站楼格局可能有两个缘由。有的机场一开始就是设计成单元式的，如福特·沃尔斯机场，还有法国戴高乐机场、加拿大多伦多机场等；有的是随着客运量增加，扩建原有的航站楼不可能或不合适，又新建了航站楼。如英国希思罗机场、法国奥利机场、西班牙马德里机场等。我国北京首都国际机场，1999 年新的航站楼竣工并投入运营，成为我国第一个拥有分散式航站楼的机场。随着 2008 年 3 月 26 日上海浦东国际机场的 T2 候机楼和北京首都国际机场的 T3 候机楼投入使用，分散航站楼或单元航站楼概念在我国得到进一步的发展。

没有一种方案能满足所有的要求。单元航站楼的优点是加速了整个机场的旅客通过能力，每个航站楼及停车场等旅客通过能力，每个航站楼及停车场等设施都能保持合理规模，旅客在航站楼内外的步行距离也能保持合理的场度，等等。但是，单元航站楼的突出弊端是，每个单元航站楼都要配置几乎相同的设施，规模经济效益差。如果单元航站楼之间相距较远（如福特·沃尔斯机场最远的两单元相距竟达 4.5 千米），会给中转旅客和对机场不熟悉的旅客带来极大不便。为此，有时必须考虑能够沟通各单元的捷运交通系统，这无疑又增加了额外投资，并使航站区交通变得愈发复杂。采用单元航站楼时，航站区一般占地较大，不利于节约土地。因此，在决定采用单元航站楼概念时务求慎重。只有大型枢纽机场在客运量确实太大（一般认为年客运量大于 2000 万人次）才有必要考虑单元式航站楼的水平布局设计概念。集中式航站楼的优点是显而易见的，它可以公用所有设施，投资和维护、运营费用低，便于管理，占地较少，有利于航站楼开展商业化经营活动，等等。

但当旅客流量很大，航站楼规模也很大时，可能会给空侧、陆侧的交通组织和旅客、行李在航站楼内的处理带来难度，进而影响旅客的通过能力和舒适程度。因此，集中航站楼的关键是保持合理规模。

影响航站楼布局的基本形式的主要因素有：

a. 航空业务量的大小及其构成；
b. 机场构形及航站区与飞行区的关系；
c. 航站区的场地条件，几何形状、大小及地形地貌；
d. 近期旅客航站楼的建设规模及机场未来的发展前景；
e. 进出旅客航站的地面交通系统。

② 航站楼空侧对停靠飞机的适宜性。航站楼空侧要接纳飞机。一般情况下，停靠飞机以上下旅客、装卸行李所需占用的航站楼空侧边长度，要比按旅客、行李等的空间要求所确定的建筑物空侧边长度大，特别是飞机门位数较多时更是如此。为适应空侧机门位的排布要求，一般航站楼空侧边在水平面要作一定的延展和变形，以适宜飞机的停靠和地面活动。

③ 航站楼陆侧对地面交通的适宜性。由于航站区地面交通的多样性（汽车、地铁、轻轨等），在考虑航站楼水平布局时，必须使方案便于航站楼陆侧与地面交通进行良好的衔接。当进出航站区的旅客以汽车作为主要交通工具时，航站楼设置合理的车道边（长度、宽度）对陆侧交通非常重要。

(2) 航站楼水平布局种类

为妥善处理航站楼与空侧的关系，人们曾提出过许多种航站楼水平布局方案。这些方案可归纳为以下四种：

① 线型。线型是一种最简单的水平布局型式。航站楼空侧边不作任何变形，仍保持直线。飞机机头向内停靠在航站楼旁，旅客通过登机桥上下飞机，如图4.3所示。楼内有公用的票务大厅和候机室（也可为每个或几个门位分设候机室，但此时要设走廊以连接各候机室）。

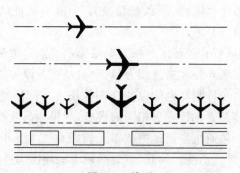

图 4.3 线型

这类航站楼进深较浅，一般为20～40米。在机门位较少时，旅客从楼前车道边步入大厅办理各种手续后步行较短距离即可到达指定门位。客流量增大时，航站楼可向两侧扩展，这样可同时增加航站楼的空侧长度（以安排机门位）和陆侧长度（延长车道边）。但扩建后，如机门位较多，必然使旅客的步行距离增加许多。在这种情况下，可以考虑将航站楼分为两个大的功能区,如国际区、国内区,各有一套办理旅客手续的设施单元和若干个门位。

目前,我国大多数机场客运量较少,因此普遍采用这种水平布局。

② 指廊型(也叫廊道型)。为了延展航站楼空侧的长度,指廊型布局从航站楼空侧边向外伸出若干个指形廊道。廊道两侧安排机门位,如图 4.4 所示。这种布局的优点是,进一步扩充门位时,航站楼主体可以不动,而只须扩建作为连接体的指廊,因此在基建投资方面比较经济。缺点是,当指廊较长时,部分旅客步行距离加大;飞机在指廊间运动时不方便;指廊扩建后,由于航站楼主体未动,陆侧车道边等不好延伸,有时给交通组织造成困难。通常,一个指廊适合 6~12 个机位,两条指廊适合 8~20 个机位。机位超过 30 个时,宜采用多条指廊。

③ 卫星型。这种布局是在航站楼主体空侧一定范围内,布置一座或多座卫星式建筑物。这些建筑物通过地下、地面或高架廊道与航站楼主体连接。卫星建筑物上设有机门位,飞机环绕在它的周围停放,如图 4.5(a)和图 4.5(b)所示。

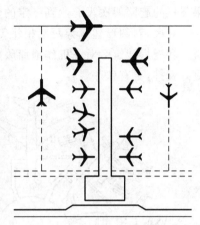

图 4.4　指廊型

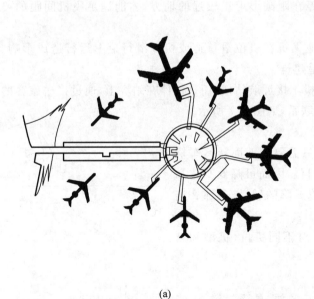

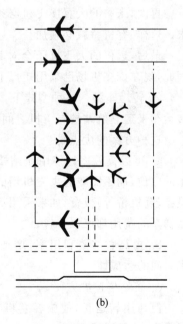

(a)　　　　　　　　　　　　　　(b)

图 4.5　卫星型

卫星型布局的优点是,可通过卫星建筑的增加延展航站楼空侧;一个卫星建筑上的多个门位与航站楼主体的距离几乎相同,便于在连接廊道中安装自动步道接送旅客,从而并未因卫星建筑距办票大厅较远而增加旅客步行距离。

最早的卫星建筑都设计成圆形,旨在使卫星建筑周围停放较多数量的飞机。但后来发现,圆形卫星建筑具有一定的局限性。

首先,是不好扩建。扩建时,要么拆掉旧的再建一个直径更大的圆形建筑,这显然是不合理也不经济的;要么采用在已有圆形建筑旁附设圆形或者矩形建筑的做法。但是,如果飞机的起降架次没有达到一定的数量,建设第二个卫星厅不免有些浪费。

其次,对圆形建筑旁两架相邻飞机进行地面服务时,往往非常拥挤。图 4.6 是圆形建筑旁和矩形建筑旁对飞机作地面服务时的情况比较。显然,矩形建筑旁的飞机地面服务更好安排,更有秩序。

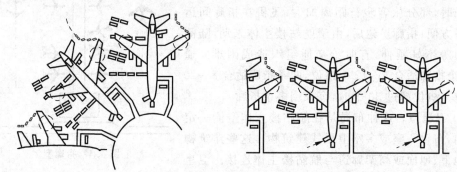

图 4.6　圆形和矩形卫星厅对飞机地面服务情况的比较

再次,未来的大翼展飞机必须停在距圆形卫星较远的地方,才能满足飞机间距的要求。这样,登机桥就必须加长。

最后,远停的大飞机还会对其他飞机在机位滑行道或机坪滑行道上运行造成影响。因此,现在许多机场已采用矩形卫星建筑。

④ 转运车型。这种型式下,飞机不接近航站楼,而是远停在站坪上,通过接送旅客的转运车来建立航站楼与飞机之间的联系,如图 4.7 所示。

这种方案的优点是:

a. 可以高效率地使用航站楼,只需要供地面转运车辆用的门位,而不需要有供飞机用的门位,因而可降低基建和设备(登机桥等)投资,如果采用可以升降的转运车,那么连舷梯车的费用都可以节省;

b. 提高航站楼利用率,增加了对不同机位、机型和航班时间的适应性;

c. 航站楼扩展方便。

但利用转运车,使旅客登机时间增加,易受气候、天气因素影响,舒适感下降。

(3) 概念的结合与变化

实际上,许多机场并非单一地采用上述基本布局或方案,而是多种基本型式的组合。而且,受旅客量增长、飞机大型化、航班增加等因素的影响,在航站楼设计的发展过程中,由最初适用于旅客量小、机

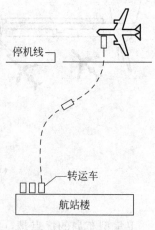

图 4.7　转运车型

型小、航班少的简单航站,而逐渐发展成线型、指廊型、卫星型和转运型几种基本概念。在这几种概念的基础上,产生了由它们演变而来的概念。关于航站楼水平布局设计概念的组合与变化见图4.8。显然,水平布局方案有多种选择,设计者必须全面、综合地考虑各个因素,方能作出技术上合理的方案。

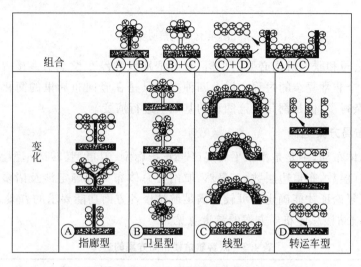

图4.8　航站楼水平布局设计概念的组合与变化

2. 竖向布局

根据客运量、航站楼可用占地和空侧、陆侧交通组织等因素,航站楼竖向布局可采用单层、一层半、二层、三层等方案。

(1) 单层方案

进、出港旅客及行李流动均在机坪层进行。这样,旅客一般只能利用舷梯上下飞机。

(2) 一层半方案

出港旅客在一层办理手续后到二层登机,登机时可利用登机桥。进港旅客在二层下机后,赴一层提取行李,然后离开。

(3) 二层方案

旅客、行李流程分层布置。进港旅客在二层下机,然后下一层提取行李,转入地面交通。出港旅客在二层托运行李,办理手续后登机,如图4.9所示。

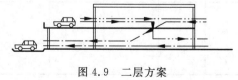

图4.9　二层方案

(4) 三层方案

旅客、行李流程基本与二层方案相同,只是将行李房布置在地下室或半地下室,如图4.10所示。

在实际应用中,除去旅客流程和行李流程的设计外,还要考虑到餐饮、酒吧商店等特

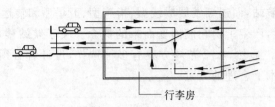

图 4.10 三层方案

许经营,航空公司和联检机构必要的用房,有时把地铁和停车设施引入楼内。因此,航站楼的设计是一个非常复杂的过程。以上四种方式只是在竖向布局里的简化分类,在现实中,可能要复杂得多,但是都是在这四种的基础上进行演变。

3. 总体布局方案选择

航站楼总体布局,主要是指水平布局(线型、指廊型、卫星型、转运车型及其变形与组合)、竖向布局(层数、车道边层数)。显然,航站楼总体布局的确定涉及诸多因素,必须经过多方面的反复论证才能确定出可较好满足航站楼各方面功能要求的方案。表 4.3 是美国 FAA 关于航站楼总体布局方案的参考意见。

表 4.3 旅客航站楼布局方案的选择

年旅客登机人数 (×1 000人次)	平 面 布 局				竖 向 布 局			
	线型	指廊型	卫星型	转运车型	单层路边	多层路边	单层航站楼	多层航站楼
<25	√				√		√	
25~75	√				√		√	
75~200	√				√		√	
200~500	√	√			√		√	
500~1 000 始发终程旅客								
>75%	√	√	√		√		√	
<75%	√	√	√		√		√	
1 000~3 000 始发终程旅客								
>75%		√	√	√	√	√		√
<75%		√	√	√	√	√		√
>3 000 始发终程旅客								
>75%		√	√	√	√	√		√
<75%		√	√	√	√	√		√

4.2.3 航站楼旅客流程

进行航空旅行的旅客,根据其旅行是否跨越国界,可分为国际旅客和国内旅客。国内、国际旅客可进一步分为四类:

① 出发旅客。这些旅客通过城市地面交通系统抵达航站楼,然后经过办票、交运行李等程序,准备登机离港。

② 到达旅客。他们在机场结束航空旅行,下机后到航站楼,提取行李,再经有关程序后离开航站楼,转入地面交通。

③ 中转旅客。这些旅客只在机场转机,即由一个到达航班换乘另一个出发航班。这类旅客可再细分为四种:(a)国内转国内;(b)国内转国际;(c)国际转国内;(d)国际转国际。其中,(c)类旅客较多。

④ 过境旅客。这类旅客所乘航班只在机场作短暂停留,旅客可以下飞机到过境候机室休息,准备登机。

上述四类旅客中,中转和过境旅客只在空侧进出航站楼,不与地面交通发生联系。过境旅客无行李的转运问题。

航站楼中,不同类型旅客所经历的程序是有差异的。图 4.11 是一个比较典型的航站楼旅客流程图。

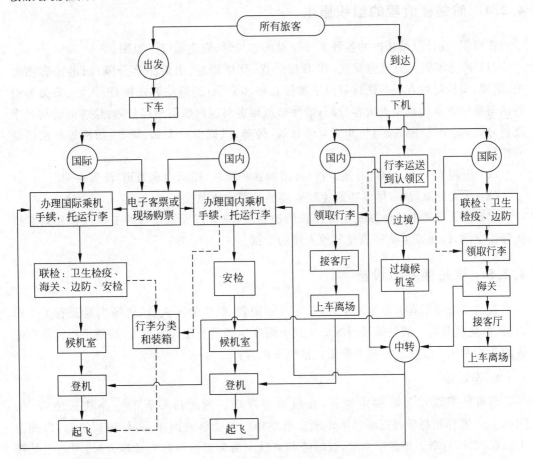

图 4.11 航站楼的旅客与行李流程

在上述流程中,安检是由公安部门实施的对旅客及所携行李、物品的检查,防止将武器、凶器、弹药和易燃、易爆等危险品带上飞机,以确保飞机和乘客的安全。卫生检疫是对国际到达旅客及所携动、植物进行检查,以防人的传染病或有害的动、植物瘟疫、病菌等从境外带入,造成危害性传播。海关的职能是检查旅客所带物品,以确定哪些应该上税。出入境检查,由移民局或边防检查站负责执行,其主要职责是检查国际旅客出入境手续的合法性,其中最重要的内容是护照检查。

由于各国政府政策和控制力度的不同,不同国家机场要求旅客经历的程序和检查的严格程度也是有差异的。例如,欧洲大多数国家机场的海关,改善以后的检查过程几乎使人感觉不到强迫性。而在有些国家,机场海关检查是非常严格的。

旅客旅行目的的不同和旅客类型的差异等因素,都会影响航站楼的流程设计和设施配置。例如,因公旅行的旅客,一般对航站楼设施、程序及航班动态等了解得比较清楚。因此他们在航站楼内逗留的时间较短,而且很少有迎送者,所带行李亦较少。而因私旅行(旅游、探亲)的旅客则恰恰相反。另外,特殊旅客成分,如VIP、残疾人等,也会对航站楼流程、设施等造成影响。

4.2.4 航站楼流程的组织原则

在组织、设计航站楼内的各种流程和设施布局时,应遵循以下原则。

(1)避免不同类型流程交叉、掺混和干扰,严格将进、出港旅客分隔;出港旅客在海关、出境、安检等检查后与送行者及未被检查旅客分隔;到港旅客在检疫、入境、海关等检查前与迎接者及已被检查旅客分隔;国际航班旅客与国内航班旅客分隔;旅客流程与行李流程分隔;安全区(隔离区)与非安全区分隔,等等,以确保对走私、贩毒、劫机等非法活动的控制。

(2)流程要简捷、通顺、有连续性,并借助各种标志、指示力求做到"流程自明"。

(3)在人的流程中,尽可能避免转换楼层或变化地面标高。

(4)在人流集中的地方或耗时较长的控制点,应考虑提供足够的工作面积和旅客排队等候空间,以免发生拥挤或受其他人流的干扰。

4.2.5 航站楼基本设施

航站楼的使用者可分为四类,即旅客及迎送者、航空公司人员、机场当局及有关工作人员、商业经营者。航站楼及设施应该最大限度地满足上述四类人员,特别是旅客及迎送者的各种需求。航站楼的基本设施包括以下内容:

1. 车道边

车道边是航站楼陆侧边缘外,在航站楼进出口附近所布置的一条狭长地带,见图4.12。其作用是使接送旅客的车辆在航站楼门前能够驶离车道,作短暂停靠,以便上下旅客、搬运行李。旅客较少时,航站楼可只设一条车道边。客流量较大时,可与航站楼主体结构相结合,在不同高度的层次上分设车道边。例如,我国北京首都机场,就是分别在一、二层设到达、出发两个车道边。总之,车道边的长度、层次,应根据航站楼体型、客流量及车型组合等因素来确定。

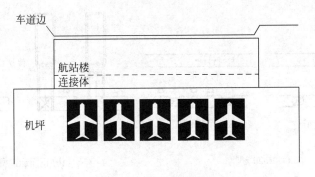

图 4.12　航站楼车道边

2. 大厅

航站楼大厅用以实现以下功能：旅客值机、交运行李、旅客及迎送等候、安排各种公共服务设施等。

作为多数出发旅客的最初目标，值机柜台应一进大厅就能看到，如图 4.13 所示。旅客在值机柜台办理值机手续，将行李称重、挂标签、托运。

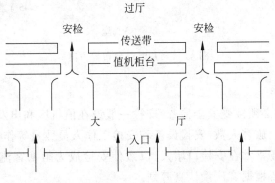

图 4.13　值机柜台

值机柜台和行李传送带的布置通常有三种型式，即正面线型、正面通过型和岛型，分别见图 4.14(a)、图 4.14(b)、图 4.14(c)。正面线型的背面是行李传送装置，这种柜台是最传统的，虽然它能直接看清旅客，但是等候的队列使得空间不能得到有效的利用，而且一旦旅客办理完手续就得往后退，以致穿过仍在等候的队伍。正面通过型的柜台提供一种使旅客单向移动而不后退的流动方式，虽然其不需要像正面线型那么宽阔的空间，但是需要纵深的大厅，因此，通常在设计阶段就得考虑。岛型办理手续能更加有效地使用传送机，但是，等候的旅客与办理完手续准备离开的旅客又会发生矛盾冲突。

值机区域的面积、办票柜台的数量、布置型式，与高峰小时客流量、旅客到达航站楼的时间分布、柜台工作人员办理手续的速度及行李处理设施水平等诸多因素有关。

大厅通常还设有问讯台、各航空公司售票处、银行、邮政、电讯等设施，以及供旅客和迎送者购物、消闲、餐饮的服务区域。

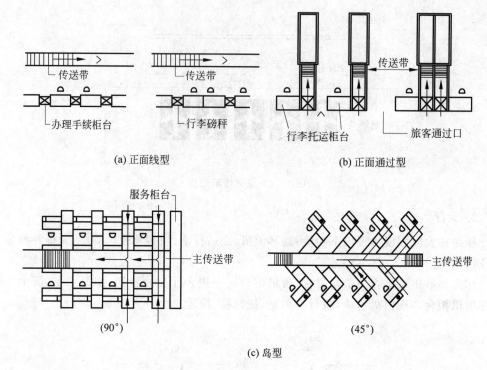

图 4.14　办票柜台布置方案

3. 安全检查设施

出发旅客登机前必须接受安全检查,安检一般设在值机区和出发候机室之间,具体控制点可根据流程类型、旅客人数、安检设备和安检工作人员数量等作非常灵活的布置。目前,我国许多繁忙机场常常在安检口堵人,以致使安检成为阻塞客流的瓶颈。因此,安检在选点、确定设计时要根据客流量认真筹划。

常用的安检设备有磁感应门(供人通过时检查)(如图 4.15 所示)、X 光机(查手提行李)、手持式电子操纵棒等。

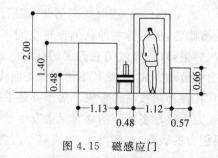

图 4.15　磁感应门

4. 政府联检设施

政府联检设施包括海关、边防和卫生检疫,是国际旅客必须经过的关卡。各国的管制要求和办理次序不尽相同。我国要求的次序是:出发旅客先经海关,再办票,然后经过边防;到达旅客先经边防,再经检疫,最后经过海关。

(1) 海关。为加快客流过关速度,航站楼海关检查通常设绿色、红色两条通道。红色为主动报关通道,绿色为无须报关通道。海关对旅客所携带行李一般用 X 光检查仪检查。

(2) 边防。国际旅客进出港必须在边防口交验护照和有关证件。为严格检查,检验口通道一般只能容一人通过。

(3) 检疫。根据国际卫生组织规定,对天花、霍乱等十几种疫情,各国应严密监控,严禁患传染病的旅客入境。旅客入境时要填表并交验证件。

5. 候机室

候机室是出发旅客登机前的集合、休息场所,通常分散设在航站楼机门位附近。候机室应宁静、舒适。考虑到飞机容量的变化,航站楼候机区可采用玻璃墙等作灵活隔断。候机室要为下机旅客提供通道,使之不干扰出发旅客。候机室还应设验票柜台。

当要客较多时,应考虑在航站楼专设贵宾候机室。贵宾候机室要求环境幽雅、舒适,有时还设保安装置,因为要客常常是犯罪分子袭击的对象。

6. 行李处理设施

航空旅行由于要把旅客和行李分开,遂使行李处理比其他交通方式要复杂许多。这在一定程度上也使航站楼设计复杂化,因为要配置许多设施才能保证旅客在航站楼内准确、快速、安全地托运或提取行李。

进、出港行李的流程应严格分开,其具体流程细节见图 4.16(a) 和图 4.16(b)。

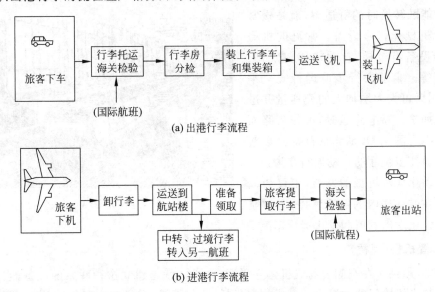

图 4.16 进、出港行李流程

按在行李提取层行李输送装置的形状,旅客的提取行李装置可分为直线式、长圆盘式、跑道式和圆盘式四种布置方案。其布置情况见图 4.17(a)~图 4.17(d)。

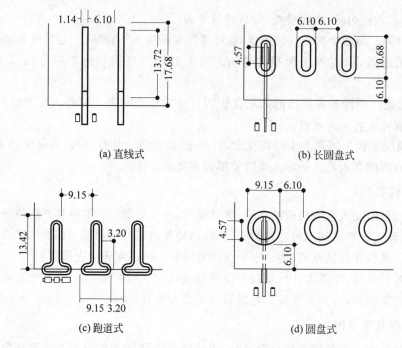

(a) 直线式 (b) 长圆盘式

(c) 跑道式 (d) 圆盘式

图 4.17 旅客提取行李装置布置方案

7. 机械化代步设施

航站楼内每天都有大量的人员流动。为方便人们在航站楼的活动,特别是增加旅客在各功能区转换时的舒适感,航站楼常常装设机械化代步设备。常见的机械化代步设备有电梯、自动扶梯、自动人行步道等。自动人行步道运行安全平稳,使用后可大大增加人的交通量并避免人流拥挤。断电停运时,可作为路面供人行走。图 4.18 是北京首都机场航站楼内通往卫星厅的自动人行步道。

自动化代步机械的发展,不仅会提高旅客在航站楼内的舒适感,还会对航站楼设计概念的发展和变化造成影响。

图 4.18 自动人行步道

8. 登机桥(廊桥)

通常,航站楼在空侧要与飞机建立联系,登机桥就是建立这种联系的设备,它是航站楼门位与飞机舱门的过渡通道。采用登机桥,可使下机、登机的旅客免受天气、气候、飞机噪声、发动机喷气吹袭等因素影响,也便于机场工作人员对出发、到达旅客客流进行组织和疏导。

登机桥是以金属外壳或透明材料做的密封通道,桥本身可水平转动、前后伸缩、高低升降,因此能适应一定的机型和机位变化。

登机桥须由专职人员操纵。与机舱门对接后,通常规定桥内通道向上和向下坡度均不能大于10%。

9. 商业经营设施

应该指出,对航站楼内是否应该开展商业性经营曾经是有争议的。反对者认为,机场的商业经营会干扰航站楼的正常业务,也使航站楼的建设投资无谓地加大。但是,随着航空客运量的迅猛增加,特别是率先在航站楼开展大规模商业经营的机场的巨大成功,许多人已改变了看法,认为航站楼设计、经营中,确实需要更新观念。商业经营设施,既应作为对旅客服务的航站楼的一个有机构成部分,还应作为机场当局创收的一个重要渠道。目前,在商业经营卓有成效的机场,如哥本哈根、希思罗、新加坡等机场,都有项目完备、规模庞大的航站楼商业经营设施。商业经营收入一般都占到机场总收入的60%以上,有的甚至高达90%。机场航站楼商业经营的收益会完全消除或减少政府对机场的补贴,弥补机场在航空业务方面的经营亏损。

航站楼可以开展的商业经营项目是繁多的。例如免税商场、银行、保险、会议厅、健身厅、娱乐室、影院、书店、理发店、珠宝店、旅馆、广告、餐厅、托幼所,等等。

一定规模的商业经营设施,势必对航站楼设计、运营、管理乃至建设集资等带来一系列新的影响。

10. 旅客信息服务设施

主要指旅客问讯查询系统、航班信息显示系统、广播系统、时钟等。

11. 其他设施

以上所列举的设施都直接与旅客发生联系。实际上,航站楼的运营还需要其他许多设施,如机场当局,航空公司,公安以及各职能、技术、业务部门的办公、工作用房和众多的设施、设备。

4.3 航站楼机坪

航站楼空侧设机坪,供飞机操纵滑行、停靠机门位以上下旅客。

4.3.1 门位数目

机门位数目与机场高峰小时起降架次、每架飞机占用门位时间和门位使用率有关。门位数目的具体计算有多种方法,计算结果也有一定差异。美国 Robert Horonjeff 给出的计算公式是:

$$G = CT/u$$

式中,G——机门位数,个

C——到达或出发飞机设计量,架次/小时

T——加权平均占用门位时间,小时

u——门位利用系数,0.5~0.8

飞机在门位处的作业内容、作业所需时间见表4.4。

表 4.4 飞机在门位处的作业内容、作业所需时间(分钟)

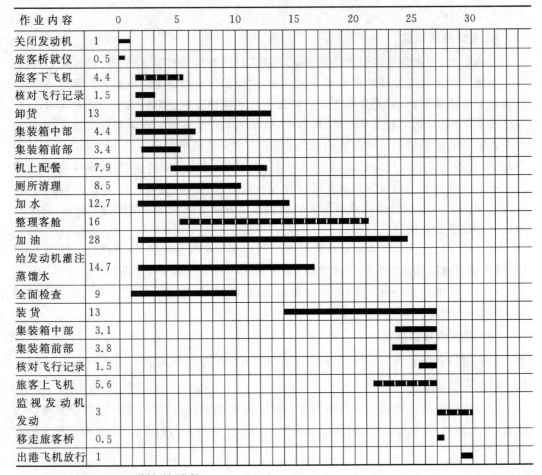

注： ▬▬▬ 关键时间进程

根据经验，大部分机场的机门位数在每百万年旅客量 3～5 个。

4.3.2 飞机驶停方式

飞机进、出站坪机位，既可依靠自身的滑行(滑入、滑出)，也可依靠飞机牵引车(拖入、推出)，还可依靠自身滑行与牵引车相结合的方式(滑入、推出)。

飞机停靠后相对机门位可有四种方式：机头向内、机头斜角向内、机头斜角向外、机头平行航站楼，分别见图 4.19(a)～图 4.19(c)。

飞机自行操纵进入，机头向内，由牵引车推动飞机后退到机坪滑行道，同时转 90°后驶离。这种方式所需机位尺寸最小，机头到航站楼的净距较小，噪声低，对航站楼没有喷气吹袭，便于与登机桥相接，因而，是一种较有效的方式，其主要缺点是需要牵引车设备和驾驶员。

飞机自行操纵进入和退出，机头斜角向内停放时，由于飞机退出时要转 180°，所需的机位尺寸较大。同时，它产生较大的噪声。其主要优点是不需要牵引车。但是，飞机启动的喷气吹袭和噪声指向航站楼。

飞机自行操纵进入和退出，机头平行航站楼停放时，会占用很大的机位尺寸。

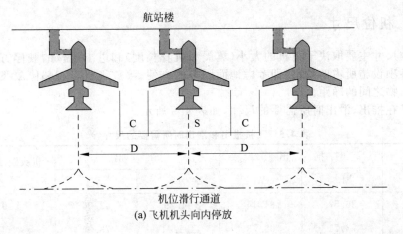

(a) 飞机机头向内停放

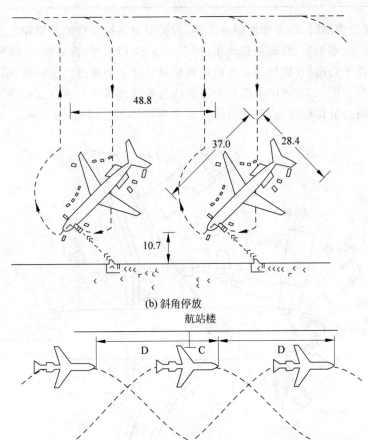

(b) 斜角停放

(c) 飞机机头平行于航站楼

图 4.19 飞机停靠后相对机门位

4.3.3 机位尺寸

机位尺寸主要取决于飞机的大小(翼展和机身长度)和进出机位的驶停方式;为飞机服务的各项设施所占的范围,即考虑地面服务的方便;停放飞机与相邻停放飞机、滑行飞机或建筑物之间的净距。

飞机在推出、滑出时所需要的尺寸,如表4.5所示。

表 4.5 飞机推出和滑出时所需要的尺寸(米)

机 型	推 出		滑 出		机头距航站楼外墙净距
	L	W	L	W	
B737	36.57	34.44	44.29	42.06	9.14
B747	73.71	65.73	191.41	73.35	3.04

飞机在机位停靠时,许多地面服务车辆、设备要对飞机进行地面服务。常见的地面服务设备有加油车、空调车、发动机起动车、行李装卸车、清水车、食品车、电源车、牵引车、污水车、载货升降平台车、登机桥等。在确定机位尺寸时必须考虑这些车辆、设备的运行、就位、移动的方便。图 4.20 示出了机坪上飞机的各种地面服务车辆、设备。可见,由于地面服务,站坪有时会显得很拥挤,对飞机及其安全运行不利。因而,近年来出现了无车辆站

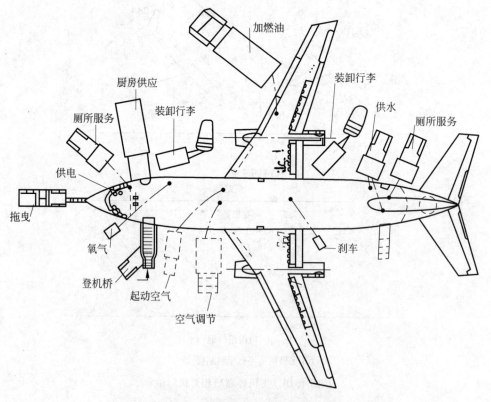

图 4.20 飞机停放时的地面服务车辆

坪的概念。所谓无车辆站坪，就是用固定在站坪机位下的各种固定设备取代地面车辆，从而减少在机坪上活动的地面服务车辆。但由于固定设备都是根据一定的机型设计的，故对机型改变的适应性降低了。

确定机位尺寸时，飞机与相邻的停放飞机、滑行飞机、建筑物或固定物的净距应符合要求，具体见表4.6。

表4.6　飞机在机坪上的净距要求（米）

飞行区等级指标Ⅱ	A	B	C	D	E
主滑行道上滑行飞机与机坪上停放飞机的翼尖间距不小于	6	7.5	10.7	16.5	16.5
机坪上滑行飞机的翼尖与停放飞机或建筑物的间距不小于	4	6	8	10	10
停放飞机之间及停放飞机与相邻建筑物或固定物体之间的最小间距不小于	3	3	4.5	7.5	7.5
主起落架外轮边缘与机坪道面边缘的净距不小于	1.5	2.5	4	4.5	4.5

本章小结

航站区是机场的客货运输服务区，是为旅客、货物、邮件空运服务的。航站区是机场空侧与陆侧的交接面，是地面与空中两种不同交通方式进行转换的场所。

航站楼是航站区最主要的建筑物。它的规划设计、布局、旅客流程、流程的组织原则、基本设施的布置等都直接影响着航站楼的日常运营。

航站楼空侧设机坪，供飞机操纵滑行、停靠机门位以上下旅客。

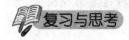

1. 航站区的规划需要遵循什么原则？
2. 航站区的位置如何确定？
3. 航站楼的具体规划过程大致可分为哪四个阶段？
4. 集中式航站楼和单元式航站楼各具有哪些优缺点？
5. 航站楼水平布局种类有哪些？各自具有什么特点？
6. 在组织、设计航站楼内的各种流程和设施布局时，应遵循什么原则？
7. 航站楼的基本设施有哪些？
8. 飞机停靠后相对机门位有哪四种方式？

第5章 机场货运经营

本章关键词

航空货运(air cargo)　　　　　　货运站(cargo terminal)
机场货运设施(cargo facilities of airport)

互联网资料

http://www.chinaairports.cn/indxe.html
http://www.caac.gov.cn/
http://www.shanghaiairport.com/
http://www.cahs.com.cn/
http://www.iata.org/
http://www.icao.int/

> 随着航空货运的迅速发展和航空货运市场的不断扩大,机场货运站的功能日益增强。货运站的规模和设施水平受到很多因素的影响,只有清晰地分析这些影响因素,才能进行合理的货运站设计。现代机场货运需要很多的设施和设备,但是,不同的发展水平和发展阶段需要配备不同的设备。

5.1 航空货运市场

ACI 数据统计表明,过去十年间世界航空货运业平均年增长率在 6.3%。波音公司在吉隆坡 2008 年国际货运论坛发布的 2008/2009 年度全球货运预测,未来 20 年内,全球航空货运市场仍将保持年均 5.8%的增幅,货运机队规模也将从 1948 架飞机增至 3892 架。到 2027 年,全球航空货运量将是现在全球货运量的 3 倍。

航空货运需求的增长驱动力主要来自全球经济以及贸易增长,尽管世界经济 2008 年陷入困境,但是自 2009 年年底,世界经济持续复苏。世界经济的复苏与发展,必将带动全球航空货运业的稳定发展。

1998 年 8 月 18 日,中国货运航空公司的诞生,成为我国航空货运发展史上最具里程碑的事件。此后,2001 年 11 月,国航将货运业务分离出来,成立货运分公司。2002 年扬子江货运成立,2003 年国货航成立,2004 年翡翠等航空货运公司的组建,使航空货运的战略地位逐步提升。

随着改革开放进程的深入和对外交流的日益频繁,新型产业的兴起使一些电子、纺织等适合空运的产品大量涌现,推动了我国航空货运公司从航空公司的业务部门到独立航空承运人转变。特别是在我国加入 WTO 之后,诸如《外资投资国际货运代理业管理办法》、开放第五航权等一系列"入世"承诺的履行,在给我国航空市场注入新活力的同时,也给本土航空公司发展带来了前所未有的挑战。

1978 年以来,我国航空货邮运输总量年均增速达 15.3%,远高于同期我国 GDP 以及世界航空货运总量的年均增速。新中国成立 60 年,民航年货邮运输量从 767 吨到 403 万吨,增长了 5000 多倍;年货邮周转量从 82 万吨公里到 117.7 亿吨公里,增长了 14000 倍。近年来我国航空货运市场呈现稳定增长趋势。2013—2017 年行业货邮运输量年均增长 5.3%。

5.2 机场货运站

航空货运是航空公司为托运人、收货人提供的运输服务,在服务中航空公司充当承运人的角色,而机场货运站是承运人与托运人、收货人进行货物交接、运费结算等的场所。目前,在航空货运中还经常有货运代理人的介入,货运代理人在承运人与托运人、收货人之间提供了必要且受欢迎的中介服务。由于货运代理人对货运过程和手续非常熟悉,所以他们介入后使承运人和托运人、收货人都免去了许多麻烦。图 5.1 表明了航空货运中各环节的关系。

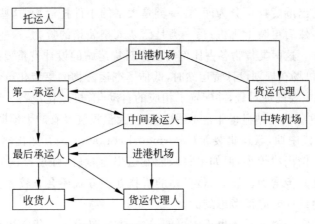

图 5.1 货运各环节之间的关系

5.2.1 机场货运站的功能

在航空货运中,机场货运站的功能可概括为以下几个方面。

1. 存储

到港货物有时并不是马上被收货人提走,出港货物也并非一到机场即可搭上飞机。换言之,机场空侧、陆侧的货流量通常是不平衡的。因此,机场货运站应具有一定的存储能力、存储设备来协调空侧、陆侧的货流量。

2. 货物处理

货运站所收出港货物常常有很多小件，并发往不同的目的地。因此，货运站必须按目的地对货物进行分检，然后再根据货物类型将其转换成利于运输的大件（例如集装箱形式）。对于进港货物，也要进行拆箱、分检，以便不同的货主提货。除分检、拆、装箱外，对空运货物，货运站还要进行称重、测量、标签、清点、鉴别、包装、码放等工作。

3. 装卸运输

出港货物从货运站装上飞机，进港货物从飞机转到货运站，都需货运站动用一定的设备、人力进行装卸和运输。

4. 办理货运手续和货运文件

托运、提货、出库、装机、卸货、入库等均需在货运站办理各种手续和有关货运文件。如货物托运书、航空货运单、货邮舱单、装机单、贵重物品交接单、特种货物机长通知单、中转舱单、货物分批发运单，等等。

5.2.2 影响货运站规模和设施水平的因素

尽管许多机场都具有一定的货运处理能力，但不同机场货运站的规模、设施水平却差异很大。影响货运站大小和设备复杂程度的因素很多，主要有以下几个方面。

1. 货物种类

货运站收到的出港货物可分为两类：一类是大宗的小件托运物，这些货物需经货运站分检、装箱或打包，然后再装上飞机；另一类是已装入集装箱的货物，这些货物在货运站只需很少的处理工作。这两类货物各占比例的多少对货运站的设计有重要影响。在20世纪60年代中期，许多机场在规划设计货运站时，低估了空运货物的集装化革命，仍把大宗小件托运物（散货）作为主要处理对象，并配置了相应的自动化、机械化设备。结果，当后来集装货物愈来愈多时，这些货运站显得非常不适应，致使大量投资没有产生预期的效益。

20世纪70年代中期，联运集装箱（intermodal container）开始出现。尽管在目前的空运货物中所占比例仍然较小，但如果将来能制造出重量轻、强度高的联运集装箱，肯定会促使这类货物进一步增加。届时，货运站的货物处理方式还会有较大变化，这是现在从事机场货运站规划设计时应该考虑到的。

散货在空运中完全消失看来也不太可能，这一方面是由于散货空运也有有利之处，另一方面，许多机场的跑道不适合起降载有集装箱的大型飞机。

货运站所处理货物的集装化程度（散货或集装货物）对货运站选择设备的机械化程度有决定意义。而空运货物的种类，也对货运站设施配置产生影响。

(1) 货物分类

根据运输时间要求，航空运输货物常分为以下三类：

① 紧急货物：此类货物对运输时间、速度要求很高，如血清、血浆等；

② 限期货物：此类货物本身有一定的时限性，也要求较快的运输，如鲜花、报纸等；

③ 计划性货物：即货主在进行成本分析以后，觉得采用空运仍然合算的货物，发运的速度对这类货物来说并不很重要。

(2) 特种货物

根据货物本身的特点，空运货物还可分为普通货物和特种货物两大类。其中特种货物包括：

① 生物制品；
② 植物或植物产品；
③ 活体动物；
④ 骨灰、灵柩；
⑤ 鲜活、易腐物品；
⑥ 贵重物品；
⑦ 枪械、弹药；
⑧ 危险物品；
⑨ 其他。

(3) 危险品

特种货物中的危险物品，按其危险程度分为九大类，即：

① 爆炸品；
② 易燃、有毒气体；
③ 易燃、自燃、遇水易燃固体物质；
④ 易燃液体；
⑤ 氧化剂和有机过氧化物；
⑥ 毒性物质和传染性物质；
⑦ 放射性物质；
⑧ 腐蚀性物质；
⑨ 杂类。

不同的货物，对货运站设施的要求也不同。例如，鲜活、易腐物品要求有冷藏室或冷冻室，危险品要求有危险品仓库，空运大量牲畜（属活体动物）时要有饲养设施，等等。

2. 货流特点

货运量及货流峰值是货运站设计的重要依据，对货运站运营也有重要影响。货流量的大小决定了货运站的规模和收益，而货流峰值特性则对货运站的货物转运、仓储能力提出了要求。货运站要正常运营，其空侧、陆侧的货流量也需大致均衡，但这种均衡的要求并不很严格。当空侧、陆侧的流量峰值不在同一时间发生时，可利用货运站的仓储能力进行调配、缓冲。货运站空侧货流峰值与载货飞机的到达、出发时刻有关，而陆侧货流峰值则与收货人、托运人的提货、送货时间有关。一般情况下，这两个时间是很难吻合的。

而且，在货运站设计之初，一定要对影响机场货流的各个因素进行详细的调查或预测，以便建成后的货运站规模和设施与实际货流特性相适应。

尽管设计中可以利用货运站的存储功能来缓冲空侧、陆侧货流冲突，但必须十分慎重地选择货物允许存储时间。一般来说，出港货物存储时间应不多于一天，到港货物应不多于四天。货运站可通过对超期存储货物处以罚金来保证库容的有效利用,促使收货人尽快提货、托运人准时交货。

3. 运货飞机和地面运输设备特性

(1) 经营方式

目前,各国航空公司经营货运的主要方式有:

① 全货运航空公司经营定期货班;

② 全货运航空公司经营包机运输;

③ 客货兼营航空公司经营全货机;

④ 客货兼营航空公司经营客货混装型飞机;

⑤ 航空公司使用快速改装型飞机,白天运客、夜间运货。

(2) 机型

运货飞机有以下四种类型:

① 专用货机型。这类飞机通常是在客机基础上改型设计的。如美国原麦道公司研制的中远程 DC10-30F,波音公司研制的 B747-400F,欧洲空客公司研制的 A310-200F 等。

② 客货两用型(QC 型)。这类飞机是为了适应航空公司需求,提高运输机的利用率,在客运的非高峰期由客机改装成的。所谓 QC,即 Quick Change 的缩写。如 B727-320QC、B737-200C/QC 的飞机上都装有客货运设备和快速转换设备,根据需要快速实现客运和货运的转型。

③ 军用运输机派生的民用货机型。C-130 是美国洛克希德公司研制的多用途战术运输机,Y-7、Y-8 是我国研制的军用运输机。这些飞机制造厂商由于看好民航市场而将军机的军用设备拆除,使其适用于民航货运。

④ 客货混合型。这类飞机既可载客,又可运货。如 B747-200M、MD-11 等。

为适应货物运输,运货飞机在设计上采取了一系列专用设施。这些设施通常包括传输装置、限动锁紧装置和导向装置、拦阻装置、装卸装置、系留装置等,见表 5.1。

与货物装卸有关的是传输装置和装卸装置。传输装置用于使货物在机舱内进行移动(横向、纵向)和转向。飞机传输装置的分类、组成见表 5.2。通过液压或电气操纵系统,能对传输装置进行自动控制,使货物在货舱内自由移动,实现货物的自动化装卸。飞机上的装卸装置主要用于散货或轮载设备的装卸。装卸装置通常包括吊车、绞盘和货桥。所谓货桥是连接飞机货舱地板与地面装卸车辆的跳板,以供各种货物或轮载设备从其上通过而进出货舱。

表 5.1 货运设备组成

	集装货运系统	散装货运系统
货运设备	传输装置 限动锁紧装置 拦阻装置 其他装置	传输装置 系留装置 拦阻装置 装卸装置 其他装置

表 5.2 传输装置分类、组成及其各部分装置分类

传输装置分类	传输装置组成	各部分装置分类	
集装传输装置	1. 直线运动装置	滚棒式 万向旋转轮式 算盘珠式	
	2. 转向运动装置	万向旋转轮式 滚珠托盘式	
	3. 动力驱动装置	滚棒式 滚轮式 推板式	
	4. 导向装置	连续式 间断式	
散装传输装置	传输带式	由传动装置及其电器操纵系统组成	传动装置传动形式分类	电动式
	货箱式	由货箱、传动杠杆和电动机构组成		液压式

20 世纪 70 年代出现的宽体客机，促使客货混合型的运货方式得到了迅速发展。窄体飞机下货舱一般无法装载集装设备，只能装散货。而宽体客机不仅客舱有两条走道，飞机货舱也非常宽敞，可用来装载集装货物，如图 5.2 和图 5.3 所示。宽体客机的货舱容积即使与同一类型的货机相比也不逊色。例如，B747 宽体客机的货舱容积为 6 190 立方英尺(1 立方英尺等于 0.028 立方米)，B707 货机的货舱容积也不过 8 074 立方英尺。由于越来越多的航线，尤其是远程航线上引入了宽体客机，且宽体客机又特别适合运输集装箱，于是采用宽体客机运输集装货物成为一种普遍的选择。

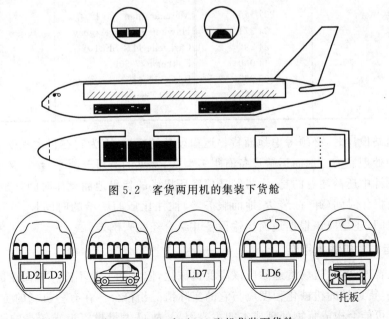

图 5.2　客货两用机的集装下货舱

图 5.3　A300 和 A310 飞机集装下货舱

当然,在航空货运中,货机方式仍被专营货运的航空公司使用着,而且许多客运航空公司,如德国汉莎、中国香港国泰、日本航空公司等,也有货机运营。但根据目前的发展趋势,越来越多的货物,正采用客货混装方式运输。而且实践证明,这种运输方式使客、货运相得益彰,有很好的经济性。

在机场货运站设计中,必须考虑飞机运货方式是以货机为主,还是以客货混装为主,并注意具体的载运货物的机型。因为不同的运货方式、不同的机型对货运站设施、装卸运输设备的要求也是不同的。例如,当来货大都以客货混装方式,则装卸货一般都是在客机坪进行。这就要求货运站尽可能靠近客机坪,并采取装卸货与飞机乘客上下飞机、飞机地面服务同时进行的作业方式。为缩短装卸货时间,保证航班正点离港,必须配置合适的器具。如货运站主要为货机服务,则为避免与客机坪作业的相互干扰,可专设远离客机坪的货机坪,并使货机坪邻近货运库,以方便运输。

与客运航站不同,那里的货物可以自行装卸。对货运站,机坪飞机上的大量的货物必须通过地面运输设备才能实现装卸和转移。表5.3给出了一些常见飞机的商务载重量。由表5.3可见,飞机具有较大的装载力。所以货运站,特别是繁忙机场的货运站,必须具备数量充足且型式合适(与飞机、货物相匹配)的地面运输设备才能作好货物的机坪处理。由于利润关系,机场和航空公司都不希望飞机在机坪作无谓的耽搁,所以货物机坪处理必须迅速。

表5.3 一些常见飞机的商务载重量

机　　型	最大商务载重量(lb)	机　　型	最大商务载重量(lb)
B-707-320C	91 390	MD-11F	1 222 700
B-747-200F	254 640	MD-C-17	172 200
B-757-200PF	50 000	L-100-30	51 402
B-747-200C	237 110	Merchantman 935-C	37 400
B-717-200QC	34 371	Hawker-Siddley Argosy	31 009
B-737-200C	34 996	Caravelle 11R-SE210	20 000
B-727-100D	44 000	Fokker F27-600	12 511
DC-8F	95 282	BAC-111-475	21 223
DC-8-63F	118 583	L-1011Tristar	86 002
DC-100(Series 30F)	155 700		

在货运站设计时,必须考虑地面货物运输设备的特性,因为它在很大程度上决定了货运站的货物处理能力。地面运输设备有很多型式,常见的有可升降平台车、叉车、吊车、传送带等。设计中还需注意的是,飞机制造厂商所提供的货机地面操作时间只是理论上的,实际的地面操作时间(卸货、装货、地面服务等)往往比厂商所给的时间长。所以,实际的货物处理时间,还是应该根据地面运输设备并结合经验来确定。

4. 货运站的机械化程度

一般人普遍认为,机场货运站应该高度机械化,但实际上是不能一概而论的。正确的设计思想是,货运站的机械化程度应与它的实际情况相符合。在有些机场的货运站,支付劳动力工资可能会构成货物处理成本的主要因素,故可大量投资追求较高的货物处理机械化程度。一般来说,只有货流量较大的机场,货运站采用高度机械化才是经济的。如果货流量较小,且货物又多为不适宜机械化处理,则必然导致不好的经济效益。货运站通常有三种基本类型的机械化程度可供选择。

(1) 低机械化程度

在有些机场,货流量较小,且劳动力价格低廉,此时可采用低机械化程度货运站方案。货物的地面运输大都靠无动力的滚动装置和人工来完成。这种方案相对占地较大。

(2) 中等机械化程度

这是目前大多数具有一般或较高货流量机场货运站所采用的方案。货物采用可自由移动和升降的设备(主要是铲车、叉车)来转移、码放。这些设备既能处理散货,也能运输集装箱,叉车可升至五个集装箱叠放在一起的高度来码放或取出集装箱。但是,利用叉车来处理集装箱常常会造成集装箱的损坏,而且处理速度较慢。据统计,每年全世界机场货运站因叉式升降机所造成的集装箱损失达数百万美元。

(3) 高机械化程度

此方案特别适合于集装货物,且货流量较大的机场货运站。货运站的货仓采用固定的立体机械化货架,利用传输装置 TV(transfer vehicle)实现集装箱在货架上的水平货位移动,或利用可升降传输装置 ETV(elevated transfer vehicle)实现集装箱在立体货架上水平、垂直两个方向的货位移动。TV 或 ETV 系统的使用,有效地利用了货仓空间,减少了货运站的占地面积,同时提高了货运站对集装货物的处理能力。ETV 货运站的吞吐能力尤其大,能适应繁忙机场和宽体飞机的货运操作。图 5.4 为一个装有 ETV 系统的货运站。我国北京、深圳、天津等机场的货运中心,以及德国法兰克福、英国希思罗、日本成田等货运繁忙机场也都采用了 ETV 货仓。

图 5.4　ETV 货运站

5.2.3　货运站货物集散流程

机场的进港、出港货物处理,以及货物在货物站的集散要遵循一定的流程。尽管不同机场的流程内容或次序可能会有差异,但基本上是变化不大的。

图 5.5 分别给出了进、出港货物及有关货运文件的处理流程。

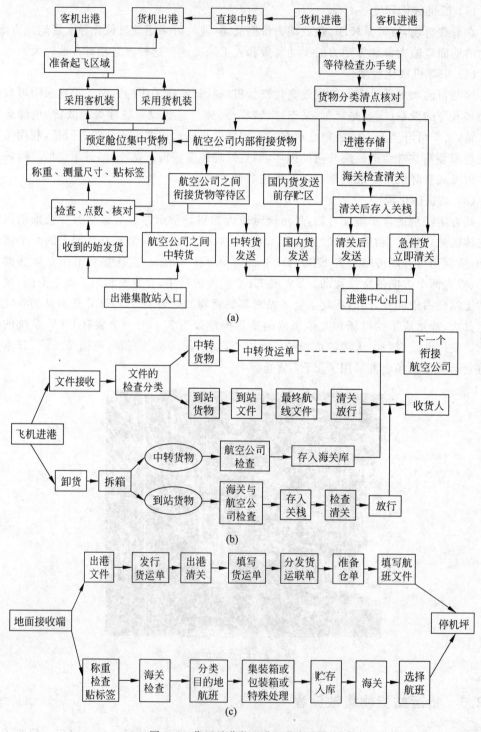

图 5.5 货运站货物及货运文件流程

由图 5.5 可见,出港货物先在货运站接收并办理各种手续(检查、清点、测体积、称重量、贴标签等),然后集中到待运区排队、预定舱位,或在货运站货仓作暂时性储存后再集中到待运区、定舱位,最后将货物运到机坪装上飞机出港。进港货物从飞机卸下后,先在飞机旁进行分类、清点、核对,然后国内货运到货运站待发送;国际货还需经过海关查验,待清关后转到货运站待发区。

图 5.5 还显示了航空公司间或同一航空公司的不同飞机间的货物中转。中转货物一般只需简单的处理手续(主要是办理交接),有时不用在货运站存储,但中转货物要动用货运站装卸、运输能力。在欧洲的许多大机场,中转货物的比例很高,且多采用机坪上的直接中转。如果机场中转货物较多,则在配备机坪运输机械时必须予以考虑。

货运站在对进出港货物进行处理时,对货运文件的处理也是货运站的重要职能。只有货运文件、货物的处理同时进行,才能保证货物运输的安全、有序、顺畅。对于涉及若干条航线、若干家航空公司,且货种繁多、货流量很大的机场货运站,要处理的货运文件的数量和种类是相当惊人的,而且必须处理得又快又准。为此,现代化的货运站一般都配有货运文件计算机处理系统。利用这一系统,货运站、托运人、收货人、货运代理人、承运人(航空公司)、海关等诸方面都能获得很大方便。由于货运文件计算机处理系统与航空公司和有关机场联网,可以很快地进行有关数据交换,使文件处理、信息查询等工作变得非常简单。图 5.6 给出了货物空运过程所涉及的主要文件流程。

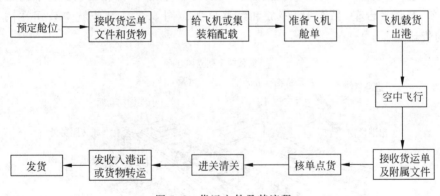

图 5.6 货运文件及其流程

5.2.4 货运站设计

如前所述,机场货运站具有多重功能。在货运站运营中,要与托运人、收货人、货运代理人、承运人、海关、机场当局等方面发生联系,其作业内容又涉及收发货、货物和货运文件处理、仓储、运输等多个项目,其工作范围不仅包括货运站内部,还涉及停机坪。货运站作为机场的一个有机构成部分,既要最大限度地实现机场的货运功能,还要与机场的其他功能区相协调,不对机场的总体运营、发展构成干扰或妨碍。因此,一个货运站要设计得非常成功,实属不易。由于机场货运站建筑设施不同于一般的工业、民用建筑,有比较成熟和系统的设计理论和方法,更给货运站设计带来一定的难度。

为了较好地进行货运站的设计,主要应考虑以下几个方面的问题。

1. 货物种类及货流量特性

即货物的集装化程度,各类货物(国内、国际;货物、邮件;超大、超重货物;中转货物;危险、鲜活易腐、牲畜等特种货物)的比例。货流量逐时、逐日、逐月的大小和变化的统计、预测及分析。

2. 运货飞机情况

即运货飞机的机型组合、飞机作业方式(货机或客货混装)、每天运行架次、机坪上需同时处理的运货飞机的最大数量。

3. 货物处理的机械化程度选择

根据货物集装化程度、种类、流量,以及劳动力价格、货运站投资、员工业务素质和运货飞机等情况,确定货运站货物处理的机械化程度(高、中、低三种类型)。货物处理包括机坪处理(装、卸、运输)和仓储。

4. 货运站站址选择及布局

货运站布局时应特别注意有关流程的顺畅。站址应依据机场总体规划来确定,其具体位置应既不干扰旅客航站区,又便于机坪运货飞机的货运作业操作。货运站一般应设有供运货卡车、顾客汽车使用的停车场,综合办公楼(办理托运、提货、查询、海关等业务),货仓(集装箱、集装板、散货、特种货物等),装箱和拆箱区,运输车辆(叉车、铲车、拖车、升降平台车、吊车等)停放和维修区等。图 5.7 是汉莎航空公司在法兰克福机场的货运站。

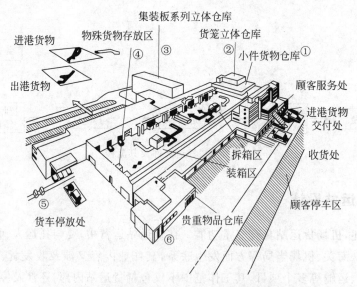

图 5.7　汉莎航空公司建在法兰克福的货物集散站

货运站的占地面积,通常可根据每年货物吞吐总量并结合已有货运站的经验数据进行估算。表 5.4 给出了若干个机场的货运站平均每平方米占地每年可处理的货物量,可在估算货运站占地时参考。

表 5.4 货运站占地面积指标统计

货运站所在机场名称（航空公司）	面积指标（年吨货物/平方米）
法兰克福（Iufthansa）	8
法兰克福（FAG）	6.5～7
伦敦希思罗（BritishAirways）	8
伦敦盖特威克（BritishAirways）	12～15
圣保罗（Viracopas）	3

5. 货运站建筑设计

货运站建筑设计，必须充分而全面地考虑建筑物的使用功能。综合办公楼应考虑到各方面的业务需要和顾客的方便，与顾客有关的服务区，办理手续柜台应尽可能集中。货仓规模应与货流量和货流特性相适应，使之能发挥预期的调配空、陆侧货流量的作用。货仓应适合所存货物种类，便于仓储设备的安装、运行和维修，便于货物的运输、码放、保护和监管。除配有一般的建筑设备外，货舱还要做好防火、保安等方面的设计。对特别繁忙机场的大型货仓，应注意使货仓的位置、进出口、仓储设备与货物运输工具、车辆等能进行良好衔接、配合，以确保出现高峰货流时货仓的吞吐能力。对特种货物，应考虑设计相应的建筑设施(如危险品库、冷库等)。

5.3 现代机场货运设施

随着运货飞机的发展和航空货运量的迅猛增加，货物集装化和装卸平台化业已成为一种趋势。伴随这一趋势，机场货运设施也发生了相当大的变化，许多机场配备了现代化的货运设备、机具，不仅极大减轻了货运操作中人的劳动强度，而且显著提高了机场的货物处理能力。

5.3.1 现代机场货运设施的构成

现代机场货运设施通常由四大部分组成，即货运控制系统、货运仓储系统、货运地面设备和集装器具。具体内容见图 5.8。

5.3.2 货运地面设备

对于集装货物，机场货运站必须配置升降平台车、集装箱/板运输车、行李/货物拖车、行李/货物电动拖车、货箱升降叉车等地面设备。

货物升降平台车见图 5.9。该车可载运一定吨位的集装货物并使其升降。货物在平台上可作纵向、横向和水平旋转运动，且具有完善的锁定保险机构，从而大大方便了货物的装卸。目前，货物升降平台的最大起升能力可达 50 吨，升降高度达 5～6 米，采用全液压驱动和控制。图 5.10、图 5.11 为行李、货物拖车和货箱升降叉车。

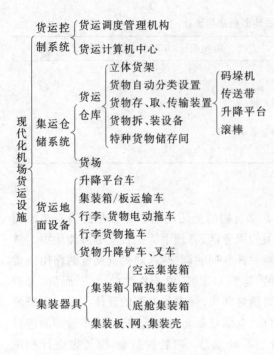

图 5.8 现代机场货运设施

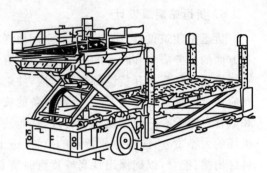

图 5.9 货物升降平台车

图 5.10 行李/货物拖车

图 5.11 货箱升降叉车

5.3.3 集装器具

空运集装器具主要包括集装箱、集装板/网、集装壳和特殊货物(如汽车、牲畜等)集装设施。

1. 集装箱

集装箱是最常见的集装设备,它本身具有一定强度,能对货物起到一定保护作用,如图 5.12 所示。集装箱的基本结构由箱底、箱顶、侧壁和货物进出口组成。集装箱底有两种型式,即集装箱板式和带叉车槽孔的框架结构型式。大容量飞机使用的空运集装箱按 ISO4128 要求制作。为适应不同类型的飞机和货舱,IATA(国际航空运输协会)还规定了一系列各种规格、型式的集装箱,以提高飞机货舱利用率。现代大型飞机除主货舱外,还有下货舱。为适应下货舱装货的需要,特别制作了底舱集装箱。空运集装箱在装卸时,可借助平台和飞机货舱地板上的输送装置(如滚棒)进行平动和转动,但不可吊起。

图 5.12　集装箱

一般的空运集装箱,不适合远距离运输水果、花、冷冻食品、肉、鱼等易腐物品。为方便此类物品空运,特别制造了隔热集装箱。隔热集装箱带有制冷装置,可使箱内保持-25℃～20℃的温度。其标准为 ISO8058 和 ARP1523(ARP,美国航空航天推荐标准)。

未来空运中联运集装箱的使用将愈来愈普遍。联运集装箱具有较高的强度,其使用会极大方便陆空联运和空港货运站的货物处理,并减少因空运集装箱易于损坏而带来的经济损失。空陆联运集装箱的标准为 ISO8323。

2. 集装板/网

集装板是用金属制成的具有较高强度的板状结构物。货物在集装板上码放,最后用集装板网将码好的货物固定在集装板上,使其成为一体,如图 5.13 所示。集装板按结构可分为平板结构和夹层结构两种。集装板的标准为 ISO4171,集装板网的标准为 ISO4115 和 ISO4170。

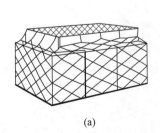
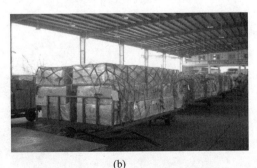

(a)　　　　　　　　　　　　(b)

图 5.13　集装板/网

本章小结

机场货运站是承运人与托运人、收货人进行货物交接、运费结算等的场所。

尽管许多机场都具有一定的货运处理能力,但不同机场货运站的规模、设施水平却差异很大。影响货运站大小和设备复杂程度的因素很多。

机场的进港、出港货物处理,以及货物在货运站的集散要遵循一定的流程。

货运站的设计需要考虑很多方面的因素。

现代机场货运设施通常由四大部分组成,即货运控制系统、货运仓储系统、货运地面设备和集装器具。

复习与思考

1. 机场货运站的功能主要有哪些?
2. 影响货运站规模、设施水平的因素有哪些?
3. 进、出港货物及有关货运文件的处理包括哪些流程?
4. 进行货运站的设计,主要应考虑哪几个方面的问题?
5. 现代机场货运设施通常由哪四大部分组成?
6. 对于集装货物,机场货运站必须配置哪些地面设备?
7. 空运集装器具主要包括哪些?

在线自测

第6章 机场安检与联检

本章关键词

安检(security)　　　　　　　　　联检(joint inspection)
边防检查(frontier inspection)　　海关检查(customs inspection)
检验检疫(inspection and quarantine)

互联网资料

http://www.chinaairports.cn/indxe.html
http://www.caac.gov.cn/
http://www.shanghaiairport.com/
http://www.cahs.com.cn/
http://www.iata.org/
http://www.icao.int/

> 机场安检是乘坐民航飞机的旅客在登机前必须接受的一项人身和行李检查项目,这也是为了保证旅客自身安全和民用航空器在空中飞行安全所采取的一项必要措施。
> 联检是指口岸单位对出入境行为实施的联合检查,包括边防检查、海关检查、检验检疫三个部分。

6.1 机场安检工作机构和人员

6.1.1 安检服务的定义

安检是安全技术检查的简称,它是指在民航机场实施的为防止劫(炸)机和其他危害航空安全事件的发生,保障旅客、机组人员和飞机安全而采取的一种强制性的技术性检查。

安检服务十分必要,它是民航企业提供高质量旅客服务最重要的基础。安检服务在全世界范围内都得到了极大的重视和提高。安检服务的根本目的是:防止机场和飞机遭到袭击;防止运输危险品引起的事故;确保乘客的人身和财产安全。因此,旅客应积极配合安检服务人员的工作,真正享受安检服务带来的旅行安全保障。

6.1.2 安检工作机构

1. 设立安检部门应当经中国民用航空局(以下简称民航局)审核同意,并颁发"民用航空安全检查许可证";民航地区管理局在民航局授权范围内行使审核权。未取得"民用航空安全检查许可证",任何部门或者个人不得从事安检工作。"民用航空安全检查许可证"有效期为五年,到期由颁证机关重新审核换发。

2. 申请设立安检部门的单位应当向民航总局提出书面申请,并附书面材料证明具有下列条件:

(1) 有经过培训并持有"安检人员岗位证书"的人员,且其配备数量符合《民用航空安检人员定员定额标准》;

(2) 有从事安检工作所必需的经民航总局认可的仪器、设备;

(3) 有符合《民用航空运输机场安全保卫设施建设标准》的工作场地;

(4) 有根据本规则和《民用航空安全检查工作手册》制定的安检工作制度;

(5) 民航总局要求的其他条件。

6.1.3 安检人员

1. 从事安检工作的人员应当符合下列条件:

(1) 遵纪守法,作风正派,品质良好;

(2) 未受过少年管教、劳动教养或刑事处分;[①]

(3) 具有高中以上文化程度,志愿从事安检工作;

(4) 招收的人员年龄不得超过25周岁;

(5) 身体健康,五官端正,男性身高在1.65米以上,女性身高在1.60米以上;

(6) 无残疾,无重听,无口吃,无色盲、色弱,矫正视力在1.0以上。

2. 安检人员实行岗位证书制度。没有取得岗位证书的,不可单独作为安检人员上岗执勤;对不适合继续从事安检工作的人员,应当及时调离或辞退。

3. 安检人员执勤时应当着制式服装,佩戴专门标志,服装样式和标志由民航局统一规定。在X射线区域工作的安检人员应当得到健康保护。

4. 安检人员执勤时应当遵守安检职业道德规范和各项工作制度,不得从事与安检工作无关的活动。

5. 在高寒、高温、高噪声条件下从事工作的安检人员,享受相应的补助、津贴和劳动保护。

6. 在X射线区域工作的安检人员应当得到下列健康保护:

(1) 每年到指定医院进行体检并建立健康状况档案;

(2) 每年享有不少于两周的疗养休假;

---

① 安检人员的条件参照中国民用航空总局令第85号《中国民用航空安全检查规则》,但是2013年11月15日《中共中央关于全面深化改革若干重大问题的决定》中提出,废止劳动教养制度,完善对违法犯罪行为的惩治和矫正法律,健全社区矫正制度。

(3) 按民航局规定发给工种补助费;
(4) 女工怀孕和哺乳期间应当合理安排工作,避免在 X 射线区域工作。
(5) X 射线安全检查仪操作检查员连续工作时间不得超过 40 分钟,每天累计不得超过 6 小时。

6.2 民航机场安检工作的应知规定

民航机场安检工作的应知规定主要是指与民航安检相关的法律、法规和制度。主要有:有关航空安全保卫的国际公约;《中华人民共和国民用航空法》;《中华人民共和国民用航空安全保卫条例》;《中国民用航空安全检查规则》;《中国民用航空危险品运输管理规定》。

6.2.1 有关航空安全保卫的国际公约

为阻止威胁、破坏国际民用航空安全与运行,以及非法劫持航空器的行为的发生,在国际民航组织的主持下,先后制定了《东京公约》《海牙公约》《蒙特利尔公约》以及《蒙特利尔公约》的补充协定书,这些公约作为直接解决航空保安问题的国际文件已经被各国采纳并接受。

1.《国际民用航空公约》附件 17

《国际民用航空公约》附件 17 即"防止对国际民航进行非法干扰行为的安全保卫"于 1974 年 3 月通过并生效。

《国际民用航空公约》附件 17 规定:在防止对国际民用航空非法干扰行为的一切有关事务中,旅客、机组、地面人员和一般公众的安全是每个缔约国的首要目的。

附件 17 进行了八次修订更新,所有的更改都并入了 1992 年 9 月通过的最近一次修订。包括对行李的综合荧光屏检查,对货物、快件和邮件的保安控制,与保安计划有关的程序的变化,国际航空器的航前检查以及将保安方面的考虑纳入机场设计的有关措施。

2.《东京公约》

《东京公约》即"关于在航空器上犯罪和某些其他行为的公约"。1947 年至 1957 年国际上发动劫机事件 23 起。进入 20 世纪 60 年代后,劫机次数逐渐增加,1960 年,仅发生在古巴和美国之间的劫机事件就有 23 起。同时,在飞机上犯罪的其他案件也不断出现。鉴于这种情况,国际民航组织于 1963 年 9 月在东京召开国际航空法会议,有 60 个国家参加签订了《东京公约》,该公约规定航空器登记国有权对在机上的犯罪和犯罪行为行使管辖权。其主要目的是确立机长对航空器内犯罪的管辖权。

《东京公约》关于对机长处置权限的规定:《东京公约》规定了机长有权对在航空器上的"犯罪"者采取措施,包括必要的强制性措施;机长有命令"犯罪"者在任何地方落地下机的权利;对航空器上发生的严重犯罪,机长有将案犯送交降落地国合法当局的权利。

3.《海牙公约》

《海牙公约》即"关于制止非法劫持航空器的公约"。该公约于 1971 年 10 月 4 日生效。

《东京公约》制定后，劫机事件不但没减少，反而接连发生，20 世纪 60 年代后期，多种原因使劫机事件呈直线上升趋势。1968 年 35 起，1969 年 87 起，1970 年 82 起（平均每四天发生一起），劫机得逞率 81.5%。由于劫机事件日益增多，引起国际社会的高度重视和普遍关切。在此情况下，国际民航组织于 1970 年 12 月在荷兰海牙召开国际航空法外交会议，讨论有关劫持飞机问题，有 76 个国家参加，签订了《海牙公约》。该公约规定了各缔约国对犯罪行为实施管辖权，及拘留、起诉或引渡犯罪的详细规定。

《海牙公约》关于对劫机犯罪行为的界定：用武力、武力威胁、精神胁迫方式，非法劫持或控制航空器（包括未遂）即构成刑事犯罪。

《海牙公约》的主要内容有：严厉惩罚飞机劫持者；缔约国对劫机行为的管辖范围；缔约国承担义务，将劫机情况通知有关国家，并将处理情况报告国际民航组织。

4. 《蒙特利尔公约》

《蒙特利尔公约》即"关于制止危害民用航空安全的非法行为的公约"。该公约于 1973 年 1 月 26 日生效。

《东京公约》和《海牙公约》签订后，国际上劫机案件仍然层出不穷，而且破坏民航飞机和民航设施的情况继续不断发生，出现了爆炸飞机、破坏民航设施和用电话恐吓方式传递情报，危及民航飞机的正常飞行。因此，1971 年 9 月国际民航组织在加拿大蒙特利尔召开了国际航空法外交会议，签订了《蒙特利尔公约》。该公约主要涉及非法劫持航空器以外的行为。

《蒙特利尔公约》的主要内容有：缔约各国对袭击民航飞机、乘客及机组人员，爆炸民航飞机或民航设施等危及飞行安全的人，要给予严厉的惩罚，其规定基本与《海牙公约》相似。

6.2.2 《中华人民共和国民用航空法》相关规定

《中华人民共和国民用航空法》（以下简称《民航法》）于 1995 年 10 月 30 日第八届全国人民代表大会常务委员会第六次会议通过，1996 年 3 月 1 日生效。《民航法》共有十六章节，一百八十一条款。

《民航法》关于安全技术检查的规定主要有：

1. 《民航法》关于公共航空运输企业的规定

第一百条　公共航空运输企业不得运输法律、行政法规规定的禁运物品。

公共航空运输企业未经国务院民用航空主管部门批准，不得运输作战军火，作战物资。禁止旅客随身携带法律、行政法规规定的禁运物品乘坐民用航空器。

第一百零一条　公共航空运输企业运输危险品，应当遵守国家有关规定。

禁止以非危险品品名托运危险品。

禁止旅客随身携带危险品乘坐民用航空器。除因执行公务并按照国家规定经过批准外，禁止旅客携带枪支、管制刀具乘坐民用航空器。禁止违反国务院民用航空主管部门的规定将危险品作为行李托运。

第一百零二条　公共航空运输企业不得运输拒绝接受安全技术检查的旅客，不得违反国家规定运输未经安全技术检查的行李。

公共航空运输企业必须按照国务院民用航空主管部门的规定，对承运的货物进行安全技术检查或者采取其他保证安全的措施。

第一百零三条　公共航空运输企业从事国际航空运输的民用航空器及其所载人员、行李、货物应当接受边防、海关、检疫等主管部门的检查；但是，检查时应当避免不必要的延误。

2.《民航法》关于对隐匿携带枪支、弹药、管制刀具乘坐航空器的处罚规定

第一百九十三条　违反本法规定，隐匿携带炸药、雷管或者其他危险品乘坐民用航空器，或者以非危险品品名托运危险品，比照刑法的有关规定追究刑事责任。

隐匿枪支子弹、管制刀具乘坐民用航空器的，比照刑法的有关规定追究刑事责任。

6.2.3 《中华人民共和国民用航空安全保卫条例》

《中华人民共和国民用航空安全保卫条例》（以下简称《民用航空安全保卫条例》）于1996年7月6日由国务院发布，共有六章，四十条款。

民用航空安全保卫条例的立法目的是为了防止对民用航空活动的非法干扰，维护民用航空秩序，保障民用航空安全。

1.《民用航空安全保卫条例》对乘机旅客证件检查的规定

安全检查人员应当检验旅客客票、身份证件和登机牌。

2.《民用航空安全保卫条例》对乘机旅客实施人身检查的规定

安全检查人员应当使用仪器或者手工对旅客进行安全检查，必要时可以从严检查。

3.《民用航空安全保卫条例》关于严禁旅客携带违禁物品的规定

除国务院另有规定的外，乘坐民用航空器的，禁止随身携带或者交运下列物品：

（1）枪支、弹药、军械、警械；
（2）管制刀具；
（3）易燃、易爆、有毒、腐蚀性、放射性物品；
（4）国家规定的其他禁运物品。

4.《民用航空安全保卫条例》对进入候机隔离区工作人员安全检查的规定

进入候机隔离区的工作人员（包括机组人员）及携带的物品，应当接受安全检查。接送旅客的人员和其他人员不得进入候机隔离区。

5.《民用航空安全保卫条例》关于货物检查的规定

空运的货物必须经过安全检查或者对其采取的其他安全措施。货物托运人不得伪报品名或者在货物中夹带危险品。

6.《民用航空安全保卫条例》关于邮件检查的规定

航空邮件必须经过安全检查。发现可疑邮件时，安全检查部门应当会同邮政部门开包检验处理。

7. 违反《民用航空安全保卫条例》的处罚机关

违反《民用航空安全保卫条例》的处罚机关是机场公安局。

8.《民用航空安全保卫条例》关于在航空器活动区和维修区内人员、车辆的规定

在航空器活动区和维修区内的人员、车辆必须按照规定路线进行。车辆、设备必须在指定位置停放,一切人员、车辆必须避让航空器。

9.《民用航空安全保卫条例》关于机场控制区的划分

机场控制区应当根据安全保卫的需要,划定为候机隔离区、行李分拣装卸区、航空器活动区和维修区、货物存放区等,并分别设置安全防护设施和明显标志。

6.2.4 《中国民用航空安全检查规则》的相关知识

《中国民用航空安全检查规则》为中国民用航空规章第339SB部,即CCAR-339SB,是民用航空安全工作的规范性文件,于1999年5月14日发布,1999年6月1日生效。

《中国民用航空安全检查规则》关于安全检查工作总则的主要规定有:

(1) 民用航空安全检查机构,依照有关法律、法规和本规则,通过实施安全检查工作,防止危及航空安全的危险品、违禁品进入民用航空器,保障民用航空器及其所载人员、财产的安全。

(2) 安检机构依法对旅客、行李、货物、邮件和其他进入机场控制区的工作人员及其携带物品进行安全检查;对候机隔离区内的人员、物品进行安全监控;对执行飞行任务的民用航空器实施监护。

(3) 中国民用航空局公安局(以下简称民航局公安局)及其派出机构,对安检机构的业务进行统一管理和检查、监督。从事民用航空活动的单位和人员应当配合安检机构开展工作,共同维护民用航空安全。

(4) 安检部门发现有本规则规定的危及民用航空安全行为的,应当予以制止并交由机场公安机关审查处理。

(5) 乘坐民用航空器的旅客及其行李,以及进入候机隔离区或民用航空器的其他人员和物品,必须接受安全技术检查;但是,国家规定免检的除外。

(6) 安全检查应当收取费用。费用的收取标准按照有关规定执行。

(7) 安检工作应当坚持安全第一、严格检查、文明执勤、热情服务的原则。

6.2.5 民用航空危险品运输法律、法规基本知识

《中国民用航空危险品运输管理规定》(CCAR-276)由中国民用航空局于2004年7月12日发布,2004年9月1日实施。该规定将《国际民用航空公约》附件18和《危险品航空安全运输技术细则》的要求写在规章中,对在中华人民共和国境内运行的载运危险品的国内和国外航空器进行管理。

《中国民用航空危险品运输管理规定》(CCAR-276)的基本原则有:

(1) 航空公司承运危险品必须取得民航局颁发的危险品运输许可。
(2) 无论是否运输商业危险品，航空公司都应编写《危险品手册》和《危险品训练大纲》，建立危险品操作程序（包括隐含危险品的识别程序），对员工进行培训。
(3) 托运人有对货物进行正确申报和包装的责任。
(4) 运营人有对货物检查的责任。

6.3 安检工作的任务和流程

安检工作包括对乘坐民用航空器的旅客及其行李、进入候机隔离区的其他人员及其物品，以及空运货物、邮件的安全检查；对候机隔离区内的人员、物品进行安全监控；对执行飞行任务的民用航空器实施监护。

机场安检工作流程一般为：验证—前传—引导和安全门检查—开（箱）包—开机。

6.3.1 旅客及行李、货物、邮件的检查

1. 证件检查

对国内航班旅客应当核查其有效乘机身份证件、客票和登机牌。有效乘机身份证件的种类包括：中国籍旅客的居民身份证、临时身份证、军官证、武警警官证、士兵证、军队学员证、军队文职干部证、军队离退休干部证和军队职工证，港、澳地区居民和台湾同胞旅行证件；外籍旅客的护照、旅行证、外交官证等；民航局规定的其他有效乘机身份证件。对16岁以下未成年人，可凭其学生证、户口簿或者户口所在地公安机关出具的身份证明放行。

对核查无误的旅客，应在其登机牌上加盖验讫章。

2. 人身检查

如图6.1所示。对旅客实施安检时，引导员应当引导旅客逐个通过安全门，提示旅客取出身上的金属物品。通过安全门后再使用手持金属探测器（见图6.2）或手工人身检查的方法进行复查。手工人身检查一般应由同性别安检人员实施。对女性旅客实施检查时，必须由女安检人员进行。

图6.1　机场人身检查

图6.2　手持金属探测器

对通过时安全门警报的旅客，应当重复过门检查或用手持金属探测器或手工人身检

查的方法进行复查,排除疑点后方可放行。

对经过手工人身检查仍有疑点的旅客,经安检部门值班领导批准后,可以将其带到安检室从严检查,检查应当由同性别的两名以上安检人员实施。

3. 物品检查

旅客的托运行李和非托运行李都必须经过安全检查仪器检查。发现可疑物品时应当开箱(包)检查,必要时也可以随时抽查。开箱(包)检查时,可疑物品的托运人或者携带者应当在场。

旅客声明所携带物品不宜接受公开检查的,安检部门可根据实际情况,在适当场合检查。

空运的货物应当经过安全检查或存放 24 小时,或者采取民航总局认可的其他安全措施。对空运的急救物品、鲜活物品、航空快件等有时限的货物,应当及时进行安全检查。

对特殊部门交运的保密货物、不宜检查的精密仪器和其他物品,按规定凭免检证明予以免检。

航空邮件应当经过安全检查。发现可疑邮件时,安检部门应当会同邮政部门开包查验处理。

按照国家有关规定应当予以免检的,按照有关规定办理。

6.3.2 候机隔离区的安全监控

候机隔离区的安全监控是指对隔离区的管理、清理和检查,禁止未经检查的人与已检人员接触和随意进出,防止外界人员向内传递物品,防止藏匿不法分子和危险物品,保证旅客和隔离区的绝对安全。

(1)经过安全检查的旅客进入候机隔离区以前,安检部门应当对候机隔离区进行清场。

(2)安检部门应当派员在候机隔离区内巡视,对重点部位加强监控。

(3)经过安全检查的旅客应当在候机隔离区内等待登机。如遇航班延误或其他特殊原因离开候机隔离区的,再次进入时应当重新经过安全检查。

(4)因工作需要进入候机隔离区的人员,必须佩戴机场公安机关制发的候机隔离区通行证件。上述人员及其携带的物品,应当经过安全检查。安检部门应当在候机隔离区工作人员通道口派专人看守,检查进出人员。

(5)候机隔离区内的商店不得出售可能危害航空安全的商品。商店运进商品应当经过安全检查,同时接受安全部门的安全监督。

(6)隔离区监护人员职责。

① 负责旅客到达前的隔离区清场工作,检查隔离区内的设施、设备和物品是否完好,有无藏匿可疑人员或可疑物品。

② 负责对经过安全检查的旅客进行管理,维护隔离区的秩序。

③ 负责进出大门、通道的监护,检查进出隔离区工作人员的证件,防止无证非本区域人员和未经安检的物品进入隔离区。

④ 负责隔离区的巡视,观察旅客动态,开展调查研究,注意发现可疑动向,如有情况立即报告领导。

⑤ 负责旅客离开登机门后至登机(或上摆渡车)前的管理和监护,防止旅客离开或无关人员混入旅客行列,或互相传递物品。

⑥ 宣传安全检查工作的政策规定,解答旅客询问。

6.3.3 民用航空器的监护

民用航空器的监护是指安检部门对执行飞行任务的民用航空器在客机坪短暂停留期间进行监护。

1. 民用航空器的监护任务

(1) 担负对民用航空器监护区的清查监护,对出、过港民用航空器,经过安全技术检查的旅客及其手提行李实施监护。

(2) 严禁无证无关人员及车辆进入监护区域或无证、无关人员混入旅客行列登上航空器。

(3) 防止武器、凶器、弹药、易燃、易爆、毒害品、放射性物品以及其他危害航空器、旅客安全的违禁物品带入监护区或带上航空器。

(4) 注意发现可疑人员,防止劫、炸机分子强行登机,进行破坏活动。

2. 飞机监护的时间规定

(1) 对出港航空器的监护,从机务人员移交监护人员起,至旅客登机后航空器滑行时止;对过港航空器的监护从其到达客机坪时开始,至旅客登机后航空器滑行时止;对执行国际、地区及特殊管理的国内航线飞行任务的进港航空器的监护,从其到达机坪时开始至旅客下机完毕机务人员开始工作为止。

(2) 对当日首班出港航空器,监护人员应在起飞时间前90分钟与机务人员办理交接手续。

(3) 对执行航班任务延误超过90分钟的航空器由安检部门交由机务人员管理,至确定起飞时间前60分钟由机务人员移交安检部门实施监护。

3. 监护岗位职责

(1) 对航空器和经过安全技术检查的旅客及手提行李进行监护。

(2) 对候机楼、隔离区和其他监护区实施清场。

(3) 防止无关人员、车辆进入监护区或登机。

(4) 防止未经安全技术检查的物品被带入监护区或航空器。

(5) 防止发生劫机分子强行登机或地面炸机等破坏活动。

空勤人员登机时,民用航空器监护人员应当查验其"中国民航空勤登机证"。加入机组执行任务的非空勤人员,应当持有"中国民航公务乘机通行证"和本人工作证(或学员证)。对上述人员携带的物品,应当查验是否经过安全检查;未经过安全检查的,不得带上民用航空器。

在出、过港民用航空器关闭舱门准备滑行时,监护人员应当退至安全线以外,记载飞机号和起飞时间后,方可撤离现场。

民用航空器监护人员接受和移交航空器监护任务,应当与机务人员办理交接手续,填写记录,双方签字。

民用航空器客、货舱装载前的清舱工作由航空器经营人负责。必要时,经民航公安机关或安检部门批准,公安民警、安检人员可以进行清舱。

6.3.4 安全检查岗位主要职责

1. 基础岗位职责

基础岗位包括待检区维序检查岗位、前传检查员岗位。其职责是:

(1) 维持待检区秩序并通知旅客准备好身份证件、客票和登机牌。

(2) 开展调查研究工作。

(3) 在安全技术检查仪传送带上正确摆放受检行李物品。

2. 验证检查员岗位职责

(1) 负责对乘机旅客的有效身份证件、客票、登机牌进行核查,识别涂改、伪造、冒名顶替以及其他无效证件。

(2) 开展调查研究工作。

(3) 协助执法部门查控在控人员。

3. 人身检查岗位职责

人身检查岗位包括引导和安全门检查两个具体岗位。其职责是:

(1) 引导旅客有秩序地通过安全门。

(2) 检查旅客自行放入盘中的物品。

(3) 对旅客人身进行仪器或手工检查。

(4) 准确识别并根据有关规定正确处理违禁物品。

4. X射线检查仪操作员岗位职责

(1) 按操作规程正确使用X射线检查仪。

(2) 观察辨别监视器上受检行李(货物、邮件)图像中的物品形状、种类,发现、辨认违禁物品或可疑图像。

(3) 将需要开箱(包)检查的行李(货物、邮件)及重点检查部位准确无误地通知开箱(包)检查员。

5. 开箱(包)检查员职责

(1) 对旅客行李(货物、邮件)实施开箱(包)手工检查。

(2) 准确辨认和按照有关规定正确处理违禁物品。

(3) 开具暂存或移交物品单据。

6. 仪器维修岗位职责

(1) 负责各种安全技术检查仪器的安装、调试工作。

(2) 负责安全技术检查仪器的定期维护保养。

(3) 负责安全技术检查仪器故障的修理,保证安检仪器正常运行。

7. 现场值班领导岗位职责

(1) 负责向当班安检人员传达上级有关指示和通知。
(2) 提出本班要求和注意事项。
(3) 组织协调安检现场勤务。
(4) 督促检查各岗位责任制的落实情况。
(5) 按规定处理安检现场发生的问题。

6.3.5 安检工作中特殊情况的处置

1. 拒绝接受安全检查的人员,不准登机或进入候机隔离区,损失自行承担。
2. 对待持居民身份证复印件、伪造或变造证件、冒用他人证件者不予放行登机。
3. 对有下列情形之一者,应带至安检值班室进行教育;情节严重的,交由民航公安机关处理:
(1) 逃避安全检查的;
(2) 妨碍安检人员执行公务的;
(3) 携带危险品、违禁品又无任何证明的;
(4) 扰乱安检现场工作秩序的。
4. 有下列威胁航空安全行为之一的,交由民航公安机关查处:
(1) 携带枪支、弹药、管制刀具及其仿制品进入安检现场的;
(2) 强行进入候机隔离区不听劝阻的;
(3) 伪造、冒用、涂改身份证件乘机的;
(4) 隐匿携带危险品、违禁品企图通过安全检查的;
(5) 在托运货物时伪报品名、弄虚作假或夹带危险物品的。
(6) 其他威胁航空安全的行为。
5. 对违反《中华人民共和国民用航空安全保卫条例》第三十二条规定,携带《禁止旅客随身携带或者托运的物品》所列物品的,安检部门应当及时交由民航公安机关处理。
6. 对违反《中华人民共和国民用航空安全保卫条例》第三十三条规定,携带《禁止旅客随身携带但可作为行李托运的物品》所列物品的,应当告诉旅客可作为行李托运或交给送行人员;如来不及办理托运,安检部门按规定办理手续后移交机组带到目的地后交还。

不能按上述办法办理的,由安检部门代为保管。安检部门应当登记造册,妥善保管;对超过三十天无人领取的,及时交由民航公安机关处理。

7. 对含有易燃物质的生活用品实行限量携带。对超量部分可退给旅客自行处理或暂存于安检部门。

安检部门对旅客暂存的物品,应当为物主开具收据,并进行登记。旅客凭收据在三十天内领回;逾期未领的,视为无人认领物品按月交由民航公安机关处理。

6.4 海关检查

中华人民共和国海关是国家的进出关境监督管理机关,是依据本国(或地区)的法律、行政法规行使进出口监督管理职权的国家行政机关。

依照《中华人民共和国海关法》等有关法律、法规,中国海关主要承担四项基本任务:监管进出境运输工具、货物、物品;征收关税和其他税、费;查缉走私;编制海关统计和办理其他海关业务。根据这些任务主要履行通关监管、税收征管、加工贸易和保税监管、海关统计、海关稽查、打击走私、口岸管理七项职责。

6.4.1 进出境旅客通关

进出境旅客通关指进出境旅客向海关申报,海关依法查验行李物品并办理进出境物品征税或免税验放手续,或其他有关监管手续之总称。

旅客通关应遵循的基本原则有:

(1)根据《中华人民共和国海关法》和其他有关法规的规定,向海关办理申报手续的进出境旅客通关时,应首先在申报台前向海关递交《中华人民共和国海关进出境旅客行李物品申报单》或海关规定的其他申报单证,如实申报其所携运进出境的行李物品。

(2)申报手续应由旅客本人填写申报单证向海关办理,如委托他人办理,应由本人在申报单证上签字。接受委托办理申报手续的代理人应当遵守本规定对其委托人的各项规定,并承担相应的法律责任。

(3)在海关监管场所,海关在通道内设置专用申报台供旅客办理有关进出境物品的申报手续。

经中华人民共和国海关总署批准实施双通道制的海关监管场所,海关设置"申报"通道(又称"红色通道")和"无申报"通道(又称"绿色通道")供进出境旅客依本规定选择。不明海关规定或不知如何选择海关通道的旅客,应选择"红色通道"通关。

(4)持有中华人民共和国政府主管部门给予外交、礼遇签证的进出境非居民旅客和海关给予免验礼遇的其他旅客,通关时应主动向海关出示本人护照(或其他有效进出境证件)和身份证件。

6.4.2 入出境物品的管理

1. 禁止入境物品

(1)各种武器、仿真武器、弹药及爆炸物品;

(2)伪造的货币及伪造的有价证券;

(3)对中国政治、经济、文化、道德有害的印刷品、胶卷、唱片、照片、影片、录像带、录音带、激光视盘、计算机存储介质及其他物品;

(4)各种烈性毒药;

(5)鸦片、吗啡、海洛因、大麻以及其他使人成瘾的麻醉品、精神药物;

(6) 带有危险性病菌、害虫及其他有害生物的动物、植物及其产品；

(7) 有碍人畜健康的、来自疫区的以及其他能传播疾病的食品、药品或其他物品。

2. 禁止出境的物品

(1) 列入禁止入境范围的所有物品；

(2) 珍贵文物及其他禁止出境的文物；

(3) 濒危的和珍贵的动物、植物及其种子和繁殖材料；

(4) 内容涉及国家机密的手稿、印刷品、胶卷、照片、唱片、影片、录像带、录音带、激光视盘、激光唱盘、计算机存储介质及其他物品。

3. 部分物品限制入出境的规定

(1) 携运金银及其制品进出境

每人携带的金银限额为：黄金饰品 5 市钱(1 市钱＝5 克)，白银饰品 5 市两(1 市两＝50 克)。经海关查验符合规定的准予放行，回程时，必须将原物带回。

携带金银制品超出上述规定的，必须在出境前持有关证明到当地中国人民银行或其委托机构，验明所带金银及其产品名称、数量后，申领"携带金银出境许可证"，海关凭此查验放行。

(2) 携带外汇和外汇票证进出境

出国留学人员携带或附带外汇出境，海关凭借外汇管理局、中国银行、中信实业银行的证明或原入境时的申报单检查放行。持有境外的债券、股票、房地契以及处理境外债权、遗产、房地产和其他外汇资产有关的各种证书、契约，须经外汇管理局批准，方可携带出境。携带外币 1000 美元以下或等值其他外币时，海关免予验核签章。

(3) 携运和邮运文物出口

根据我国《文物保护法》及海关有关规定，携带、托运和个人邮寄文物出境，都必须事先向海关申报，并经有关文化行政管理部门鉴定，开具许可出口证明。1949 年以后制作的文物仿制品和复制品，以及一般现代书画作品不属于文物范围。办理文物出口许可手续的有北京、天津、上海、广州 4 个口岸及省属文物管理部门。

(4) 人民币

旅客携带人民币进出境，限额为 6000 元。超出 6000 元的不准进出境。

(5) 旅行自用物品

非居民旅客及持有前往国家或地区再入境签证的居民旅客携进旅行自用物品限照相机、便携式收录音机、小型摄影机、手提式摄录机、手提式文字处理机每种一件。超出范围的，需向海关如实申报，并办理有关手续。经海关放行的旅行自用物品，旅客应在回程时复带出境。

(6) 中药材、中成药

旅客携带中药材、中成药出境，前往国外的，总值限人民币 300 元；前往港澳地区的，总值限人民币 150 元。

进境旅客出境时携带用外汇购买、数量合理的自用中药材、中成药，海关凭有关发货票和外汇兑换水单放行。

麝香以及超出上述规定限值的中药材、中成药不准出境。

(7) 旅游商品

进境旅客出境时携带用外汇在我境内购买的旅游纪念品、工艺品,除国家规定应申领出口许可证或者应征出口税的品种外,海关凭有关发货票和外汇兑换水单放行。

6.5 边防检查

出入境边防检查是为了保卫国家的主权和安全,通过设在对外开放口岸的边防检查机关依法对出入境人员、交通运输工具及其携带、载运的行李物品、货物等实施检查、监督的一项行政管理活动。

6.5.1 出入境边防检查机关的职权

1. 阻止出境、入境权

对于国家出入境管理和边防检查法律、法规规定的不准出境入境的各类人员,边防检查机关有在通行口岸阻止其出境、入境行为的职权。

2. 扣留或者收缴出境、入境证件权

在被阻止出境、入境的人员中,有几种情形情节比较严重(或具有欺骗性质,或根本不允许出境、入境),为防止其继续使用现有证件进行非法出入境活动,边防检查机关有扣留、收缴其出境、入境证件的职权。

3. 限制出境、入境人员活动范围权

对于应予阻止出境、入境的各种嫌疑人,为将情况调查清楚或将其移送有关机关处理,边防检查机关有权对其活动范围进行暂时的限制。

4. 出入境枪支、弹药管理权

边防检查机关有对出入境枪支、弹药的管理权,主要内容是为出境、入境、过境旅客携带或者托运的枪支、弹药办理携带、托运手续,或进行口岸封存。为出境、入境交通运输工具携带的枪支、弹药办理加封存、启封手续。

5. 口岸警戒权

为维护出入境秩序,边防检查机关对口岸限定的区域,有施行警戒的职权。

6. 行政处罚权

(1) 对违反出入境边防检查法规的处罚。对于违反该《条例》有关规定的人员,按《条例》规定的适用条款处罚。

(2) 对违反国家出入境管理法律和其他出入境管理法规的处罚。触犯国家出入境管理法律或其他出入境管理法规的规定,对此,边防检查机关根据有关法律、法规的授权依适用条文进行处罚。

(3) 对违反口岸管理制度的处罚。

7. 追究刑事责任权

主要是违反《出境入境边防检查条例》情节严重构成犯罪的人员。同时,对于在边防检查过程中发现的叛国外逃、偷越国(边)境、破坏国界标志、走私贩毒、私运违禁物品等与本职工作有关的犯罪案件的行为人,也有权追究其刑事责任。

6.5.2 出入境证件检查

公安边防检查部门依据《边防检查条例》代表国家行使入出境管理。对外国人、港澳同胞、台湾同胞、海外侨胞、中国公民因公、因私入出境进行严格的证件检查。

外国人来中国,应当向中国的外交代表机关、领事机构或者外交部授权的驻外机关申请办理签证(互免签证的除外)。除签证上注明入、出境口岸的外,所有入出境人员,可从全国开放口岸入出境。

外国人到达中国口岸后,要接受边防检查站的检查。填写入境登记卡,交验本人的有效护照或者其他出境、入境证件(以下简称出境、入境证件),经查验核准后,加盖入境验讫章,收缴入境登记卡后方可入境。

以下介绍一些关于护照、签证和其他常见证件的基础知识。

1. 护照

护照(passport)是一个国家的公民出入本国国境和到国外旅行或居留时,由本国发给的一种证明该公民国籍和身份的合法证件。"护照"一词在英文中是"口岸通行证"的意思。也就是说,护照是公民旅行通过各国国际口岸的一种通行证明。所以,世界上一些国家通常也颁发代替护照的通行证件。

(1) 护照种类

中国的护照分为外交护照、公务护照和普通护照。普通护照又分因公普通护照和因私普通护照。还有香港特别行政区护照。

- 外交护照一般是颁发给具有外交身份的人员使用的护照,如外交官员、领事官员和到外国进行国事活动的国家元首、政府首脑、国会或政府代表团成员等,都使用外交护照。根据国际惯例,上述人员的配偶和未成年子女,一般也发给外交护照。
- 公务护照是发给国家公务人员的护照,也有的国家称这种供政府官员使用的护照为"官员护照"。此外,各国都把这种护照发给驻外使(领)馆中的不具有外交身份的工作人员及其配偶和成年子女。
- 因公普通护照主要发给中国国营企业、事业单位出国从事经济、贸易、文化、体育、卫生、科学技术交流等公务活动的人员,公派留学、进修人员,访问学者及公派出国从事劳务的人员等。
- 因私普通护照发给定居、探亲、访友、继承遗产、自费留学、就业、旅游和其他因私人事务出国和定居国外的中国公民。

(2) 护照的内容

护照本身的内容,各个国家都比较相近。封面印有国徽和国名的全称及护照种类的名称,封底都印有使用护照的注意事项,封里一般都印有"请各国军政机关对持照人予以通行的便利和必要的协助"等。

中华人民共和国护照的第一页有持照人的护照号码、姓名、性别、出生日期、出生地点、有效期至、身份证号码等,并贴有本人照片,1992版的护照还有婚姻状况和身份两项;第二页印有"中华人民共和国外交部请各国军政机关对持照人予以通行的便利和必要的协助"字样并附有英文译文;此外,还有签发日期、签发地点和发照机关的盖章;第三页是关于偕行儿童的姓名、性别、出生日期、加注日期,并贴有儿童照片;第四页和第五页是延期页;第六页至第八页是备注页;第九页至第三十二页是签证页;最后一页是注意事项。

(3) 护照的有效期限

护照有一定的有效期限,各个国家所规定的有效期限不同。

我国的外交护照有效期为五年。公务护照和因公普通护照分为一次有效和多次有效两类。多次有效护照的有效期为五年,是发给在一定时期内需要多次出入我国国境的人员;一次有效护照的有效期为两年,是发给在一定时期内一次出入我国国境的人员。一次有效因公普通护照和一次有效公务护照满两年后,如有需要,可在国(内)外按规定手续申请延期一次。延长期限根据需要决定,但最长不得超过两年。一次有效因公普通护照的标志是护照的扉页在护照号码前有"Y"字样;在第四页上方有"……持照人在护照有效期内可出入中国国境一次"字样。

我国的因私普通护照有效期为五年。有效期为五年的护照,过期前可申请延期两次,每次不超过五年。申请延期应在护照有效期满前办理。在国内延期手续可到各级颁发护照的机关办理;在国外,由中国驻外国的外交代表机关、领事机关或者外交部授权的其他驻外机关办理。

2007年1月1日开始,我国的护照不再办理延期的手续,改为直接换领新的护照。未满16周岁的公民的新版普通护照有效期为五年,16周岁以上(含)的有效期为10年。香港特别行政区护照有效期为10年。

(4) 护照使用的注意事项

• 护照为重要身份证件,应妥为保存使用,不得损毁、涂改、转让。

• 颁发护照和护照延期、加注及换发、补发由省、自治区、直辖市公安厅(局)及授权的公安机关和中华人民共和国驻外国的外交代表机关、领事机关或者外交部授权的其他驻外机关办理。

• 已经在外国定居的公民要及时向中国驻外国的外交代表机关、领事机关办理加注手续。

• 护照遗失应立即向当地公安机关或者中国驻外国的外交代表机关、领事机关报告。最后是持照人的职业、籍贯、身高、眼睛和头发的颜色、显著特征等。此外,护照内一般还包括"偕行儿童"的照片、姓名、性别、出生日期、加注日期等。

2. 签证

签证(visa),是一个国家的主权机关在本国或外国公民所持的护照或其他旅行证件上的签注、盖印,以表示允许其出入本国国境或者经过国境的手续,也可以说是颁发给他们的一项签注式的证明。概括地说,签证是一个国家的出入境管理机构(例如移民局或其驻外使领馆),对外国公民表示批准入境所签发的一种文件。

签证是一个主权国家为维护本国主权、尊严、安全和利益而采取的一项措施,是一个主权国家实施出入本国国境管理的一项重要手段。

签证一般都签注在护照上,也有的签注在代替护照的其他旅行证件上,有的还颁发另纸签证。如美国和加拿大的移民签证是一张 A4 大的纸张,新加坡对外国人也发一种另纸签证,签证一般来说须与护照同时使用,方有效力。

(1) 签证的种类

- 根据出入境情况可分为出境签证、入境签证、出入境签证、再入境签证和过境签证等六种类别。出境签证只许持证人出境,如需入境,须再办入境签证。入境签证即只准许持证人入境,如需出境,须再申办出境签证。出入境签证的持证人可以出境,也可以再入境。
- 多次入出境签证的持证人在签证有效期内可允许入出境。
- 根据出入境事由常规可分为外交签证、公务签证、移民签证、非移民签证、礼遇签证、旅游观光签证、工作签证、留学签证、商务签证以及家属签证等。每个国家情况不一样。
- 根据时间长短分为长期签证和短期签证。长期签证的概念是,在前往国停留 3 个月以上。申请长期签证不论其访问目的如何,一般都需要较长的申请时间。在前往国停留 3 个月以内的签证称为短期签证,申请短期签证所需时间相对较短。
- 依据入境次数可分为一次入境和多次入境签证。
- 依据使用人数可分为个人签证和团体签证。
- 依据为持有人提供的方便有另纸签证、落地签证等。
- 依据申请人的入境目的,签证可分为移民签证和非移民签证。获得移民签证的,是指申请人取得了前往国的永久居留权,在居住一定时期后,可成为该国的合法公民。而非移民签证则可分为商务、劳务、留学、旅游、医疗等几个种类。
- 按签证式样可分为印章式签证及粘贴式签证。
- 其他常见的签证。

a. 返签证。是指由邀请方为来访人员在前往国国内的出入境管理部门办好签证批准证明,再连同申请人的护照、申请表格等材料呈递该国驻来访人员国家使领馆。驻来访人员国家使领馆凭批准材料,在申请人护照上签证,无须请示国内相关部门。一般说来,获得返签就意味着入境获得批准。目前实行返签的国家大多在亚洲,如日本、韩国、印度尼西亚、新加坡、马来西亚等。

b. 口岸签证。是指在前往国的入境口岸办理签证(又称落地签证)。一般说来,办理口岸签证,需要邀请人预先在本国向出入境管理部门提出申请,批准后,将批准证明副本寄给出访人员。后者凭该证明出境,抵达前往国口岸时获得签证。目前,对外国公民发放口岸签证的国家主要是西亚、东南亚、中东及大洋洲的部分国家。

c. 互免签证。互免签证是随着国际关系和各国旅游事业的不断发展,为便利各国公民之间的友好往来而发展起来的,是根据两国间外交部签署的协议,双方公民持有效的本国护照可自由出入对方的国境,而不必办理签证。互免签证有全部互免和部分互免之分。截至 2014 年 2 月,我国已与阿尔巴尼亚、巴西、俄罗斯、泰国等 80 多个国家签订了互免签证的协议。

d. 过境签证。当一国公民在国际间旅行,除直接到达目的地外,往往要途经一两个国家才能最终进入目的地国境。这时不仅需要取得前往国家的入境许可,而且还必须取得途经国家的过境许可,这就称为过境签证。关于过境签证的规定,各国不尽相同。不少国家规定,凡取道该国进入第三国的外国人,不论停留时间长短,一律需要办理签证。按照国际惯例,如无特殊限制,一国公民只要持有有效护照、前往国入境签证或联程机票,途经国家均应发给过境签证。

目前,世界上大多数国家的签证分为:外交签证、公务(官员)签证和普通签证。中华人民共和国的签证主要有外交签证、礼遇签证、公务签证和普通签证四种,是发给申请入境的外国人。我国普通签证有八种:D——定居、Z——职业、X——学习、F——访问、L——旅游、C——乘务、G——过境、J-1(2)——常驻(临时)记者。

(2) 签证内容

各国签证涉及的内容并不相同,但有些基本信息是共通的,如前往国家、签证序号、有效期、允许停留天数、姓名、出生日期、护照号码、性别、照片等。

(3) 签证的有效期和停留期

签证的有效期是指从签证签发之日起到以后的一段时间内准许持有者入境的时间期限,超过这一期限,该签证就是无效签证。一般国家发给 3 个月有效的入境签证,也有的国家发给 1 个月有效的入境签证。有的国家对签证有效期限制很严,如德国只按申请日期发放签证。过境签证的有效期一般都比较短。

签证的停留期是指持证人入境该国后准许停留的时间。它与签证有效期的区别,在于签证的有效期是指签证的使用期限,即在规定的时向内持证人可出入或经过该国。

3. 其他证件

(1) 大陆居民往来台湾通行证;
(2) 中华人民共和国旅行证;
(3) 中华人民共和国入出境通行证;
(4) 中华人民共和国海员证;
(5) 港澳同胞回乡证;
(6) 卡式港澳同胞来往内地通行证;
(7) 台湾居民来往大陆通行证;
(8) 中华人民共和国往来港澳通行证;
(9) 因公往来香港澳门特别行政区通行证(红皮)。

6.6 检验检疫

6.6.1 卫生检疫

国境卫生检疫是为了防止传染病由国外传入或由国内传出,在国际通航的港口、机场、陆地边境和国界江河口岸设立国境卫生检疫机关,对进出国境人员、交通工具、货物、行李和邮件等实施医学检查和必要的卫生处理,这种综合性的措施称为国境卫生检疫。

海外人士入境,应根据国境检疫机关的要求如实填报健康申明卡,传染病患者隐瞒不报,按逃避检疫论处。一经发现,禁止入境;已经入境者,让其提前出境。

卫生检疫主要内容有：

(1) 入境、出境的微生物、人体组织、生物制品、血液及其制品等特殊物品的携带人、托运人或者邮递人必须向卫生检疫机关申报并接受卫生检疫,未经卫生检疫机关许可,不准入境、出境。海关凭卫生检疫机关签发的特殊物品审批单放行。

(2) 入境、出境的旅客、员工个人携带或者托运可能传播传染病的行李和物品应当接受卫生检查。卫生检疫机关对来自疫区或者被传染病污染的各种食品、饮料、水产品等应当实施卫生处理或者销毁,并签发卫生处理证明。海关凭卫生检疫机关签发的卫生处理证明放行。

(3) 来自黄热病疫区的人员,在入境时,必须向卫生检疫机关出示有效的黄热病预防接种证书。对无有效的黄热病预防接种证书的人员,卫生检疫机关可以从该人员离开感染环境的时候算起,实施六日的留验,或者实施预防接种并留验到黄热病预防接种证书生效时为止。入境、出境的交通工具、人员、食品、饮用水和其他物品以及病媒昆虫、动物均为传染病监测对象。

(4) 卫生检疫机关阻止患有艾滋病、性病、麻风病、精神病、开放性肺结核的外国人入境。来中国定居或居留一年以上的外国人,在申请入境签证时,需交验艾滋病血清学检查证明和健康证明书,在入境后30天内到卫生检疫机关接受检查或查验。

6.6.2 动植物检疫

动植物检疫部门是代表国家依法在开放口岸执行进出境动植物检疫、检验、监管的检验机关。动植物检疫部门依据《进出境动植物检疫法》,对进出境动植物、动植物产品的生产、加工等过程实施检疫,为防止传染病及有害生物传入、传出国境。

禁止下列各种物品入境：

(1) 动植物病原体(包括菌种、毒种等)、害虫及其他有害生物。

(2) 动植物疫情流行的国家和地区的有关动植物、动植物产品和其他检疫物。

(3) 动物尸体及标本。

(4) 土壤。口岸动植物检疫机关发现有禁止进境物的,作退回或者销毁处理。因科学研究等特殊需要引进按规定禁止进境的必须事先提出申请,经国家动植物检疫机关批准。

(5) 其他。

检疫法规定,携带规定名录以外的动植物、动植物产品和其他检疫物进境的,在进境时向海关申报并接受口岸动植物检疫机关的检疫。携带动物进境的,必须持有输入国家或者地区的检疫证书等证件。旅客携带伴侣动物进境的,根据1993年农业部和海关总署关于实施《关于旅客携带伴侣犬、猫进境的管理规定》的通知,每人限1只。携带的伴侣犬、猫必须持有输出国(或地区)官方检疫机关出具的检疫证书和狂犬病免疫证书。口岸动植物检疫机关对旅客携带的动物实施为期30天的隔离检疫,经检疫合格的准予进境,检疫不合格的由检疫机关按有关规定处理。

 本章小结

  安检是安全技术检查的简称,它是指在民航机场实施的为防止劫(炸)机和其他危害航空安全事件的发生,保障旅客、机组人员和飞机安全而采取的一种强制性的技术性检查。

  民航机场安检工作的应知规定主要是指与民航安检相关的法律、法规和制度。主要有:有关航空安全保卫的国际公约,《中华人民共和国民用航空法》《中华人民共和国民用航空安全保卫条例》《中国民用航空安全检查规则》《中国民用航空危险品运输管理规定》。

  安检工作包括对乘坐民用航空器的旅客及其行李、进入候机隔离区的其他人员及其物品,以及空运货物、邮件的安全检查;对候机隔离区内的人员、物品进行安全监控;对执行飞行任务的民用航空器实施监护。

  机场安检工作流程一般为:验证—前传—引导和安全门检查—开(箱)包—开机。

  联检是指口岸单位对出入境行为实施的联合检查,包括边防检查、海关检查、检验检疫三个部分。

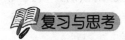 **复习与思考**

1. 什么是安检?安检的根本目的是什么?
2. 安检工作的主要任务有哪些?
3. 民用航空器的监护任务是什么?
4. 海关禁止入境的物品有哪些?

 在线自测

第7章 出入机场地面交通系统

本章关键词

机场交通系统(airport traffic system)　　小汽车(car)
出租车(taxi)　　包租公共汽车(chartered bus)
公共汽车(bus)　　机场班车(airport shuttle)
火车(railway)　　城市捷运系统(urban MRT system)
机场专用捷运系统(MRT system of airport)
机场专用高速公路(the highway only for airport)
直升机(helicopters)　　水运(water carriage)
机场停车场(airport parking)　　航站楼车道边(terminal lane)

互联网资料

http://www.chinaairports.cn/indxe.html
http://www.caac.gov.cn/
http://www.shanghaiairport.com/travel/airport_pd.jsp
http://www.cahs.com.cn/
http://www.iata.org/
http://www.icao.int/

> 目前航空运输已经成为一种大众交通方式，由于出入机场地面交通系统不畅，航空旅行时的地面交通时间与乘机时间持平甚至超出，已是司空见惯。长此以往，势必减少航空旅行对中、短途旅客的吸引力。因此，合理规划出入机场的地面交通系统对于一个机场的发展非常重要，特别是规划一个合适的停车场、车道边、地面道路布局。目前，也已经有很多国家正在考虑建立一个"一体化交通系统"来适应机场的发展需要。

很显然，机场是一个开放系统。在空侧，机场通过跑道、停机坪、飞机等与外界进行客货交流；在陆侧，机场又借助各种道路、停车场、车站、各种车辆与外界实现着沟通。只有空侧、地面交通的各个环节达到均衡，如图7.1所示，机场才能正常运营。由于地面交通形式的多样化和航站区陆侧的多功能，使出入机场地面交通系统的组织及与城市交通系统的衔接变得非常复杂，非经妥善、全面的规划难以得到圆满的方案，甚至成为制约机场发展的瓶颈。

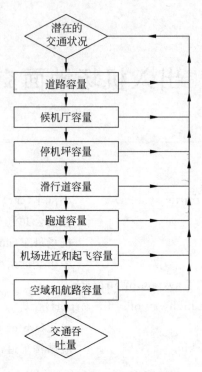

图 7.1　机场交通的各个环节

7.1　出入机场地面交通系统问题

对早期的航空旅客来说，出入机场的地面交通是没有任何问题的。20 世纪二三十年代的民用机场，大多位于所服务城市的边缘，旅客到机场的路途较近。加之当时航空旅行费用较火车等交通方式高许多，故只有少数人在经济上能够接受。于是，为数不多的旅客行进在交通量很小的通往机场的道路上，交通绝不会出现问题。

第二次世界大战以后，各国的科技和经济都发展很快。到现在，航空旅行已变得非常快捷、舒适，成为受众人青睐的一种交通方式。机票价格也不再高得令人生畏，加之个人拥有小汽车在一些国家已非常普遍。于是，许多旅客、公务人员自己驾车出入于机场，通往机场的道路再不像以前那样宁静了，许多机场进出道路交通拥挤，乃至时常堵塞，成为令机场等有关方面十分头痛的问题。

图 7.2 是 1990 年和 1950 年旅客作同样的短途旅行所花费总时间的构成与对比示意。显然，由于飞机速度提高所节省的时间，几乎已被进出机场的地面交通时间增加给抵消掉了。现在，大中型运输机的巡航速度一般都在 900 千米/小时左右，因而国内航线乘机时间大都在 1～3 小时之间。由于出入机场地面交通系统不畅，航空旅行时的地面交通时间与乘机时间持平甚至超出，已是司空见惯。长此以往，势必减少航空旅行对中、短途旅客的吸引力。

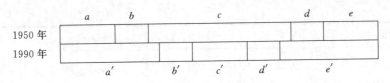

a、e——赶到、离开机场所花时间；　　b、d——在航站楼所花时间；　　c——空中飞行时间。

图 7.2　短途航空旅行总花费时间对比

在规划出入机场地面交通系统时，我们应该考虑出发旅客从启程至航站楼和到达旅客从航站楼至目的地的全部进程。在规划中，通常有三个问题要慎重考虑：

(1) 如何在市中心或市区其他旅客流量较大的地方设置旅客集散点(站)；

(2) 通过何种交通方式将旅客运往(出)机场；

(3) 航站区内部交通如何组织，机场道路如何布设。

在考虑出入机场地面交通系统容量时，应改变一种错误观念，即认为出入机场地面交通系统设施只是服务于旅客的。实际上有相当一部分机场，进出人员中旅客只占少数。机场进出人员的成分是比较复杂的，主要包括旅客及其迎送者、观光者、机场工作和服务人员。不同机场，各类人员构成的比例可能相差很悬殊，这主要与机场的规模、性质、坐落位置等有关。表 7.1 给出了十几个机场的人员构成情况。值得说明的是，即使是同一个机场，在不同时间人员构成比例的变化也是较大的，表中给出的数值是平均值。

民用机场，特别是枢纽机场的规模是很大的，拥有众多的雇员。例如，据 20 世纪 80 年代末统计，伦敦希思罗机场拥有雇员 48 000 人；法兰克福机场，41 000 人；洛杉矶机场，35 000 人。这样的人数，即使不算旅客及迎送者，也接近一个小城市的人口规模。在机场内部和附近，其交通要求与一个城市差不多，甚至有些方面更复杂。根据对洛杉矶国际机场的一项调查，每天仅出入航站楼附近的交通量就达 120 000 辆。由此不难理解，在机场规划、运营中，地面交通是一个十分重要的方面。

机场陆侧可采用多种交通方式，如个人小汽车、出租车、租用车、机场班车、包租车、公共汽车、火车、地铁、捷运车，甚至直升机、轮船等。每种方式都各有特点，都需要相应的设施。为了方便旅客，还需在城区合理地布设集散点(站)。根据目前的统计，大部分机场至少有不低于 70% 的交通量是由公路来承担的。

因为并非人人有汽车(在美国这个私车拥有率最高的国度里，仍有 1/4 的人没有自己的汽车)，或即使有车，由于停车等问题旅客也未必开自己的车去机场。因此，在机场采用某种公共交通方式来输送旅客是必要的。对某些机场，公共交通还是缓解地面交通压力的最有效措施。

表 7.1　机场人员构成情况

机场	旅客	接送机者	工作人员	其他
法兰克福(Frankfurt)	0.60	0.06	0.29	0.05
维也纳(Vienna)	0.51	0.22	0.19	0.08

续表

机场	旅客	接送机者	工作人员	其他
巴黎奥利 (Paris Orly)	0.62	0.07	0.23	0.08
阿姆斯特丹 (Amsterdam)	0.41	0.23	0.28	0.08
多伦多 (Toronto)	0.38	0.54	0.08	不计在内
亚特兰大 (Atlanta)	0.39	0.26	0.09	0.26
洛杉矶 (Los Angeles)	0.42	0.46	0.12	不计在内
纽约肯尼迪 (New Jork JFK)	0.37	0.48	0.15	不计在内
波哥大 (Bogota)	0.21	0.42	0.36	忽略不计
墨西哥城 (Mexico City)	0.35	0.52	0.13	忽略不计
库拉索 (Cura Cao)	0.25	0.64	0.08	0.03
东京 Haneda (Tokyo Haneda)	0.66	0.11	0.17	0.06
新加坡巴耶拉巴 (Singapore paya Labar)	0.23	0.61	0.16	忽略不计
墨尔本 (Melbourne)	0.46	0.32	0.14	0.08
美国机场 (U.S. airports)	0.33~0.56	—	0.11~0.16	0.31~0.42（包括接送机者）

7.2 确定地面交通方式的原则方法

在确定采用何种交通方式或交通方式组合之前，必须知道在一定时间内旅客及迎送者、机场工作和服务人员、航空货运等的交通流量情况。然而，除非对已有机场作过详尽的调查可得到上述数据，对于新建机场是无法用调查方法获取交通流量的。在这种情况下，可根据有关预测方法建立数学模型来估算。

图7.3表示了确定交通方式的原则方法。先假定机场内外乘客集散点（站），例如环绕机场的卫星式车站或市内车站。然后，根据预期的投资和服务水平等因素初选交通方式，并罗列出此种交通方式的优缺点。下一步就是根据已有交通量数据或由模型估算的交通量数据进行定型的交通分流，并在此基础上对所选交通方式从载客率（量）、社会、环境、经济、技术等方面进行评价。如评价结果不理想，改变初选方案，再继续按图7.3的步骤重新选择交通方式，最后总能得出比较满意的结果。

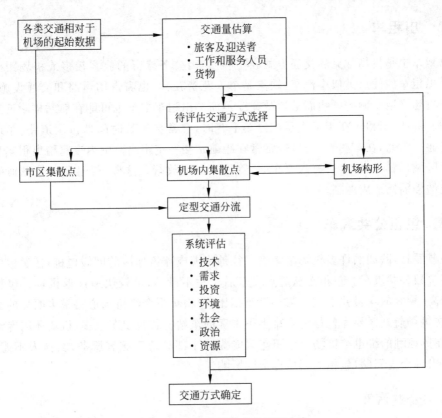

图 7.3 确定交通方式的原则方法

7.3 出入机场地面交通方式

机场的地面交通方式是多种多样的,本节将介绍常见的交通方式及其特点。

7.3.1 小汽车

在世界各地,特别是发达国家,个人或工作单位的小汽车业已成为进出机场的最普遍交通工具。

小汽车的优点是具有极大的灵活性。人们可以驾车从家一直行驶到航站楼附近,如果旅客行李较多,或旅客是老人、孩子或残疾人,使用小汽车的便利更是显而易见的。在公路交通顺畅时,小汽车可以很快地往返机场。尤其是几个人同乘一辆车时,经济上更是划算。

这种交通方式的缺点是易受公路交通状况影响,交通拥挤或发生阻塞时,到达机场的时间就没有保障。再就是对机场的道路和停车设施有较高的要求。为了容纳小汽车,必须在本已十分拥挤、繁忙的航站楼前划出一大片场地作为停车场,给地面交通组织带来很大困难。如果将停车场置于距航站楼较远的地方,又会给旅客,特别是携带大量行李的旅客带来不便。

7.3.2 出租车

出租车也是机场常见的交通方式,特别是当因公务旅行的旅客较多或机场距市区较近时。出租车的优点类似小汽车,缺点是个人花费较大,也需占用道路和交通设施,容易受到非机场交通车辆的影响而被迫减速或停滞。出租车本身也可能在航站楼附近造成交通问题。例如,出租车在招揽生意或停车下客时,常常会较长时间地占用道路、车道边而影响交通。为此,在有些繁忙机场,常常在距航站楼一定距离范围内专门给出租车划出一块集结区域,当航站楼出口有人要车时,管理人员才放行。这样,就避免了长龙似的出租车在航站楼陆侧造成拥塞。

7.3.3 包租公共汽车

在节假日,欧洲的许多机场常常有飞往地中海或冰雪地区的度假包机,接送包机乘客往往用包租公共汽车。包租车从起点发车后中途不设站,可较快地往返机场。包租车载客率较高,乘客的花费并不大。与小汽车相比,包租车不会给机场道路带来明显的交通压力,但在机场航站区要为包租车安排上下乘客的车站。若包租车很多,机场还需专设停车场,如在奥地利的维也纳机场。包租车只能为一小部分特定旅客服务,其他人不能享用。如公路出现交通问题,包租车当然也会受影响。

7.3.4 公共汽车

在有些城市,人们可以乘公共汽车进出机场。这样,公共汽车就将机场与城市交通网联系起来,这在一定程度上会给旅客,特别是机场的工作和服务人员带来方便。当较多的机场人员和旅客乘公共汽车时,机场的停车数量会大为减少。但实际上,为了缓解航站区的交通压力,公共汽车站往往设在距航站楼较远的地方。这样就给到达和出发旅客带来了不便。公共汽车中途设站较多,运行时间长。航空旅客要与许多其他乘客混杂在一起,有时非常拥挤。凡此种种,都给旅客,尤其是携带了许多行李的旅客造成很大麻烦。因此,利用公共汽车进、出机场的旅客并不多。

7.3.5 机场班车

机场班车也是机场中常见的交通方式。通过在市区内定点设立的车站,机场班车将这些车站与机场联系起来。机场班车的票价比出租车要便宜许多。由于中途很少设站,运行时间较公共汽车要短得多。

机场班车的缺点是只能给在班车站附近的旅客带来较大方便。班车在公路上行驶时并无优先权,也易受到公路交通状况的影响。除非乘客较多,一般班车的车次间隔较大,这使得有些旅客的等候时间加长。为了方便旅客,有些机场已将班车站扩展到市郊,但因载客率锐减,运营成本大大提高,有的不得不提高票价。

7.3.6 火车

有些机场临近铁路,于是接铺一条较短的支线即可将铁路与机场联系起来,且这种建设方式投资非常少。与铁路相通的机场目前还为数不多,但一些有铁路车站的大机场,如法兰克福、苏黎世和伦敦盖特威克等机场确实受益匪浅。铁路不像公路,交通非常可靠,可由市中心直达机场车站,而不像有的城市捷运车辆,中途设许多站。另外,机场火车站一般无须太多的专有设施,这是一个突出的优点。

火车尽管速度快、中途不设站,但由于车次少,乘客等候时间长,所以旅客往返机场的交通时间不一定短。火车在市区的车站一般设在或临近市中心,故也是市中心附近的旅客感觉最方便。通常,即使是非高峰交通时间,往返机场的旅客都要与其他乘客碰在一起,上下车、搬运行李之不便可想而知。另外,这种交通方式只解决了旅客的一段路途问题,往返市区火车站还需借助其他交通工具。

7.3.7 城市捷运公交系统

城市捷运公交系统指有轨公共交通工具,如地铁、有轨电车、单轨车辆等。在有些机场,如戴高乐、亚特兰大、华盛顿特区等机场,都有与市区交通系统沟通的捷运公交系统。有的城市,市区也有四通八达的捷运公交系统,这样旅客可从城市不同地点利用捷运公交非常方便地进出机场。与汽车相比,城市捷运公交系统行车线路交通通畅,不会出现拥塞,行驶速度也较快。与汽车相同的是,旅客也要与其他乘客混在一起,且中途设站较多。值得注意的是捷运系统在机场的车站要十分靠近航站楼,这样旅客才乐于搭乘。否则,难以实现预期的交通分流。伦敦希思罗机场是较成功地利用了城市捷运公交系统(地铁)的范例。图 7.4 是该机场的平面图。由于中心地铁站与航站楼比较近,故很多旅客愿意利用地铁出入机场。相比之下,有的机场,如法国奥利、美国波士顿机场等因为捷运系统车站距航站楼太远,乘客便不愿乘坐。

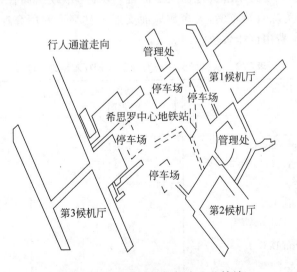

图 7.4 伦敦希思罗机场中心地铁站

为充分利用捷运公交,机场当局不得不在捷运车站与航站楼之间开行穿梭公共汽车。结果收效并不显著,因为旅客不愿拖着行李屡次遭受上下车之累。

7.3.8 机场专用捷运系统和专用高速公路

尽管上述两种交通方式类别不同,但还是有许多共同之处。机场专用交通系统的优点是显而易见的。它能在市区和机场之间提供中途无站的、快速而可靠的交通。交通舒适性大为提高,特别是专用捷运交通车辆的舒适程度堪与航空旅行相媲美。但是,专用交通系统,不论是一次性建设投资,还是日常维持运营的投入都是惊人的。为建设专用交通线,要么开掘隧道,要么建立交桥、高架路,工程都非常浩大。现在,有些专家对这类工程持强烈的反对态度。他们认为,这些构筑物及其建设过程,不仅投资巨大,浪费资源,而且对环境构成很大破坏。例如,有人曾估计,1970年若根据一些人的建议,在英国MapLin和伦敦第三机场之间建快车轨道,拆除的建筑将相当于英国当时年建设量的2/3。

专用捷运交通线的建设一定要慎重,必须在建设前对载客量作详细的调查、分析和预测。有人曾就美国的20个最繁忙机场和英国的13个机场建设专用捷运交通线的可行性作过研究(英国的13个机场不包括服务于伦敦的五个机场,这些机场因为诸多因素根本排除了建专用交通线的可能性)。尽管两个国家的机场、机场周围城市及人口构成等情况差异较大,但得出的结论是十分类似的。表7.2是该研究通过调查所得到的各机场距中商区(中心商业区)的距离由机场去中商区旅客的比率。从表中不难看出,各机场去中心商业区的旅客通常不超过30%。也就是说,大部分旅客分布在城市不同地点。这些人一般是利用小汽车、出租车进出机场的。因此,如果贸然建设专用捷运公交线,因载客量小,可能达不到预期的交通分流。例如,在日本东京与羽田机场间的专用有轨快车就是因为乘客少而导致入不敷出的。根据成本分析,专用捷运系统的年载客量只有达到300万~500万人次,运营起来才会有较好的效益。因此,只有大型机场才有必要考虑这种交通方式。

相比之下,许多机场为了解决地面交通问题,往往与市政当局合作,更青睐于专用高速公路的建设。因为除有轨车辆,大多数地面交通工具都可利用高速公路。通过适当收费,建设投资和维护费用也能较快收回。

表7.2 从机场到中心商业区(CBD)乘客的比率

	从机场到中心商业区的距离(千米)	去中心商业区乘客的比例(%)
美　国		
洛杉矶(LAX)(Los Angeles)	11.0	15
纽约(JFK)(New York)	11.5	47
亚特兰大(Atlanta)	7.5	24
旧金山(San Francisco)	12.0	25
迈阿密(Miami)	10.0	35
华盛顿(Washington D.C.)	2.0	25
波士顿(Boston)	2.5	14

续表

	从机场到中心商业区的距离(千米)	去中心商业区乘客的比例(%)
费城(Philadelphia)	6.3	14
丹佛(Denver)	7.5	30
英国		
利物浦(Liverpool)	6	37
曼彻斯特(Manchester)	8	11
格拉斯哥(Glasgow)	6	28
伯明翰(Birmingham)	7	25
纽卡斯尔(New Castle)	6	17
伦敦(希思罗)(London Hesthrow)	15	29
伦敦(盖特威克)(London Gatwick)	24	21

7.3.9 直升机

采用直升机运送往返机场的旅客也许是最快捷、最不受地面交通状况影响的交通方式。20世纪40年代后,美国联邦政府通过资金补贴,鼓励在纽约、芝加哥和洛杉矶三个城市利用直升机运载航空旅客。1964年,旧金山也出现了这种交通方式。尽管大部分直升机承运公司都因资金、事故和客源少等原因而经营惨淡,但在得克萨斯州的NASA、休斯敦之间和英国希思罗、盖特威克两机场之间的直升机运营却非常成功。事实证明,如果城市和机场之间存在天然屏障(大山、河流等),或二者之间的地面交通非常糟糕,采用这种交通方式也许是比较合适的。

直升机的优点是快捷、方便、舒适,但对旅客来说价格太高,故只能吸引那些为公务目的旅行的人。由于直升机的目的地就是机场,遂导致客源进一步减少。另外,直升机的噪声也是这种交通方式的一个致命弱点,其起落点附近的公众是绝对反对开展这种经营的。

7.3.10 水运

如果机场靠近江河海湾,可以考虑以水运方式运送旅客。通过这种特殊的进出机场方式,旅客还可以欣赏沿途风景,就像在威尼斯机场和伦敦城机场那样。但如果水运的码头设施不完备,有可能给旅客带来不便。旧金山机场曾试图利用穿梭于旧金山湾的气垫船来载客,但其服务的可靠性常常令人不满意。

7.4 机场的停车场

机场如何合理设置停车场是一个非常复杂的问题。停车场需求与许多因素有关。如进出机场的人数、类型、交通方式、停车费用、停车时间,等等。值得注意的是,中转、过境旅客根本不与地面交通发生联系,当然这些旅客无停车需求。因此。在考虑停车场时,务必将中转、过境旅客排除。表7.3列示了一些美国机场的中转、过境旅客所占的比例。从表中可以看出,不同机场,中转、过境旅客比例相差悬殊。

表7.3 机场的中转、过境旅客比例

机 场 名 称	中转、过境旅客比例(%)	机 场 名 称	中转、过境旅客比例(%)
亚特兰大	67	旧金山	35
福特沃斯	64	迈阿密	30
芝加哥	48	明尼阿波利斯	49
费城	35	底特律	32
丹佛	57	波士顿	11
堪萨斯城	9	纽约	33

例如,亚特兰大机场每年吞吐众多的旅客,但据表7.3其中有2/3的旅客是中转和过境的。另外,如前所述,有些机场旅客只占进出机场人员的少数,大部分是机场工作、服务人员。这种人员构成也会对机场停车场设置构成影响。

表7.4给出了一些机场的停车位数量。显然,对于相同数量的旅客所设的停车位数不同的机场差异很大。

表7.4 机场的停车位数量

机 场	年旅客总数量(百万)	出港旅客量(不含国内航线)	每千位旅客的停车位数	年出港旅客每千人停车位数(不含国内航线)
华盛顿特区(DCA)(Washington D.C.)	14.28	5.17	0.30	0.81
查尔斯·戴高乐(CDG)(Charles de Gaull-Paris)	9.99	—	0.53	—
杜塞尔多夫(DUS)(Dusseldorf)	6.85	3.24	1.21	2.56
法兰克福(FRA)(Frankfurt)	16.64	4.72	0.50	1.78
伦敦-盖特威克(LGW)(London-Gatwick)	8.70	4.08	1.24	2.65
伦敦(LHR)(London)	27.98	11.68	0.36	0.86
蒙特利尔-多维多(YRL)(Montreal-Dorval)	6.15	—	0.59	—
蒙特利尔-米拉贝尔(YMX)(Montreal-Mirabel)	1.53	—	2.29	—
奥利-巴黎(ORY)(Orly-Paris)	14.78	5.96	0.53	1.32
东京(HND)(Tokyo-Honede)	20.54	—	0.11	—
东京(NRT)(Tokyo-Narila)	7.26	—	0.62	—

续表

机　场	年旅客总数量(百万)	出港旅客量(不含国内航线)	每千位旅客的停车位数	年出港旅客每千人停车位数(不含国内航线)
多伦多(YYZ)(Toronto)	13.71	4.92	0.62	1.73
维也纳(VIE)(Vienna)	2.77	1.09	0.69	1.74
苏黎世(ZRH)(Zurich)	7.51	2.54	1.11	3.27
巴尔的摩(BWI)(Baltimore)	3.77	1.31	1.20	3.45
波士顿(BOS)(Boston)	15.20	6.35	0.60	1.45
芝加哥(ORD)(Chicago)	47.84	11.98	0.36	1.42
德拉斯-福特沃尔斯(DFW)(Dallas-Fort-Worth)	22.58	8.50	0.64	1.71
纽约(JFK)(New York)	26.98	9.72	0.49	1.36
纽约(LGA)(New York)	18.39	8.52	0.40	0.86
洛杉矶(LAX)(Los Angeles)	34.92	13.17	0.57	1.51
迈阿密(MIA)(Miami)	19.63	5.25	0.28	1.06
纽约(EWR)(New York)	9.30	4.30	1.24	2.62
奥克兰(OAK)(Oakland)	2.68	1.32	1.33	2.69
旧金山(SFO)(San Francisco)	23.05	9.74	0.43	1.03

　　为进行停车场规划，FAA做出了如图7.5所示的停车位与出港旅客的关系。利用图7.5，可根据出发旅客数量确定机场停车场的停车位数。另外，Whitlock和Cleary还将高峰小时旅客出发量与机场短期停车位数量关联起来，如图7.6所示。

　　为提高航站楼附近的短期停车场的使用率，其停车费通常要比距航站楼较远的长期停车场高。停车场的数量、大小、形状和类型与航站楼水平布局有关，航站区道路布局也会影响停车场的规划。但停车场配置没有绝对的标准，在很大程度上，通过停车费的浮动可以调节停车量。有些机场为引导更多的旅客利用公共交通或出租车，往往把停车费提得很高。但值得注意的是，提高停车费对限制公务旅客的停车几乎不发生作用。

　　如果航站区难以划出较大的停车场，而旅客的停车需求又确实较大，此时可以考虑建设停车楼。其优点是在不增加占地的情况下，大幅度地增加停车位数量，实现车辆的立体分层存放，并使车辆处于遮蔽之下而免受日晒、雨淋、风吹。停车楼内应配有使车辆上下移动的设施、设备，即坡道或升降机。图7.7是一具有螺旋坡道的停车楼的平、剖面图。

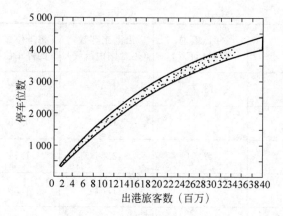

图 7.5 停车位与出港旅客的关系

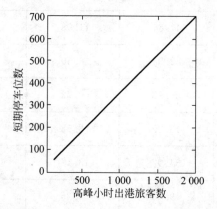

图 7.6 停车位与高峰小时出港旅客数的关系

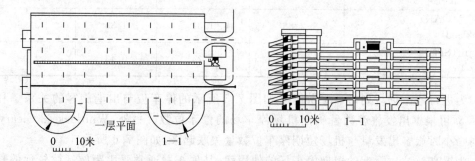

图 7.7 螺旋坡道停车楼

7.5 航站楼车道边

在规划时,可按年每百万出发(到达)旅客 35 米估计。作精确设计时,车道边长度应根据交通工具类型、流量等作详细计算后得出。下面通过一个算例来说明。

已知某机场高峰小时出发、到达旅客所用车辆类型和数量如表 7.5 所示。根据美国佛罗里达州的劳德代尔堡—好莱坞机场的调查,可知每种车型的长度、停车时间和车长与

停车时间的乘积 LT，如表 7.6 所示。

表 7.5　高峰小时出发、到达旅客所用车辆类型和数量

车　型	出发旅客乘车数量（辆）	到达旅客乘车数量（辆）
私人小汽车	100	350
出租车	50	70
机场班车	20	20
宾馆大客车	10	10
公共汽车	10	10
其他	20	30

表 7.6　每种车型的长度、停车时间和车长与停车时间的乘积 LT

车　型	车长（英尺）	平均停车时间（分:秒）		LT（英尺·分）	
		出发	到达	出发	到达
私人小汽车	25	2:10	2:50	55	70
出租车	25	1:15	2:10	30	55
机场班车	35	3:00	6:40	105	230
宾馆大客车	40	1:20	3:00	45	105
公共汽车	40	4:30	6:40	180	265
其他	35	6:00	3:10	210	110

根据表 7.6 和该机场高峰小时车流量表 7.5 可算出该机场高峰小时各种车型出发和到达时的 LT，列于表 7.7 中。

表 7.7　机场高峰小时各种车型出发和到达时的 LT

车型	出发 LT（英尺·分）	到达 LT（英尺·分）
私人小汽车	5 500	24 500
出租车	1 500	3 850
机场班车	2 100	4 600
宾馆大客车	450	1 050
公共汽车	1 800	2 650
其他	4 200	3 300
总计	15 550	39 950

理论上，每英尺（约 0.3 米）长车道边在 1 小时（60 分钟）内可满足 60 英尺·分的 LT 需求，但由于间隔等因素，只能达到 70% 的能力，即 42 英尺·分。根据这一结果，可计算出该机场的

出发旅客车辆所需车道边长度 15 550/42＝370(英尺)

到达旅客车辆所需车道边长度 39 950/42＝951(英尺)

因为出发、到达高峰很少同时发生，所以当航站楼只设一层车道边时，其总长度应小于出发、到达高峰小时旅客车辆所需车道边长度之和。如设两层车道边，可分别以出发、到达高峰小时所需车道边长度作为设计依据。

很显然，采用上述方法计算车道边长度时，高峰小时车型、车流量统计(见表7.5)和平均停车时间(见表7.6)必须比较准确。为此，有关数据应经实测或详细预测得到。

7.6 出入机场地面道路布局

出入机场地面道路布局与航站楼构形、集散程度(集中式或单元式)、附属设施(停车场、车站等)诸因素有关，同时还要考虑航站区未来扩建的灵活性。

出入机场地面道路通常包括航站正面道路(毗邻航站楼车道边)、航站区进出道路、重复循环道路、工作道路、机场进出道路等。概括起来，常见的出入机场地面道路布局有以下四种。

7.6.1 集中布局

当航站区建有集中式航站楼或有连续的建筑群时，可采用集中布局，如图7.8所示。采用这种布局，所有与旅客有关的车辆几乎通过相同的道路系列。停车场和租车场也集中设置。美国许多民用机场都采用了这种道路布局，如奥黑尔、旧金山、洛杉矶等机场。

图7.8 集中布局

7.6.2 分区布局

将道路系列分区划分，如划分为出发、到达两个区域，或按不同的航空公司划分为若干个区域。每个区域都有属于自己的航站正面道路。图7.9示出了一个划分为两个区域的分区布局道路系统。美国奥兰多、杰克逊维尔等机场即采用分区布局概念设计陆侧道路。

7.6.3 环形分散布局

当单元航站楼构成半环形时,可采用如图 7.10 所示的环形分散道路布局,美国肯尼迪机场和堪萨斯城机场均采用这种布局。

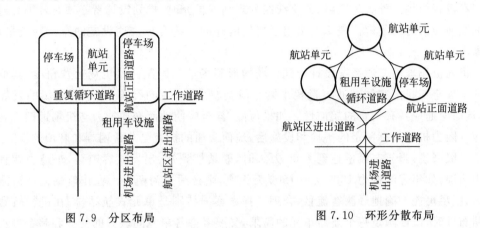

图 7.9　分区布局　　　　　图 7.10　环形分散布局

7.6.4 组合式布局

单元航站楼在一条直线上分布时,可采用如图 7.11 所示的组合式布局。美国的福特·沃尔斯机场、休斯敦机场等即采用这种方案。

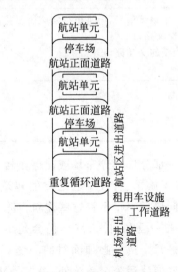

图 7.11　组合式布局

7.7　地面交通的总体考虑

由于种种原因,机场当局或机场规划者无法对机场外的交通实施完全控制。但显而易见的是,机场内外的交通是相互作用、相互影响的。为使进出机场的交通畅行无阻,机场附近的道路必须具备容纳高峰交通量的能力。不幸的是,机场高峰交通时间与城市高峰交通时间是重合的,都是每天早晚的上下班时间。这在一定程度上增加了机场附近道路的交通压力,因为除非是专用道路,否则道路上会有许多与机场无关的车辆在行驶。

在进行机场内外各种道路、公交线路的规划或扩充时,规划设计者必须对各种交通设施的交通能力有所了解。表7.8给出了机场内外的一些常见交通设施的车(客)流量,可供参考。

出入机场地面交通系统设计受到机场构形和场址的限制。从机场运营角度,其地面交通至少应与目前空侧交通容量相平衡。但是,根据以往的经验,考虑到机场的发展潜力,地面交通应具有一定的超前性。如果可能,甚至应使地面交通能力与机场远期规划相适应。因为机场具有一定的规模和设施后,地面交通的扩充是非常困难和麻烦的。

一般来说,当年客流量达到1000万人时,航站楼到达、出发旅客道路、车道边就宜布置为两层;如年客流量为1000万~1500万人次,则必须分为两层。在作航站楼及道路规划时,应尽可能准确地预测客流量,合理选择方案。特别是单元式航站楼,在进行航站区道路布设时,既要满足每个航站单元的需求,又要考虑各单元间联系的便捷和整个道路系统的和谐,合理地进行水平、垂直两个方向的分隔与联系,同时还要顾及航站区未来扩建的灵活性。

表7.8 常见交通设施的车(客)流量

线 路 类 型		每小时平均流量
公路	主进场路和支线快车道(中途无信号,但进出口实施流量控制)	1 000~1 600 辆/车道
	交通干道(双向交通,有交叉路口)	900~1 600 辆/车道
	主进场路(存在有信号控制的交叉路口)	700~1 000 辆/车道
	交通辅路	600~1 200 辆/车道
公共交通	公共汽车等单独车辆道路	6 000 人/车道
	城市捷运	30 000 人
	铁路	2 500 人/轨道

航站楼陆侧区域,应拿出一部分作为停车场或建停车楼。过去,曾有一些机场在商业利益的驱使下在航站楼前建起了旅馆、会议中心之类的建筑。结果,给旅客停车、航站区交通组织及扩建带来很多困难,最后不得不将这些建筑拆除。

许多机场已认识到,在未来一段时间内,汽车仍会是机场陆侧的主要交通方式。因此,在机场内外合理布设公路是每个机场必须面对的问题。有些机场的公路交通能力扩充已非常困难,此时除可考虑发展捷运公交系统外,增加公共汽车交通也是对策之一。为克服公共汽车的缺点,可在公路上为其开辟专用车道(至少在高峰交通时间这样做)。在机场公共汽车站,如距航站楼较远,可考虑由机场当局或特许经营者在航站楼和公共汽车站之间开行机场公共汽车接送旅客。

随着科学技术的进一步发展和人们对交通系统认识的深化,出入机场地面交通系统肯定会发生较大的变化。目前,在欧洲和美国已提出了"一体化交通系统"的概念,并已开始付诸实施。所谓一体化交通,就是把一个城市或地区,甚至一个国家的交通系统作为一个整体进行统一规划,使航空、铁路、公路、水路等各种交通方式集成为一个协调一致的统一体。这样就可避免配合不当、相互脱节。这种全新的交通概念必然会对航空运输和出入机场地面交通系统提出新的要求。

本章小结

由于地面交通形式的多样化和航站区陆侧的多功能,使出入机场地面交通系统的组织及与城市交通系统的衔接变得非常复杂,非经妥善、全面地规划难以得到圆满的方案,甚至成为制约机场发展的瓶颈。

在确定采用何种交通方式或交通方式组合之前,必须知道在一定时间内旅客及迎送者、机场工作和服务人员、航空货运等的交通流量情况。

机场的地面交通方式是多种多样的。同时,机场如何合理设置停车场也是一个非常复杂的问题。

出入机场地面道路布局与航站楼构形、集散程度(集中式或单元式)、附属设施(停车场、车站等)诸因素有关,同时还要考虑航站区未来扩建的灵活性。概括起来,常见的出入机场地面道路布局有以下四种:集中布局、分区布局、环形分散布局、组合式布局。

出入机场地面交通系统设计受到机场构形和场址的限制。从机场运营角度,其地面交通至少应与目前空侧交通容量相平衡。但是,根据以往的经验,考虑到机场的发展潜力,地面交通应具有一定的超前性。

复习与思考

1. 在规划出入机场地面交通系统时,通常要考虑哪些问题?
2. 常见的出入机场地面交通系统方式有哪几种,各有什么特点?
3. 出入机场地面交通系统道路有哪几种布局?
4. 何谓"一体化"交通?你认为机场应如何适应一体化交通趋势?

在线自测

第8章 机场的成本与收入

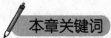

机场的成本(the cost of airport)　　　机场的收入(the revenue of airport)
航空性收费(aviation fees)　　　　　　非航空性收费(non-aviation fees)

http://www.chinaairports.cn/indxe.html
http://www.caac.gov.cn/
http://www.shanghaiairport.com/travel/airport_pd.jsp
http://www.cahs.com.cn/member_list.aspx?ID_ID=5
http://www.iata.org/
http://www.icao.int/

全球机场的商业化发展趋势,正是政府、投资者及社会公众越来越关注机场经济效益的结果。要了解机场的效益,必须了解机场的成本与收入结构。随着机场的发展,机场管理者也越来越意识到,机场要获利,不仅从航空业务中获得,目前更大的来源是非航空性业务。

8.1 机场的成本

机场是资本密集型的投资项目,但由于机场的体制差异,投资渠道、方式及资本金比例不同,机场管理当局介入的业务面不同,导致不同国家和地区的机场,其成本构成大不相同,甚至在同一国家,由于体制的差异也带来成本构成的很大差异。

根据机场的投资及运营特点,我们可以把机场的成本分为资本性成本及运行成本两部分。

资本性成本(capital cost)主要是机场投资贷款或发行债券的利息,即我们通称的财务费用及机场提取的折旧费用。

运行成本主要是机场运营中所发生的相关费用,如人工费用、水电、服务过程的物料消耗、设备设施的维修保养费用等。

不同的机场定位及其运营体制所带来的成本差异主要表现在以下几个方面：

(1) 财务费用。机场的投资体制及国家的财政金融政策决定了这一成本的高低。在美国大中型机场的投资，主要靠政府发行机场建设债券，虽然债券一般由政府偿还，但机场必须支付债券利息，因此这类机场的财务费用的压力较大。而小型机场由于发行不了债券通常可以通过"机场改善项目"(Airport Improvement Program)获得联邦"航空信托基金"(Aviation Trust Fund)的拨款，因而财务费用的负担就减轻了。20 世纪 90 年代中期前的欧洲机场大多数都能获得国家提供的免息或极低利息的机场建设贷款，这方面的成本是很低的。在我国，不同时期的金融政策及国家给予的不同融资渠道也带来财务费用的极大差异。如 20 世纪 90 年代中期，国家银根紧缩阶段，有些机场建设发行债券的利息高达 17.2%，而国家安排的政府间贷款不仅期限很长而且利率低至 2% 以下。由此可见，投资来源的条件对机场的效益有很大影响。

(2) 折旧的计提。机场都拥有庞大的固定资产，折旧的计提方式同样对机场的整体效益影响很大。国外有些机场由于属国家所有，可以不提折旧，而商业化的机场则按所在国家的会计准则提取折旧。我国的财务政策要求机场按分类折旧的办法计提，不同的资产类别都设定有较大跨度的折旧年限，如跑道、停机坪及生产用的房屋建筑为 30～40 年，地勤服务的辅助车辆 6～12 年，机械设备 10～14 年等。按国家现行会计制度各企业(机场)在折旧年限区间内，根据企业经营情况选定。由于各机场的经营战略不同，计提的标准差距甚大，对机场的效益的影响也很大。

(3) 人工成本。在机场的运营成本中，人工成本占据最重的比例。人工成本在总成本中所占比重的高低不仅取决于机场的规模及整体管理水平，还取决于机场管理当局对机场运行业务参与的程度。欧洲的一些大型机场如法国的巴黎机场集团(ADP)直接从事机场地勤业务的经营，其员工多达 7 500 余人，其人工成本占总成本的比重自然较高。

8.2 机场的收入

8.2.1 机场收入的一般分类方法

机场的收入是多样化的。根据收入的来源不同，可以有不同的区分方式。

英国 Loughborough 大学教授 Norman Ashford 和美国洛杉矶机场执行总监 Clifton A. Moore 在其《机场财务》(Airport Finance)一书中把机场收入分为营运收入(operating revenues)与非营运收入(non-operating revenues)。他们的界定原则是以与机场运营的关联性来区分。因此，营运收入是指"与机场的运营和操作直接相关的那部分收入，包括操作区域、候机楼、租赁区和土地"。非营运收入是指"所有的与机场运营不直接相关的活动所产生的所有收入，这些活动即使是在机场关闭后也会继续存在"，如投资和证券收益以及出租非机场财产和设备的收入。这种统计方式有利于反映机场对非关联产业的投资和收益，特别是当机场仍属于政府的全资机构，政府为扶持机场(改善机场收益)

而允许机场从事盈利率高的矿产、汽车、加油站、证券投资等业务时,这些业务虽为机场当局所经营,但由于其行业跨度大,一定程度上表现为转移其他产业的收益支持机场的发展,客观上其政策因素大于经营因素。

现在更多的机场是以航空性收入与非航空性收入来划分机场收入(见图 8.1)。通常航空性收入(aeronautical revenues)是指机场为飞机、旅客、货物进出港提供服务而产生的收入,如起降费、停场费、旅客服务费、保安费、货物进出港处理费、地面服务费等。根据机场的业务范围还可以包括通信导航费和航空燃油的收费。非航空性收入(non-aeronautical revenues)则是指机场除上述航空性收入以外的其他经营性收入,如商业零售、广告、酒店、航空食品、停车场、汽车租赁、土地、房产及其他设施的租赁等收入。根据不同的体制形式、政策导向及机场经营战略,非航空性收入有些并不以自营的方式来体现,而是以特许经营权出让并获得相应收入来体现。

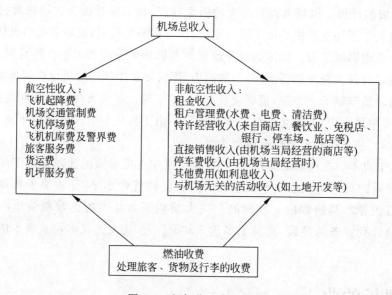

图 8.1　机场收入来源分类

如果说航空性收入是每个机场都必然产生的收入,那么非航空性收入则更多地取决于机场的经营规模、战略、手段、技巧等经营要素。非航空业务收入既代表一个机场对其潜在的有效资源的开发水平,同时也是机场效益的重要组成部分。航空性与非航空性收入的比例已成为评价一个机场的商业化程度及经营水平的重要指标之一。目前,国际上先进机场的非航空收入都在 50% 以上,有的甚至超过 70%。非航空性收入已越来越明显地成为大、中型机场的主要收入来源。

8.2.2　我国机场的收入

我国机场的收入主要分为主营业务收入和非主营业务收入(其他业务收入),如表 8.1 所示。

表 8.1　我国机场的收入

机场服务收入（主营）	其他业务收入
国内飞机起降服务收入	地面运输收入
外航飞机起降服务收入	退票手续收入
航路保障收入	旅客服务收入
旅客过港服务收入	延伸服务收入
机务收入	广告业务收入
运输服务收入	价拨材料收入
飞机清洁收入	技术转让收入
安检收入	飞机服务费收入
加油收入	代理保险手续费收入
特种车辆使用收入	其他收入
机场进近指挥收入	
候机楼场地租用收入	
代理售票手续收入	
其他收入	

8.2.3　机场的航空性收费

ICAO 为了实现国际机场航空收费的标准化，曾在 9082/4 文件中制定了机场航空收费的五大原则，他们是：成本相关（cost relatedness，即机场收取的航空费用必须与机场提供服务和设施的总成本存在确定的关系）、单一预算（single till，即机场的航空收入和非航空收入应被视为一个整体，设置航空收费时必须考虑非航空收入，来自高盈利性的非航空商业的收入要用来弥补机场的航空服务成本）、非歧视（non-discrimination，即机场向所有使用其设施的航空公司设置收费的基础应相同）、磋商（consultation，即机场应就收费结构、收费水平以及可能影响这些收费的任何新进展与航空公司和其他重要消费者磋商）和规制（regulation，即机场和航空公司之间任何有关收费结构水平的争端应由一个独立的规制机构仲裁）原则。目前，这些原则仍被许多国家采用。根据这些原则，各国从不同的机场体制定位出发制定了相应的收费管理办法。虽然不同国家的机场收费管理办法各有特点，形式各异，但归纳起来通常有以下三种定价方式：

一是回报率定价方式。即由政府规定一个合理的投资回报率，只要机场的整体经营结果，即在特定阶段内回报率不超过这个标准，则机场可以自行确定收费标准。这一办法的主要优点是简洁明了，易于操作，且减少了机场的经营风险与压力，而主要缺点在于容易导致机场因忽略投资成本而产生过度投资，以及缺乏开拓非航空收入的积极性，可能造成机场经营的高成本转嫁给机场使用者。

二是服务成本定价方式。即航空性收费价格随服务成本的变化而调整。这一办法有利于保障机场的收益，但缺点是各项服务成本的难以确定性，以及不利于机场当局对服务成本的控制。

三是价格上限定价方式。即按特定的公式计算并制定出机场一揽子服务的收费价格，以此价格标准为最高限价，可以自行确定。通常这一限价的管制期限为 3～5 年，期满后根据机场或机场使用者的要求重新调整。目前国际上多数机场采用了这种定价方式。虽然这样的定价方式有可能带来机场为追求效益而对投资采取较为保守的态度等负面情况,但总体上适应了机场商业化的发展方向,赋予机场在价格上更大的灵活性,有利于机场通过提高经营管理水平增收节支,提高机场的投资收益,同时也有利于创造机场在竞争中求发展的总体环境。

而我国机场航空性收费的定价原则主要有以下法律依据:

民用航空局1986年4月6日发布的《民用机场管理暂行规定》第十一条规定:使用机场的单位和个人,应当遵守国家法律、法规以及机场管理规章,并按规定向机场管理机构交付机场使用费和服务费。机场收费标准,由民航局有关部门制定。

1993年3月11日发布的《全民所有制民航企业经营机制实施办法》(1993年民航局令第32号)第十条"落实企业产品、劳务定价权"之四规定:起降费、航路费、地面服务费,按国家核定的标准执行。并根据机场、航路设施、设备改善成本支出增加和国内航空运价调整等情况进行调整。对于保证外航飞行的国际机场,可按国际同等条件的地面服务收费标准与外方签订协议收取。机场的其他价格、租金和收费标准,可参照民航局或当地标准,或以签订协议方式确定。

1996年3月1日起施行的《中华人民共和国民用航空法》第六十八条规定:民用航空器使用民用机场及其助航设施的,应当缴纳使用费、服务费;收费标准,由国务院民用航空主管部门会同国务院财政、物价主管部门制定。2002年8月1日起生效的《外商投资民用航空业规定》(CCAR-201)第八条规定:外商投资的民用机场企业,其航空业务收费执行国家统一标准。

2002年,民用航空局、原国家计委和财政部联合发布了《关于调整国内机场收费标准的通知》,规定从2002年9月1日起,飞机起降服务费、地面服务费实行新的收费标准。调整后的航空收费将机场分为3类4个等级,以飞机出厂时的最大起飞全重作为收费基础,规定了机场的起降费、停场费、旅客服务费、安全检查费(还有其他收费以及最低基础收费)。起降费的收费标准如表8.2所示。

表8.2 国内机场起降费收费标准 单位:元/吨

机场类型 \ 最大起飞全重	25吨以下	26~100吨	101~200吨	201吨以上
一类[1]	17.2	22.4	30.2	34.5
二类Ⅰ级[2]	16.9	22.0	29.7	33.8
二类Ⅱ级[3]	16.6	21.6	29.2	33.3
三类[4]	15.4	20.0	27.0	30.8

注:1. 机场收费等级是按照飞行区等级、通信导航目视助航系统、停机坪面积、航站楼面积、旅客吞吐量、货邮吞吐量六项指标划分的。一类机场是指北京首都机场和上海浦东国际机场。
2. 二类Ⅰ级机场包括成都双流、深圳保安、南京禄口、上海虹桥、广州白云、珠海三灶、沈阳桃仙、哈尔滨太平、乌鲁木齐地窝堡、昆明巫家坝、海口美兰、杭州萧山、厦门高崎机场。
3. 二类Ⅱ级机场是指大连周水子、重庆江北、西安咸阳、福州长乐、郑州新郑、武汉天河、桂林两江、天津滨海、三亚凤凰、济南遥墙、长沙黄花机场。
4. 三类机场指除一类、二类机场以外的机场。

此次收费标准的调整,飞机起降费的调整最大。停场费由原来的4小时内免收调整为现在的 2 小时内免收,每停场 24 小时按起降费的 15% 计收。旅客服务费(原旅客过港服务费)收费水平有一定幅度下降,调整后机场将按出港飞机座位数的 65% 计收,一类机场每人 40 元,二类机场每人 45 元,三类机场每人 50 元。另外,安全检查费的收费标准也上调到按飞机最大业务载重每吨 30 元收费。

全球机场的航空性收费,由于投资体制不同、成本不同及战略定位要求不同,从项目及标准上表现出较大的差异。从收费项目上看,有些国家的机场收费项目多达十几项,除主要收费项目外,还包括灯光费、噪音费、中转系统费、救援和消防服务费等。而有些国家的机场则只有四五个项目,即以最常见的起降费、停场费、旅客服务费为主。从收费类别上看,有些机场仅按服务项目收费,而有些则同时加征各种使用税。从收费价格水平上看,由于各机场收费的项目设置内容不完全相同,机场的总体收费水平具有一定的不可比性,但从主要收费项目看,还存在较大差异(见图 8.2)。

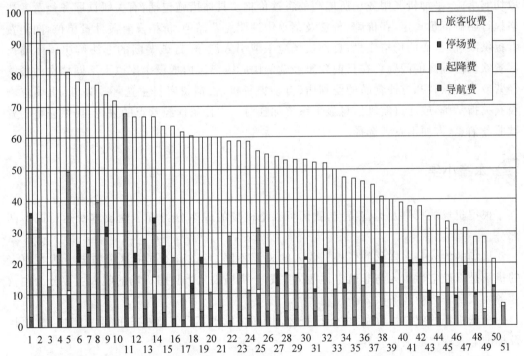

1—新泽西纽瓦克;2—大阪;3—雅典;4—纽约肯尼迪;5—多伦多;6—巴黎戴高乐;7—法兰克福;8—东京;9—莫斯科;10—苏黎世;11—阿姆斯特丹;12—布达佩斯;13—维也纳;14—布拉格;15—柏林;16—斯德哥尔摩;17—芝加哥;18—悉尼;19—慕尼黑;20—布鲁塞尔;21—里斯本;22—华沙;23—杜塞尔多夫;24—华盛顿;25—温哥华;26—哥本哈根;27—伦敦希思罗;28—米兰马尔佩萨;29—罗马;30—奥斯陆;31—迈阿密;32—达拉斯沃斯堡;33—旧金山;34—圣保罗;35—首尔;36—约翰内斯堡;37—赫尔辛基;38—马德里;39—墨西哥城;40—吉达;41—都柏林;42—中国;43—伦敦盖特威克;44—曼谷;45—中国台北;46—新加坡;47—中国香港;48—洛杉矶;49—吉隆坡;50—孟买;51—迪拜

图 8.2 机场收费指数与收费分布

8.2.4 机场的非航空性收费

机场非航空业务的收费更多的是根据市场的需求与机场可提供资源量的大小由机场

与客户协商确定的,一般不在机场收费规制的范围内,因为机场提供的非航空服务是竞争性的。国外理论界认为,即使某些机场在提供非航空服务时具有一定的市场势力,其市场势力的来源也是来源于地租。许多实行商业化管理的国外机场,为了维护自己的品牌和声誉,吸引更多的航空公司和旅客,会自动降低其非航空性收费,根本无须政府出面干预,如墨西哥首都国际机场、曼谷国际机场、曼彻斯特等 BAA 管理的机场。我国虽有一些法规规定了机场非航空性收费的管理办法,但高得离谱的非航空性收费仍一直是媒体报导的焦点,并曾引发政府部门的干预。

2002 年年初,原国家计委曾针对北京首都国际机场餐饮价格过高发布了"关于加强北京首都国际机场餐饮价格监管有关问题的通知"(以下简称"通知"),要求北京市物价部门按照《价格法》《价格分工管理目录》的有关规定,采取适当的措施,加强对首都机场餐饮价格过高的监督检查,保护消费者合法权益。"通知"要求北京市物价局督促首都机场采取切实措施,平抑机场服务场所偏高的餐饮价格。具体措施包括:有关餐饮服务经营者严格执行明码标价规定,在价牌、价签及菜单中注明经营品种、价格及有关计量单位,向消费者提供准确、全面的价格信息;首都机场应采取引入竞争、打破垄断的办法解决国际隔离区餐饮价格偏高的问题。在目前独家经营的国际隔离区内增设 1 家以上不同档次的餐饮经营或出售饮料和方便食品的便利店、自动售货机,供消费者自主选择。另外,机场应增设有关指示牌,或通过航班信息显示系统加强对低中档餐饮经营点的宣传,提供完整的餐饮服务信息,方便消费者选择。

本章小结

根据机场的投资及运营特点,我们可以把机场的成本分为资本性成本及运行成本两部分。

机场的收入是多样化的。根据收入的来源不同,可以有不同的区分方式。现在更多的机场是以航空性收入与非航空性收入来划分机场收入。我国机场的收入主要分为主营业务收入和非主营业务收入。

全球机场的航空性收费,由于投资体制不同、成本不同及战略定位要求不同,从项目及标准上表现出较大的差异。

机场非航空业务的收费更多的是根据市场的需求与机场可提供资源量的大小由机场与客户协商确定的,一般不在机场收费规制的范围内,因为机场提供的非航空服务是竞争性的。

复习与思考

1. 机场的成本分为哪两大部分?
2. 不同的机场定位及其运营体制所带来的成本差异主要表现在哪几个方面?
3. 大多数机场如何进行机场收入的划分?
4. 什么是航空性收入?什么是非航空性收入?

5. 我国如何划分机场收入？
6. 机场收费有哪些定价方式？

 在线自测

附录 8.1

民用机场收费改革方案

关于印发民用机场收费改革方案的通知

民航各地区管理局，各运输航空公司，各机场公司，各省、自治区、直辖市发展改革委、物价局：

现将《民用机场收费改革方案》（以下简称《改革方案》）印发给你们，请认真遵照执行。《改革方案》自 2008 年 3 月 1 日起实施。

中国民用航空总局
中华人民共和国国家发展和改革委员会
二〇〇七年十二月二十八日

改革开放以来，民用机场（以下简称机场）收费政策对提高机场综合保障能力、促进民航协调发展发挥了积极的作用。但随着民航体制改革的不断深化，机场收费政策在体制和机制方面存在的一些深层次矛盾和问题逐步显现，主要表现在：机场收费管理权限集中、收费形成机制不尽合理、机场管理机构和航空公司之间利益关系未完全理顺、市场配置资源的基础性作用发挥不够等方面。因此，必须通过深化改革，建立适应民航体制改革要求的机场收费管理体制和收费形成机制，促进民航和谐发展。

一、改革的必要性

（一）机场收费改革是深化民航改革的重要内容之一，机场收费改革是初步确立机场收费管理体制和收费形成机制的必要途径，有利于发挥市场配置资源的基础性作用。

（二）机场是具有社会公益性的基础设施，是航空运输系统的重要组成部分。机场收费改革有利于理顺机场管理机构与航空公司之间的利益关系，促进民航协调发展。

（三）机场收费改革有利于吸收、借鉴国际民航业的先进制度和管理模式，逐步与国际接轨。

（四）机场收费改革有利于逐步解决国内外航空公司收费标准差别待遇问题，是我国航空公司更好地适应民航业天空开放和世界经济全球化发展环境的必然要求。

（五）机场收费改革进一步明确政府管理职责，有利于政府加强监管，规范市场秩序。

二、改革的指导思想、原则和目标

（六）指导思想：按照《国务院关于印发民航体制改革方案的通知》（国发[2002]6号）精神，依据我国国情，总结、借鉴国内外机场收费管理经验，积极稳妥地推进机场收费改革，建立适应社会主义市场经济体制和民航管理体制及运行机制发展要求的机场收费形成机制。

（七）基本原则：一是内外收费标准逐步并轨原则。调整机场收费结构，完善机场收费体系，内地航空公司国际及港澳航班与外国及港澳航空公司航班的收费标准在五年内并轨；二是成本回收原则。按照机场管理机构或服务提供方提供设施及服务的合理成本，以及充分考虑用户的承受能力等因素确定收费标准；三是建立协商机制原则。提高机场收费政策的透明度，促进机场管理机构和服务提供方加强管理、提高效率，提供公平、优质服务；四是政企职责明确原则。转变政府职能，有条件地下放机场收费管理权限，适当发挥市场配置资源的作用；五是监管职责明确原则。加强对机场管理机构和服务提供方收费行为的监督，维护航空运输市场主体的合法权益。

（八）改革目标：适应社会主义市场经济体制和民航发展要求，建立机场分类管理的收费管理体制，以及政府指导价和市场调节价相结合的收费形成机制。

三、改革的具体措施

（九）划分机场收费类别

按照机场业务量，将全国机场划分为三类，即：一类机场，是指单个机场换算旅客吞吐量占全国机场换算旅客吞吐量的4%（含）以上的机场。其中：国际及港澳航线换算旅客吞吐量占其机场全部换算旅客吞吐量的25%（含）以上的机场为一类1级机场，其他为一类2级机场；二类机场，是指单个机场换算旅客吞吐量占全国机场换算旅客吞吐量的1%（含）～4%的机场；三类机场，是指单个机场换算旅客吞吐量占全国机场换算旅客吞吐量的1%以下的机场。

机场分类目录由民航总局会同国家发展改革委确定和调整，并通过航空价格信息系统（AirTIS，网址为 AirTIS.NET，下同）公布。

（十）统一机场收费项目

机场收费项目包括航空性业务收费、非航空性业务重要收费以及非航空性业务其他收费。

航空性业务收费，是指机场管理机构为航空器安全营运提供各类设施及服务，向航空器所有者或使用者收取的费用。

非航空性业务重要收费，是指除航空性业务收费以外，由机场管理机构或服务提供方直接向航空公司收取的费用。

非航空性业务其他收费，是指除非航空性业务重要收费以外的非航空性业务收费。

航空性业务收费项目及非航空性业务重要收费项目由民航总局会同国家发展改革委

确定和调整,并通过航空价格信息系统公布;非航空性业务其他收费项目由机场管理机构或服务提供方遵照有关法律、法规执行。

(十一)改革机场收费管理方式

航空性业务收费项目的收费标准实行政府指导价。民航总局会同国家发展改革委,依据机场管理机构提供设施及服务的合理成本、用户的承受能力等因素核定基准价,并通过航空价格信息系统公布。

非航空性业务重要收费项目(不包括国际及港澳航班的地面服务收费)的收费标准实行政府指导价。民航总局会同国家发展改革委,依据机场管理机构或服务提供方提供设施及服务的合理成本、用户的承受能力等因素核定基准价,并通过航空价格信息系统公布;国际及港澳航班的地面服务收费实行市场调节价。

非航空性业务其他收费项目的收费标准,原则上以市场调节价为主;对于市场竞争不充分的收费项目的收费标准,依据《中华人民共和国价格法》,按照定价目录来管理。

(十二)航空性业务收费项目以及非航空性业务重要收费项目(不包括国际及港澳航班的地面服务收费)的收费标准基准价一般不作上浮,下浮幅度由机场管理机构或服务提供方根据其提供设施和服务水平的差异程度与用户协商确定。

(十三)通用航空使用机场设施和机场管理机构提供相关服务的收费由民航总局会同国家发展改革委另行规定。

(十四)民用航班使用军民合用机场设施和机场管理机构提供相关服务的收费,按照本方案执行。

四、加强民用机场收费监管

(十五)由民航总局会同国家发展改革委组织对机场社会平均成本的合理性进行评审,作为核定或调整机场收费标准的依据。

(十六)各级民航行业主管部门要加强对机场收费标准执行情况的行业内部监督;各级价格主管部门要加强对机场管理机构和服务提供方收费行为的监督检查,对机场管理机构和服务提供方收费违法行为依据《中华人民共和国价格法》《价格违法行为行政处罚规定》实施行政处罚。

(十七)各级民航行业主管部门和各级价格主管部门应分别建立机场收费的投诉举报制度,依法对投诉举报者反映的问题进行核查、处理,切实保护航空运输市场主体的合法权益。

(十八)各级民航行业主管部门应督促机场管理机构和服务提供方加强管理,降低成本,提高服务质量。

五、其他

(十九)《民用机场收费改革实施方案》由民航总局会同国家发展改革委另行规定。

(二十)为理顺机场管理机构和航空公司双方的结算关系,机场管理机构与航空公司必须签订结算协议,协议中明确双方的权利、义务和责任,结算方式以及违约条款。

附录 8.2

民用机场收费标准调整方案

关于印发民用机场收费标准调整方案的通知

民航各地区管理局,各运输(通用)航空公司,各机场公司:

现将《民用机场收费标准调整方案》(以下简称《调整方案》)印发给你们,请认真遵照执行。

《调整方案》自 2017 年 4 月 1 日起实施。

中国民用航空局

2017 年 1 月 23 日

民用机场收费标准调整方案

为贯彻落实《民航局关于印发进一步深化民航改革工作意见的通知》(民航发〔2016〕40 号)以及《中国民用航空局关于推进民航运输价格和收费机制改革的实施意见》(民航发〔2015〕132 号)的精神,按照保证安全、提高效率、鼓励竞争、促进通航的要求,发挥市场在资源配置中的决定性作用和更好发挥政府作用,进一步提高民用机场(以下简称机场)综合保障能力和服务质量,决定调整机场收费标准。

一、基本原则

综合考虑国内机场的成本变动状况、资源稀缺程度和用户承受能力等因素,按照"成本回收、公开透明、非歧视性、用户协商"的原则,调整机场收费标准,不断完善机场收费形成机制。

二、目标

进一步调整机场分类和管理方式,理顺收费结构,合理确定收费标准,扩大实行市场调节价的非航空性业务重要收费项目范围。加强机场收费监管,逐步建立与民航体制相适应的机场收费管理体制和定价机制。

三、具体措施

(一)调整个别机场收费类别。

依据《关于印发民用机场收费改革方案的通知》(民航发〔2007〕158 号)中机场分类原则,调整机场分类目录。具体详见附件 1。机场分类目录由民航局确定和调整。

(二)调整机场收费项目内涵。

停场费内涵增加机场管理机构为航空器提供守护服务的内容,即停场费为:机场管理机构为航空器提供停放机位及安全警卫、监护、守护、泊位引导系统等设施及服务所收取的费用。具体详见附件 2。机场收费项目由民航局确定和调整。

（三）调整机场收费管理方式。

航空性业务收费项目及二类、三类机场内地航空公司内地航班地面服务基本项目的收费标准仍实行政府指导价。

非航空性业务重要收费项目（除二、三类机场内地航空公司内地航班地面服务基本项目外）的收费标准由实行政府指导价调整为实行市场调节价。

（四）调整机场收费项目的收费标准基准价及浮动幅度。

1. 调整内地航空公司内地航班航空性业务收费项目的收费标准基准价及浮动幅度。

调整起降费、停场费、客桥费、旅客行李和货物邮件安检费收费标准基准价。具体按照附件3执行。民航局依据机场管理机构提供设施及服务的合理成本、用户的承受能力等因素核定基准价。

起降费收费标准可在规定的基准价基础上上浮不超过10%，具体由机场管理机构与航空公司协商确定，并通过航空价格信息系统备案。

2. 调整非航空性业务重要收费项目的收费标准基准价及浮动幅度。

（1）头等舱、公务舱休息室出租、办公室出租、售补票柜台出租、值机柜台出租以及一类机场的地面服务收费标准实行市场调节价。具体由机场管理机构根据其提供设施和服务水平与用户协商确定，并通过航空价格信息系统备案。

（2）二、三类机场内地航空公司内地航班地面服务基本项目的收费标准仍实行政府指导价。具体按照附件4执行。民航局依据机场管理机构提供设施及服务的合理成本、用户的承受能力等因素核定基准价。特种车辆、桥载设备等额外项目的收费标准实行市场调节价。

一家地面服务提供方运营的机场，地面服务基本项目的收费标准基准价不允许上浮；两家及以上地面服务提供方运营的机场，地面服务基本项目的收费标准可在规定的基准价基础上上浮不超过10%，具体由机场管理机构或服务提供方根据其提供设施和服务水平与用户协商确定，并通过航空价格信息系统备案。

（五）调整备降航班起降费收费标准。

航空公司在签署备降协议的机场起降，备降航班的起降费可在规定的基准价基础上上浮不超过10%；在未签署备降协议的机场起降，备降航班的起降费可在规定的基准价基础上上浮不超过30%。备降航班其他机场收费项目的收费标准同正常航班。

（六）调整通用航空收费政策。

通用航空器使用运输机场的收费标准实行市场调节价，其中最大起飞全重为25吨以下的通用航空器收费标准可参照运输航空机场收费标准执行；通用航空器使用通用机场的收费标准实行市场调节价。通用航空器的具体机场收费标准由机场管理机构报所属地区管理局备案。

（七）调整旅客服务费优惠政策。

不再制定旅客服务费优惠标准，具体优惠幅度由机场管理机构与航空公司协商确定。

四、建立机场收费用户协商机制

实行市场调节价的机场收费项目，以及基准价允许上浮的收费项目，机场管理机构在制定具体收费标准时，应坚持"成本回收、公开透明、非歧视性和用户协商"的原则。以提供服务的合理成本为基础,向用户提供经过会计师事务所审计的服务成本情况,充分征求用户意见,在协商一致的基础上合理确定,并于生效前30天通过航空价格信息系统备案并公布。

五、加强机场收费监管

各级民航行业主管部门要制定机场收费定期检查制度,加强对机场收费政策执行情况的监督。加快推进机场收费诚信体系建设,加强对机场管理机构和服务提供方的信用管理,构建信用档案。实行机场管理机构和服务提供方收费行为与机场收费标准浮动政策挂钩,逐步建立以诚信为核心的监管机制。各级民航行业主管部门应督促机场管理机构和服务提供方加强管理,降低成本,提高服务质量。

以上自2017年4月1日起执行。其他民用机场收费政策仍按照《关于印发民用机场收费改革方案的通知》(民航发〔2007〕158号)、《关于印发民用机场收费改革实施方案的通知》(民航发〔2007〕159号)、《关于调整内地航空公司国际及港澳航班民用机场收费标准的通知》(民航发〔2013〕3号)的有关规定执行。

《关于民用机场旅客服务费收费优惠有关事宜的通知》(民航发〔2008〕45号)、《关于印发通用航空民用机场收费标准的通知》(民航发〔2010〕85号)、《关于调整备降航班旅客服务费收费标准的通知》(民航综计发〔2013〕2号)同时废止。

本《调整方案》由民航局负责解释。

附件:1. 机场分类目录
   2. 航空性业务收费项目
   3. 内地航空公司内地航班航空性业务收费项目的收费标准基准价
   4. 内地航空公司内地航班地面服务基本项目的收费标准基准价

第8章 机场的成本与收入

附件1

机场分类目录

机场类别	机 场
一类1级	北京首都、上海浦东、广州等3个机场。
一类2级	深圳、成都、上海虹桥等3个机场。
二类	昆明、重庆、西安、杭州、厦门、南京、郑州、武汉、青岛、乌鲁木齐、长沙、海口、三亚、天津、大连、哈尔滨、沈阳、福州、贵阳、南宁等20个机场。
三类	除上述一、二类机场以外的机场。

附件2

航空性业务收费项目

项 目	内 涵
起降费	机场管理机构为保障航空器安全起降、为航空器提供跑道、滑行道、助航灯光、飞行区安全保障(围栏、保安、应急救援、消防和防汛)、驱鸟及除草、航空器活动区道面维护及保障(含跑道、机坪的清扫及除胶等设施及服务所收取的费用。
停场费	机场管理机构为航空器提供停放机位及安全警卫、监护、守护、泊位引导系统等设施及服务所收取的费用。
客桥费	机场管理机构为航空公司提供旅客登机桥及服务所收取的费用。
旅客服务费	机场管理机构为旅客提供航站楼内综合设施及服务,航站楼前道路保障等相关设施及服务所收取的费用。包括航班信息显示系统、电视监控系统、航站楼内道路交通(轨道、公共汽车)、电梯、楼内保洁绿化、问讯、失物招领、行李处理、航班进离港动态信息显示、电视显示、广播、照明、空调、冷暖气、供水系统;电子钟及其垄制、自动门、自动步道、消防设施、紧急出口等设施及服务。
安检费	机场管理机构为旅客与行李安全检查提供的设备及服务以及机场管理机构或航空公司为货物和邮件安全检查提供的设备及服务所收取的费用。

附件3

内地航空公司内地航班航空性业务收费项目的收费标准基准价

项目 标准类别	起降费（元/架次） T：飞机最大起飞全重					停场费 （元/架次）	客桥费 （元/小时）	旅客服务费 （元/人）	安检费	
	25吨以下	26~50吨	51~100吨	101~200吨	201吨以上				旅客行李 （元/人）	货物邮件 （元/吨）
一类1级	240	650	1200+24×(T-50)	2400+25×(T-100)	5000+32×(T-200)	2小时以内免收；2-6（含）小时按照起降费的20%计收；6~24（含）小时按照起降费的25%计收；24小时以上，每停场24小时按照起降费的25%计收。不足24小时按24小时计收。	单桥：1小时以内200元；超1小时每半小时100元。不足半小时按半小时计收。多桥：按单桥标准的倍数计收。	34	8	53
一类2级	250	700	1250+25×(T-50)	2500+25×(T-100)	5100+32×(T-200)			40	9	60
二类	250	700	1300+26×(T-50)	2600+26×(T-100)	5200+33×(T-200)			42	10	62
三类	270	800	1400+26×(T-50)	2700+26×(T-100)	5300+33×(T-200)			42	10	63

注：
1. 起降费：飞机每起飞和降落1次为1个起降架次。以飞机最大起飞全重为准；最大起飞全重不足1吨按1吨计算，超过1吨则四舍五入计算吨数。
2. 停场费：飞机停场时间按空管部门提供的飞机降落至起飞时间计算。
3. 客桥费：客桥的使用时间是指客桥与飞机舱门对接至撤离的时间。客桥不包括桥载设备。
4. 旅客服务费、旅客行李安检费：机场管理机构必须与《飞机载重表和载重电报》为数据源；对于从离港系统中提取的数据，机场管理机构必须与《飞机载重表和载重电报》进行核对。
5. 货物邮件安检费：按出港航班《飞机载重表和载重电报》中重量计收。

附件 4

**内地航空公司内地航班地面服务基本项目的
收费标准基准价**

一、一般代理服务

	服 务 项 目	基 准 价
基本项目	1.1,1.2,1.3	由服务方与承运方协议收取。

二、配载、通信、集装设备管理及旅客与行李服务

	服 务 项 目	基 准 价	
基本项目	2.1.1-2.1.3 2.2.1-2.2.3 3.1-3.5 4.1.1-4.1.7 4.2.1-4.2.11,4.3.1-4.3.3(登机牌、行李牌由承运方提供,由服务方提供的,则另行协议收费。)	飞机最大业载 (吨,T) T≤10 T>10	收费标准 (元/吨) 36 40

三、货物和邮件服务

	服 务 项 目	基 准 价	
基本项目	5.1.1-5.1.7, 5.2.1-5.2.4 5.3.1-5.3.4, 5.4.1-5.4.3, 5.5.1-5.5.10, 5.6.1-5.6.5	飞机最大业载 (吨,T) T≤10 T>10	收费标准 (元/吨) 30 34

四、装卸和地面运输服务

	服 务 项 目	基 准 价	
基本项目	6.2.2-6.2.3, 6.3.1	飞机最大业载 (吨,T) T≤10 T>10	收费标准 (元/吨) 6 7

五、飞机服务

	服 务 项 目	基 准 价	
基本项目 (过站服务)	7.1.1(除驾驶舱或机组休息间),7.1.2, 7.2.1-7.2.3,7.3.1(含清水车、污水车、垃圾车)	飞机最大业载 (吨,T) T≤10 T>10	收费标准 (元/吨) 6 7

主:航前服务按过站服务费的110%计收。
　　航后服务按过站服务费的120%计收。

六、飞机勤务

服务项目		基　准　价	
基本项目	一般勤务： 8.1.2，8.1.3 8.1.5，8.1.8	飞机最大业载 （吨，T） T≤10 T>10	收费标准 （元/吨） 6 7
	例行检查： 8.2.1-8.2.6	192元/人·工时	
	飞机放行：8.3.1	按例行检查收费的50%计收	
	非例行检查	协议收费	

第 9 章 机场融资

本章关键词

机场融资(airport financing)　　机场投资主体(the main airport investment)
BOT(build-operate-transfer)

互联网资料

http://www.mypm.net/special/bot/
http://www.chinaairports.cn/indxe.html
http://www.caac.gov.cn/
http://info.biz.hc360.com/2005/08/09074033250.shtml
http://www.iata.org/
http://www.icao.int/

> 在机场建设过程中,仅仅靠国家的投资是远远不够的,因此,需要采用多元化融资模式。但是,我国目前的机场融资还存在很多的问题,需要通过各方的努力才能形成一个良好的投资体制。其中,投资主体的创新就是一个很好的解决方式。

9.1 我国机场融资的主要模式

随着民航管理体制改革的进一步深化和民航基础设施建设对资金需求的增长,投融资渠道从过去较为单一的国家投资向地方政府投资、企业投资、发行国债、利用外国政府和外国财团贷款、机场自有资金等多元化的方向快速发展。

目前,国内机场的融资主要有以下几种模式:

1. 国家预算投资

国家预算投资包括以国家预算资金为来源并列入国家计划的固定资产投资、民航专项基金和财政补贴等。民航专项基金在 1993 年设立以来,在民航基础设施建设中发挥了重要作用,有效缓解了项目资金短缺、设施设备落后问题,为机场建设和维护管理起到了重要作用。除民航专项基金外,国家还可以从财政中设立机场补贴资金,根据所在地区或城市的具体经济状况以及在构筑综合交通网络中的作用、该机场的军事作用等,按一定比例的资金予以补贴。

2. 外商直接投资

改革开放以来,我国民航业利用外资取得很大成绩。在《外商投资民用航空业规定》中,进一步放宽了外商投资方式,拓展了外商投资比例。《规定》允许民航企业在境外发行股票和在境内发行外资股,外商可以通过购买股票参与投资;外商投资机场建设的比例也由原来不超过49%调整为只要由中方相对控股即可。由于外商投资机场建设的方式和比例的重大变化,为民航企业更多地利用外资,缓解资金紧张局面起到了积极作用。海口美兰机场、首都机场在香港成功上市,为我国机场建设直接利用外资作出了有益尝试。

(1) 1994年5月6日民用航空局和外经贸部发布实施《关于外商投资民用航空业有关政策的通知》,1994年10月25日民用航空局又发布了《通知》中若干问题的解释,对外商投资建设机场进行了规定:

① 允许外商以合资、合作方式在中华人民共和国境内投资建设民用机场(军民合用机场除外)飞行区(包括跑道、滑行道、停机坪),中方出资应在企业注册资本中占51%以上,董事长、总经理由中方人员担任。

② 优先考虑投资建设民用机场飞行区的外商,投资建设候机楼(贵宾室的建设及管理除外)、货运仓库、地面服务、飞机维修、航空食品、宾馆、餐厅、航空油料等机场配套项目。其中候机楼建设项目,中方出资应在51%以上,董事长、总经理由中方人员担任。

③ 投资建设民用机场飞行区的外商投资企业经批准可适当扩展其经营范围,从事候机楼、货运仓库、地面服务、飞机维修、航空食品、宾馆、餐厅、航空油料等与机场配套项目的经营。

(2) 2002年8月1日民用航空局发布实施了《外商投资民用航空业规定》。其中,涉及机场的规定有:

① 外商投资民航业范围包括民用机场、公共航空运输企业、通用航空企业和航空运输相关项目。禁止外商投资和管理空中交通管制系统。外商投资建设民用机场(不包括军民合用机场),主要项目包括:跑道、滑行道、联络道、停机坪、助航灯光以及航站楼。航空运输相关项目包括:航空油料、飞机维修、货运仓储、地面服务、航空食品、停车场和其他经批准的项目。

② 外商投资方式包括:一是合资、合作经营。二是购买民航企业的股份,包括民航企业在境外发行的股票以及在境内发行的上市外资股。另外,还包括其他经批准的投资方式。

③ 外商投资飞机维修和航空油料项目,由中方控股;货运仓储、地面服务、航空食品、停车场等项目,外商投资比例由中外双方商定。

3. 合理利用国际金融组织和外国政府贷款

从1989年深圳机场建设使用了科威特阿拉伯发展基金后,成都机场、沈阳机场扩建等先后使用了日本、西班牙等外国政府贷款,缓解了建设资金短缺,加快了民航基础设施建设。但举债只是未来收益的提前使用,还必须充分考虑还款能力和利用外国政府贷款的各种附加条件。

浦东国际机场在建设之初,在国家和上海市政府的支持下,争取到日本政府的低息贷款,即日本海外经济协力基金(OECF)400亿日元,用于采购机场建设所用的设备和材料,这对机场建设的投资起了相当重要的作用。根据 OECF 基金采购原则要求,机场建设指挥部采用了国际竞争性招标采购的方式来实行设备和材料的购买。

OECF 贷款是中华人民共和国成立以来上海市申请到的第一笔日本政府贷款。经过比较,在国际上各个国家的政府贷款中,日贷具有一定的优势,利息较低,还款期较长。它的年利率为 2.3%,1998 年调整为 1.8%,30 年还款期,前 10 年宽限期只还利息,后 20 年归还本金。除此以外,OECF 对采购合格货源的限制也少。这些优惠条件,不但有利于机场控制整个项目的投资,也有利于机场在世界范围内采用国际竞争性招标采购(ICB)方法购买所需的设备和材料。

4. 通过发行证券进行融资

发行股票、进入资本市场是筹集资金最直接的方式,同时,机场还能借上市理顺机场内部的法人治理机构,把机场经营和机场管理完全分开,与国际机场运作惯例接轨。

从目前机场建设情况看,通过发行股票筹集资金的规模也越来越大。国内已有厦门、广州、深圳、上海、北京、海口等机场向境内外成功发行了股票,筹集资金上亿元,如表 9.1 所示。

表 9.1 机场上市融资情况一览表

机场名称	上市地点	上市时间	筹资额
厦门机场公司	上海	1996 年 5 月	2 亿元
上海机场集团	上海	1998 年 2 月	19 亿元
深圳机场集团	深圳	1998 年 3 月	6 亿元
北京首都机场	香港	2000 年 2 月	5 亿元
海口美兰机场	香港	2002 年 11 月	1 亿元
广州白云机场	上海	2003 年 4 月	20 亿元

9.2 我国机场融资存在的问题

虽然改革开放以来国内机场融资已经进行了不断的探索,但由于计划经济体制的长期影响,使得机场项目的融资来源仍存在以下问题:

(1) 投资主体单一,最大的投资者是国家和地方政府;
(2) 机场建设资金通过市场融资的比例太低;
(3) 投融资资金缺口不断扩大;
(4) 内生资金缺乏。

另外,由于投资体制的单一,也造成了机场经营管理效率和效益的低下。当然,这也是国有化管理普遍存在的问题。萨瓦斯总结了公共服务和国有企业的一些特征,正是这些症状才使得投融资体制改革、融资模式创新成为必要:

(1) 无效率,人浮于事,生产率低下;
(2) 产品和服务质量低劣;

(3) 营利性政府企业持续亏损和债务增加；
(4) 缺乏管理技能或足够的管理权限；
(5) 对公众缺乏回应性；
(6) 设备维护质量低下；
(7) 资本投入不足；
(8) 过度的垂直一体化；
(9) 管理方法或产品过时,缺乏营销能力；
(10) 目标多样化且相互矛盾；
(11) 机构使命缺乏相关性甚至误导；
(12) 资产未充分利用或使用效益不佳；
(13) 存在违法经营行为；
(14) 存在盗窃和腐败现象。

9.3 机场投资主体的创新

1993年,民用航空局出台了《关于国内投资经营民用航空企业有关政策的通知》,积极鼓励社会各方投资建设机场,明确地方政府可独资或与中央政府联合投资建设机场飞行区,地方政府也可投资建设机场候机楼、货运仓库、地面服务、飞机维修、航空食品等。

1994年,民用航空局与经贸委联合发布《关于外商投资民用航空有关政策的通知》,允许外商直接投资民航机场,机场除空管系统外,可以全部或部分由中外合资建设和经营管理。

1998年出台了《国内航空运输企业投资民用机场暂行管理办法》,允许航空公司投资机场候机楼、飞行区等项目。

2002年8月1日,颁布实施《外商投资民用航空业规定》,该规定鼓励外商在股权限制方面只提出"外商投资民用机场,应当由中方相对控股"。

这一系列政策的实施有力地支持了国内外资本和企业投资机场建设或参与机场经营管理,基本上形成了多元化的投资格局。

(1) 地方政府投资机场

1987年以前,我国的民用机场都是由民用航空局直接经营的。从1987年开始,机场的投资主体进入改革时期。1988年10月22日,民用航空局正式把厦门高崎机场移交给厦门市政府,1994年2月,将上海虹桥机场移交上海市政府管理。

1993年,民用航空局出台的《关于国内经营民用航空企业有关政策的通知》,积极鼓励社会各方投资建设机场。

到2002年年底,在开通定期航班的民用运输机场中,真正由地方政府拥有并进行管理的机场只有19个。2002年3月3日,国务院下发了关于《民航体制改革》的"国发[2002]6号文件"(以下简称"6号文件"),提出按照"政企分开,属地管理"的原则,将民用航空局管理的机场下放所在省(区、市)管理。"6号文件"决定,国内机场除北京首都国际机场和西藏机场外,其余93个机场将全部实行属地化管理,下放所在省、直辖市、自治区管理,相关资产、负债和人员并划转。机场下放后,原则上以省(区、市)为单位组建机场管理公司,实行企业化经营,民用航空局不再负责国有资产的保值增值,只对全国民用机场实行行业管理,主要是制订规章、标准并监督实施,重点是安全监管。

(2) 航空公司投资机场

航空公司投资机场可分几个层次来看。

第一个层次是单个项目的合作,这对双方都是有利的,作为机场,能获得资金,减少负债;而航空公司也能从项目中直接获益。

第二个层次是参股。海南航空 2000 年 8 月控股海口美兰机场开创了国内航空公司控股机场的先河;东方航空于 2001 年 10 月入股青岛流亭国际机场有限责任公司,东航持有青岛流亭机场 25% 的股份;2002 年 5 月 29 日,东航出资 2.95 亿元成立上海东航投资有限公司,这家投资公司的主要投资方向便是机场业;2003 年 2 月 13 日,东航投资有限公司与香港上市公司太古股份有限公司各出资 1500 万美元,在上海组建了东航太古股份有限公司,这是国内第一家以投资民用机场及其相关配套项目为主业的投资性企业。

如果航空公司参股机场,它就不会仅仅考虑航空公司这部分的利益,而要考虑包括机场在内的总体利益最大化,最有利的方式是在与其相关的支线航线上保有垄断地位,而干线上与其他航空公司进行合作。因为要实现真正意义的枢纽辐射式航线布局、增大中转量,也离不开多家航空公司的合作。所以,从某种意义上说,航空公司投资机场业,是规避风险的一种选择。

(3) 外商投资机场

《外商投资民用航空业规定》于 2002 年 8 月 1 日开始实施,同年 11 月,海南美兰机场 H 股在香港上市,为外商投资引领了道路。

首先是美兰机场外资入股的比例非常高。过去香港 H 股市场战略投资伙伴认股比例从未超过 9.99(如首都机场与法国方面的合作,法国方面占有首都机场的股份不足 10%),有的甚至只有 1%~2%,有的只是挂名,上市后便出售股权。而这一次,哥本哈根机场公司作为国际战略投资者,认购了美兰机场流通股的 20%,获得两个董事会席位。

其次是外商实实在在地参与了美兰机场的日常管理。首都机场与法方的协议是"顾问协议",法方不介入管理。而美兰机场和哥本哈根机场的合作则不同,根据为期 10 年的技术服务协议,除了派息、分红,哥本哈根机场还要提供一系列的服务,哥本哈根机场直接派驻了执行董事。

(4) 民营企业投资机场

2005 年 4 月 1 日,民用航空局发布了《国内投资民用航空业规定(试行)》,这些规定大幅放开了民营资本投资机场的投资比例。

2003 年 1 月,有关部门批准民营企业上海均瑶集团购买了位于长江三峡旅游胜地的宜昌机场,这是我国首次批准民营企业购买机场。这意味着民营资本将逐步成为内地航空业的新动力,同时也显示国内航空业投资体制更趋市场化。

民营资本进入机场标志着我国民航业在对外开放的同时,也加快了对内开放。民营经济已成为国家经济体制改革的重要力量,未来将有更多民营资本被引入到机场业。

9.4　典型融资方式

机场融资主要通过两类渠道：一类是投资者直接投资，二类是通过资本市场融资。

直接投资的投资者包括所有可能的企业、政府和个人，既包括本国的投资者，也包括国外的投资者。除此以外，投资者还包括国际上的金融机构和组织，如世界银行、亚洲开发银行等。

间接投资是指投资主体用货币资产购买各种债券或仅参加分红的股票等，并不控制或参与企业生产经营活动的投资行为。所以，投资者可以通过间接投资模式参与投资机场，资本市场则是主要途径。客观上，越是投资周期长，资产专用性强、流动性差的产业，就越需要资本市场的支持。利用资本市场的间接投资模式进行机场建设融资具有重要的意义：

(1) 可以有效缓解投资不足的问题。

(2) 可以促进资本要素的优化配置和投资的良性循环。

(3) 有助于完善机场企业的运行机制。

纵观国内外机场，有几种典型的融资模式，如 BOT、狭义的特许经营、股权出售、同行拍卖等，其中股权出售和同行拍卖属于私有化类的融资模式。

9.4.1　BOT

BOT(build-operate-transfer)融资对于筹措机场建设资金具有重要意义。因为，机场本身资金需求量大，投资周期长，风险比较大，一般企业或贷款单位不能承受庞大的资金需求。但通过 BOT 融资能够在一定程度上分散项目的风险和投资者的风险，增加项目的债务承受能力，而且能够把项目开发各方面的因素结合起来，减少项目融资者的自有资金投入，提高项目的投资收益率。

BOT 模式面临的风险主要有：一是政府政策不稳定，它是私营资本投资的最大风险。二是项目设计和建设中的风险，包括项目设计缺陷、建设延误、超支和贷款利率的变动。三是项目投产后的经营风险，包括项目技术风险和价格风险等。

采用 BOT 模式进行融资的意义在于：

(1) 有效地吸引了私营资本，减少了政府的财政负担。

(2) BOT 能够保持市场机制发挥作用，BOT 项目的大部分经济行为都在市场下进行。私营部门是 BOT 方式的行为主体，在特许期内对所建项目具有完全的产权。公共部门通过适当的投资回报方式将机场项目的建设和经营管理责任转让给私营部门，使责、权、利相统一。

(3) 风险分散。项目风险由一方承担是低效率的，也是无法承担的，通过 BOT 模式有效地将各种风险分配到公私部门之间，由多方来承担。

(4) BOT 为政府干预提供了有效的途径。在项目立项、招标和谈判阶段，政府意愿都起着决定性作用。在履约阶段，政府具有监督检查的权力，价格的制定也要受到政府的约束。

项目产权有一定的期限,期满收归国有。

9.4.2 特许经营

狭义的特许经营(concession)也是一种重要的机场融资模式。专业的机场经营管理企业通过购买特许经营权或租赁权,获得对机场设施经营一段确定期限的权利,通常在20~30年。金融条款和租赁方式可能不同,但特许经营都要涉及一个初始支付和一个年费支付。1997年,玻利维亚的 La Paz,Santa Cruz,Cochabamba 3个机场通过特许经营模式交由专业的机场管理公司 Airports Group International(AGI)经营,特许期30年,特许经营期内 AGI 承诺更新3个机场,并支付总收益的21%作为年费。另外一个例子,阿根廷的33个机场特许给了 Aeropuertos Argentina 2000 集团经营,包括其战略伙伴,米兰机场公司 SEA,以及专业的机场服务公司 Ogden。该集团同意在头5年内每年支付1.71亿美元,以后的特许经营费与交通量的增长挂钩。该集团也同意在30年内向这些机场投资210亿美元,其中8亿美元在头5年内投入,主要用于两个 Buenos Aires 机场建设。表9.2列出了国际上的特许经营模式事例。

采用特许经营模式,特许经营者承担了所有的经济风险,并对机场运行和未来投资负有责任。由于机场只被交给特许经营者一段固定的时间,相对于资产出售,政府所有者仍然对机场拥有相当大的控制力。所以,在许多国家,这种模式在政治上更容易被接受。特别是那些交通需求迅速增加,基础设施又不完善,政府不愿意或没能力投资的国家。

表9.2 特许经营模式事例

机 场	时间(年)	特许年限(年)	特许经营者
哥伦比亚：Barraanquilla	1997	15	AENA consortium
哥伦比亚：Caratagena	1998	15	AENA consortium
玻利维亚：La Paz,Santa Cruz,Cochabamba	1997	25	AGI
英国：Luton	1998	30	AGI Bechtel/Barclays consortium
墨西哥：South East Group	1998	15	Copenhagen Airport consortium
墨西哥：Pacific Group	1999	15	AENA consortium
阿根廷机场	1998	33	Aeropuertos Argentina 2000 consortium
坦桑尼亚：Kilimanjaro International Airport	1998	25	Mott Macdonald consortium(政府拥有部分股份)
多米尼加：包括 Santo Domingo 的4个机场	1999	20	Vancouver Airport Services(YVRAS)和 Odgen consortium
智利：Santiago 国际机场的航站楼	1999	15	YVRAS consortium
乌拉圭：Montevideo	1999	25	YVRAS consortium
哥斯达黎加：San Jose	1999	20	TBI
哥伦比亚：Cali	2000	20	AENA consortium

续表

机　场	时间 (年)	特许年限(年)	特许经营者
秘鲁：Lima	2000	20	Fraport/Bechtel consortium
阿曼：Seeb 和 Salahah	2001	25	BAA consortium
马耳他	2002	65	Vienna Airport consortium
牙买加：Montega Bay	2003	30	YVRAS consortium

特许经营制度通过招标的形式,在业务领域中让多家企业竞争独家的特许经营权。在一定质量要求下,由提供最低报价的那家企业取得特许经营权。采用这种方式,如果在投标阶段有比较充分的竞争,那么,价格可望达到平均成本水平,获得特许经营权的企业也只能获得正常利润,从而使最有效率的企业按其平均成本或接近平均成本定价,向市场提供产品或服务。招标过程则应按照有关招投标法的规定进行,采用有效的招标形式和运作机制,通过市场选择最合理的投标者。

国外大型机场的成功经验就是通过特许经营权制度明确机场对这一市场的管理权、收益权,把机场吸引的大量客流、货流、飞机流的市场资源优势转化为经济效益优势。以香港新机场为例,在 2003 年的总收入中,非航空业务收入占据了 55%,而在非航空业务收入中,机场特许经营费和地面服务专营权的收入又占据了 82.5%。

对于特许经营的收费方法,则可以采取几种模式：

(1) 同时收取租金和专营权费用,比如对加油站的特许经营。

(2) 固定费用加浮动租金,比如对候机楼内部部分商业设施的特许经营。

(3) 采取合资的方式,比如对航油供应项目的特许经营。

(4) 以项目捆绑组合方式吸引民营资本,通过项目的捆绑与组合,将投资负担与投资回报相结合,使一个项目成为另一个项目的信用保证。这种方式的操作是多种多样的,通过这种方法可以把私营资本引入那些看起来无投资回报但能产生较好社会和生态效益的项目中去。

(5) 利用资源补偿方式吸引私营投资。如果政府能够采取某些资源补偿的方式增加私营投资的收益,降低亏本的风险,将有助于激发私营投资的热情。资源补偿的方式可以有多种,比如授予土地开发权、划拨土地、广告经营权补偿等。

9.4.3　股权出售

通过股权出售(share flotation),机场的所有者放弃了全部或部分所有权,同时将经济风险和有效控制权转交给了新的股权所有者。

股权出售消除或一定程度上减少了政府参与投资的必要性,并为机场未来投资筹集了资金,或将筹集的资金直接交由政府支配。不过,即使全部民营化,一定程度的政府影响仍然可以通过保留"金股"而维持,在特殊情况下以保护国家的利益。为了阻止个别股权所有者对机场的控制,可以对最大股东作一些限制。例如,英国政府在 BAA 中保留了一个"金股",以否决接管者违背国家的利益,同时任何一个股权所有者只能持有不超过

15%的股权。

表 9.3 列出了国际上的机场股权出售事例。

表 9.3 股权出售事例

机 场	时间(年)	出 售 类 型
英国：BAA	1987	100% IPO
奥地利：Vienna	1992	27% IPO
	1995	21% Secondary offering
	2001	Further secondary offering
丹麦：Copenhagen	1994	25% IPO
	1996	24% Secondary offering
	2000	17% Secondary offering
意大利：Rome	1997	45.5% IPO
新西兰：Auckland	1998	51.6% IPO
马来西亚：Malaysia Airports	1999	18% IPO
中国：BCIA	2000	35% IPO 和同行拍卖
瑞士：Zurich	2000	22% IPO 和 28% Secondary offering
意大利：Florence	2000	39% IPO
德国：Fraport	2001	29% IPO

9.4.4 同行拍卖

通过同行拍卖(trade sale)，机场设施或整个机场被卖给同行业者或投资财团，都是一些战略伙伴，而不仅仅是一般的投资者。所以，在拍卖的时候，战略伙伴的管理和技术经验将与经济实力一样，都要考虑进去。

在表 9.4 的许多例子中，战略伙伴都是一些专业的机场经营者，或拥有机场管理经验的投资财团。

表 9.4 同行拍卖事例

机 场	时间(年)	出售股份(%)	主要购买者
英国：Liverpool	1990	76	British Aerospace
英国：Prestwick	1992	100	British Aerospace
英国：East Midlands	1993	100	National Express
英国：Southend	1994	100	Regional Airports Ltd
英国：Cardiff	1995	100	TBI

续表

机　　场	时间(年)	出售股份(%)	主要购买者
英国：Bournemouth	1995	100	National Express
英国：Belfast International	1996	100	TBI
英国：Birmingham	1997	51	Aer Rianta/Natwest Ventures(40%)
			其他投资者(11%)
英国：Bristol	1997	51	Firstbus
英国：Liverpool	1997	76	Peel Holdings
英国：Kent International	1997	100	Wiggins
德国：Dusseldorf	1997	50	Hochtief 和 Aer Rianta consortium
意大利：Naples	1997	65	BAA
澳大利亚：Brisbane, Metbourne, Perth	1997	100	多元化的投资者
Sanford Orlando	1997	100	TBI
Skavsta Stockholm	1998	90	TBI
South Africa ACSA	1998	20	ADRI South Africa consortium (Aeroporti di Roma 拥有69%的股份)
德国：Hanover	1998	30	Fraport
新西兰：Wellington	1998	66	Infratil
澳大利亚：15个剩下的主要机场(悉尼除外)	1998	100	多元化的投资者
英国：Humberside	1999	83	Manchester airport
美国：Stewart International	1999	100	National Express
比利时：Liege	1999	25	AdP
美国：Niagara Falls	2000	100	Cintro
意大利：Rome	2000	51	Leonardo consortium
意大利：Turin	2000	41	Benetton consortium
德国：Hamburg	2000	36	Hochtief 和 Aer Rianta consortium
英国：Newcastle	2001	49	Copenhagen airport
澳大利亚：Syney	2002	100	Macquarie/Hochtief

9.5　BOT

BOT是机场建设和特许经营相结合的一种有益模式，在国外广泛应用在机场设施的建设上。这一模式既能满足机场建设的需要，又能推进机场经营的发展。

9.5.1 BOT模式概述

1. BOT的定义

BOT(build-operate-transfer)即建造—运营—移交方式。所谓BOT项目融资,是政府与投资企业签订协议,授予项目公司特许经营权,由项目公司筹集资金,完成项目建设,这种方式是20世纪80年代兴起的一种基础设施工程项目管理方式。

在BOT项目中,政府部门通过特许权协议,在规定的时间内,将项目授予为特许权项目成立的项目公司,由项目公司在特许期内负责该项目的设计、投融资、建设、运营和维护。在协议规定的特许期限内,项目公司拥有投资建造设施的所有权,被允许向设施使用者收取适当费用,回收项目投融资、经营和维护成本并获得合理的回报。政府对该机构提供的公共产品或服务的数量和价格可以有所限制,但保证项目公司有获取利润的空间。整个过程中的风险由政府和项目公司共同分担。特许期届满,项目公司将设施无偿地移交给签约方的政府部门。

一般来说,在一个BOT项目中,项目公司被授予特许权来建设和运营的通常是由政府经营的设施。项目公司还负责项目的筹资和设计,在特许期结束时,该项目公司将把项目所有权交回给政府。特许期的长短主要取决于该项目建成后的运营收入需要多长时间来还清项目公司的债务,并获得一定比例的回报。

BOT具有如下要素:一是特许经营的授权主体为政府;二是授权的内容是某项公用设施及公用事业的经营权;三是特许经营权的授予具有时间限制,即私人投资者不可以无限期地拥有某项公用事业的经营权;四是特许经营权的授予与接受必须通过合同或协议等方式明确双方的权利与义务。

2. BOT的变形

按照私人资本参与基础设施建设的方式及基础设施的所有权不同,通常有以下几大类:

(1) 建设—移交—经营(build-transfer-operate,BTO),这种安排主要强调基础设施完工时立即成为政府的财产,项目公司只被授予在一段时期内运营该设施的权利。

(2) 建设—拥有—经营—移交(build-own-operate-transfer,BOOT),这种方式指获得政府的特许权后,项目公司融资建设基础设施项目,项目建成后取得向使用者收取费用和其他附加费用的权利。在这种安排下,项目公司在将该设施移交政府前,一直拥有该设施的所有权。

(3) 建设—拥有—经营(build-own-operate,BOO),私人永久拥有该项目而无须向政府交回基础设施。

(4) 建设—租借—经营—移交(build-rent-operate-transfer,BROT),其特点是,除BOT通常具有的权利、义务和其他条件外,项目公司在协议期限内租用该设施所在地点的有形资产。

3. BOT的存在基础

BOT是市场机制与政府干预相结合的产物。基础设施关系到一国的国计民生,在国家经济社会发展中占有举足轻重的地位,通常都由政府出资兴建并管理。但基础设施建设周期长、投资量大,在政府的经营中会牵扯大量的精力和财力,而且效率也不高。因而,出于财力与效率的考虑,政府让企业机构参与基础设施建设,以期增加效率、节约成本、提高品质。而基础设施营运市场竞争性不强,收益较稳定,对企业投资也具有一定的吸引力。

在具体运作过程中,BOT体现了竞争与垄断并存的特色。

一方面,BOT能够保持市场机制发挥作用。BOT项目的大部分经济行为都在市场上进行,政府以招标方式确定项目公司即包含了竞争机制。具有完全市场行为能力的企业机构是BOT模式的行为主体,在特许期内对所建工程项目具有较完备的产权。这样,承担BOT项目的企业机构在BOT项目实施过程中的行为符合经济人假设,能够按照市场机制的规律行为。

另一方面,BOT也为政府干预提供了有效的途径。尽管BOT项目的建设营运由项目公司负责,但政府自始至终都拥有对该项目的控制权。在立项、招标、谈判三个阶段,政府的意愿起着决定性的作用。在履约阶段,政府具有监督检查的权力,项目经营中价格的制订也受到政府的约束,政府还可以通过通用的立法来约束BOT项目公司的行为。

9.5.2　BOT基本结构

以BOT方式组织项目投融资,其组织结构随项目的类型、特征、所在国情况、发起人等诸多因素的差别而有所不同。BOT项目的商业结构是极其复杂的,涵盖了与项目有关的方方面面和各种协议。但各种BOT项目的商业结构的基本思路是一致的,图9.1描述了BOT的基本结构。

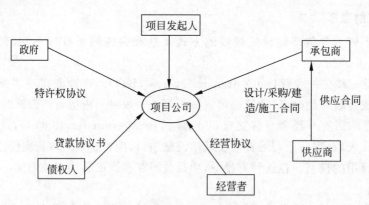

图9.1　BOT项目融资结构

(1) 项目发起人即是该项目的股东,一般为与项目有关的各方组成的联合体,包括建筑商、设备供应商以及运营商等。

(2) 由项目发起人为该项目专门注册议价项目公司,由该项目公司与政府签定特许权协议,与承包商签定建设施工合同,与经营者签定经营协议,与供应商签定供应协议。

(3) 项目公司以项目的资产和收益作担保,与银团(包括商业银行和私人投资机构)

签定贷款协议,贷款银行要求项目所在国政府就项目作出一定的担保和承诺,而境外的投资者会向跨国保险公司投保,规避东道国的政治风险。

(4) 政府在 BOT 项目中起间接而重要的作用,它可以为项目制定税收优惠政策和外币兑换特许政策等,也可作为股东通过代理机构为项目投资,或成为项目产品的最大买主,并在特许期结束时接管项目。同时,在很多情况下,政府还承诺在项目遇到困难时可向项目公司提供紧急贷款以偿还债务。

(5) 特许权协议是 BOT 项目的核心,其起草和谈判是前期工作(建设、运营之前)的重要组成部分。主要条款有:特许权协议签字各方的法定名称和地址,项目特许权内容、方式及期限,项目工程设计、建设施工、经营维护的标准规范,项目的组织实施计划与安排,签字双方各自的权利、义务与责任,项目成本计划和收费方案,项目转让、抵押、征管、中止条款,特许期届满时项目移交的标准和范围,罚则与仲裁等。一般来讲,协议中的技术条款较好解决,经济条款是双方注意的焦点,如产品价格、资本结构、产品收购、资金回报和外汇安排等。

9.5.3 BOT 模式实践

1984 年,土耳其总理首次提出 BOT 模式,并将其应用于该国的公共设施私有化项目。此后,BOT 方式在世界许多国家特别是发展中国家推广开来。表 9.5 列出了典型的 BOT 模式事例。迄今为止,在发达国家和地区已进行的 BOT 项目中,以英国和法国共同建设的英吉利海峡海底隧道工程、澳大利亚悉尼港海底隧道工程和我国香港特别行政区的海底隧道工程最为著名。

表 9.5 BOT 模式事例

机 场	时间(年)	合同年限(年)	承 包 商
加拿大:Toronto 3 号航站楼	1987	结束	Lockheed consortium
英国:Birmingham Eurohub	1989	结束	Birmingham airport, British Airways, National Car Parks 等
希腊:Athens	1996	30	希腊政府 55%,Hocktief 45%
匈牙利:Budapest 国际机场航站楼	1997	12	Aeroport de Montreal consortium
菲律宾:Manila 国际机场航站楼	1999	25	Fraport consortium
美国:New York JFK 国际机场 4 号航站楼	1997	20	Schiphol consortium
埃及:Sharm El Sheikh	2001	25	YVRAS consortium

1. 英吉利海峡海底隧道工程 BOT

修建英吉利海峡海底隧道的项目公司是欧洲隧道公司,由英国海峡隧道工程集团和法国的法兰西—曼彻公司联合组成。1987 年,由项目公司与英、法两国政府签订特许权协议。特许期为 55 年,是目前世界上特许期最长的一个 BOT 项目。与其他 BOT 项目相比,欧洲隧道公司从政府得到的担保是最小的,这是由于英国政府要求建设、筹款或经营的一切风险均由私营部门承担。除特许期较长外,政府没有向该公司提供支持贷款、最低经营收入、外汇及利率的担保,所提供的担保仅是商务自主权和不向他人给予同类项目特许的消除竞争的担保,即33年内不设横跨海峡的二次连接设施。欧洲隧道公司的主要收入来自对过往隧道铁路的商业车辆的收费,这种方式把欧洲隧道公司置于严重的独立风险中。

2. 巴基斯坦BOT

近年来,发展中国家发展本国经济时面临的重大问题,就是经济发展对基础设施和基础产业需求的矛盾和基础设施建设对建设资金需求的矛盾。由于整个第三世界面临严重的债务危机,多数发展中国家为所需项目筹资的借款能力降低,再加上本身的预算经费减少,使建设需求与资金供应的矛盾变得尖锐起来。BOT投资方式在基础设施中所发挥的重要作用,特别为发展中国家所重视,被发展中国家发展成为吸引资金加快基础设施建设的一种投融资方式。巴基斯坦在利用BOT方面的经验有一定典型意义。

巴基斯坦利用BOT方式建设基础设施的重点是电力能源。建设在啤躯省内赫布河附近的1000兆瓦的燃油发电厂是巴基斯坦比较成功的一个BOT方式的案例。巴基斯坦政府为该项目提供了一系列重要保证。巴基斯坦政府与项目公司签订了执行协议,政府在该协议中为项目提供三方面的保护。一是政府保证同意和批准与外汇有关的事项;二是政府保证项目处于稳定的不受干预的外部投资环境之中,当项目因政府原因被迫终止时,投资者可以获得补偿;三是政府为帮助投资者克服政治上的不可抗力而设立特殊的临时性的基金。另外,巴基斯坦政府对巴基斯坦国家银行向项目公司提供的外汇保险方案作出担保。这个外汇保险方案的主要目的是保证项目公司可以通过电力购买协议以固定的外汇汇率出售电力。巴基斯坦政府还对巴国水电开发机构和巴基斯坦国家石油公司在电力购买协议和原料供应协议下的合同履约作出担保,这两个机构都是巴基斯坦的国有企业。

3. 菲律宾BOT

菲律宾的BOT项目在亚洲乃至世界都一直充当着"创新的领导者"的角色。菲律宾的BOT应用是从私人介入电力行业引起的。菲律宾的电力危机使政府早在1987年就充分认识到了私人资本对国家经济发展具有重要的作用(菲律宾宪法中有所体现)。1989年菲律宾政府发布了215号令,允许私人资本投资电力建设,而此前只能由国家电力公司投资。此后,菲律宾的私人资本也开始逐渐进入其他基础设施领域。1990年菲律宾制定了第一个有关BOT项目的法规(名为"授权私人资本融资、建设、运营和维护"的6957号法案),成立了在菲律宾援助项目综合委员会(CCPAP)领导之下的BOT项目中心,负责协调和监控BOT项目的准备、评估和运行。但这时应用BOT投资基础设施的项目并不多。

在对BOT法进行仔细的考察研究后,菲律宾政府认为需要对该法律进行补充以使其更加灵活和宽泛。1994年5月,BOT法修正案(7718号法令)出台,它开放了9种类型的从前只能由国家机构和地方政府投资的BOT项目。此后,BOT项目的数量激增,应用BOT各种变形的项目也在增加,应用领域亦从传统概念上的电力、交通扩展到信息技术领域和公共市场。

菲律宾的BOT法规定可投资的项目包括:高速道路、桥梁、隧道及其相关设施;铁路或者以铁路为基础的有商业发展机会的项目;水路及相关设施,诸如码头、口岸、仓库、渡口等;机场及相关设施;发电、输电、配电设备及相关设施;电信、骨干网、地面卫星设施及相关服务设施;信息技术和数据基础设施;灌溉及相关设施、给排水及污水处理设施、环境及废弃物处理设备;教育及健康设施;政府建筑及房产项目、土地开垦、挖掘及相关设施(包括工业及旅游区);市场、屠宰场、公共渔港、渔场及加工设施等。在菲律宾的BOT法中明文规定,外商独资或外商控股的项目公司从菲律宾政府贷款比例不超过总投资的20%;政府或政府控股的公司不能为外国融资的项目公司作担保。

4. 我国的 BOT 实践

(1) BOT 在我国的定义

BOT 在我国被称作"特许权投融资方式"。其定义是指国家或地方政府部门通过特许权协议,授予签约方的外商投资企业(包括中外合资、中外合作、外商独资)承担公共基础设施(基础产业)项目的投融资、建造、经营和维护;在协议规定的特许期限内,项目公司拥有投资建造设施的所有权(非完整意义),允许向设施使用者收取适当费用,由此回收项目投融资、经营和维护成本并获得合理的回报;特许期届满,项目公司将设施无偿交给签约方的政府部门。

我国是发展中国家,改革开放以来,滞后的基建一直是制约国民经济增长的"瓶颈"。近十几年来,基建事业取得了很大成绩。但对于高速发展的经济,仍远不能满足实际需要。而基建设施领域的投资不足,资金缺口大,是基建滞后的根本原因。我国1997年年初制定的"九五"规划表明,我国用于基建的资金约为6000亿元人民币,这些数字用以表明我国基建资金需求之巨。

而实际上,鼓励外商采用BOT方式对我国进行投资,使外资投向的产业结构与国家经济建设的需求结构统一起来,在我国发展BOT投资方式,原国家计委在制定"八五"吸收外资计划中已经提出了。

在我国,BOT 主要集中于高速公路、铁路、桥梁隧道、港口、机场、电站、水利设施、环保项目以及能源工程、钢铁工业、化学工业、工业园区、教育设施和医疗卫生设施项目等。总的来说目前国家对BOT投资发展还处于试点阶段,实行先行试点、逐步推开、宏观引导、规范发展的总体策略。BOT的运用部分缓解了我国基础建设资金不足的矛盾,也降低了政府还债和运营的风险。

(2) 我国 BOT 进程

BOT 投资方式在我国的实践是从电力行业开始的。20世纪80年代中期,为解决我国电力供需矛盾,广东率先打开外资(私人资本)参与基础设施之门,1983年广东沙角B电厂的建设就首次采用了类似BOT项目投融资的建设方式。在制定"八五"规划时,国家计委首次提出了要运用BOT方式加快基础工业和基础设施建设的思路。

到了1993年前后,为吸引外商参与我国国民经济急需的基础设施建设,采用BOT方式进行基础设施项目融资引起了国家决策部门的高度重视。1994年,原国家计委分别与世界银行、亚洲发展银行、世界银行外国投资咨询服务中心联合召开了两次外商投资我国基建的国际研讨会,并组织人员分别对印度、澳、英、挪、奥、匈等国家和地区进行考察,学习其吸引私人投资于基建,特别是BOT方式的政策导向、操作方式、管理办法、经验教训。1995年广西来宾B电厂成为我国第一个国家试点BOT项目,利用外资金额达6亿多美元。其后,江苏常熟电厂二期利用外资近12亿美元,合肥二电厂利用外资近5亿美元等(这些项目都得到了国家的批准并开始实施)。截至1998年6月,我国仅在电力行业通过BOT项目融资方式就已经利用外资60多亿美元。1998年7月,四川成都自来水六厂B厂项目签定了我国第一个供水BOT项目融资协议。许多国际上著名的基础设施、能源、公用事业建设公司纷纷涉足我国,包括瑞士的ABB公司、英国的泰姆士水公司、法国里昂—苏伊士公司等,都通过此方式对我国的基础设施领域投资。

在此基础上,我国政府也逐渐把扩大BOT项目融资作为扩大利用外资规模和外资多元化的重要手段。至今,我国一些基建项目多为BOT方式进行融资,如来宾电厂、定渠电厂、日照电厂、深圳电厂、外高桥电厂、北京轻轨铁路、广州轻轨铁路、武汉轻轨铁路等。尽管BOT项目在我国的发展较为迅速,但目前仍处于实践阶段,成功的BOT项目还不是很多。这是因为BOT项目融资要求要有健全的法律体系和金融市场作保证。

(3) 存在的主要问题

总的说来,在具体实践中,我国BOT投融资方式发展比较缓慢,目前仍处于探索和试点阶段,也还没有形成法律和管理框架,尚存在许多法律和操作上的难点和问题。如审批程序繁杂,"BOT项目融资必须提交国家计委审批,必须通过国家招标"的规定使投资者望而却步,相当部分的项目失去了实施的机会;再如政府担保和风险分担问题,我国政府除一般性的支持外,尚不能够提供颇有力度的支持有效地分担投资者风险,而我国的许多地方出于某种心理,在初期尝试BOT的过程中也不同程度地存在着对外商作出太大让步的现象。

在法制并不非常完善的我国,BOT的投资方式缺乏有效的法律保障,各个程序都有重重困难,这已经对民间参与BOT方式招商造成了一定的负面影响。曾经相当火爆的高速公路BOT招商项目,如今屡屡出现流标。这在一定程度上也体现了我国对BOT方式的定位的不明确。

9.5.4 机场BOT模式

BOT模式是机场建设与专营较好的选择。从航空发达国家和地区的经验看,BOT模式与特许专营相结合可带来双赢的局面。对机场管理当局来说,既节约了项目建设资金,又利用了承包商的专业技术;对承包商来说,可以获得税收的优惠。在项目投入运营后,运营商能从特许专营中得到利益,而且运营期也较长。

1. 机场BOT的内涵

(1) 机场建设的模式

机场是城市的大型公用基础设施,与道路、桥梁、铁路、供电、供水等基础设施相类似,属于公共产品范畴。因此,机场的建设应当由拥有公共事务管理权的政府来提供,或置于政府的严格监控下。

大型基础设施的建设主要采用如下方式:政府筹集资金建设,私人集体自主筹资建设,政府授权企业投资建设。19世纪以来,政府授权企业一定期限内某类公共事业的开发经营和收益权,期限届满予以收回的方式,成为基础设施建设的重要形式,并逐步演化成为BOT(建造—运营—移交)模式。

与其他大型基础设施的建设类似,在世界机场建设中,BOT模式得到了广泛运用。

(2) 机场BOT的含义

应用BOT模式进行机场建设,承包商取得机场项目的建设权和一段时间的营运权,负责筹资,进行有关设施的融资、设计、兴建及启用,在规定年限内营运该项设施,并在营运权到期后,将设施无偿移交给机场管理当局。

机场BOT的特征在于:由承包商进行机场设施的前期投入和修建,但只在经营期内拥有该项资产,营运期结束后,资产即移交给机场管理当局,不再属于承包商。

机场的基础设施建设中有许多项目可以引进BOT模式,如候机楼、停车场、货站、商业区等。按照国际上许多枢纽机场的发展模式,基地航空公司运营自己的候机楼等机场设施早有先例。

2. 机场BOT运作实践

(1) 香港机场的BOT运作

运用机场BOT模式最典型的例子是香港国际机场,香港国际机场管理局统一对机场内所有的货运后勤业务运用BOT模式进行修建和营运。

以香港超级一号货站有限公司(HACTL)为例。香港国际机场管理局授予香港HACTL特许经营权,由各投资股东对HACTL注入资金、修建超级一号货站,并在特许经营期内负责运营。

以敦豪(DHL)为例。经过香港国际机场管理局的评估审核,DHL于2002年获得香港机场速递中心15年的专营权。敦豪(DHL)投资7.8亿港币在香港机场兴建速递货运中心,并于2004年投入使用。等到15年专营权到期后——即2019年,敦豪(DHL)将该速递货运中心无偿移交给香港国际机场管理局,或是和香港国际机场管理局协商新的合同。根据合约规定,敦豪(DHL)可以根据商业原则营运有关服务,机场管理局并不干涉敦豪(DHL)的日常业务,但会通过服务种类规范和质量监控对其进行管理。

(2) 韩国仁川机场的BOT运作

韩国仁川机场的货运区和相关设施的建设运营采用了BOT模式的变形——BTO(修建—移交—运作)和BOOT(修建—拥有—运作—移交)。

对于货栈,韩国仁川机场管理当局采用了BTO方式。例如,大韩航空根据自己的需求向机场申请土地,然后建造符合自己要求的货栈设施。这些设施在建造完成后,所有权马上移交给韩国仁川机场管理当局。作为回报,大韩航空获得货栈设施20年的使用权。在营运期满后,大韩航空可以和韩国仁川机场管理当局进一步协商接下来的合作。

在商务功能区、娱乐区、生活区的建造上,韩国仁川机场管理当局采用BOOT(修建—拥有—运作—移交)模式。也即,营运商根据机场的规划修建满足自己需求的设施,在工程完成后,营运商作为所有者对外经营(运营期限一般不超过20年);在期限结束后,营运商必须把设施的所有权转让给机场管理当局。实际上这种模式本质上和传统的BOT模式区别不大。

3. 机场 BOT 的优缺点

（1）机场 BOT 的优点

一般来说，BOT 模式可能带来双赢的局面，给机场管理当局和承包商双方都带来一定的好处。

由于机场项目一般都具有投资大、项目周期长的特点，其风险和资金占用也较高。运用 BOT 模式，对机场管理当局来说，既利用了承包商的专业技术和经验，又节约了项目建设资金，降低了投资风险。

对承包商来说，则可获得税收的优惠和业务运作的利润。承包商支出的成本包括两部分：一部分是每年付给机场的营运权费（此费用一般都低于在纯专营权模式下的专营费）；另一部分是项目投资。项目投资一般较大，但由于是资本投资，其年折旧可冲减承包商利润，导致应纳税所得额减少，降低承包商税负。

（2）机场 BOT 的缺点

由于 BOT 模式的运作较为复杂，风险的不确定性大，存在一定风险。在国际上已有好几起著名的失败案例，如投资 8.3 亿美元的泰国曼谷第二高速公路和投资 4.6 亿美元的欧洲机场轻轨铁路等。

BOT 项目经历的时间长，参与方多，关系错综复杂，各种风险贯穿于项目的全过程，包括设计、建造、运营、养护、维修、移交等。对于机场 BOT 来说，可能遇到的风险包括项目的自身风险和环境风险等。

项目的自身风险是指与项目建设和生产经营管理直接有关的风险，包括完工风险、运营风险等。这类风险是投资者应该知道如何去管理和控制的风险。因此，项目的自身风险亦可称为可控制风险。完工风险发生在项目建设期间，如工程费用超支、工期延误、工程质量不合格等。运营风险包括能源和原料供应风险、技术风险、管理风险。项目的环境风险指受到经济环境变化的影响而遭受损失的风险。这类风险企业无法控制，并在很大程度上也无法预测，因而项目的环境风险也被称为不可控制风险，如金融风险、市场风险、政治风险和不可抗力风险等。

9.5.5 我国机场 BOT 实施

我国机场定位的不明确，造成了有限的政府建设资金不能有效使用，不利于整体民航运输系统的建设发展。市场经济条件下要求政府的投资应集中于市场失效的领域，对由于公益性导致供给不足的产品要通过政府财政投入增加供给，满足全社会的福利要求。在机场领域，政府的建设资金应集中投入到公益性机场中，对可取得良好投资回报的收益性机场，则可通过政策引导社会资金的投入或通过机场的良性发展获得建设资金。而当前对我国各机场并没有进行明确的市场定位，造成民航政府建设资金投入的分散，使得每年机场建设出现大量资金缺口，也造成了民航机场建设投资中商业贷款比例过高的现象，使得机场资本成本负担沉重，往往是机场建成之时，就是亏损之日。

机场建设所需资金巨大，如果全部由机场出资建设，短期内将面临巨大的资金缺口。而银行对于大额项目的贷款毕竟有限，在这种情况下，机场方面需要通过多种渠道积极募集资金,BOT 模式不失为一种很好的融资工具。

通过 BOT 模式,向银团组合贷款、利用国际游资、上市募集等,都成为可以考虑的方式。机场方面可以极大缓解资金压力,降低投资风险,又使机场保障能力得到提升,实现政府期望的社会效益,同时可获得营运特许权到期后的项目设施,以及项目运营期的特许经营费,保证了稳定的收益来源。

本章小结

随着民航管理体制改革的进一步深化和民航基础设施建设对资金需求的增长,投融资渠道从过去较为单一的国家投资向地方政府投资、企业投资、发行国债、利用外国政府和外国财团贷款、机场自有资金等多元化的方向快速发展。

虽然改革开放以来国内机场融资已经进行了不断的探索,但由于计划经济体制的长期影响,使得机场项目的融资来源仍存在很多问题。

机场融资主要通过两类渠道,一类是投资者直接投资,一类是通过资本市场融资。

直接投资的投资者包括所有可能的企业、政府和个人,既包括本国的投资者,也包括国外的投资者。

间接投资是指投资主体用货币资产购买各种债券或仅参加分红的股票等,并不控制或参与企业生产经营活动的投资行为。所以,投资者可以通过间接投资模式参与机场投资,资本市场则是主要途径。

复习与思考

1. 我国机场的融资主要有哪几种模式?
2. 分析我国机场融资存在的主要问题。
3. 简述我国机场的多元化投资格局的产生与发展。
4. 国内外机场采用的典型的融资方式有哪几种?
5. 什么是 BOT? BOT 的变形有哪些?
6. 如何在我国机场应用 BOT 模式?

在线自测

附录

香港机场 BOT 案例

香港政府是较早采用 BOT 模式建设基础设施的政府之一,香港新机场也秉承了香港政府同样的建设和管理风格。

一、香港机场管理体制

香港原启德机场的管理特点是:香港民航处作为政府的职能部门,按照企业方式负责启德机场的一切事务,但不直接从事机场内的经营;机场的土地所有权和使用权均归香港政府所有,以"用者自付、收回成本"为原则制定土地批租价格和机场各类设施与服务的收费标准。1989 年,香港总督宣布香港机场的新建计划后,香港机场管理体制改革也逐步拉开了帷幕。1990 年,香港政府颁布《临时机场管理局条例》,成立了临时机场管理局负责规划和建设新机场,并采用政府拨款的方式支付新机场建设的前期费用。1995 年 12 月 1 日,《香港机场管理局条例》正式生效。根据该条例,临时机管局重组成为具有法人性质的香港机场管理局,按企业方式经营和管理新机场,香港政府对新机场的前期投资共计 366 亿港元转为对香港机管局的注资。原有民航处的职能调整为负责香港民航的行政管理,对机场管理局行使行业管理职能。与此同时,香港机场管理局与政府签署了《财政支持协议》和《批地文件》(即土地批租协议)两项机场建设中具有重要意义的文件。根据上述文件和《机管局条例》,香港政府将新机场范围内土地 50 年的使用权(至 2047 年)赋予香港机场管理局,仅象征性地收取批地费用。机场管理局的宗旨是"维持香港作为国际及地区性航空中心的目标,提供、营运、发展及维持一个位于赤腊角及其附近的民航机场"。同时,在 50 年土地批租期内,香港机管局还将负责偿还新机场一期工程的各项贷款,并负责二期工程资金的筹措。通过上述制度安排,香港政府对新机场建设所采用的 BOT 模式基本浮出水面。

二、香港机场 BOT 建设

香港机场建设工程浩大,仅填海、候机楼、飞行区、地面运输工程、通信系统、场内道路系统、环保工程等核心计划就需耗资近 500 亿港元,香港机场管理局获得的政府注资仅为 366 亿港元。如何在这块可供使用 50 年的土地上建成规模宏大、功能齐全的机场客货运系统,并能够保证良好的盈利能力和继续发展能力,是香港机场管理局经营中最值得称道的部分。

香港机场管理局主要通过 BOT 的方式营运机场货运和后勤业务。各项专营业务均以"建造、营运和移交"合约批出。获授予专营权合约的机构负责有关设施的融资、设计、兴建及启用,并在规定年期内营运该项设施。根据合约规定,专营服务商可以依照商业原则营运有关服务。不同的航空后勤业务有不同的专营服务商数目、合约年限及条款。机管局定期监察业务伙伴的表现,确保有关公司依照国际及业界标准提供服务,并达到航空公司及各有关方面的要求。

三、香港机场 BOT 模式和一般 BOT 模式的区别

香港国际机场 BOT 模式和一般的 BOT 模式最大的区别就在于机场的专营商在专营年限内需要向机场交纳一定的费用，这一点对保证机场的现金流很重要。但此项费用低于纯粹租用土地/设施的租金。

机场可将某些业务 BOT 给某个或几个指定的专营商，其他运营商可在机场的认可下，租用专营商的设施经营此项业务。

香港机场管理局对以下公司实行了 BOT 管理：香港机场地勤服务有限公司；怡中机场地勤服务有限公司；明捷航空集团服务（香港）有限公司；中国飞机服务有限公司；香港飞机工程有限公司；泛亚太平洋航空服务有限公司；香港航煤供应加油有限公司；环美加油航务有限公司。这些公司的特许经营期一般为 10~20 年。

四、香港机场建设和经营的模式

一是政府投资兴建和管理。主要是交通管制、气象系统、机场警署、消防等政府设施。

二是机管局自己投资兴建，主要是指土地开发、机场设计、候机楼建设、飞行区建设、信息系统建设、地面运输工程建设、场内道路工程建设、环保工程建设等机场核心计划，资金绝大部分来源于香港政府投入的资本金，小部分为贷款。管理上，有些由机场管理局自行管理，如机场保安；有些则采用社会化管理的方式，如候机楼清洁、行李处理系统和旅客捷运系统维修等。

三是土地分租方式。主要用于企业和相关政府的办公用房建设。土地分租一般每年收取租金，与专营转让的主要区别在于，专营转让主要用于经营性项目；土地分租主要用于由政府和其他企业提供，但又是机场运营所必要的办公设施，如国泰航空的基地、候机楼等，经营项目属于例外现象，数量极少。

四是签订专营权合同方式转让航空业务经营权。具体来说，这一方式是指香港机场通过招标等方法，选择资质好、服务优秀、价格低廉的多家营运者，以建造—营运—移交方式批出经营项目，由获得专营权的企业负责有关设施的融资、设计和建设，并在固定年限内以商业原则营运该设施，期限结束后，由机场管理局无偿收回土地使用权，并获得地上设施的所有权。香港机场内的航油、货运、停机坪服务、汽车加油系统、飞机维修等投资额较大的经营项目均以此方式转让。

费用收取根据项目情况和合同谈判的结果采用不同的方式，如租金和专营权费用（以高者为准），以流量为基准计算费用，租金等费用名称也并不机械地规定为专营权费，而是采用管理费、租金等多种名称。

这一方式的优点在于可以用快捷有效的方法，为机场使用者提供最具成本效益的服务。最显著的特点是，以机场公司企业身份采用类似 BOT 的方式，进行机场内部配套基础设施的建设。

五是以授予特许经营牌照方式转让商业零售业、餐饮业、广告业的经营权。香港机场管理局充分挖掘候机楼内的商业机会，在候机楼内设置了香港机场购物中心、美食广场、数码区等多个商业区。这些零售店以及候机楼广告业务和员工食堂等经营项目均通过发放特许经营牌照的方式许可其他经营者经营。此处的牌照不是政府的营业执照或行政许

可,仅仅是香港机管局作为企业,允许其他企业在机场内经营的普通民事许可。

这一经营模式的特点是租赁机场管理局已经建好的设施或场地,一般经营期限较短。其中比较有特色的是香港机场海运码头的经营,与其他货运设施不同之处在于,该货栈由机管局以发放特许经营牌照的方式,授予珠江海空联运有限公司5年的非独家特许经营资格。

六是投资入股方式。据笔者了解,目前香港机场内仅新国际展览中心一个项目采用了该方式。该展览中心名为亚洲国际博览馆,总投资额23亿多港元,由香港特区政府、香港机管局以及法国宝嘉(香港)建筑有限公司为首的联营公司合作设计、兴建和营运。根据联营协议规定,香港机管局提供用地以取得联营股权,香港特区政府与以法国宝嘉为首的联营公司将承担兴建展览中心的费用。

综上所述,香港机管局更趋向于成为管理型的机场管理当局,其经营主要采用四种方式,即土地分租、专营权转让、发放特许经营牌照以及投资入股,其中,主要采用专营权转让、发放特许经营牌照等间接经营方式,而投资入股参与直接经营和土地分租方式较为少见。

需要引起内地民航业重视的两点:一是采用专营方式转让的项目不是由香港的法律直接规定,香港机管局也不是机械地按照禁区内外标准或者航空主业、非主业标准来划分,而是根据香港机管局的需要和项目的情况灵活地确定;二是专营权转用。发放特许经营牌照方式都是香港机场管理局和被授权力基于平等的民事主体地位,通过双方谈判达成一致意见后所确定的,区别仅仅在于由于项目的不同所导致的合同内容不同,不在于被授权方是否需要特别的许可。

对于内地机场而言,采用专营权转让方式避免了机场管理当局直接参与一些大型航空配套产业的建设和经营,可以节约建设资金、规避经营风险,也符合我国民用航空局提出的机场由"经营型"向"管理型"转化的要求。但是,采用专营权转让方式的主要目的在于优化机场的经营方式,而不在于通过收取专门的许可费来增加机场公司的收入,转让专营权的收入应当由该项目的价值所决定,要受到市场机制的调节。

第三部分 机场管理篇

第10章　机场管理模式

本章关键词

机场的所有权(ownership of the airport)
机场的经营管理模式(the management model of the airport)
机场民营化(airport privatization)

互联网资料

http://www.airlinks.net/Article/ShowArticle.asp?ArticleID=5302
http://www.chinaairports.cn/indxe.html
http://www.caac.gov.cn/
http://news.carnoc.com/list/18/18918.html
http://www.iata.org/
http://www.icao.int/

改革开放以前,我国民用机场管理模式十分单一,完全由中央政府集中管理。改革开放以来,由于地方政府积极参与机场建设,单一管理模式被打破。

机场民营化是世界民航业继放松航空公司规制后出现的又一大全球性趋势。自20世纪80年代开始,一些政府开始对机场实施民营化,希望通过竞争和引入民营部门的组织形式来提高机场效率,同时减少政府的财政投入,并分散机场投资和管理决策。整个90年代,机场民营化的势头日渐上涨。

10.1　机场的所有权形式

综观世界机场,其所有权形式主要有以下几种:

(1) 政府直接管理的公有形式[public(state) ownership with government control]

机场归国家政府所有,政府专门设立相关部门——民用航空部或局,通常在国家运输部下,并且由政府直接进行管理。

(2) 通过机场当局管理的公有形式(public ownership through an airport authority)

机场归国家政府所有,但政府不直接进行管理,而是通过机场当局进行管理,其目的就是建立一个更具专业的组织来执行,完成长期计划,而政府则作为政策控制中心,负责战略政策的制定。

(3) 公有与私有的混合形式(mixed public and private ownership)

机场设施有些归国家所有,有些则由私有组织企业控制,如有的机场飞行区等设施是公有的,而航站区因为是由航空公司投资兴建,则归其所有和运营。随着机场投融资渠道的变化,有些机场卖掉一部分股份,就造成这种模式的存在。

(4) 完全私有的机场(private ownership)

机场完全归私有集团和个人所有。英国机场集团公司出售全部股份,是机场私有化的一个典型代表。

10.2 机场的经营管理模式

世界上大型机场经营管理模式主要有四种:

(1) 中央或地方政府所有并组织专门机构进行管理和组织运营。目前,世界上的大部分机场采用这种管理模式。例如,约有 2/3 的美国机场都采用该管理模式。其管理模式如图 10.1 所示。

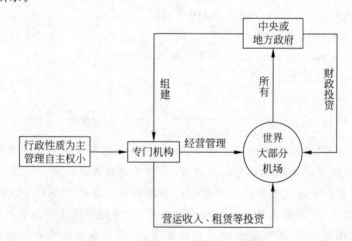

图 10.1 世界大部分机场的管理模式

这类机场的所有权(或股权)划分也不尽一致。有的归中央政府所有,有的归中央政府和地方政府共有,有的仅属地方政府所有。并由相应的所有者组建或共同组建行政色彩浓厚的机场管理局(委员会)负责机场日常管理和运营。

德国的法兰克福机场,联邦政府(交通部代表)拥有 25.9% 的股权,黑森州政府拥有

45.2%的股权,法兰克福市政府拥有28.9%的股权。

美国的洛杉矶、亚特兰大等机场属所在的市、郡政府所有,并由地方政府组建机场管理局(委员会)进行运营管理。

(2) 组织半政府、半市场性质的机场管理局(或称空港委员会、空港公团、机场管理公司等)对机场进行管理和组织经营。其管理模式如图10.2所示。

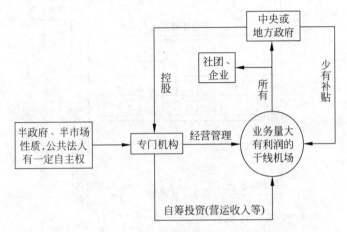

图10.2 半政府、半市场性质的机场管理局管理机场的模式

这种模式是20世纪60年代以后逐步发展起来的。迄今为止,实行这种管理模式的机场仅限于一些业务量大、收入多、能获得利润的国际和国内主干线机场。如美国的纽约—新泽西地区的三个大型机场等。

根据这种模式组建的机场管理局是一个介于政府和盈利性企业之间的组织,属于公共法人性质,拥有一定的经营自主权。其职责是通过企业和市场途径而非行政途径,管理和发展机场,与航空公司建立业务关系,确保机场安全运营等。

采用这种管理模式的机场产权结构与第一种模式下的机场相类似。其股权主要为各级政府所有,即各级政府对机场实行控股,其中有极少数机场的部分股权为社会团体所有。

(3) 由社团、企业、私人等所有者代表、专家组成机场当局,对机场进行管理和运营。属于这种管理模式的机场绝大多数为小型机场,投资规模和业务量都很小。

(4) 私有化后改组的机场公共控股公司对机场进行管理和运营。

英国的希斯罗、盖特威克、斯坦斯特德、普雷斯托威克、爱丁堡、格拉斯哥和阿伯丁七大机场由于业务量大,收入稳定,每年都有盈利,不需要政府补贴,所以进行了私有化运作。其管理模式如图10.3所示。

1987年英国机场管理局改组为英国机场公共控股公司后,政府保留的权力有:

① 控股公司设立一个"金股",由运输部掌握,行使法规审批和股权转移控制权;

② 每隔5年,由垄断与企业合并委员会对机场公共控股公司及其子公司的经营情况进行一次审查,并就违反公众利益的行为向英国民航局提出建议,同时对以后5年的机场收费标准提出建议。

私有化后,机场公共控股公司通过营利性企业的途径,每个机场各组建一个子公司,

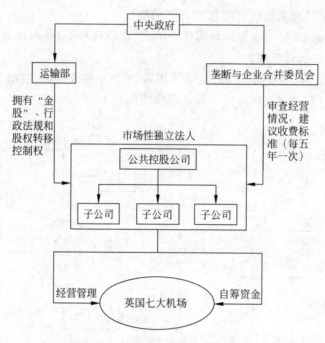

图 10.3 英国七大机场的管理模式

负责七个机场的经营管理。七大机场的再投资也由公共控股公司自己筹措,政府不给补贴,但可以向控股单位申请补贴。

10.3 我国机场管理模式

目前我国各机场在寻求发展的同时形成了诸多类型的机场管理模式,民航行业内外进行了多种多样的概括与描述。从机场运营管理架构的角度进行概括,可总结为以下六种模式。

1. 省机场集团

这是一种以省会机场为核心机场,以省内其他机场为成员机场的机场集团组织架构。2002 年国务院 6 号文件批准的《民航体制改革方案》明确指出:机场实行属地化管理。机场下放后,原则上以省(区、市)为单位组建机场管理公司,实行企业化经营。实践中,除北京市和西藏自治区,其他省(区、市)中成立省机场管理集团公司或管理公司的共有 24 个省(区、市),其中分为两种不同的情况:

第一种是成立了省(区、市)机场管理集团公司或管理公司,并且由机场公司统一管理本省(区、市)内所有的机场。属于这种情况的有上海、天津、黑龙江、吉林、江西、湖南、广西、海南、云南、新疆、陕西、青海、宁夏等 13 个省(区、市)。

第二种是成立了省(区、市)机场管理集团公司或机场管理公司,但机场公司只管理省(区、市)内部分而不是全部机场,属于这种情况的有重庆、河北、山西、内蒙古、辽宁、安徽、湖北、广东、四川、贵州、甘肃等 11 个省(区、市)。

2. 跨省机场集团

各地在以省为单位成立机场管理集团以后，出现了省机场管理集团之间兼并与收购的情况。首都机场集团先后收购天津机场、重庆机场和贵州、湖北、吉林、江西等省的机场，参股了沈阳和大连机场，并委托管理了黑龙江和内蒙古机场集团，目前成员机场达到35个，分布于10个省份；陕西机场集团于2004年和2006年分别与宁夏、青海机场公司实施了联合重组，并更名为西部机场集团，2007年又接管了甘肃天水机场，目前拥有陕西、宁夏、青海、甘肃四省（区）的11个机场。

这是一种超省机场管理集团的运营管理架构，它是几个省的机场管理集团通过资产重组，组建为一个跨省的机场集团。虽然这种模式仍然是机场集团的组织形式，但其管理范围已经超出了2002年国务院6号文件确定的以省（区、市）为单位的管理区域。

3. 省会机场公司

这是一种在没有以省为单位成立机场管理集团的情况下，省政府只负责管理省会机场，其他机场由所在地市政府管理的模式。属于这一模式的有江苏、山东、河南等3省。南京、济南、郑州这3个省会机场分别由该省的国资委管理，而其他省内机场则由所在地市政府管理。

4. 市属机场公司

目前，全国共有31个机场由所在地市政府管理，分别是：深圳、大连、青岛、厦门、宁波、泉州、烟台、威海、临沂、大同、运城、邯郸、温州、舟山、台州、衢州、义乌、连云港、无锡、徐州、南通、盐城、绵阳、南充、攀枝花、宜宾、泸州、万州、阜阳、黔南、安顺等机场。这些机场公司通常只管理本地一个机场。但有两个特殊情况，一个是大连机场。大连机场集团除管理大连机场外，还受托管理2007年建成通航的长海机场。另一个是厦门机场。2003年，由于福州机场亏损严重，厦门机场集团收购了福州机场以及福建省的龙岩机场。厦门市不是省会城市，但厦门机场却收购了福州机场，这种情况比较特殊。

5. 航空公司管理机场

目前全国有14个机场分别由4家航空公司管理：海航集团管理了甘肃机场集团（兰州、敦煌、嘉峪关、庆阳机场，不包括天水机场）和海口、三亚、东营、宜昌、安庆、满洲里、潍坊等11个机场；深圳航空公司管理常州机场；南方航空公司管理南阳机场；厦门航空公司管理武夷山机场。这14个机场中，除海口、三亚和兰州机场外，其他11个机场都是小型机场。

6. 委托管理机场

在受委托管理的机场中，按照受托方的情况，目前有以下两种：

一是内地机场委托内地机场进行管理。例如，黑龙江和内蒙古机场集团委托首都机场集团管理，鄂尔多斯机场委托内蒙古机场集团管理，克拉玛依机场委托新疆机场集团管理。

二是内地机场委托港资管理。这种情况目前只有珠海机场1家。2006年10月，珠海市国资委与香港机场管理局合作，双方共同出资组建国内第一家合资的机场管理公司——珠港机场管理有限公司,其中珠海市出资1.62亿人民币持股45％,香港机场管理局出资1.98亿人民币持股55％。珠港机场管理有限公司不拥有机场的资产,只受托管理珠海机场,期限为20年。

10.4 机场民营化

10.4.1 机场民营化的背景

我国民航机场在2003年之前一直基本实行垂直一体化、政企不分的管理格局,即民用航空局——民航地区局——民航省局体制,民用航空局既制定行业政策,又通过地区局、省局间接管理民用机场,省局直接经营所属省内机场。民用航空局、地区局、省局都下辖有公安机关。

为推进民航业的发展,实现机场的有效管理和经营,民用航空局采取了一系列的措施。

2002年8月1日,《外商投资民用航空业规定》开始实施,指出:外商投资民用机场分二类项目(民用机场飞行区,包括跑道、滑行道、联络道、停机坪、助航灯光;航站楼);外商投资民用机场,应当由中方相对控股;外商投资飞机维修(有承揽国际维修市场业务的义务)和航空油料项目,由中方控股;货运仓储、地面服务、航空食品、停车场等项目,外商投资比例由中外双方商定;外商投资的民用机场企业,其航空性业务收费执行国家统一标准,非航空业务收费标准由企业商请当地物价部门确定。

2003年9月国务院批复民用航空局《省(区、市)民航机场管理体制和行政管理体制改革实施方案》,按照该方案,93家机场移交地方政府管理(首都机场集团所属机场、西藏机场还由民用航空局管理),民航各省局撤销,相应组建民航安全监督管理办公室,作为民航地区管理局在各省(市、区)的派出机构,负责所辖地域内航空公司、机场等民航企事业单位的安全监管和市场监管。机场移交地方政府管理后,原则上以省(市、区)为单位组建机场管理公司,实行企业化经营,统一管理省(区、市)内机场。原民用航空局所属机场公安机构划归地方公安部门管理。

2004年1月18日民用航空局党委《关于贯彻落实党的十六届三中全会精神若干问题的决定》提到:"深化民航改革的目标和任务是:抓紧建立和完善民航行政管理体制,转变政府职能,强化安全管理、市场管理、空中交通管理、宏观调控及对外关系五项职能;建立健全民航法律、法规体系,逐步实现民航运营与管理的法制化;建立统一开放竞争有序的航空运输市场体系;进一步提高对外开放水平;推进民航企业股份制改造,实现投资主体多元化,建立现代企业制度和规范的法人治理结构;健全有利于实施'科教兴业'和'人才强业'战略的有效机制,放宽市场准入。引导、促进国有投资主体和非国有投资主体按照国家产业政策和民航法规规定,投资公共航空运输、通用航空、民用机场和其他民用航空相关项目,促进支线航空、航空货运和西部航空的发展。调整通用航空公司的审批法规,放宽准入条件,简化审批手续。""引导和推进机场建立新的管理模式,由直接经营型向管理型转变,实现良性发展。开展机场委托管理、机场特许经营的研究,并进行试点。"

2004年1月，国家发改委会同有关部门制定了《关于贯彻落实十六届三中全会（决定）精神推进2004年经济体制改革的意见》，提出2004年要着力推进七大领域改革：一是进一步调整和完善所有制结构，继续推进国有企业改革……积极推进国有企业改革。加大外资和民间资本参与国有企业改制改组的力度，大力发展混合所有制经济。以调整、完善产权结构为重点，积极推行股份制……深化垄断行业和公益事业改革。继续推进电信、电力、民航等行业的改革。选择适宜的企业和业务范围，引入非公有资本，改善资本结构；加快民航企业规范的现代企业制度建设步伐，完成航空运输服务保障企业的公司制改制；在大型机场进行机场地面服务保障业务与机场脱钩并引入竞争机制试点。……深化行政管理体制改革，加快政府职能转变。

2004年12月9日，在全国发展和改革工作会议上，国家发改委明确了2005年我国六项主要任务，其中第四是深化经济体制改革，加快垄断行业管理体制改革步伐，完善电信、电力、民航改革措施，扩大市场准入范围……

2005年4月1日，民用航空局发布了《国内投资民用航空业规定（试行）》，并从2005年8月15日开始施行。《规定》中明确了民用运输机场是自然垄断部门，并鼓励各国内投资主体多元投资，非国有投资主体可以参股。并明确与机场相关的投资对象包括：民用运输机场、通用航空机场，以及航空燃油销售储运加注、飞机维修、货运仓储、地面服务、航空食品生产销售、停车场、客货销售代理、计算机订座系统服务、航空结算及其他相关项目。

这一系列政策的实施有力地支持了国内外资本和企业投资机场建设或参与机场经营管理，一定程度上带动了我国机场的民营化改革。北京首都机场、上海虹桥机场、广州白云机场、深圳保安机场、厦门高崎机场成功上市；东北人王文学自筹经费建设绥芬河机场；民营企业北京泛华圣大道路技术有限公司投入500万元，获得庐山机场20年的经营权；温州人王均瑶控股宜昌机场；广州白云国际机场股份有限公司与广东华灏实业集团有限公司共同投资成立白云机场商旅服务有限公司都是机场民营化的积极尝试。同时，珠海机场采用委托管理的方式由珠海机场与香港机管局合作成立的珠港机场管理有限公司进行管理，期限长达20年；上海浦东机场采用委托管理的方式委托生产运行保障管理项目，比如机场供电系统、供冷供热系统、助航灯光外场维护、道面维护检修、绿化保洁等，这些都由一些专业化单位进行生产、维护与管理。2006年4月，民用航空局批准在北京、上海、深圳和厦门四个城市的五家机场对非航空类商业活动进行剥离，试点施行特许经营模式。

10.4.2 机场民营化的概念

1. 民营化

民营化一词较早出现于日本。后来，我国台湾也使用民营化一词。西欧国家在20世纪七八十年代出现的国有企业私有化浪潮，很快波及日本，称作公企业民营化。公企业民营化有三种含义：一是公共法人通过组织变更而转化为股份公司形式的公企业，并将部分政府资本逐步卖给私人；二是公共法人通过组织变更而转变为民间所有认可法人；三是公共法人或股份公司形式的公企业通过组织变更而成为私人企业。

在美国，世界民营化大师萨瓦斯（E. S. Savas）认为，民营化是一种政策，即在引进市场激励以取代对经济主体的随意的政治干预，从而改进一个国家的国民经济。这意味着政府取消对无端消耗国家资源的不良国企的支持，从国企撤资，放松规制以鼓励民营企业家提供产品和服务，通过合同承包、特许经营等形式把责任委托给在竞争市场中运营的私营公司和个人。并将民营化分为三类11种方式，即政府撤资（出售、无偿赠予、清算）、委托授权（合同承包、特许经营、补助、凭单、法令委托）、政府淡出（民间补缺、撤出、放松规制）。在萨瓦斯的眼里，民营化旨在改善政府作为服务提供者的绩效，包括打破不必要的政府垄断，在自来水供应、街道清扫、垃圾收集处理、公园和树木维护等公共服务供给中引入竞争。萨瓦斯的民营化的概念的核心在于更多地依靠民间机构，更少依赖政府来满足公众的需求。本质是在公共服务中引入竞争机制。毫无疑问，这也正应成为我国建立和完善社会主义市场经济体制应有的追求。

休斯认为，民营化可以理解为把公有资产还给私营部门，通常通过股权移转的方式将活动的控制权从公共部门转到私营部门手中，从而使政府从整体上减少介入程度，同时指出公用事业、自然垄断企业民营化争论较多，焦点在于民营化之后的规制程度。如有人认为垄断企业民营化应配以放松规制，公用事业民营化应配以政府的价格规制。民营化的好处是可以增强信息公开，减少政府补贴，减少政府借贷。

唐亚林、曹前长、庄永海认为民营化是指由市场或民间部门/私人部门参与公共服务的生产及输送的过程。也就是说，政府部门通过合同出租、业务分担、共同生产或解除规制等方式，将部分职能转由民间部门/私人部门经营，而政府只需承担财政筹措、业务监管以及绩效成败的责任。

单东指出民营化并不是对公有制的否定，"民营经济的民有，就是马克思、恩格斯所指的劳动者在联合协作创造财富过程中的个人所有，也就是联合起来的社会个人的所有制"，这是公众所有，即真正意义上的公有。民营经济中的股份制，含有"社会所有"的意义。

对于民营化的研究非常多，但是，综观各个学者的观点，主要基于以下几种理解：

（1）民营化是一种理念。所谓民营化理念就是民营化是改善政府的要径和社会治理基本战略的信念。民营化不仅是一个管理工具，更是一个社会治理的战略。它根植于这样一些基本的社会理念，即政府自身和国有经济主体相对于其他社会组织适当的角色。

（2）民营化是一种政策。即引进市场激励以取代对经济主体的随意的干预，从而改进国民经济。这意味着政府对经营不良的国有企业不再支持，鼓励民营企业提供更多的产品或服务。

（3）民营化是一种过程。这种过程是更多发挥和依靠民营部门提供产品或服务的过程；是推进市场化的过程，通过民营化进一步推动改革的深入，在更大程度上发挥市场在资源配置中的基础性作用。

2. 机场民营化

中国民航大学张永莉、张晓全认为：民营经济的创新性、灵活性和高效率能够为机场的建设和发展带来生机；民营资本的介入有利于吸引世界水平的高素质管理人员，迎接激烈的国际竞争；民营化可以缓解我国机场建设中的资金压力。机场的民营化改革是一项利国利民的大好事。机场的民营化改革势在必行。文伟认为，世界上机场民营化主要存在以下几种形式：永久特许经营权（perpetual concession）、购买—建设—经营（BBO：buy-build-operate）、建设—经营—转让（BOT：build-operate-transfer）、建设—拥有—经营—转让（BOOT：build-own-operate-transfer）、建设—转让—经营（BTO：build-transfer-operate）、租赁—开发—经营（lease-development-operate）、全部或部分股份出售（full or partial share floatations）、管理契约（management contract）、合资（joint ventures）。

机场民营化就是政府通过减少介入与干预但不减弱监督的职责或者通过管理权与经营权的分离来达到鼓励竞争、打破垄断的局面，最终使机场的经济效益得以提高的过程，其方式主要有：委托管理、特许经营、出售、放松规制等。

10.4.3 我国机场民营化改革的动因

机场民营化是世界民航业继放松航空公司规制后出现的又一大全球性趋势。

自 20 世纪 80 年代开始，一些政府开始对机场实施民营化，希望通过竞争和引入民营部门的组织形式来提高机场效率，同时减少政府的财政投入，并分散机场投资和管理决策。整个 90 年代，机场民营化的势头日渐上涨。航空运输服务需求的快速增长促使越来越多的政府考虑将机场出售给私人企业家，以扩展机场基础设施，满足客流量的增长。

王献平（1999）预言，21 世纪前 20 年，民营化的主要动机将是解决机场建设所需要的巨额资金。Roma（2001）认为，未来机场发展的资金将不再由政府供应，而主要来自于私人。而民营化除了解决资金，也能带来以下一些效应：

（1）民营部门的创新性、灵活性和高效率能够为机场的建设和发展带来生机。民营部门介入机场的运营管理有助于提高机场的运营效率，降低运营成本，提高竞争能力。

（2）民营资本的介入有利于吸引高素质管理人员，迎接激烈的国际竞争。目前，我国主要大机场在基础设施条件、经营管理模式和理念等方面，还不能适应国际航空枢纽运营的需要。民营部门的介入有利于建立灵活的机制，提高我国机场的整体管理水平和国际竞争能力。

（3）有效减轻国家及地方的财政负担：民营化后，不仅能减轻国家和地方政府的财政负担，同时也转嫁了潜在的风险给私营部门。通过民营化，政府可以获得巨大的资金收入，减少财政补贴，节约的大量资金可以转为其他公益事业的投资，而且政府可以获得更多的营业税收。

（4）政府直接参与投资和经营容易陷于纷繁复杂的微观经济事务中，既不利于政府履行其维护市场秩序和宏观调节的职能，也不利于企业之间的公平竞争。

(5) 实现资源的优化配置:民营化消除了政府对企业经营的直接干预,企业可以根据市场的需求,灵活决定经营策略,合理配置资源。

10.4.4　我国机场民营化改革的实质

(1) 经营权参与:即通过签订各类承包合同,形成公共部门与私营部门共同担负某项服务的责任,如经营业绩协议、管理合同、服务合同和特许经营。

(2) 所有权参与:即通过将现有企业实行股份化的形式,将部分或全部资产的所有权转移给私营部门,或者私营部门通过参股的方式参与新建的项目。

在实践中,一个项目也可以采用经营权参与和所有权参与的混合形式。

10.4.5　我国机场民营化改革的方式

机场的民营化浪潮在席卷欧、美、亚太机场的同时,也对我国机场业的发展产生了极为深刻的影响,主要体现在机场股份制改造、机场集团公司的产生、机场管理的输入与输出、机场转型、灵活的投融资渠道的建立五个方面。

(1) 机场股份制改造

我国机场的股份制改造几乎与世界机场的民营化同步发展,且进展较快。早在20世纪90年代,厦门、深圳等地方机场就率先上市;此后,上海虹桥、北京首都、广州白云三大机场以及海口美兰机场也相继上市。目前,大连、沈阳、成都、西安等地的机场也都在积极筹划。我国上市和即将上市机场的数量已在世界上名列前茅。我国机场的成功上市,一方面为机场建设募集了必要的资金,另一方面也促进了机场现代企业制度的建立与完善。

(2) 机场集团的产生

我国的机场集团始创于20世纪90年代,其最初是机场股份制改造的必然产物。我国上市机场的资产主要为国有资产,中央或地方政府是股份公司的最大股东。这样,机场集团公司作为国有资产所有者的代表,就应运而生。显而易见,机场集团公司必须经国资部门的正式授权,才能真正成为国有资产所有者的代表。集团公司的本质特性决定了其负有国有资产保值增值的职责。此外,机场属地化改革,将以省(区、直辖市)为单位组建机场管理公司,这样,我国就产生了一批由多个至10多个机场组成的机场集团。这些机场集团并未实行股份制改造,但从政企分开以及有利机场集团发展的角度考虑,机场集团公司作为国有资产所有者的代表,同样也需要得到国资部门的正式授权。

(3) 管理输入与输出

① 国外著名机场管理公司的输入

BAA、AGI、SIN、CPH等机场管理公司早就对我国的机场业虎视眈眈,近几年来与我国乌鲁木齐、武汉、大连、海口、青岛等地机场频繁接触。北京首都机场的设计和规划邀请了法国巴黎机场的加盟,巴黎机场管理公司购买了首都机场9.9%的H股,并参与了首都机场的管理和咨询。2002年年底,SIN和萧山机场签订协议,参与其经营与管理。

2003年，CPH公司购买了海口美兰机场20％的股份，而且协助海口机场进行商业化管理，并且签订了长期咨询合同。2003年，法兰克福机场(FRA)与上海机场集团签署了合作备忘录。

② 国内著名机场的管理输出

首都机场集团拟打造我国机场业的航空母舰，其拟参股、控股沈阳、大连、西安、武汉、重庆、昆明等重要机场，并希望零收购江西、贵州、甘肃等省的中小机场以及旅游型支线机场。上海机场集团拟整合长三角的机场资源，利用自身的优势，赢得长三角各大机场的管理权限。我国机场业的管理输入与输出，已将我国的大中型机场卷入到了世界机场业激烈竞争的大潮中。

(4) 机场转型

机场转型即机场从经营型向管理型转变，即以前机场非常重视经营型项目，比如客货运收入、候机楼零售业收入、停车费以及旅游方面的收入，而现在机场则采取特许经营权的方式将自己不擅长、不精通的经营性项目转给在这方面更具有经验的公司和企业承包(如表10.1所示)，自己则以输出管理为主。

管理型机场的最大特点是所有权与经营权分离，行使所有权的运营当局要逐步摆脱具体的生产经营事务，主要承担机场总体规划安全监督、服务与运行效率监管、航空市场与服务项目拓展、机场商业开发、机场设施建设、机场国土资源管理等职责，着力抓好制定各种专业规范和标准、特许经营的制度，成为机场"游戏规则"的制定者和监督者，成为机场运营的决策中心、资本运营中心和调控中心，而经营权则通过特许经营等业务外包形式交与专业公司，吸引专业公司成为机场运营的利润中心，主要从事机场业务的生产经营与服务，通过主动走向市场，开拓发展，创造良好的服务和经济效益，实现机场运营价值的最大化。

表10.1 机场经营项目的管理

经营项目	经营主体
机场规划、建设、航线开拓、经营战略、机场安全	由机场当局直接负责
机场地区新兴资源的开发，如保税区、物流区等	机场当局应负责协调培育市场，然后再通过各种方法进行管理与经营
在市场上具有相对垄断性的机场特有业务资源，如安检、现场运行管理、航空地面代理业务等	由专业化公司经营
对于社会分工已非常细化，竞争充分的行业，如广告、商业、通信、油料、汽车运输等业务	如机场无竞争优势，则采用特许经营权转让管理方式；如机场有较强竞争优势，可考虑自营或联营
对于机场核心业务，如候机楼管理、航空货运、配餐、停车场业务	机场当局可采取控股或参股经营方式

根据国际民航组织运输委员会编写的《机场经济手册》上的内容，国际机场最常见的特许经营项目有：航空燃油供应，食品、饮料的特许经营，各种商品，银行/外币的兑换，航空配餐服务，出租车服务，汽车租赁，机场广告，公共汽车和旅客班车，免税店，美发店，自动售货机，旅客/汽车旅馆，货运公司，货运转运公司或运输代理商，纪念品商店等。目前全球多数机场将《机场经济手册》中的许多项目，都以特许经营权的方式外包出去，并且这

已经成为了通行的做法。机场的收益来源一大部分是来自特许经营权费。随着机场逐步从日常经营性项目中退出,这种以特许经营权方式的契约外包趋势将会更加普遍。目前,国内大型机场在货运业务方面主要也是承担着地面代理功能,基本不再承担货运市场营销的职责。机场的主要任务是规划并且建设货运基础设施,包括仓库、停机坪、物流中心、货物加工区、货运代理人仓库和办公设施等,目的是以良好的基础条件来吸引航空公司。

所以,机场由经营型向管理型转变同样属于机场民营化改革的内容。

(5) 灵活的投融资渠道的建立

在机场改革过程中引进了投资者。比如广州白云国际机场易登机商旅服务有限公司,其由广州白云国际机场股份有限公司和广东华灏实业集团有限公司共同投资成立。其中,前者注入资金1350多万元人民币,占资金总额的九成,后者占总投资额的一成。易登机商旅服务有限公司成立于2002年7月1日,是白云国际机场股份有限公司旗下的唯一经营航空运输类商旅服务的公司,致力于为企业集团、加盟服务点和商旅人士提供尊贵、快捷、舒适、无缝隙的一体化商旅服务。广州白云国际机场提供的"易登机"服务,主要是为旅客提供个性化商旅服务,即为有需要的旅客提供从订票、办理所有值机手续、酒店旅行安排、贵宾休息、专门安检通道、专车接送飞机等地面一条龙服务。该项商旅服务品牌运营一年多来,规模不断扩大,影响力波及全国同行。这种服务有限公司的成立和有效运营就意味着我国机场建立了灵活的投融资渠道,为机场服务的发展奠定了竞争和市场化的基础。

10.4.6 国外机场民营化改革

在西方国家,机场民营化改革已经维持了有20多年的历史,在民营化改革的道路上,他们摸索出了一条属于自己的道路。综观世界范围内的机场民营化改革,属英国、美国、南非、德国最为典型。

1. 英国

英国机场管理局(BAA)是1965年成立的一个国有机场管理机构,主要经营伦敦三个机场(希思罗机场、盖特维克机场、斯坦斯特德机场)和英格兰四个机场(普雷斯蒂维克机场、格拉斯哥机场、爱丁堡机场和阿伯丁机场)。

1985年,英国政府的航空政策白皮书宣布了对BAA民营化的方案。白皮书列举了几条对BAA实施民营化的理由,其中包括要缩减公共机构的规模,以及借此促进更富创新性的管理等。同时白皮书又指出,即使在民营化后,一些关键的职能仍然将由公共部门负责执行。CAA(英国民航总局)将同以往一样对航空安全和航空线路进行规制,运输部将负责航空保安(反劫机和反恐怖分子),负责环境事务的国务秘书将继续管理航空噪音和环境事务,而公共规划部门则仍将负责主要机场的扩建事项。

1987年,根据白皮书的宗旨,英国政府对BAA进行了民营化。同时BAA在伦敦股票交易所上市。而拥有其他航空机场的一些地方政府也开始鼓励民营化。1990年利物浦的地方政府将其机场76%的权益售给了英国飞机制造公司,而该公司也希望能通过接管机场设施来跨入欧洲航空市场中心的门槛。

英国政府对 BAA 进行民营化的同时,也对 BAA 进行规制以防止其垄断地位的滥用。比如对航空服务的收费(包括为飞机降停和乘客提供的各类直接服务)将采用英国早些时候在电讯业和煤气业民营化中所规定的算法:RPI 减去 X。在这种算法下,允许以每年零售价格指数(RPI)减去劳动生产率期望增长值(X)后的差值作为收费增长率。对 BAA 而言,它可以按这个定价公式来向每一位航空旅客收取一个平均的费用,但对具体的航空公司而言,对特定的服务可自行设定费率(比如按照每降落一次或每一个乘客来计算),只要收费的平均情况符合定价公式就行。这个定价公式每五年将按照垄断和兼并委员会(MMC),即英国反托拉斯领导机构推荐的意见进行修订。

然而 BAA 的商业活动并不受 RPI 减 X 定价公式的限制,因而 MMC 和 CAA 将会在五年一次修正其定价计算公式的时候,把民营企业的商业政策作为参考依据。另外 CAA 也被授权能对其他规制条件的实施情况进行检查,并且 CAA 还被授权要设法确保民营化后的 BAA 在履行政府间和国际间航空条约时使政府的形象得到维护,比如:不管对哪个国家的航空承运人都只能收取同样的费用,并且收费与成本之间的比例关系要合理等。

经过 20 年的发展,BAA 成为全球领先的机场管理集团,不仅在机场的运作管理方面独树一帜,同时还在零售、房地产等非航空领域积极拓展业务,非航空业务的营业收入几乎占到其总收入的一半。BAA 拥有员工 1.1 万人,是一家真正跨国经营的机场集团,在英国拥有 7 个机场,既有伦敦希思罗这样的全球枢纽,又有把守工业重镇的阿伯丁机场;在海外如澳大利亚、意大利、美国,BAA 在 7 家机场拥有股份及租赁经营权,在 4 家机场拥有零售业管理合同。BAA 的业绩可以从以下数字中窥其一斑:2004 年,集团总收入高达 19.7 亿英镑,税前利润 5.39 亿英镑;英国境内机场的旅客吞吐量达 1.334 亿。

BAA 是英国机场民营化的一个典型代表,从 BAA 的民营化,可以看到英国机场民营化改革的成功之处。

2. 美国

在美国,机场民营化改革的发起人一般是某些地方政府而不是联邦政府,出现这种情况大概是由于几乎所有的主要机场还是由地方或地区政府拥有并经营的,尽管联邦政府也从多方面参与那些机场的运营与管理。比如,联邦航空管理局(FAA)负责空中交通管制系统,并对机场向航空公司和乘客的某些收费进行规制。FAA 所有业务活动中大概一半的经费来源于机场向用户的收费,而这些款项绝大部分来自商业航空机票价格中 8% 的联邦税;其余的一半开支则由商业航空公司的运营管理来担负。

就像英国的情况那样,在美国,人们反对机场民营化改革的原因通常来源于人们对潜在的滥用垄断问题的担心。比如,奥尔巴尼机场的一些航空公司和地方商业领导人对英美—洛克希德公司的提案之所以会持反对态度,其中对 FAA 会滥用垄断的担心是很重要的一个原因,尽管不是最根本的原因。

实际上,在美国,机场民营化改革所引起的垄断风险相对还是比较小的。比如即使像奥尔巴尼这样一个中型机场,也还存在着与其他机场和其他运输方式之间的竞争。又如,奥尔巴尼机场的许多航空客流是去纽约城的,这样汽车和火车就自然而然成为它的竞争对手。1991 年,从奥尔巴尼飞往纽约城(拉瓜迪亚)大约需要 1 小时,花费在 149 美元和

238美元之间,而火车则需2.5小时和38美元,并且火车还提供从市中心到市中心的直接服务,从而更适合于商业人员的出行。这是由于该国家交通运输体系的完善和政府对交通运输系统的建设的支持。

而且,由于美国(航空客货运量)的规模和密度已使得国内集散中心和辐射网络的发展规划成为一个富有吸引力的发展战略,因此很多美国机场都在激烈竞争,以成为航空的中心港。而航空中心港对机场的收费以及所能提供的服务是极为多变且异常敏感的。比如,美国东南部的好几个城市都能很容易地替代夏洛特机场从而成为地区的航空中心;并且丹佛机场、芝加哥机场、达拉斯沃恩堡机场、明尼阿波利斯机场、圣路易斯机场以及其他城市的机场都在竞争越洋航空中心的地位。一些研究结果还表明,在美国,当只有一家航空公司控制一个机场的时候(比如就像西北航空公司在明尼阿波利斯机场,或美国航空公司在匹兹堡机场的情况那样),它就能够从抵离该机场的乘客的票价上收取更高的费用。一般说来,航空公司仅能对那些始发或终点是被其"控制"的中心机场的乘客收取更高一些的费用,但他们不能对在这些机场换乘的乘客这样做,因为对前者而言,乘客几乎没有选择权,但对后者而言,乘客则会有很多的选择机会。然而,任何一个机场一般并不能对所有飞机的起落按一个标准来收费,因为一架飞机总会带有当地的和换乘的乘客。在这个问题上FAA拥有广泛的权限,可要求任何一个接受联邦资助的机场必须确保他们的机场能够按公平、合理的原则来为公众提供服务,并且不能对任何类型、种类和等级的航空用户带有不公正的歧视。此外,地方政府还将保留对机场收费的规制权利,并以此作为出租或出售机场的先决条款之一。

3. 南非

1990年,南非交通部的《国内航空运输政策》文件首次提出将9个国有机场、空中交通和导航服务商业化。该文件建议,国家的主要任务应该是制定有关产业政策,设置和监督安全和技术标准,而不是直接经营这些服务。

南非当时的民航局局长 Stuart Huckwell 指出了商业化之前南非机场管理制度的不足:交通部负责9个国有机场及其空中交通和导航服务,虽然这些服务是分开提供的,但交通部对其实行收支一条线,而且机场收费也不是根据成本设置的,空中交通管制和导航服务完全是免费提供的;机场的资本投资由中央财政预算,造成基础设施投资不足。

为了解决这些问题,并响应南非政府1987年提出的放松规制和商业化的经济政策,1991年,南非启动了"探索最合适的机场商业化"的研究项目。1992年7月,交通部发布了一个来源于这项研究的政策文件——"国有机场、空中交通和导航政策"。这份文件的关键内容是:

(1) 成立机场有限公司(APC)接管9个国有机场;

(2) 成立独立的空中交通和导航服务有限公司(ATNSC)接管并负责南非空中交通管制和导航服务;

(3) 成立一个规制机构——管制委员会(Regulation Committee),规制公司提供垄断性服务所得的收入,并监督其服务标准;

(4) 改组交通部,使其主要负责政策制定和技术、安全标准管制。

与此同时,南非政府对APC和ATNSC也设置了规制,规制框架是根据这两个公司成立时国会通过的《机场公司法》和《空中交通和导航服务法》、政府与公司达成的备忘录、《公司法》等设置的。这两个公司还须遵守南非 1979 年通过的、有关公平贸易的《维护和促进竞争法》。安全规制的依据是 1962 年通过的《航空法》。这些法律也分别界定了相关各方(即公司、作为股东的政府、作为技术和安全管制机构的交通部、作为经济管制机构的管制委员会)的职责,并明确了它们之间的关系和各自的功能。《机场公司法》和《空中交通和导航服务法》规定,公司提供的垄断性服务收费必须得到管制委员会有效的许可。管制委员会必须明确被管制服务的收费标准和质量标准。同时,用户的投诉也是进行有效管制的反馈机制。

在服务标准方面,为了防止公司降低其提供的垄断服务的标准来缓解提高效率和减少成本的压力,南非对 APC 进行服务标准规制。这种规制包括两个层次:最低标准(即商业化前已有的标准)和合意标准(IATA 或海外机场制定的国际标准)。对 APC 来说,以下服务标准要受到规制:机场经营的时间;地面服务标准(乘客和行李处理服务、停车场设施、洗手间设施、信息系统和电话等其他设施);航空服务标准(机场容量、停机坪和辅助服务)。管制委员会通过监督机制来确认公司服务是否达到了标准。公司必须每 3 个月向管制委员会报告其服务标准的执行情况,同时,管制委员会也要履行其本身的服务标准监督职责,以确保报告的信息是正确的,或者查证用户的投诉。

但是,在规制之前,南非政府采取了三个关键的改革步骤。首先,将机场等的经营责任从政府规制功能中分离出来。其次,将经营责任从行政功能中分离出来,机场不再受政府的财政预算、人事安排和其他方面的控制。最后,设立了一个独立性的经济管制机构替代市场力量,规范不可能或难以产生竞争的机场、空中交通管制和导航服务市场。采用这些措施的目的是为了提高效率,减少财政补贴。

1993 年 8 月 3 日,APC 和 ATNSC 开始接管各自的服务。同时成立的管制委员会对这两个公司颁发了第一个"收费许可证"。

4. 德国

德国联邦政府决定抽回在机场的投资资本之后,机场民营化在德国就成了热门话题。汉堡机场的改革于 1995 年提上日程后,并于 1998 年中期开始民营化。德国经济事务部采取措施有效利用汉堡机场现有的基础设施和解决汉堡机场容量、环境等问题。机场收费规制的总目标是纠正市场失灵,最大化社会经济福利。经济事务部在 1995 年提出了以下具体规制目标:

(1) 制定有效的机场收费体系。机场收费水平和结构应能避免垄断租金,激励机场及时根据市场需求作出投资决策,并保护环境。

(2) 提高效率。以最优投入提供机场服务;提高机场生产率。

(3) 保证市场进入自由。规制制度应保证机场准许竞争性服务(如地面服务)市场的自由进入。

(4) 提供激励投资的稳定环境。特别的政治干预和变化的基础设施计划不应妨碍机场投资环境的稳定性;减少经济政策的不确定性;确保机场投资决策能尽量与竞争性市场类似。

(5) 保证规制的高效率和低成本。规制计划应易于实施,且能最大限度地降低规制成本;既得利益集团的游说不应影响规制;关于管制目标、过程、数据和决定的文件应向公众公开,保证机场收费规制的透明。

由于德国还没有立法成立独立的规制机构,价格上限规制必须通过机场目前的管制机构——经济事务部航空处(Aviation Section of the Ministry Economics Affairs,以下简称航空处)——与机场签订的管制合同实施。双方都同意第一个价格上限合同为期5年,到期后可延长也可中止合同。从这个合同来看,汉堡机场价格上限规制包括以下两个关键内容:

(1) 预算分离。航空处认为,单一预算原则给机场带来了消极影响,如将规制扩展到了市场可能有效运转的领域(机场地面服务和非航空活动),不能为汉堡机场提供开发非航空收入的激励,故在管制合同中以预算分离替代了原来的单一预算原则,将规制限制在机场所从事的航空活动领域。价格上限只包括起降费、停场费和乘客设施费,由于机场的地面服务和非航空活动属于竞争性商业范畴,它们不包括在规制范围之内。

(2) 质量监督和磋商。新的规制框架还包括用一定的服务指标来衡量的质量监督体系,且将质量监督与磋商联系在一起。航空处每年要两次召集航空服务的主要用户——航空公司和乘客举行听证会,征询和交流机场的航空基础设施、收费和服务质量问题,每年召集一次机场非航空服务消费者(如旅行社和汽车租赁商等)举行听证会。

为了提高机场规制和经营效率,德国理论界针对汉堡机场近几年的规制和经营实践,提出了一些建设性主张,如建立一个独立的机场规制机构等。通过加快私有化进程、交叉所有权控制(cross-ownership control)、将过去的军用机场改为民用、起降时间拍卖和开放天空等促进竞争,进一步改善机场经营效率。

本章小结

综观世界机场,其所有权形式主要有以下几种:(1)政府直接管理的公有形式;(2)通过机场当局管理的公有形式;(3)公有与私有的混合形式;(4)完全私有的机场。

世界上大型机场经营管理模式主要有四种:(1)中央或地方政府所有并组织专门机构进行管理和组织运营。(2)组织半政府、半市场性质的机场管理局(或称空港委员会、空港公团、机场管理公司等)对机场进行管理和组织经营。(3)由社团、企业、私人等所有者代表、专家组成机场当局,对机场进行管理和运营。(4)私有化后改组的机场公共控股公司对机场进行管理和运营。

机场民营化是机场的一大发展趋势,是政府通过减少介入与干预但不减弱监督的职责或者通过管理权与经营权的分离来达到鼓励竞争、打破垄断的局面,最终使机场的经济效益得以提高的过程,其方式主要有:委托管理、特许经营、出售、放松规制等。

复习与思考

1. 世界上机场所有权形式有哪几种?
2. 世界上大型机场经营管理模式主要有哪四种?

3. 什么是民营化？
4. 机场民营化改革产生的动因是什么？
5. 机场民营化改革的实质是什么？
6. 我国机场民营化改革的方式有哪些？
7. 国外机场如何进行民营化改革？

 在线自测

第 11 章 机场服务质量

本章关键词

机场服务质量(airport service quality)　　客观测度(objective measure)
主观测度(subjective measure)　　　　　　服务水平协议(service level agreement)
质量管理(quality management)

互联网资料

http://www.caacca.org/ElAirport.aspx
http://www.chinaairports.cn/indxe.html
http://www.caac.gov.cn/
http://www.gov.cn/fwxx/sh/2005-12/27/content_138069.htm

> 2005 年 12 月 26 日,中国民用航空局发布了《民用机场服务质量标准》(征求意见稿),为机场的通用服务、旅客服务等五大类服务内容划定了 962 款标准。这个标准经修订、确认后,将作为中国民用航空行业标准。可以看出,机场的服务质量对于机场的发展起到了关键的作用。

11.1　机场服务质量产生的背景

自 20 世纪 80 年代以来,服务性行业对其服务质量的重视程度不断增加。传统的质量观是从制造业发展起来的。它主要是通过生产运营管理制定一系列的产品标准。而这些产品的标准越来越和消费者的要求保持一致,也就是企业更多地关注消费者需要什么以及如何满足这种需求。质量管理的全过程应该涉及全公司的每一位员工,包括从最高的管理人员到一线员工,而不是仅仅关注面对顾客的员工的表现。例如:目前,越来越多的服务性企业已经采用全面质量管理用于持续提高和改善产品和服务质量。

机场业相对于其他服务性行业来讲,进行质量管理变革的历程相对较晚。但机场在进行质量管理变革时,也进行了一系列的组织结构性变革,例如:商业化、私有化、全球化以及投入更多的资源在服务质量上。其目的就是为了在机场行业中提高自身的竞争力。如伦敦机场在进行私有化改革的基础上,加强了服务质量管理上的精细化。

对于大多数服务性行业而言,由于产品需求的不均衡分布特征而产生的最大问题,就在于如何测度其服务质量。例如：在我国的春节期间，机场的航空客流量显然比平时更大；在一天之中，早晨和晚上两个时间段的短途旅行的商务旅客运量会比其他时段更多。很显然，机场上不同的旅客流量会在很大程度上影响机场的服务质量。同时，旅客对机场服务质量的感受也会有很大的差异。机场的服务还有一个问题，就是顾客在机场上所感受到的全面服务必然涉及诸如航空公司、海关、移民局和其他机构的参与。这些不同服务主体有不同的最终目标，这就可能会在确定顾客满意度或高品质服务的量度上产生冲突。实际上，机场的运营活动只是顾客所享受全部服务的一部分。因此，对于机场所应涉及的责任应该有一个清楚的界定，从而确定其相应的服务质量目标。

由于机场面对着各种各样的旅客，而这些旅客由于自身的特点有着不同的需求，机场不可能很好地满足每一个旅客的需求。传统上机场几乎没有对顾客进行细分。乘坐经济舱的旅客与商务舱或头等舱旅客最显著的区别是办理登机手续。现在，机场对其顾客的细分越来越重视。例如：针对商务旅客，机场更新了许多相应的服务程序（入境、海关）以便商务旅客能够迅速、便捷的登机。同时，机场借助航空公司的头等舱休息大厅来区分商务旅客和闲暇旅客。1999年，伦敦的Stansted机场开设了特别休息大厅。旅客只要付出20英镑就能进入特别休息大厅休息，还能享受专门的安检通道，机场停车场的停车费用折扣，和以较低的费用兑换外币，等等。2000年，伦敦希思罗机场又为旅客开设了一个收费为25英镑的休息大厅，其中的旅客能免费使用互联网和办公设施。休息大厅内还设有商品采购以及餐饮区域。此外，2001年荷兰航空公司在希思罗机场设立了"度假休息室"。"度假休息室"主要针对带有儿童的家庭旅行而开设的。在休息室，有一个专门为儿童开辟的区域，这个区域为儿童提供糕点、卡通漫画、玩具、电子游戏等。随后，其他的一些机场也开辟了类似的休息大厅。

随着机场客流量的增加，以及"9·11"事件以后日益强调的安全要求，机场对服务质量越来越关注。一些机场已经开始注意怎样保持旅客在机场等待期间的轻松心情。例如在阿姆斯特丹机场，有一个专门负责娱乐的管理人员。在旅客等候安检的时候，有机场雇佣的人员进行娱乐表演。

11.2 服务质量的测度

一般来讲，测度服务质量的方法可以分为客观测度和主观测度。

11.2.1 客观测度

客观测度服务质量的相关指标包括航班准点率，电梯、自动扶梯和电车的可利用率以及与机场运营相关的调查指标，例如：排队的长度、供应品的空档时间、顾客等候时间以及旅客到达目的地取回托运行李的时间，等等。由于不同的时期有着不同的旅客流量及旅客类型，为了保证服务质量测度的准确性，调查需要有规律地贯穿在不同的时期。在一些机场的服务质量测度，采用"神秘顾客"检测方式。

客观测度方法的优点在于测度的准确性和测度结果较容易理解。测度的指标往往和机场所制定的旅客服务标准紧密相关。表11.1是英国曼彻斯特机场所采用的一些服务标准。当通过调查发现旅客对他们经历的等候时间不满意时,机场就会根据旅客满意的水准来修正其服务标准。机场也会采用摄像头来观察和评价实际场景的旅客排队长度是否会给旅客带来负面影响。值得注意的是,由于旅客在机场期望享受服务的差异化,机场在制定相关的服务标准方面不得不采用折中的方案。

客观测度方法的缺陷在于它所能涉及和覆盖的测度范围有一定局限性。例如,当工作人员测度设备的可靠性时,并不能知道旅客使用设备的满意情况。

表 11.1 曼彻斯特机场的服务标准

间隔空间	
队列的间距	每位旅客占据 0.6 平方米的范围,无行李或送行的人; 每位旅客占据 0.6 平方米的范围,有行李或等待取行李
休息室	平均每位坐着的旅客占据 1.2 平方米的空间; 平均每位站着的旅客占据 0.9 平方米的空间; 非主要通道应保持 20% 的空闲空间
机场登机手续的办理柜台	
定期航班服务	有足够大的柜台提供给操作机构处理多等级的服务。同时 95% 的旅客排队时间不超过 3 分钟;在高峰期 80% 的旅客排队时间不超过 5 分钟
包机服务	有足够多的值机柜台以保证在高峰时段每 130 名旅客至少有一个值机柜台
座位数	
机场大厅	机场大厅所提供的座位数不低于包括餐饮区域在内的现有旅客数的 25%
候机室	候机室所提供的座位数不低于包括餐饮区域在内的现有旅客数的 75%
登机口休息室	登机口休息室所提供的座位数不低于现有旅客数的 70%。短途国际或国内航班的登记口休息室座位数不低于现有旅客数的 65%
安全检查	
安全检查	95% 的旅客在安检处排队应不超过 3 分钟,在高峰期 80% 的旅客排队不超过 5 分钟
入境	
到达	在正常的运作下,按照国籍的不同旅客最大允许的排队时间被规定如下: 英国护照——15 分钟 欧盟国家的护照——20 分钟 其他国家的护照——30 分钟
启程	旅客从安检到通过安检并收拾好自己行李的时间不超过 3 分钟
航班中转时间	中转时间不得低于: 国际—国际:45 分钟 国际—国内:45 分钟 国内—国际:45 分钟 国内—国内:不超过 30 分钟
停车场	
机场大巴	旅客在机场等候大巴的时间不超过 5 分钟
付费的停车位	旅客在等候付费的停车位时间不超过 3 分钟

续表

设施设备	
行李的处理	启程的行李处理：行李的接受程序能迅速地接受旅客行李 回程的行李处理： 国际航班—在飞机到达时间的 20 分钟内，第一批行李的 90% 应该完成托运，最后一批行李的 90% 应该在飞机到达时间的 35 分钟内完成托运； 国内航班—在飞机到达时间的 12 分钟内，第一批行李的 90% 应该完成托运，最后一批行李的 90% 应该在飞机到达时间的 15 分钟内完成托运
运送行李的电车	运送行李的电车系统可用性需达到 98%
交通车辆及设备	对于电梯、自动扶梯、廊桥，包括维修计划中的这些设备应达到 98% 的可用性。交通车辆，包括维修计划中的车辆应达到 92% 的可用性

11.2.2 主观测度

不同顾客对排队等候时间也有不同的理解。主观的测度，就是着眼于顾客的满意度，也是非常必要的。这种测度能够从顾客的角度，而不是像客观测度那样从机场的管理来保证服务质量。

主观的服务质量测度方法有两种：服务质量卡和顾客调查。

采用服务质量卡的方式的最大优点是成本低。但通过服务质量卡进行服务质量测度的最大缺陷是不能全面地了解顾客信息。一般而言，只有当机场所提供的服务让顾客感到非常满意或者非常不满意时，部分旅客才会在服务质量卡上填写自己对所享受服务的感受或看法。显然，绝大部分旅客不会反馈关于机场服务质量的信息。也就是说，机场运营商如果单一地依赖这种方式来改善服务质量没有太大意义。

相比之下，通过顾客调查的方式可以更详尽地了解顾客对服务质量的细节性信息。典型的顾客调查所涉及的问题包括机场设备设施的使用、机场的清洁、服务的性价比、旅客所感受服务的舒适度等。同时，在顾客调查中还会涉及被调查旅客的个人基本信息，如旅行的经验、性别、职业等。这样能够帮助机场更加细致地了解不同类型旅客对机场服务的看法和意见。一个成功的顾客调查要注意考虑到顾客样本的数量、调查问卷的合理设计、最为合适的调查地点等问题。例如，返程的旅客非常疲惫，急于取回行李并回家，一般不太愿意接受调查。相反，启程的旅客在通过安检等待登机时，更愿意配合调查工作。而这种调查最大的缺陷就是成本高昂。另外，调查结果需要进行分析和处理，不像服务质量卡有直接的结论。

11.2.3 实际应用

1998 年国际机场协会对它的成员机场进行了服务质量测度的相关调查。此次调查涉及 120 个机场。调查范围既包括开罗机场、哥本哈根机场、巴黎机场、法兰克福机场、罗马机场、阿姆斯特丹机场等大型机场，也包括一些支线机场。调查结果显示，有 43% 的机场使用了客观的服务测度方法，有 62% 的机场使用了主观的服务测度方法，同时使用主观和客观的服务测度方法的机场比例达 32%。客观的服务质量测度一般涉及电车、电梯、自动扶梯、搬运设备和出租车服务等。而登机手续办理、安检和入境时旅客的等候时间、队列长度、行李的托运和机场的清洁是大多数机场评价的项目。主观的服务质量测度涉及整个服务程序的各个方面(见表 11.2)。

表 11.2 国际机场协会进行服务质量测度的通用标准

机场服务质量测度的项目程序	客观的标准	主观的标准
总体评价	对顾客抱怨的分析和反应； 电梯、电车、自动扶梯及移动走道的可用性分析； 机场的清洁	顾客对机场的吸引力、便利性和服务质量的满意度； 机场广播和信息发布的质量； 电车的可用性； 机场的清洁(特别是厕所)； 通信设备； 机场的安全； 机场的整体满意度
航班信息 航班延误信息 柜台和电话服务 安检 登机手续的办理 入境 餐饮服务	等候时间、队列长度	整体满意度
商店、商业服务 (银行、邮局等) 行李托运 地面通行	托运时间 乘坐出租车的方便性/等待时间	整体满意度、商品的质量及价格、商品的种类 整体满意度、服务价格、服务人员的态度 整体满意度、地面通行/公共交通

一些机场会公布自己进行服务质量测度的结果。表 11.3 为英国机场集团公司在 2001—2002 年度报告中公布的伦敦机场相关的服务质量调查结果。调查涉及 6000 个以上的旅客，并采用等级量表法进行评分。分值 1 表示服务质量非常低,分值 5 表示优秀的服务水平。应该讲,服务质量只是评价机场绩效的一个方面,机场运营的财务指标也是一个非常重要的指标。机场的绩效指标可以分为财务指标、运营指标(客观的服务质量测度)和市场营销指标(主观的服务质量测度)。此外,机场的运营对于环境的影响方面的测度也越来越被关注。这四个方面不是孤立的,而是相互影响、相互作用的。

表 11.3 2001—2002 年度伦敦机场服务质量调查项目得分情况

	希思罗机场		盖特威克机场		斯坦斯特机场	
	2001—2002 年	变动值	2001—2002 年	变动值	2001—2002 年	变动值
清洁	3.8	+0.1	3.9	+0.1	4.0	−0.1
设备的使用	3.8	−0.1	3.9	—	3.8	−0.1
服务程序	4.0	+0.1	4.0	—	3.9	−0.1
舒适度	3.8	+0.1	3.9	+0.1	4.0	—
拥挤情况	3.5	—	3.6	—	3.6	−0.2
机场员工的服务	3.9	—	4.1	—	4.1	—

过去人们更加关注机场内部服务质量的表现,现在则越来越重视国内、国际间机场的比较。但这种比较由于没有一个标准的质量调查表而无法真正地进行。一些小型机场或者支线机场一般会有更好的服务质量调查结果。其原因有两个:一是小型机场会有更加人性化的服务;二是小型机场的旅客大部分是本地人,他们由于固有的本地情结一般倾向于给更高的分数。

从1993年开始,国际航空运输协会(IATA)就开始在世界范围内进行机场服务质量的旅客调查。刚开始时此项调查涉及30多个机场、4万多名旅客,到现在调查样本已扩展至52个机场、8万多名旅客。大部分问题涉及机场的服务,包括旅客购物、卫生间的设施等。而与航空公司服务相关的问题则包括:登机手续办理的效率、航班的准点率等。

2002年迪拜机场按照相关的旅客调查达到了最高级别的服务标准。而在2001年按照IATA对全球各大机场服务质量的调查结果,不同旅客流量机场的旅客满意度排名如表11.4所示。更为细节性的IATA调查信息显示机场是如何在不同的细分市场和旅客上进行服务的。例如欧洲的机场,2001年芬兰首都赫尔辛基机场被商务旅客评为服务最好的机场;同时,哥本哈根机场则被闲暇旅客评为服务最好的机场。瑞典首都斯德哥尔摩机场、哥本哈根机场、苏黎世机场、阿姆斯特丹机场由于地面运输被评为最佳等级的机场。而赫尔辛基机场、曼彻斯特机场、英格兰伯明翰机场和哥本哈根机场在机场工作人员服务态度上的得分最高。

表11.4 2001年IATA按照不同旅客流量划分的旅客满意度机场排名

机场流量＞2500万旅客/年	机场流量:1500万～2500万	机场流量＜1500万旅客/年
1. 新加坡	1. 悉尼	1. 赫尔辛基
2. 香港	2. 哥本哈根	2. 维也纳
3. 明尼阿波利斯(美国)	3. 曼彻斯特	3. 伯明翰
4. 阿姆斯特丹	4. 范库弗峰(北美洲)	4. 奥斯陆(挪威的首都)
5. 亚特兰大/西雅图	5. 苏黎世	5. 日内瓦

目前,大多数关于机场服务的比较更多的是从顾客而不是航空公司的角度来看的。2000年阿德勒(Adler)和贝瑞契曼(Berechman)对西欧、北美和远东地区的26个机场进行了调查。调查内容更多地考虑了航空公司的相关因素,诸如航班延误、机场跑道、本地劳动力成本、空管的可靠性等。这些从航空公司获取的信息使得机场能够更为直接地了解机场的第一顾客——航空公司对机场所提供的服务的感受。

很显然,单个的机场运营商应该考虑所有的顾客,包括旅客、航空公司、机场的代理机构、货运公司、机场内的特许权经营者,等等。例如,英国机场集团公司通过正式的调查、非正式的会议、关键事件等方法来得到各个方面对公司下属机场的评价。总的来讲,这些调查可分为两类。一是租赁调查,是指机场与各经营者进行面谈,以了解他们的需求与现实的差距、机场运营程序中各环节的效率、机场所提供服务的性价比。二是使用者调查,是指与机场设备设施的使用者进行沟通,了解的领域包括公共区域的清洁和服务质量、建筑物的风格、机场对意外事件的反应速度,等等。

11.3 服务水平协议

机场的一个关键顾客是航空公司。实际上,许多航空公司也都认为它们自己是机场唯一的、直接的顾客。然而,机场的收费项目中并没有清晰地列出针对航空公司使用的机场设备及其所享受服务的质量标准。这一问题可通过签署"服务水平协议"(SLAs)加以解决。一般来讲,协议的双方是服务的提供者和消费者。协议要求服务必须量化以及在考虑协议双方利益的基础上制定出可接受的最低服务水平。近年来,在服务性行业"服务水平协议"使用的频率越来越高。在航空运输业,使用"服务水平协议"是为了更加清晰地明确机场运营商和航空公司之间的关系。"服务水平协议"可分为单边协议(由机场完成预计的服务质量水平)和双边协议(由机场和航空公司商议共同完成相关的服务质量水平)。这些协议具有法律上的合同效应,同时也具有激励作用,例如协议条款规定对于不良的服务表现要给予相应的处罚。在长期服务水平协议的基础上,机场和航空公司可形成战略伙伴关系。

20世纪90年代,英国机场集团公司开始在英国采用并发展"服务水平协议",1999年(英国伦敦的)希思罗机场、盖特威克机场及斯坦斯特机场与英国航空公司签订了"服务水平协议"。这些协议是基于最低服务水平的单边协议。协议不含其他捆绑协议以及因为低劣服务而产生相应的处罚条例。协议涉及的项目如表11.5所示。尽管这些协议只是英国机场集团公司与英国航空公司之间谈判的开始,但它为机场与航空公司发展双边协议打下了坚实的基础。

表 11.5 英国伦敦机场的"服务水平协议"的相关项目及目标(部分)   %

	希思罗机场	盖特威克机场	斯坦斯特德机场
机架的可利用性	99	98	98
停机位的可利用性	98	98	98
安检的旅客队列长度在10分钟内可完成的百分比	95	95	95
传送旅客的设备可用性	98~99	97~99	97~99

在20世纪90年代后期,曼彻斯特机场开始实施"服务水平协议"。虽然由于众多的原因使曼彻斯特机场的服务水平协议不是很成功,但在2002年曼彻斯特机场发展出了一种新型的激励服务协议——通用服务标准(GSS)。GSS的目标有两个,一是跟踪服务活动,二是如果机场服务没有达到航空公司的满意度,可为建立适当的折扣体系提供一个框架性结构。GSS的基本要素如表11.6所示。

对于机场而言,有一个问题对航空公司和旅客是一样的,即不同的航空公司有着不同服务质量的需求。一些航空公司愿意付出更多的成本来接受全方位的服务;相反,另一些航空公司则喜欢低的机场收费标准和低的服务水平。

表 11.6　2002 年曼彻斯特机场通用服务标准（部分）

	服务水平的目标	折　扣
办理登机手续办公桌	评定的行李传送带可用性为 100%	100% 的折扣
回程的行李	评定的行李传送带可用性为 100%	行李分类的费用：100% 的折扣
启程的安检队列	任何时候安检的队列长度不超过 4 分钟的等候时间	给予每位旅客 10% 的安检费用折扣
廊桥的可用性	评定的廊桥可用性为 100%	飞机重新移位一次补偿 25 英镑
机架的可用性	机架，包括信号和照明对抵达的飞机可用率达 100%	如果飞机等候合适机架的时间超过 15 分钟，则免收机场跑道费的 7.5%

11.4　航班的延误程度

对于航空公司和旅客而言，测度机场服务质量的一个非常关键的指标就是航班的延误程度。其实造成航班延误的因素有许多，例如空中交通管制、气象因素、飞机的技术因素，等等。因此，并不是每一个航班都能准点起飞和降落。当机场的实际吞吐量接近理论最大吞吐生产能力时，其中一个架次的航班延误就可能会产生连锁反应，造成多个架次的飞机延误。因此，一个机场有多余的跑道容量对于解决航班延误问题是非常有利的。

如果机场没有足够可用的机架，那么抵达机场的飞机由于不能卸货，不得不较长时间地占据着机场的滑行道。此外，航空公司在编制其航班时刻表时，必须考虑机场跑道的容量以及可能的排队等候时间，这样才能使航空公司在机场的航班高峰期保持一个相对稳定的航班准点率。当然，长期来讲，由于机组人员的可利用时间的减少会增加航空公司的运营成本。如表 11.7 所示，法兰克福到伦敦的航线从 1982 年的 1 小时 25 分钟增加为 2000 年的 1 小时 50 分钟。如果考虑到飞行器的更新，实际飞行时间仅仅 1 小时左右，另外 50 分钟则为在机场耽搁的时间。将其与航线距离差不多的哥本哈根—阿姆斯特丹航线相比较，由于哥本哈根、阿姆斯特丹机场相对不是很繁忙，因此这条航线的总时间为 1 小时 25 分钟。表 11.8 是 2002 年部分欧洲机场在欧洲航班上延误情况的统计。

表 11.7　繁忙机场日益增加的旅行时间

启程地	目的地	公里数	年　份	机　型	（旅客）花费时间
法兰克福	伦敦	396	1982	Bae1-11	1 小时 25 分
法兰克福	伦敦	396	2000	B737	1 小时 50 分
哥本哈根	阿姆斯特丹	393	2000	B737	1 小时 25 分

表 11.8　2002 年部分欧洲机场在欧洲航班上延误情况的统计　　%

机　　场	起飞时间延误 15 分钟以上	抵达时间延误 15 分钟以上
马德里	30.2	26.3
罗马	28	23.9
伦敦希思罗机场	27.3	26
巴黎奥利机场	25.2	25.8

11.5　机场的质量管理

越来越多的机场认识到，服务质量的测度只是全面质量管理系统中的一个环节。全面质量管理系统是一个持续地识别顾客需求、评价顾客满意度以及在必要时采取修正或改进行动的管理过程。所有的员工及其工作决定着整个系统是否能够长期的成功。现在许多服务性的企业把有效的全面质量管理看作是增强企业竞争能力和顾客信心的重要因素。实施全面质量管理系统的潜在好处包括：调动员工的积极性、加强沟通和团队建设、提高生产率等。

不同的机场采用了不同的质量管理方法。例如：法国的尼斯机场在 1998 年所采用的质量管理政策的基础是欧洲基金会的质量管理方案。这个方案主要有以下几点：

(1) 客观的质量指标

每月有 28 个客观质量指标被监控，专门的委员会对机场所提供的服务进行分析。

(2) 顾客满意度的测度

针对旅客、航空公司、代理机构等机场的各类顾客至少每年进行一次顾客满意度调查。

(3) 质量证明书

采用质量证明书的目的是对机场各个方面运作的质量做出正式的保证。

(4) 地方机场质量委员会

地方机场质量委员会是由航空公司、商会、政府机构（如 CAA）、警察、旅客、商店等共同组成的。其目的是为了提高服务质量。工作小组每两年向委员会汇报调查的结果和推荐改进措施。

和机场质量委员会相类似的是 2002 年都柏林机场成立的旅客服务委员会。这个委员会主要关注为旅客服务的标准。它有独立的主席和会员。会员来自商务旅客、旅行社、机场运营商等。

在许多时候，机场希望通过国际标准化组织（ISO）的 ISO9000 系列标准来证明自己的服务质量。其中，ISO9001 是一个较为广泛的标准体系。该系列标准提供了 ISO9001：1994，ISO9002：1994 和 ISO9003：1994 的选择指南。它涉及管理责任、质量体系、购销合同、产品设计、资料和文件的管理、采购、过程控制、生产控制、储存、产品包装和分销。它重点强调了：

① 满足顾客的要求；

② 确定职责；

③ 评估潜在的风险和收益；

④ 为顾客澄清所选用标准的适用范围；

⑤ 通过实施所选用标准，帮助公司实现其质量方针。除非与顾客另有协议，公司有责任为分承包方选择适用的质量保证模式。

ISO9001:1994 质量体系是设计、开发、生产、安装和服务的质量保证模式。该标准规定了质量保证模式，它适用于要求产品设计、开发的场合，要求供方通过该模式证实其在产品开发、设计和相关的生产、安装和服务中的能力，向顾客提供其能够实现产品要求的证明。

ISO9002:1994 质量体系是生产、安装和服务的质量保证模式。该标准适用于第三方认证与合同情况，这时，已完成的设计方案或规范对产品、服务和售后服务提出了规定的要求。供方必须证实（提供证据）其在生产、安装和服务过程中满足规定的要求。

ISO9003:1994 质量体系是最终检验和试验的质量保证模式。该标准适用于第三方认证与合同情况，供方应证实（提供证据）最终检验和试验满足规定要求。

ISO 的标准并没有告诉机场他们应该怎样建立质量管理体系，但是让机场清楚地知道在设计质量管理体系时应该考虑哪些因素和关键点。

实际上，很多航空公司都取得了 ISO 的系列认证。例如，1997 年米兰机场通过了 ISO9001 关于行李处理的认证，随后又通过了安检和货运方面的认证。2001 年马赛机场的信息中心、运作协调中心和技术协调中心通过了 ISO9001 的认证。国际机场协会在进行服务质量调查时了解到 137 个机场中，只有 17 家机场取得了 ISO 的系列认证。并且了解到机场对 ISO9002 的认证相对而言更感兴趣。

机场业对于是否需要取得 ISO 的系列认证有一定的争议。取得认证的优点是通过认证工作能够清晰地界定岗位责任和在企业内塑造一种质量文化，最终提高和改善组织的质量管理系统。但是认证的成本是比较高的，中间有大量文书工作和额外的工作量。例如，慕尼黑机场 1998 年准备进行旅客服务部的相关认证。机场准备了 104 页的质量手册，手册详尽地描述了整个工作流程中 214 名员工的具体责任，并对部门的日常事务如信息服务、转接电话、VIP 旅客的特殊服务等工作进行了制度化和程序化的描述。ISO 最基本的原则是涉及的任何流程和工作必须形成文本并定期进行更新。而这一特性可能更加适合于制造业，因为服务业的许多程序更加具有灵活性，所以许多工作流程比较难以固化。

本章小结

机场业相对于其他服务性行业来讲，进行质量管理变革的历程相对较晚。但机场在进行质量管理变革时，也进行了一系列的组织结构性变革。

一般来讲，测度机场的服务质量的方法可以分为客观测度和主观测度。

近年来，在服务性行业"服务水平协议"使用的频率越来越高。在航空运输业，使用"服务水平协议"是为了更加清晰地明确机场运营商和航空公司之间的关系。

对于航空公司和旅客而言，测度机场服务质量的一个非常关键的指标就是航班的延误程度。

服务质量的测度只是全面质量管理系统中的一个环节。全面质量管理系统是一个持续地识别顾客需求、评价顾客满意度以及在必要时采取修正或改进行动的管理过程。

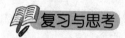
复习与思考

1. 服务质量的测量方法有哪些？
2. 客观测度有哪些优缺点？
3. 主观测度有哪些优缺点？
4. 如何提高我国机场的服务质量？

在线自测

附录 11.1

2005 年最佳机场服务网上评选报告

报告制作分析：CARNOC 陶梦平

一、调查目的

为体现航空业"以旅客为本"的服务宗旨，CARNOC（民航资源中国网）开展此次调查。目的在于为国内各航空企业取得第一手的市场调查数据，并全面地收集旅客对航空企业的建议。

二、调查方式

本次调查采用问卷的方式。按季度提取选票进行分析。本次为 2005 年全年统计。整篇问卷调查共设有三个大的板块共 15 个问题，分别涉及填表人的基本情况、工作领域、对最近一次享受机场服务的评价等多个方面。调查表被制作成网页放置在 CARNOC 上，并通过电子邮件、主页广告和论坛广告等方式向 CARNOC 浏览者发布。调查组织者认为，通过这种方式，可以获得更多的反馈，并且能够使参与调查的人员多样化，从而提高调查的准确性和权威性。

由于广大网友的热情参与，调查最终共获得 1815 份反馈，其中有效问卷 1813 份。这个数字也使调查结果颇具参考价值。

三、结果分析

（一）用 Excel

1. 对参与者年龄段的调查（见图 1）。经统计，年龄小于 18 岁的占 3%，18～25 岁的占49%,26～35岁的占37%,36～45岁的占7%,46～55岁的占3%以及年龄大于55岁的占1%。

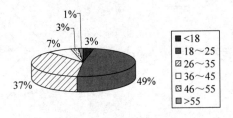

图1 参与者年龄段分布

对参与者性别的调查(见图2)。男性占74%,女性占26%。

对参与者职业的调查(见图3)。业内人士占25%,业外人士占71%,学生占4%。

图2 参与者性别分布　　　　　图3 参与者职业分布

统计发现,业内人士、业外人士、学生分类对整个服务的评价相差不大,因此统一发布。从上面三个方面可以看出,参与投票的年龄段分布在18～35岁,以中青年为主。这一批人无论业内还是业外,都将是社会的主力军,是社会的代表力量,对本次调查的结果更具代表性和可信度。

2. 对最近12个月休闲旅行和公务旅行次数方面的调查进行全面分析

A. 根据不同年龄段旅客休闲旅行和公务旅行次数,分析得出图4、图5。由图对比可以看出:a.无论公务还是休闲旅行,基本上都是年轻人,集中在18～35岁;b.两者旅行的次数都不多,在休闲旅行中旅客出行次数在1～6次者居多,而在公务旅行中,旅客出行次数偏低。

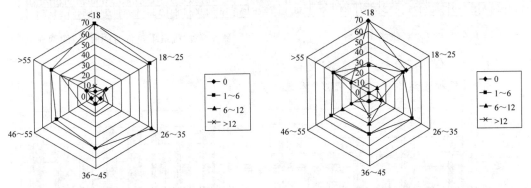

图4 不同年龄段旅客休闲旅行次数　　　图5 不同年龄段旅客公务旅行次数

B. 根据不同职业的旅客休闲旅行和公务旅行的次数,分析得出图6、图7。由图对比可以看出:a.相对来说学生和业内人士出行的次数比较少;b.无论是学生还是业内、业外人士,出行的次数在1～6次之间的居多,而在公务旅行方面出行次数相对偏低。

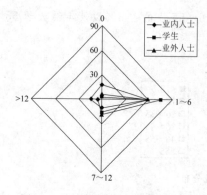

图6 不同职业旅客休闲旅行次数

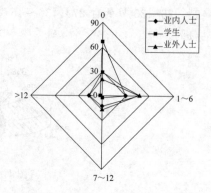

图7 不同职业旅客公务旅行次数

3. 经投票得出得票最多的机场为北京机场(见图8)。下面附票数超过50票的机场,其余机场不再罗列:浦东(259)、北京(360)、海口(125)、深圳(152)、广州(205)、成都(88)、虹桥(90)、厦门(56)。

4. 对最近一次享受该机场的服务进行评价的调查,设有8个具体参数。由于机场太多,且由于票数原因,为不影响总体评价,特对前10名机场进行细致分析,每项调查里面按"很好""好""一般""差""很差"和"没注意"打分(各项各占分值3,2,1,-1,-2,0)。最后综合得票数得出分值,并作图。具体如下:

对"航班不正常时的服务"的调查见图9。

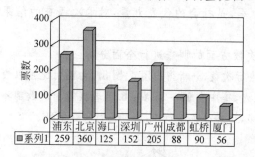

图8 各机场得票数

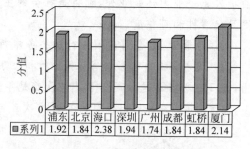

图9 对"航班不正常时的服务"的调查

对"航班信息显示和广播服务"的调查见图10。

对"候机楼设施完好、舒适程度"的调查见图11。

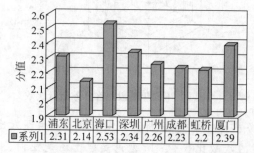

图10 对"航班信息显示和广播服务"的调查

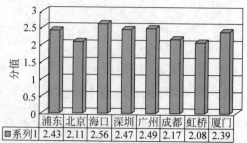

图11 对"候机楼设施完好、舒适程度"的调查

对"换登机牌服务"的调查见图12。

对"机场窗口、设施指引明确程度"的调查见图13。

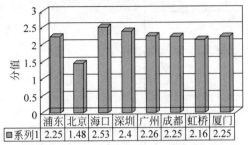

图12 对"换登机牌服务"的调查

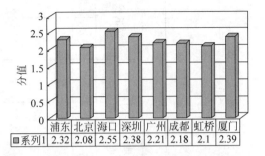

图13 对"机场窗口、设施指引明确程度"的调查

对"市区到机场的地面交通方便程度"的调查见图14。

对"提取行李的方便程度"的调查见图15。

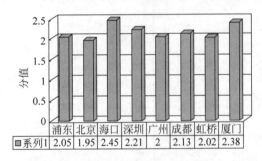

图14 对"市区到机场的地面交通方便程度"的调查

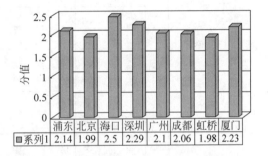

图15 对"提取行李的方便程度"的调查

对"问讯服务"的调查见图16。

综合上面各项得分得出旅客的满意值,见图17。

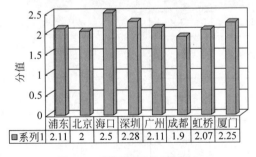

图16 对"问讯服务"的调查

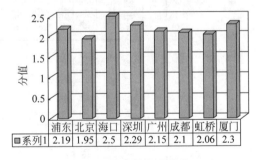

图17 综合旅客满意值

从上面各项得分图上可以发现,各机场在候机楼设施完好、舒适程度、航班信息显示和广播服务、换登机牌、提取行李服务等方面做得比较好,整体水平比较高,这说明机场在人性化服务方面有了很大的提高。而在航班不正常时的服务以及市区到机场的地面交通方便程度的得分低于2.5分,说明机场不能很好地应付突发事件,在航班不正常的时候经常发生一些旅客与机场的纠纷。但总的来说,机场服务的整体水平比去年有了较大的提高,海口机场表现得尤其突出。

附：综合分值表

表 1

机场名称	整体得分		航班不正常时的服务		航班信息显示和广播服务		候机楼设施完好、舒适程度		换登机牌服务		机场窗口、设施指引明确程度		市区到机场的地面交通方便程度		提取行李的方便程度		问讯服务	
	得分	排名	得分	排名	得分	排名	得分	排名	得分	排名	得分	排名	得分	排名	得分	排名	得分	排名
海口	2.5	1	2.38	1	2.53	1	2.56	1	2.53	1	2.55	1	2.45	1	2.5	1	2.5	1
厦门	2.3	2	2.14	2	2.39	2	2.39	5	2.25	4	2.39	2	2.38	2	2.23	3	2.25	3
深圳	2.29	3	1.94	3	2.34	3	2.47	3	2.4	2	2.38	3	2.21	3	2.29	2	2.28	2
浦东	2.19	4	1.92	4	2.31	4	2.43	4	2.25	4	2.32	4	2.05	5	2.14	4	2.11	4
广州	2.15	5	1.74	8	2.26	5	2.49	2	2.26	3	2.21	5	2	7	2.1	5	2.11	4
成都	2.1	6	1.84	5	2.23	6	2.17	6	2.25	4	2.18	6	2.13	4	2.06	6	1.9	8
虹桥	2.06	7	1.84	5	2.2	7	2.08	8	2.16	7	2.1	7	2.02	6	1.98	8	2.07	6
北京	1.95	8	1.84	5	2.14	8	2.11	7	1.48	8	2.08	8	1.95	8	1.99	7	2	7

注：本表中所列为得票为 50 票以上的机场，低于 50 票不具有参考性，故不做综合分析。最高分为 3 分。

(二) 用 SPSS

现在我们已有浦东、北京、海口、深圳、广州、成都、虹桥、厦门 8 家机场的一些数据(航班不正常时的服务、航班信息显示和广播服务等),想知道哪几家机场可划为一类以及哪些变量可反映总体信息,哪些变量可忽略,不纳入综合得分考虑范围之内。

1. 现在我们要将 8 家机场分类,因此应当选用变量聚类。具体的分类数不明,需要根据结果判断,因此需要输出分为 2～7 类的全部结果,分类测量距离使用默认的欧氏平方距离即可。结果如下。

Case Processing Summary(a,b)

Cases					
Valid		Missing		Total	
N	Percent	N	Percent	N	Percent
8	100.0	0	0.0	8	100.0

a. Squared Euclidean Distance used
b. Average Linkage(Between Groups)

上表为缺失值报告。

Agglomeration Schedule

Stage	Cluster Combined		Coefficients	Stage Cluster First Appears		Next Stage
	Cluster 1	Cluster 2		Cluster 1	Cluster 2	
1	1	5	0.055	0	0	4
2	6	7	0.071	0	0	4
3	4	8	0.105	0	0	5
4	1	6	0.195	1	2	5
5	1	4	0.343	4	3	6
6	1	2	0.895	5	0	7
7	1	3	1.224	6	0	0

上表给出的是聚类分析的详细步骤,可见第一步是变量 1 和 5 合并,6 与 7 合并,4 与 8 合并,直到全部合为一类。从综合分值表上我们也可看出浦东与广州,成都与虹桥,深圳与厦门在排名上紧挨着,可以归为一类。

Vertical Icicle

Number of clusters	Case														
	3		2		8		4		7		6		5		1
1	X	X	X	X	X	X	X	X	X	X	X	X	X	X	X
2	X		X	X	X	X	X	X	X	X	X	X	X	X	X
3	X		X		X	X	X	X	X	X	X	X	X	X	X
4	X		X		X		X	X	X	X	X	X	X	X	X
5	X		X		X		X		X	X	X	X	X	X	X
6	X		X		X		X		X		X	X	X	X	X
7	X		X		X		X		X		X		X	X	X

上面输出的是垂直冰柱图,用于显示各变量依次在不同类别数时的分类归属情况。

* * * * * * 系统聚类法分析 * * * * * *

用组内平均做出的树状图

重测量的类间距离

* * * * * * HIERARCHICAL CLUSTER ANALYSIS * * * * * *

Dendrogram using Average Linkage(Between Groups)

```
                  Rescaled Distance Cluster Combine
   C A S E     0        5       10       15       20       25
   Label Num  +--------+--------+--------+--------+--------+
           1
           5
           6
           7
           4
           8
           2
           3
```

上面为树状图。

综上我们可以得出结论,认为这八家机场可分为两类:海口、厦门、深圳为一类;其余自成一类。

2. 主成分分析的目的就是通过线性变换,将原来的多个指标组合成相互独立的少数几个能充分反映总体信息的指标,从而在不丢掉主要信息的前提下避开了变量间共线性的问题,便于进一步分析。其默认的前提条件就是各变量间必须有相关性。

结果及解释:

Correlation Matrix(a)

		VAR00001	VAR00002	VAR00003	VAR00004
Correlation	VAR00001	1.000	0.899	0.516	0.471
	VAR00002	0.899	1.000	0.806	0.757
	VAR00003	0.516	0.806	1.000	0.687
	VAR00004	0.471	0.757	0.687	1.000
	VAR00005	0.859	0.981	0.847	0.731
	VAR00006	0.917	0.912	0.566	0.640
	VAR00007	0.871	0.965	0.816	0.688
	VAR00008	0.849	0.909	0.761	0.591

续表

		VAR00005	VAR00006	VAR00007	VAR00008
Correlation	VAR00001	0.859	0.917	0.871	0.849
	VAR00002	0.981	0.912	0.965	0.909
	VAR00003	0.847	0.566	0.816	0.761
	VAR00004	0.731	0.640	0.688	0.591
	VAR00005	1.000	0.884	0.973	0.893
	VAR00006	0.884	1.000	0.876	0.796
	VAR00007	0.973	0.876	1.000	0.926
	VAR00008	0.893	0.796	0.926	1.000

a. This matrix is not positive definite.

上表为8个变量的相关系数阵,可见它们之间的相关性非常高。如果直接用于分析,可能会带来严重的共线性问题。

Total Variance Explained

Component	Initial Eigenvalues			Extraction Sums of Squared Loadings		
	Total	% of Variance	Cumulative %	Total	% of Variance	Cumulative %
1	6.647	83.085	83.085	6.647	83.085	83.085
2	0.720	9.006	92.091			
3	0.404	5.053	97.144			
4	0.127	1.590	98.734			
5	0.050	0.631	99.364			
6	0.037	0.466	99.830			
7	0.014	0.170	100.000			
8	0.000	0.000	100.000			

Extraction Method: Principal Component Analysis.

上表为整个输出中最重要的部分:主成分列表,表中会列出所有的主成分,它们按照特征根从大到小的次序排列。可见第一个主成分的特征根为6.647,它解释了总变量的83.085%。第二个主成分虽然解释了总变量的9.006%,但它的特征根为0.72,远小于1,这说明该主成分的解释力度还不如直接引入原变量大。这8个变量只需要提取出第一个即可。

下图称为碎石图,实际上就是按特征根大小排列的主成分散点图,可见从第二个主成分开始特征根都非常低,该图从另一个侧面说明了只需要提取出第一个主成分即可。

综上我们可以得出结论,评选最佳机场的粗略标准是看航班不正常时的服务。

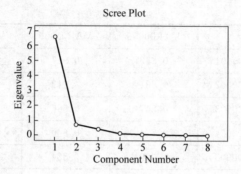

四、调查结果

根据上述分析,得出以下结果。

调查的抽样基本达到要求,并体现了多样性,因此本次调查基本可信;

2005年度全年调查得出得票最多的机场(北京机场)和综合能力最强的机场(海口机场);

本调查发现了各大机场普遍存在的一些问题:候机楼设施完好、舒适程度,机场窗口、设施指引明确程度等方面与去年相比已改善很多;

调查同样也反映了旅客与对机场环境和软硬件条件的要求和取向。在对评选数据进行分析后我们得出结论:决定最佳机场的主要指标是航班不正常时的服务。这也很好地解释了为什么航班延误总是成为旅客抱怨、媒体报道的焦点了。如果机场可以在航班不正常时的服务上加大改进力度,相信旅客的满意度会得到很大程度的提高和改善。

五、致谢

调查得到了广大CARNOC网友的积极参与。民航资源中国网有今天离不开广大网友的支持,在此由衷地对大家说一句:"谢谢。"CARNOC愿意为每一位盼望使用CARNOC平台做市场、行业调查的朋友提供方便,如果您有好的建议和想法,请直接和CARNOC进行联系。

本次调查报告欢迎免费转载,但请务必标注来源为CARNOC,并标注我们的网址:http://www.carnoc.com。如果需要得到Excel数据表格自己分析,请与webmaster@carnoc.com联系,请务必提供您的真实联系方法(姓名、单位、Email、电话、手机、用途)。

我们坚信,每一天,每一年,民航和CARNOC会因您而更精彩!

民航资源中国网
http://www.carnoc.com
2006年1月9日

附录 11.2

英国机场的服务质量

随着 1987 年英国机场集团公司私有化进程的开始,英国机场管制系统也开始建立起来。尽管大家都非常清楚,服务的价格会对服务的水平产生很大影响,但在 1987 年以前没有与服务质量相关的正式的规章制度。然而,在这以后的每五年一次的关于伦敦机场和曼彻斯特机场的质量管理调整,使整个英国机场集团公司在 1996 年开始使用"服务水平协议"。到了 2002 年,民用航空管理局(CAA)和竞争委员会作为英国机场的两个管理机构开始关注伦敦的希思罗、曼彻斯特等机场,发现这些机场不仅缺乏正式的服务质量制度,而且机场的服务质量并没有与价格紧密联系。民用航空管理局提议机场的服务价格应该与其服务质量息息相关,而且服务质量应该考虑三个方面:提供给航空公司的服务(Q_A)、提供给旅客的服务(Q_P)和航班的延误(Q_D)。如表 1 所示。

表 1　伦敦机场的服务质量因素

	CAA	BAA	BA	CAA 所推荐的服务测度标准	希思罗机场
Q_A					
机架的可用性	√	√	√	可用设备的百分比	98%
机位的可用性	√	√	√	可用设备的百分比	97%
廊桥的服务	√	×	√	被服务旅客的百分比	90%
地面电力系统	√	×	√	系统的可用性与所签合同相比较	98%
传送旅客的设备	√	√	√	可用设备的百分比	98%
运输系统	√	√	√	车辆的可用性	N/A
安检的队列	√	√	√	等待时间小于 10 分钟	95%
飞机跑道	×	√	√	可供飞机使用的百分比	有待确定
机场滑行道	×	√	√	可供飞机使用的百分比	有待确定
Q_P					
候机大厅座位数	√	√	×	每月的服务质量调查分数	3.6
清洁	√	√	×	每月的服务质量调查分数	3.7
航班信息	√	√	×	每月的服务质量调查分数	4.0
Q_D					
延误	√	×	√	有待确定	

注:√为已经在进行的项目,×为还没有被采用的项目。

附录 11.3

维也纳机场的全面质量管理

维也纳机场是一个已经部分私有化的机场，2001年的旅客运量达1200万人次。1995年，维也纳机场是世界范围内第一家获得ISO9001认证的机场。通过ISO的认证工作，在维也纳机场建立了一种质量文化和全面质量管理的管理理念。其质量理念的主要思想是：企业必须关注顾客和员工的满意度，并持续地改进机场的所有工作流程，针对员工开展一系列的培训工作。

1997年，维也纳机场重新改进和调整了它的工作流程，使其能够更加关注顾客的需求。机场引入了一个新的组织机构——商务服务中心，用它来专门负责全面质量管理工作的开展。

在维也纳机场的全面质量管理模型和公司经营理念中存在着许多不同的要素。首先，机场应该让所有的员工都知道公司的目标，并且让他们通过各种沟通渠道(包括机场的互联网)理解和思考当前的工作流程。实际上，员工对有关全面质量管理知识的掌握是非常重要的。维也纳机场为了帮助员工对全面质量管理进行了解，使用了许多信息沟通和传递的渠道，如机场内部网、全面质量管理的时事通信、质量论坛等。

一般来讲，员工的满意度对全面质量管理工作的开展是非常重要的。因此，提供给员工子女的托儿所、免费的机场班车应该是非常必要的。1998年，维也纳机场进行了员工满意度的调查，调查发现有29%的员工感到有足够的信心去做好自己的工作；有35%的员工对工作是满意的；有28%的员工认为管理者对工作环境的改进是比较合适的。总的来讲，50%的员工对沟通、工作流程、员工意见的采纳情况是比较满意的。在2000年，对工作流程满意的员工上升到55%。

维也纳机场的另外一个重要特征就是它的工作程序或者流程能够发现顾客的需求。在1995年，维也纳机场就开始定期的顾客调查工作。首先是通过"旅客图"来收集旅客的一些基本情况，如年龄、性别、居住地、到机场的交通方式、在机场停留的时间、机场服务情况，等等。同时，机场也开展相应的服务质量检测工作。接着，机场设置了"冲突检测"程序，以帮助机场能够从旅客的角度去发现机场服务中可能存在的冲突问题。同时，针对机场的商业机构开展调查，将调查结果用于分析顾客的需求、目标顾客群体的划分、设立合理的质量目标等。另一方面，维也纳机场非常重视机场服务中的顾客导向作用。通过顾客导向以鼓励顾客参与机场未来的发展计划——"顾客工程"。

第 12 章 机场特许经营

本章关键词

机场特许经营(airport concessions)
机场特许专营(airport franchise)

http://www.franchise.com.cn/
http://www.chinaairports.cn/indxe.html
http://www.caac.gov.cn/
http://finance.sina.com.cn/chanjing/b/20050831/1417291124.shtml
http://www.iata.org/
http://www.icao.int/

> 从长远来看,机场的主要精力应该放在规划和建设机场、建立机场安全与运营协调机制、开发增值业务或新业务上,对商品零售、餐饮、停车、汽车租赁、广告及宾馆等实行特许经营,甚至可以收取这些商家一定比例的销售提成。实施机场特许经营是实现机场经营模式转变,形成具有专业化、商业化的管理型机场的有效途径。

12.1 机场特许经营的概念

机场特许经营的概念来源于国外民航业,在国外机场的各项业务中广为应用,并成为机场收益的重要组成部分。通过开展机场特许经营,可以把机场大量客流、货流、飞机流的市场资源优势转化为机场的经济效益优势。机场特许经营作为机场的一种新型经营模式,是机场提升经营能力和盈利水平的有效手段,是机场经营发展的重要趋势之一。

所谓机场特许经营是指,政府授予机场管理当局经营管理权后,机场管理当局对于机场范围内的业务项目通过公开招标或其他方式,与选定的各业务项目的运营商签定特许经营协议,受许人即取得某业务项目的经营权,并通过协议明确特许经营期限、特许经营权费标准以及机场管理当局与受许人之间的权利义务关系等。机场管理当局是指机场的所有者,在我国一般为政府投资或授权的机场管理当局,机场管理当局作为机场所有者的代表享有机场的经营管理权利。

在国际民航组织航空运输委员会编写的《机场经济手册》中,对机场特许经营权主要有以下方面的描述:

机场从非航空活动中所获得的收入主要来自于以下几个方面:特许权受让人缴纳的酬金;出租土地和房屋所得的租金;……

机场之所以通常设立某些特定类型的特许经营活动,并不是因为这些活动能给机场带来潜在的收益,而是因为它们能提供给旅客或机场工作人员必不可少的服务;

出于诸多方面的考虑,机场应优先选择那些可能会产生最多净收入的特许经营项目,同时要确保这些项目对公众的便利性,类似两者之间必须协调;

国际机场最常见的特许经营项目有:航空燃油供应,食品、饮料的特许经营,各种商店,银行/外币兑换,航空配餐服务,出租车服务,汽车租赁,机场广告,公共汽车和旅客班车,免税店,美发店,自动售货机,旅客/汽车旅馆,货物转运公司/运输代理商,纪念品商店。

12.2　机场特许经营的分类

由于机场各项业务的性质不同,其特许经营运作也呈现出不同的特征。国际上一般区分机场特许专营和机场特许经营两种模式,二者在机场的不同业务中所占的比重不同。机场特许经营主要应用于非航空业务中,在航空业务和机场建设项目中主要采用机场特许专营模式。当然,这种划分只是相对的,不能将其截然分开。

12.2.1　机场特许经营

在机场特许经营模式下,经营者取得经营牌照或经营许可,主要提供以获取经济收益为目的的机场非航空业务项目,如机场内零售、餐饮、出租车、汽车租赁、机场广告、公共汽车、旅客班车、免税店、美发店、自动售货机等一系列经营项目。这些项目的特点是竞争性较强、特许时间较短、灵活性较大,可以引入多家运营商经营。

例如,香港机场管理局面向商业零售、餐饮业等经营者发放的特许经营牌照,是由其租赁场地或已建设施的民事许可,与租赁商场内场地经营的合同无本质区别,经营期限一般较短。

在机场非航空业务的特许经营中,机场管理当局可以选择多家运营商从事机场的业务,而自己则对机场业务进行整体规划。机场特许经营的运营商可以在一个机场进行特许经营业务,也可以在多个机场拓展业务。

机场非航空业务特许经营来源于启用机场必备设施设备所带来的稳定的客流、货流以及机场延伸区的商业机会等经营资源,性质上趋近于商业特许经营。

12.2.2　机场特许专营

机场特许专营是机场特许经营的一种特殊形式,其特点是有一定程度的排他性,是严格控制经营者数量的特许经营。机场管理当局在实施特许专营时承诺,一定期间、地域或运量条件下控制经营者的数量,仅由一个或固定数量的几个经营者经营,以保证受许方的利益。受许方拥有一定程度的排他性经营权,机场管理当局则收取相对较高的特许专营费。同时,机场管理当局对专营商提供的服务类型作出限制性或引导性规定;专营商只能提供机场规定的服务,并接受机场的监管。

机场特许专营主要应用在航空业务和机场建设项目中,如停机坪、航油、跑道、滑行道、机务维修、航空货站等具有投入大、回收期长、主要使用机场土地等特点的业务,一般都被列为机场特许专营项目,被授予较长的经营期限。

例如,香港机场将部分航空业务包括机场地面服务代理、航空燃油、航空配餐服务作为机场专营项目来运营。又如,日本成田机场管理局拥有园区内部的主要物流设施(如货站、货物大楼和仓库等),拥有专营权的日航、国际航空物流货站公司(IACT)负责向航空公司提供服务。作为回报,日航和IACT每年向机场管理当局缴纳专营费,这一费用和其他设施出租的费用占成田机场收入的31%。

机场大型建设项目通常采取特许专营的形式。在机场大型项目的融资过程中,机场管理当局将较长期限的土地使用权和项目经营权通过合同授予运营商,从中收取特许经营费用。由被许可企业建设、经营,期限届满后土地使用权及其地上设施归机场管理当局所有,这种模式的经营期限一般较长。

例如,香港机场通过招标的方式,将机场内的货运站、酒店的建设权和运营权授予运营商。又如,新加坡机场管理当局运用专营权对机场物流园区(ALPS)除仓储外的其他所有航空货运业务活动进行管理。机场的8座货站、2座速递货运中心由两家地面代理机构——新加坡机场货运服务处(SATS)和樟宜国际机场服务处(CIAS)投资兴建并营运,机场负责提供土地。SATS和CIAS在营运期间需付给新加坡机场专营权费。

特许专营模式的优点是可以有效利用各专营商的能力和专业技术,特别是在一些核心业务上的专业能力,如货站业务的营运者需要具备强大的专业技术支持和多年积累而来的行业经验。同时,利用专营权能很好地将营运风险和责任转移给专营商。这种业务模型被世界各大机场广泛采用,也是最主要的一种管理模式。

12.3 机场特许经营的发展

机场特许经营的形成和发展,有其深刻的历史背景和鲜明的时代特色。在民用运输机场发展的初级阶段,机场普遍的经营模式是自营。随着社会经济的发展,民航业在国民经济中的地位和影响力与日俱增,机场的经营模式发生了深刻变革。机场的概念不再仅限于为航空公司提供飞机起降和停放、为旅客提供乘机和转机服务,机场在经营意义扩展为集客流、物流、食品配餐、商业零售、转口贸易甚至旅游、酒店、房地产开发和物业管理等多种经营为一体的经营性资源。在这样的经济发展情势下,机场特许经营应运而生。

12.3.1 国外机场特许经营的发展

机场特许经营是国际机场业发展的必然趋势之一,国际民航组织(ICAO)鼓励机场以特许经营的方式开发机场资源。在国际民航组织出版的《机场经济手册》和《理事会致各缔约国关于机场和航路航空导航设施收费的声明(9082号文件)》中,有如下规定:

"机场应当在机场设施内尽可能地开发非航空商业活动以取得特许经营收入和租金;

与经营航空运输服务直接相关的航油加注、机上配餐、飞机地面服务可以实行特许经营,其他非航空活动也可以实行特许经营;

特许权受让人为获得在机场经营商业活动的权利应向机场缴纳酬金;

其费用应当覆盖机场为有关特许经营活动所花费的成本(提供机场及其必要的辅助服务项目,包括相当数额的资本投资利息与资产折旧以及维修、经营管理费等的全部经济成本)。"

特许经营在国外机场运营中得到广泛的运用,成为机场收入的重要来源,在机场总收入中占据较大的比重。例如,新加坡樟宜机场2002年特许经营收入占机场总收入的42%。随着机场特许经营模式的成熟及范围的扩大,机场特许经营收入还将不断增加。同时,由于受不同地理位置、商业环境等的影响,不同机场的不同市场定位,特许经营业务的范围也存在差异性,其特许经营收入模式和比例也有不同。

表12.1~表12.3分别列举了比利时布鲁塞尔机场特许经营项目比重、美国华盛顿机场特许经营项目比重、美国波士顿机场特许经营收入。

表12.1 比利时布鲁塞尔机场特许经营项目比重

种类	百分比(%)
零售业	49
停车场	9
餐饮业	8
其他	34

表12.2 美国华盛顿机场特许经营项目比重

种类	百分比(%)
零售业	9
停车场	50
餐饮业	6
汽车租赁业	28
其他	7

表12.3 美国波士顿机场特许经营收入

种类	百分比(%)
航空业务收入	
起降费	18
最终租金(客运与货运航线)	21
非航空业务收入	
特许权(商店、餐厅、免税店等)	14
机动车停靠和租用费	23
设计和公用事业(例如:电的转售)	11
税费收入	
乘客设备费用	13
机场总收入	100

资料来源:马少华. 机场特许经营权[M]. 北京:中国商业出版社,2005.

由上述分析可见，特许经营收入已成为国外机场重要的收入来源，成功的特许经营有效维护了机场的经济权益。同时，国外先进机场采取的特许经营，广泛渗透于机场运营的各项业务，很好地支持了机场精简高效的组织模式和专业化管理的发展方向。

12.3.2 我国机场特许经营的发展

目前，我国国内机场在特许经营方面尚处于初始阶段，机场特许经营尚未广泛开展。国内少数机场进行了特许经营的积极探索，取得了一定的成效。

按照我国民用航空局机场司的规划，今后国内各机场应将其具有经营权的某些经营性资源或项目以公开招标或其他竞争方式，转让给其他标准的专业化服务提供商进行经营，并收取一定的特许经营费。只有具备一定资质的企业通过竞标才可以获得特许经营权，机场收取的特许经营费包括两部分：场地出租费和资源使用费。国内机场目前实施特许经营的业务范围主要包括机场地面服务和机场商业活动。

2005年3月，我国民用航空局批准在北京、上海、深圳和厦门四个城市的五家机场对非航空类商业活动进行剥离，试点施行特许经营模式，并适时向全国范围推广。事实上，2005年2月首都机场集团公司已将此前并购的天津、南昌、武汉、重庆、贵阳五个机场以及首都机场的餐饮、广告和商业零售三项业务与机场主业分离，分离出的三项业务由三家专业的独立公司实行一体化专业经营，成为机场特许经营模式的先行者。

上海浦东机场按照投资多元化、经营市场化和管理社会化的思路，将新机场能源中心、天然气系统、供配电系统、给排水系统等技术密集型项目和楼宇物业管理、绿化养护、职工食堂等专业性较强的项目，以及候机楼保洁、场内道路清扫、垃圾焚烧站等劳动密集型项目共34个保障项目，通过招投标推向社会，委托专业厂家和运营商来经营。

深圳机场分别在1991年、1993年和2003年通过深圳市政府文件，规定了机场建设是政府投资，政府为机场一些服务项目创造了盈利的基本条件，而且这些项目又带有独家经营性质，为此授权机场代表政府收取特许经营费，用于归还机场建设本息。

12.4 我国机场实施特许经营的益处

当前阶段，我国机场实施特许经营有以下益处：

首先，实施机场特许经营可以有效解决机场长远发展的投融资问题。特许经营通过让渡机场自然垄断资产的使用权，能够吸引民间资本、信贷资本和国外资本投入机场改造和发展。

其次，实施机场特许经营可以在机场经营中引入竞争机制。经营者为取得机场特许经营权，必须以优质的价格和服务进行竞争。特许经营者对机场的投资只是获得了一定时期资产的使用权和收益分配权，没有永久所有权，不能获取垄断利润，必须通过降低成本和提高质量来获取利润。此外，特许经营者时刻面临着外部的竞争，确保产品和服务质量符合规定，以防因违规被剥夺特许经营的资格。

最后，实施机场特许经营可以维护社会公众的利益。在经营过程中，机场管理当局可以通过价格与服务约定来确保经营者履行义务，满足社会公众需要。如果特许经营者出现违背公众利益的违约行为,机场管理当局可以随时督促其修正错误,直至收回特许经营权。

12.5 机场特许经营的实施模式

机场特许经营的实施主要涉及以下项目:确定特许经营的业务范围、招标选取运营商、对运营商的管理。

12.5.1 机场特许经营的业务范围

1. 机场特许经营的业务界定模式

(1) 机场特许经营业务的界定原则

机场特许经营业务范围界定的基本原则是:机场管理当局首先明确机场自身的定位与核心业务,对于机场核心业务之外的业务都可以考虑实施特许经营。即机场只保留核心业务职能,对于能够市场化的非核心业务都可以作为机场特许经营项目加以运作。

(2) 机场特许经营的除外项目

机场特许经营项目只包括经营性的商业活动,不包括训练、实验飞行、专机、急救救灾、军事训练或执行军事任务、飞机校验、院校训练飞行等非商业经营性的机场业务。同时,一些机场范围内的特殊业务不适合采用特许经营。例如,机场范围内的安全、消防、救护等对机场业务的良好运作及未来持续经营至关重要的职能,根据国外先进机场的经验,往往是由机场直接经营而不采取特许经营的方式。又如,对于候机楼物业这类能够通过维护机场垄断优势获取高收益回报的核心资源,国外先进机场往往也不采取特许经营的形式。

(3) 机场特许经营的主要业务范围

综合国际先进机场的现状,特许经营被普遍应用于以下业务:

免税零售业务。绝大多数机场通过招标或者出售零售网点的方式实行零售业务的特许经营,这种方式一般都签署租赁协议或以特许经营协议的形式实现。需要强调的是,在协议中对租金的约定往往是与承租商收入相关的,即不采取单纯的固定租金模式,而是采取固定租金加营业收入提成的动态模式。这里,租金的实质就是特许经营权转让费。

候机楼内餐饮娱乐业务。与免税零售业务类似,国外许多机场均将候机楼内餐饮娱乐项目列为特许经营项目。国外机场的餐饮营业面积分布很广,占候机楼的面积比例较高。同时,候机楼内的娱乐项目经营种类繁多,诸如博彩、游乐园、电影院等。因此,国外机场通过对这些项目的特许经营权转让,可以获取十分高昂的经济收益。

地面代理业务。在国外机场,地面代理业务一般是由专业化代理公司和该机场主要航空公司组建的地面代理公司共同承担,机场管理当局一般不直接参与该项业务的经营。同一机场的地面代理业务经营者数量可以达到3~4家,各经营者之间相互竞争。但无论是专业化地面代理公司还是由基地航空公司组建的地面代理公司,都必须向机场交纳一定的特许经营费。此外,机场还与地面代理公司建立了良好的特许经营合作关系,该机场一旦管理输出至其他海外机场,其地面代理合作伙伴的业务也会随之延伸到海外机场。地面代理业务的特许经营,既是国外机场的稳定收入来源,也成为机场国际化扩张的业务保证。

广告业务。国外机场,尤其是美国的机场一般将机场区域内的广告业务转交给专业化的广告公司经营。在明确机场广告经营权归机场所有的前提下,专业化广告公司必须向机场交纳广告特许经营费。

机场建设项目。在机场设施建设初期,国外机场的大部分工程都会采取机场特许专营+BOT模式来建造。

2. 航空发达国家和地区机场特许经营的业务范围(如表12.4所示)

表12.4 不同国家和地区机场的特许经营业务范围

机　　场	特许经营范围
美国机场	包括租车,广告,候机楼的食物、饮料,免税店和通信等,其中租车业是美国机场特许经营的重点。与航空活动相关的经营活动,如旅客和飞机的地面服务、货运、配餐、维修等不作为机场特许经营项目
欧洲机场	主要涉及机场航站楼内的商业活动,包括免税店、零售商业、餐饮、银行、广告、电信服务、汽车租赁、博彩、商务中心和酒店等
新加坡樟宜机场	航空公司、油料公司、飞机维修公司、候机楼商业经营和地勤公司,分别从事不同的专项经营业务。其他如零售、餐饮、免税店都是作为特许经营业务来经营
中国香港特别行政区机场	专营权设施、商务服务。其他如办公室、酒店、酒店式住宅、会展场地、零售和休闲等设施
中国澳门特别行政区机场	地勤服务、清洁业务、工程管理部门、通信、导航设备和电子维修项目、机场大部分护卫工作、客运、停机坪、货运、地勤服务以及飞机维修服务

资料来源:马少华. 机场特许经营权[M]. 北京:中国商业出版社,2005.

(1) 美国机场特许经营业务范围

在美国,大多数航空运输机场属于地方政府所有,其运行和管理体制受各地方政府政策和立法的影响较大。但由于各州立政府都将机场定位为公用事业,强调机场的社会公益服务属性,美国各机场特许经营的概念和范围大致相同。

美国机场对特许经营的定义为:在机场内部通过经营方和机场管理当局签署协议,从事面向公众的营利性商业活动,经营方需要向机场管理当局支付租金、运行费用和特许经营费等。

美国绝大部分机场将特许经营的业务范围界定为机场商业活动的特许经营,机场管理当局通过招标和其他竞争方式选择机场商业服务的提供者,双方在协议中规定特许经营的期限、收费方式、服务标准(包括安全标准)和监管办法。美国机场特许经营业务范围主要包括租车、广告、候机楼内的餐饮、零售、通信服务、出租汽车以及免税店等。

在美国的大部分机场中,与航空业务相关的经营活动,如地面服务、货运、配餐、维修等一般不作为机场特许经营项目的内容。在美国机场,地面服务业务主要包括航空器服务、旅客服务、货运、配餐、航空器航线维护等。美国机场从来不从事与航空活动直接相关的服务，都是由航空公司自营或自主选择专业化公司来完成地面服务。目前，只有少部分美国机场如洛杉矶、纽约、丹佛和波士顿将地面服务列入机场特许经营范围。

（2）欧洲机场特许经营业务范围

欧洲机场特许经营的业务范围主要涉及机场航站楼内的商业活动，包括免税店、零售商业、餐饮、银行、广告、电信服务、汽车租赁、博彩、商务中心和酒店等。

例如，英国曼彻斯特机场的特许经营主要集中在非航空业务操作上。位于英国西北部的曼彻斯特机场是英国第三大机场，是世界重要的航空港，目前有95家航空公司在此运营，直航英国内外170多个目的地。曼彻斯特机场的非航空业务收入是在增强机场的综合服务功能的基础上，通过商业性开发取得的，主要来自于零售、特许经营、停车场、行李处理、值机柜台出租、燃料与电力供应、通信及服务的提供等方面。

在欧洲，地面服务业务主要包括旅客作业、行李作业、货物和邮件作业、停机坪作业、航空器服务、燃油作业、航空器维护、飞行运行和机组管理、地面运输和配餐服务等。欧洲机场原来都从事地面服务业务，但自从1996年欧共体理事会发布第96/97号指令起，情况发生了改变。该指令要求2001年1月1日起旅客年运输量不低于200万或者货物运输量不低于5万吨的机场必须全面开放地面服务的市场准入，消除地面服务业务上的壁垒，在欧盟内部推进地面服务市场自由化。现在，欧洲机场基本已经退出机场地面服务领域。

（3）新加坡机场特许经营业务范围

在新加坡樟宜机场，特许经营包括机场特许经营和机场特许专营两大部分。机场特许经营实际上就是机场商业特许经营，包括零售业、餐饮业和服务业（含广告、外币兑换等）。机场特许专营涉及机场的地面服务业务，是作为机场特许经营的一部分。航空公司、油料公司、飞机维修公司、候机楼商业经营和地勤公司，分别从事不同的专向经营业务。

例如，樟宜机场的物流园区就是以专营和出租相结合的方式进行经营的。其专营权项目涉及除货运仓储外的一切机场货运业务，具体包括货站、地勤、航空膳食、飞机清理、飞机维修等。在新加坡樟宜机场，被授予专营权的物流实体有新加坡机场货运服务处、樟宜国际机场服务处和飞机工程公司。新加坡樟宜机场的物流设施大多是由专营商自己建造的，机场当局只提供土地。新加坡樟宜机场的国有化程度很高，机场内开展经营的各专营商也大多有政府背景，和机场一样都受政府调控。

（4）我国香港机场特许经营业务范围

我国香港机场的特许经营涉及各个方面，其中包括一些航空业务的专营权授予。

专营权设施：主要包括两个航空货运站、飞机燃油供应系统、航空配餐、机务、地勤服务设施等；还有机场酒店、机场免税店、机场客货运代理中心等需要机场批出经营牌照的设施。

商务服务：商用航空中心，为机场使用者提供酒店接待、旅行团预定、各类服务租赁、自驾汽车租赁、巴士票务和其他商业服务等，但不包括保险、货品销售、博彩、接送及交通服务。

其他如办公室、酒店、酒店式住宅、会展场地、零售和休闲等设施。

(5) 我国澳门机场特许经营业务范围

澳门机场虽然规模不大,但其经营管理模式基本采用国际先进机场的运作惯例。澳门国际机场专营公司获澳门特区政府赋予机场产权、特许专营权的管理,是澳门机场的投资主体,也是澳门机场的业主。

在澳门机场,包括地勤服务、清洁服务、工程管理部门、通信、导航设备和电子维修项目、机场大部分护卫工作、客运、停机坪、货运、飞机维修服务等业务都被划为专营业务之类,交由专业化的公司经营。澳门机场的主体专营业务由澳门机场服务公司经营,该公司隶属于总部设在苏格兰的明捷航空服务有限公司,为澳门机场提供客运、停机坪、货运、地勤服务以及飞机维修服务等。

3. 我国内地机场特许经营的业务范围

参照国际民航组织航空运输委员会 1986 年编辑的《机场经济手册》和国际民航组织理事会发布的《理事会致各缔约国关于机场和航路航空导航设施收费的声明(9082 号文件)》中,对机场业务结构的划分和对"特许经营"业务的建议,结合我国机场现有业务构成状况及调整趋势分析,可以对我国民用机场特许经营适用的机场业务范围界定如下:主要包括两大类业务,一类是机场地面服务业务,一类是机场商业活动。

机场地面服务的范围。机场地面服务是指在正常的航空器运行状态下,航空器进出机坪所必需的服务,机场地面服务是附着在机场各种设施设备之上的各种劳动(或者服务),其中包括航空器航线维护,但是一般不包括航空器维修。机场地面服务的范围主要包括:一般代理,配载和通信,集装设备管理,旅客和行李服务,货物和邮件服务,廊桥、客梯、装卸和地面运输服务,飞机服务,维修服务,航空配餐和航空油料。

机场商业活动的范围。机场商业活动是指除机场地面服务以外的机场所有经营性商业活动,包括餐饮业、各种商店(含免税店)、银行外币兑换、出租车服务、汽车租赁、停车场、机场广告、机场与市区间的公共交通服务、汽油机动车服务站、美发理发店、旅馆、非饮食自动售货服务、货物集散和仓储服务、纪念品售卖服务等。

总体来说,在机场范围内开展以上业务可以采取特许经营的模式。

12.5.2 机场特许经营的招标

1. 机场特许经营招标程序

很多国家和地区的机场成立专门的机构,通过招标选择受许人,通过合同管理特许经营业务。

(1) 机场特许经营招标的基本程序

机场特许经营权的法律性质属于民事权利的转让,在转让方式上应采取公开招标的方式,招标要按照国家招标投标法规定的程序进行。机场特许经营由机场资源的法定代表实施授予,法定代表一般为机场管理当局。机场管理当局对运营商的选取通过市化的招标方式来进行,整个招标过程完全公开透明。

机场实施特许经营的一个基本前提是,机场管理当局与具体业务经营脱钩。机场管理当局不参与任何直接经营活动,与具体业务经营单位彻底脱钩,不存在任何股权或直接利益关系。

机场管理当局通过公开招标,按业务选择具体的经营单位。首先由承运人和运营商向机场管理当局提出申请,机场管理当局根据经营准入标准及规则对申请人的资质进行审核,对于符合经营准入标准及规则的申请人,机场管理当局与其签订特许经营合同并发放许可证,申请人即获得了某项机场业务的特许经营权。受许人必须按限定的业务范围在规定期限内从事特许经营活动,并向特许人交纳特许经营费。

(2) 机场特许经营招标的资质要求

机场管理当局在甄选特许经营合作伙伴时,对运营商的资质都有严格的要求,往往较多考虑对方的运营能力和资信程度。机场特许经营项目的运营商要具备经营该项目所需的业务能力,要具备提供优质服务的能力,具备项目要求的特殊条件。

对特许经营运营商的资质考察内容一般包括两个方面:对受许人的经营现状、存在问题及发展趋势进行分析和预测;对受许人进行资信调查。

(3) 机场专营权招标

机场专营权项目比其他机场特许经营项目的运营商挑选具有更大的难度,期限与要求更加严格,并且需要详细测算出特许经营权转让的收益回报。

如香港机场所有获批专营权的运营商均是经验丰富的专业化公司,且全部是经过公平严正的遴选过程而取得机场业务专营权的。香港机场特许专营业务的经营期限一般为5~20年,而其他的机场特许经营业务如零售、餐饮、租车等的特许经营期限一般为2年左右。

2. 航空发达国家和地区的机场的特许经营招标(如表 11.5 所示)

(1) 美国机场的特许经营招标

在美国,大多数机场在特许经营的招标过程中,都是成立专门的机构,通过招标选择受许人,通过合同管理机场特许经营业务。通过这样的程序来保证机场特许经营活动的公开、公平和公正。

美国机场在商业特许经营活动的招标过程中,会在受许人资质、装修方案、人员培训、人员最低工资以及安全管理等一系列方面提出相关要求。

(2) 欧盟机场的特许经营招标

欧盟机场的地面代理服务业务专营权是通过招标的形式获得。机场地面服务业务的投标要约应当在欧盟官方杂志上公布,任何对此感兴趣的地面服务提供者都可以参加投标。在与机场使用者委员会协商后,机场管理当局有权自主选择地面服务提供者。选定的地面服务提供者服务时间最长为7年。机场管理当局、机场使用者委员会和地面服务提供者之间每年至少进行一次磋商,磋商内容包括地面服务的价格,以及提供服务的组织形式。

表 12.5　航空发达国家和地区的优秀机场特许经营的招标过程

机场	项目	受许方式	对运营商的资质要求	受许年限
美国机场	部分特许经营业务	通过招标选择受许人，通过合同管理特许经营业务，对受许人资质、装修方案、人员培训、人员最低工资以及安全管理等提出要求		5～15 年
欧盟机场	地面代理服务	竞标	符合地面服务提供者应达到的标准	最长 7 年
新加坡樟宜机场	餐饮、零售、免税等业务	刊登招标广告，说明店类型和经营标准	符合总体要求、服务要求和用人要求的企业都可以提交投标书	合同为期 3 年，满足条件的可以续约 2 年
中国香港机场	机场货运站台	竞标，4 个专营牌照，目前已批出 2 个。在货运站投入运作的前 5 年内，可批出第 3 个牌照。在第 5～10 年内，可批出第 4 个牌照	获批专营权的经营商均是经验丰富的专业公司，全部经公平、严正的遴选程序取得专营权。香港机场管理局在各个专营权的批出项目上，都附带条件，以行使其监管职能	20 年
	飞机燃油供应系统专营权	竞标，1 个牌照		16 年
	航空配餐服务专营权	竞标，3 个牌照		
	飞机基地及外勤维修专营权	竞标，分别为 1 个牌照和 2 个牌照		20 年/10 年
	停机坪服务管理	竞标，3 个牌照		
	机场酒店专营权	竞标		25 年
	机场货运代理中心专营权	竞标		20 年

资料来源：马少华. 机场特许经营权[M]. 北京：中国商业出版社，2005.

(3) 新加坡樟宜机场的特许经营招标

新加坡樟宜机场不直接从事经营餐馆和商业，而是通过招标出租营业场地，把这些餐饮店和商店交给业主经营，感兴趣的业主可以通过公开竞标的方式取得在机场的营业权。通常做法是，机场主管部门新加坡民航局首先在本地报纸上刊登招标广告，并在招标书中说明商店类型（如体育用品商店）和经营标准（如总体定价要求、服务要求和用人要求等），感兴趣的企业都可以提交投标书。竞标成功的业主需要与民航局签订为期 3 年的合同，有时还可以续约 2 年。租约期满后，如果没有续约，新加坡民航局将对经营场地进行新一轮招标。

竞标设店不仅引来众多的商家，同时也引入了市场竞争机制，使顾客有了多种选择，那些商品价高质低的商家将被淘汰。遭顾客投诉的违规商家因存有案底，中标的机会降低，只有那些达到经营标准并受到顾客青睐的业主才能在机场长久经营。竞标开店的另一好处是，机场管理部门同机场内餐馆和商店的经营者没有直接的经济利益关系，他们之间的利害关系在于餐馆和商店服务的好坏直接影响到机场的信誉，影响到机场能否吸引旅客在樟宜机场转乘和中转。这样一来，旅客利益一旦受到商家侵害，就比较容易得到机场管理当局的保护。

（4）中国香港机场的特许经营招标

香港机场专营权的批授一般要经过三个阶段：市场评估、拟订业务计划和洽谈。香港机场专营权的期限有5年到20年不等，具体专营年限取决于项目的投资成本和业务性质。

在香港机场，获批专营权的经营商均是经验丰富的专业化公司，全部经公平、严正的遴选程序取得机场业务的专营权。同时，香港机场管理局在各个专营权的批出项目上，都会附带条件，以行使其监管职能，使提供的服务既安全又具有成本效益和竞争力。

（5）英国曼彻斯特机场的特许经营招标

在英国曼彻斯特机场，候机楼内的商店、餐厅、酒吧以及机场内的酒店、汽车租赁、航空配餐、行李分拣公司、货运代理等均是采用招标的方式选定运营商。但在运营商的选取中，并不是报价最高者就可中标。因为投标者的素质、服务水平、商品价格的合理性等因素对机场的形象和利益都有影响，因此在招标前曼彻斯特机场要事先遴选出服务水平合格的投标人参加竞标，通过竞争选出对机场更为有利的投标者，从而保证机场能获得最大的利益。

（6）我国澳门机场的特许经营招标

澳门机场也是通过招标的方式实现特许经营运营商的选取。例如，澳门机场的非禁区清洁服务、飞机停泊辅助系统维修、旅客捷运系统维修、手推行李车管理服务、客运大楼银行服务等业务的经营权都通过特许经营招标。

12.5.3 机场特许经营的谈判及合同订立

1. 机场特许经营的合同谈判

在机场特许经营合同签订之前，双方的洽商、谈判尤为重要。一旦选定运营商后，机场特许经营的授予方和受许方将会就具体经营事宜进行谈判。在谈判中，双方需要涉及以后的合作方向、利润分配、权益保护、管理权限、合作时长、合同签订、合约解除等众多问题。尤其在机场专营权项目的谈判上，因涉及工程较大，历时将较长。

2. 机场特许经营的合同订立

航空发达国家和地区的机场特许经营是依靠正式合同来维系的。例如，我国香港特别行政区、我国澳门特别行政区、新加坡、欧盟等地的机场特许经营合同在内容和特征上具有以下共性：

法律法制先行：强调法制，依法对特许经营合同加以规范。在订立各种特许经营合同时，会对各种管理模式进行深入研究，并指出如何管理、如何立法。在特许经营人签订合同之前,要向受许人披露足够的信息。机场特许经营也不例外。

在合同订立上,机场管理当局拥有主动权:国外及我国香港、我国澳门地区机场的特许经营合同的条款基本上是由特许人制定的,运营商必须服从特许经营合同的约定,同时可以在谈判中强调对一些合同条款的要求。对合同的起草成为特许经营人的一项法定义务,但同时也构成特许人的优势。航空发达国家和地区的机场的许多特许经营合同是由特许人聘请律师精心拟定的,在拟定过程中,一些机场会非常强调自己的特权。

合同内容强调双方的权利和义务:一般特许经营合同的内容都包括合同债权和合同债务,即合同权利与义务。在航空发达国家和地区的机场特许经营合同法律关系中,运营商有权要求使用机场管理当局的有形资产和无形资产,并有权要求被培训指导。机场管理当局有权要求运营商支付相应的费用。由于机场特许经营合同的内容十分广泛,因而合同具有一定的复杂性。

合同内容注重解决特许人与受许人的冲突:航空发达国家和地区的一些机场对特许经营合同的制订有专门研究人员,重点研究如何调整特许人与受许人的冲突,并根据各国和地区的实际情况提出具体解决方案,规范特许经营合同,完善合同管理法制。

合同内容强调保护各自的商业机密:机场运营要保证整体形象,各个受许运营商也要保持自己的独立性,在各自的具体运营中存在一些商业机密,这是受到法律严格保护的。在航空发达国家和地区的机场订立特许经营合同时,关于商业机密都有相关的详尽的条款。

12.5.4　机场特许经营的管控

1. 价格管控模式

对商品和服务的价格管控是机场特许经营管理的重要内容之一,其主要模式包括以下几种。

在机场特许经营的管理中,对于某些业务,机场管理当局会实行价格控制,采取由机场管理当局定价,或机场管理当局与运营商共同制定价格等方式来实现机场的价格管理。

在机场特许经营的管理中,通过引入竞争机制来实现价格管控的手段很常见。对于某项业务,机场管理当局选择两个以上运营商同时提供服务,并采取措施鼓励竞争,以防止价格垄断。

机场管理当局还可以通过成立旅客投诉机构来处理旅客与运营商之间的矛盾,也便于对运营商的服务质量及价格进行监管。

2. 航空发达国家和地区的机场的价格管控

航空发达国家和地区的机场在特许经营的实施过程中,都对受许方的商品和服务价格进行监管,我国在实施机场商业和地面服务的特许经营时,可借鉴其价格监管标准和监管方式。

(1) 美国机场特许经营的价格管控

对于在机场范围内开展特许经营业务的受许人,美国机场都要对其商品和服务的价格及服务质量进行监管。在美国的大部分机场,受许人在开始营业时必须向机场管理当局提交商品和服务价目表,以后价格发生任何变动都必须经过机场管理当局的审核。从美国各个机场的实际情况来看,一般机场内商品和服务的价格是市场价格的100%~130%。机场管理当局要求价格变动必须经过审核,受许人需要提出三个以上的相同商品市场价格作为参考,经过30天左右的审核后,才能允许提高价格。同时,美国大部分机场都设有专门的客户服务部门负责服务质量管理和处理旅客投诉。

(2) 我国香港特别行政区机场特许经营的价格管控

香港机场为了维持公平竞争的原则,对一些专营公司实行财务管制计划。价格管制的办法主要是通过设立内部收益率上限和价格上限来控制其价格。如发现有妨碍竞争的情况,机场管理局有权提早取消专营权。

例如,对航空货运站,香港机场鼓励当局对货物实行收费定价。价格必须由机场管理局与专营公司共同定出,并且该价格管制机制实施6年,然后机场管理局再重新评估。

(3) 新加坡樟宜机场特许经营的价格管控

为最大限度地保护旅客利益,新加坡民航局在樟宜机场推行了两项消费政策:一是旅客在购买商品后30天内可以凭发票要求退货并全额退回货款,而且不必说明理由;二是旅客在购买商品后如发现其价格高于樟宜机场指定的市内参考商店同种商品的价格,有权要求商家双倍返还差价部分。新加坡民航局经常在樟宜机场组织一些促销活动,旅客在机场购物就餐的同时还有机会赢取各种商品或可在机场使用的购物券。这些政策造就了樟宜机场的优质服务,吸引旅客在机场购物消费。

(4) 英国曼彻斯特机场特许经营的价格管控

确保机场的商业竞争力是英国曼彻斯特机场特许经营的主要目标。在零售业管理上,曼彻斯特机场严格规定候机楼内所有商品的价格不得高于市区同类商品价格,以确保机场的商业竞争力。同时,机场当局争取更多声誉好的品牌公司进入候机楼,以给机场带来良好的商机。

3. 质量管控模式

综观航空发达国家和地区的机场对特许经营运营商的服务管理,一般是通过机场管理当局在运营商招募和经营管理中制定统一的服务标准,由机场管理当局充当服务设计者来实现的。

同时,航空发达国家和地区的机场都会成立旅客投诉机构,以处理旅客与运营商的矛盾,也便于对运营商的服务质量监督。

4. 航空发达国家和地区机场的质量管控

(1) 美国

在美国的大部分机场,对于地面服务,均是由机场管理当局在与航空公司和地面服务商签署代理协议之后,按照联邦和地方法律的要求对服务商的资格、人员培训、薪酬标准、服务标准以及人员背景(主要是安全方面的背景)进行审查,审查合格后办理经营许可。

为保证旅客能够享受优质的服务,机场管理当局一般设有客户服务部门负责对商户的服务质量进行管理。该机构负责处理旅客投诉等问题,并根据情节轻重对运营商予以罚款。

在机场管理当局对受许人的管理上,美国机场一般会参照当地政府对机场班车、出租车、商业经营上的有关指令,要求受许人按照特许经营招募方案的要求提供服务。机场管理当局会对达不到服务标准的商户提出警告和处罚,甚至与其终止合同。

(2) 我国香港特别行政区

在机场特许经营业务的质量管控中,香港机场管理局主要是通过对各项特许经营权项目实行定期监察业务伙伴表现的手段,以此确保在机场内经营的运营商能够依照国际标准及行业标准提供相关服务,并达到航空公司及有关方面的要求。

(3) 欧洲

欧洲的大部分机场在商业特许经营的质量管控中,机场管理当局按照相关标准和合同对商业活动的价格、服务质量以及运行安全等方面进行定期监督检查。

在地面服务特许经营的质量管控中,欧洲各国政府以及机场管理当局都十分重视对地面服务市场开放后的监督检查工作。各机场都制定了整套的地面服务监督检查制度,主要内容包括地面服务提供者是否有违反相关规定的安全问题以及地面服务提供者是否在其核准的经营范围内进行经营等。对地面服务过程中发现的问题要求提供商及时予以纠正,其处罚手段从罚款直至吊销其经营执照。

(4) 新加坡

在对机场特许经营运营商的管理上,为了保障运营商的服务质量,新加坡樟宜机场制定了一系列的服务标准。

樟宜机场一向以其优质高效的服务在国际上享有盛誉,是国际机场协会推举的"最佳国际机场"。樟宜机场的服务是新加坡民航局的知名品牌和荣誉来源,餐饮等商业服务是其中的重要组成部分。因此,对于餐饮等商业服务,新加坡机场管理当局通过旅客调查和定期检查等方式,严格监督合同的执行情况,确保商家合理定价,并达到民航局的卫生及服务水平。在商业特许经营领域,新加坡机场从整体规划、布局、安全、服务质量、价格和销售额等方面对商家进行监管,以保证机场在商业方面的竞争力,保障广大机场商业消费者的利益。在地面服务专营领域,新加坡机场通过制定各种标准来监督地面服务的运作,标准包括安全、效率(时限)和服务质量等方面。如登机手续要在10分钟内办好;行李差错率不超过万分之四等。机场一旦发现受许人提供的服务未达到标准,就会与其商谈并决定改进措施。如果改进不力,受许人就可能失去专营权。

在对物流园区的管理上,新加坡机场制定了货运区"一关三检"的标准:机场设有一个集中的海关和安全检查站,检验进出机场的货物,贸易许可办公室帮助办理进出口许可和其他贸易文件,动植物检疫小组检查从新加坡过境的动物、鱼类和植物。海关通过虚拟电子交易平台将空运货运商和海关、贸易发展局等其他单位连接起来,货运商发出的申请可以在30分钟内得到处理。

12.5.5 机场特许经营的收费

1. 机场特许经营的收费模式

(1) 机场特许经营收费的原则

特许经营收费是机场收入的重要组成部分,国际民航组织在机场收费体系中认为:机场应当在机场设施内尽可能地开发非航空性商业活动,以取得特许经营收入和租金。

但是,机场特许经营收费的目的不是仅仅为机场管理当局带来高额收入。根据《机场经济手册》所述:在试图通过提高特许经营费来增加机场收入时,建议要谨慎行事,以避免特许权受让人的零售价过高。因此,特许经营并非机场公司为获取不合理的高额收入所增设的收费项目,其数额仍需要根据市场规律合理地确定。降低特许经营费有利于提高机场的竞争能力并吸引更多的航空公司。因此,国际机场有降低特许经营费的趋向。

(2) 机场特许经营收费的模式

在机场特许经营收费中,普遍流行收益共享机制。特许经营费的收取通常采取最低保障费额与按营业收入的一定比例计费相结合的形式,目的是使机场管理当局与特许经营商在一定程度上实现风险共担、收益共享,共同做大做强机场的市场。

2. 航空发达国家和地区机场特许经营收费

在航空发达国家和地区,各个机场根据自己的不同情况而采用不同的收费方式和收费比例。同时,在不同的业务项目中,收费方式也存在差异。

(1) 美国机场特许经营收费

美国的机场管理当局对于商业特许经营费的收取一般采取年最低保证金和营业额比例提成相结合的办法。每月受许人在规定日期前向机场管理当局上交年最低保证金的1/12,每月月末根据营业额,补缴规定提成比例的剩余部分。受许人使用机场设施设备、租用机场空间和停车场、办理人员通行证、使用物业保洁等服务,必须按照规定缴纳相应费用。

具体来看,美国各个机场的商业零售特许经营提成比例一般为营业额的10%~14%;食物和饮料的特许经营提成比例为经营收入的10%~18%;免税店特许经营提成比例较高,一般在收入的30%以上。广告收入是机场特许经营的重要部分,广告特许经营提成比例一般会高达营业额的60%。机场向出租汽车行业征收的特许经营提成比例一般在营业额的10%左右,或者每部车的特许经营执照费用为每年1400美元左右。通信服务的特许费用是比较高的,通信收入提成比例一般在30%~50%左右。

在向地面服务提供商收取特许经营费的少数机场,地面服务的特许经营费收取比例为5%~10%不等,有的机场如旧金山机场还采用收取固定费用(每个服务商每月征收580美元的管理费)。同一机场在具体的地面服务项目上,特许费的收取也有一些小的差异,以燃油加注为例,加油服务商除向机场交纳每加仑1美分的费用以外,还按照营业额的10%交费。在收费对象上,有的机场,如纽约、丹佛和波士顿,向独立的地面服务提供商和航空公司的非自营服务收取特许经营费,有的机场如旧金山和匹兹堡只向独立的地面服务商收取特许经营费,有的机场如洛杉矶对所有的地面服务商收取特许经营费。

在不收取地面服务特许经营费的大多数美国机场,机场只向地面服务商收取场地租金、物业费用、停车场费用和相关员工的通行证件费用等。

(2) 欧洲机场特许经营收费

在机场候机楼内的商业特许经营业务上,欧洲机场的做法是采用按照保底金与营业额提成取最高的方式收取费用。

在机场地面服务方面,按照欧盟的指令,各国机场制定自己的关于地面服务的设施细则。在地面服务收费方面,没有统一的地面服务收费标准,收费名目也不一致,包括场地租赁费用、设备费用和相应的消耗费用等。但是,有一点很明确,欧洲各个机场都没有征收地面服务特许经营费。

(3) 新加坡机场特许经营收费

新加坡机场特许经营收费包括两大类：机场商业特许经营费和机场专营权费。

机场商业特许经营的收费包括三项：基本租金（又叫最低保证金）、机场服务费和销售提成。基本租金根据招标店铺的面积、位置、用途确定；机场服务费包括冷气、清洁、管理等费用，根据招标店铺的面积、位置、所需服务的种类确定；销售提成根据每月该店铺的总销售额提取，提成比例根据店铺的用途不同有较大差异，香烟、酒和化妆品免税店的比例是 50%，餐饮的比例约为 20%～30%，花店约为 10%，电器店约为 8%～10%，电脑店约为 6%。对每个受许人，基本租金和销售提成二者中，机场选择数额高者收取其中一种。

机场专营权费：目前新加坡机场的地面服务由两家独立于机场的地勤公司经营——新加坡机场终站服务有限公司(SATS)和樟宜国际机场地勤服务有限公司(CIAS)。目前机场向两家收取的专营权费均为总收入的 10%。应当特别指出，为保证公平和有效竞争，对新航控股的 SATS 给新加坡航空公司提供的地面服务，机场同样收取 10% 的专营权费。

(4) 巴黎机场特许经营收费

由于巴黎机场集团公司处于欧洲，因此必然会受到欧洲法规的约束。早在 1997 年 6 月，欧洲委员会就出台了一个关于机场收费的指令。这个指令遵循了国际民航组织关于机场收费的规定，并且采纳了以下几个原则：与成本挂钩的原则，透明度的原则以及非歧视原则。

第一，不提供服务，不得收费。这个原则确定了机场收费的前提，确定了机场收费的限制范围。机场收取的费用是针对那些机场提供的服务收取的；没有提供服务的，不得收取任何费用。

第二，收费额应与所提供的服务成正比。明确了机场收费的范围后，收取多少费用比较公平合理是任何机场定价必须解决的问题。这一原则确定了机场收费的定价标准是以所提供的服务为基础，并且两者成正比关系。

第三，同一种项目的收费对所有用户一视同仁。由于机场收费面对的是众多的机场用户，既包括航空公司，又包括特许经营受许人等，既有国内用户，也有国际用户。因此，对于同一种服务项目，不论享受服务的对象是国内的，还是国际的，也无论是大型航空公司，还是小型航空公司，机场收取的费用是一致的，没有差别对待。

以上三个方面反映了巴黎机场集团公司机场收费和定价的基本原则，也是世界各国基本都认可的原则。但是，该指令于 2001 年 12 月被撤销了。不过，其中的非歧视性原则——实际上基本等同于上述原则之三，即机场的收费和定价不得针对不同的用户采取非一致的歧视性标准，仍然为大多数欧洲机场所采用。具体讲就是：关于机场收费的任何决策必须符合非歧视性原则，国内航班和国际航班之间在机场起降费方面不得再有区别对待。

从机场收费和定价的基本原则可以看出，巴黎机场集团公司是以机场所提供的服务作为收费的基准点。而机场收费的价格是按照提供此类服务所发生成本来确定的。巴黎机场集团公司的机场服务成本是按照五个方面来确定的：资金的分期偿付（包括财务费用）、维护成本、运行成本、管理成本、行政管理成本。机场收取的费用主要包括起降费、停场费、旅客服务费、灯光费、飞机燃油销售费、其他收费。

（5）我国澳门特别行政区机场特许经营收费

澳门机场的特许经营权费包括特许经营单位所占用的场地租金、特许经营费和营业额提成。例如，经营航空油料业务的南光集团，澳门国际机场专营公司（CAM）目前只向其收取前两项，第三项加油提成费暂时不收，但在合同中保留加收的权利。

澳门机场管理有限公司（ADA）又是如何向业主收取管理费的呢？他们的办法是，采用成本加成计算法，按其实际发生的所有费用的5%向专营公司（CAM）收取管理费。为了避免此举可能导致管理费用猛增，双方合同均详细约定了管理费用的内容、产生渠道和变化幅度等，如管理费用无端上涨，则说明双方合同还有不完善的地方，需及时改进。

3. 我国内地机场特许经营收费

我国还没有一致的特许经营费模型，对于能否在收取租金的同时收取特许经营费，我国机场业存在着不同看法。

机场特许经营权由机场根据各自情况自己决定，那么在费用的收取上也应体现自主原则。对于未列入特许经营的经营项目，一般以租金的名义收取房屋、土地或设施的租赁费；而对于列入机场特许经营范围的经营项目，则可根据各项目的不同情况，既可以将租金包含在特许经营费中统一收取，也可以在租金以外，按营业额或利润的一定比例另行计算、收取。

本章小结

机场特许经营是指，政府授予机场管理当局以机场的经营管理权后，机场管理当局对于机场范围内的业务项目通过公开招标或其他方式，与选定的各业务项目的运营商签订特许经营协议，受许人即取得某业务项目的经营权，并通过协议明确特许经营期限、特许经营权费标准以及机场管理当局与受许人之间的权利义务关系等。机场管理当局是指机场的所有者，在我国一般为政府投资或授权的机场管理当局，机场管理当局作为机场所有者的代表享有机场的经营管理权利。

由于机场各项业务的性质不同，其特许经营运作也呈现出不同的特征。国际上一般区分机场特许专营和机场特许经营两种模式，二者在机场的不同业务中所占的比重不同。

随着社会经济的发展，民航业在国民经济中的地位和影响力与日俱增，机场的经营模式发生了深刻变革。机场特许经营应运而生。

我国机场实施特许经营有三大益处：首先，实施机场特许经营可以有效解决机场长远发展的投融资问题；其次，实施机场特许经营可以在机场经营中引入竞争机制；最后，实施机场特许经营可以维护社会公众的利益。

机场特许经营的实施主要涉及以下项目：确定特许经营的业务范围、招标选取运营商、对运营商的管理。

复习与思考

1. 什么是机场特许经营？
2. 如何实施机场特许经营？

附录 12.1

首都机场特许经营案例

一、首都机场的发展历史

首都机场于 1958 年投入使用,目前有三座航站楼、三条跑道、两个塔台、137 条滑行道、314 个停机位,年设计旅客吞吐量为 7600 万人次。

十余年来,首都机场始终是国内飞机起降架次及旅客吞吐量最大的机场。1996—2006 年,首都机场日均飞机起降架次翻了两番,从 1996 年年初的 333 架次/天增加到 2005 年最高 987 架次/天。而在此期间,中国国内民航飞机的数量仅增加 1 倍,从 1996 年年初的 410 架增加到 2005 年年末的 860 架。首都机场的旅客吞吐量始终占到全国机场旅客吞吐量的 16%～17%。

二、航空性收入平稳增长

1999—2004 年,首都机场航空性收入的复合增长率为 15%(图 1)。增长主要来自两方面:一是机场航空业务量在此期间快速增长,飞机起降架次的年复合增长率为 13.1%。二是机场收费的调整:2002 年 9 月,飞机起降费和旅客过港服务费都有小幅调整,总体费率上调。

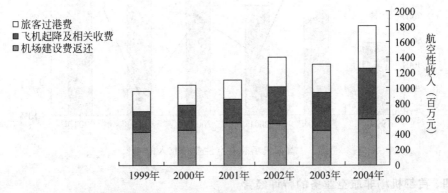

图 1 首都机场 1999—2004 年航空性收入年复合增长率 15%

从 2005 年首都机场收入构成看(图 2)，航空性收入(包括旅客过港费、飞机起降费、机场建设费返还)仍然是公司收入的主要来源，占公司收入的 70%，而非航空性收入(包括特许经营收入、停车场收入、租金收入等)只占 30%。

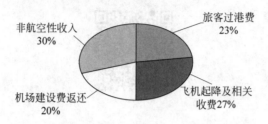

图 2　首都机场 2005 年收入构成

三、非航空性收入成为新的利润增长点

非航空性收入主要包括地面设施使用费、地面服务收入、免税店、租金、配餐、餐厅、广告、停车场、维修收入等。当前，首都机场的非航空性业务收入在总收入中的比例约为 30%。

1999—2004 年，首都机场非航空性收入的年复合增长率是 7.3%，增长率显著慢于航空性收入的增长，主要原因是非航空性业务原来主要为自营，效率较低，增长主要来自营业面积的增加(图 3)。例如，1999 年 2 号航站楼启用，使得 2000 年非航空收入同比增长了 45%；2004 年 9 月 1 号航站楼的重新启用，使当年非航空业务收入同比增长了 39%。这种缺乏内生增长的营业模式有其内在的缺陷，随着首都机场特许经营权业务的逐步展开，非航空性收入将步入稳定增长阶段。

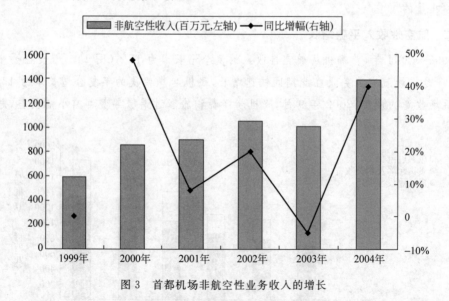

图 3　首都机场非航空性业务收入的增长

四、首都机场非航空业务的特许经营

2005 年，民用航空局将首都机场、上海浦东机场、深圳机场、厦门机场定为特许经营

权的试点单位。首都机场的特许经营业务开展走在全国前列。

2005年1月1日,处置了北京机场饮食服务公司的股权,该公司主要业务是经营餐厅和食品商店;2005年1月26日,将零售和广告业务的相关资产和负债转让给关联方;2005年12月22日,将地面服务、航空配餐、航空保安、绿化环保、动力能源等机场内配套业务进行资产重组。

2005年12月27日公布了特许经营费实施公告,具体内容包括:

(1)机场定位向管理者方向转变,转让经营性资产,包括:地面服务公司:60%股权,以净资产定价,目标价格1.34亿元;航空配餐公司:60%股权,以净资产定价,目标价格1.36亿元;其他如保安、清洁和动力能源等资产。

(2)实施特许经营权,提升机场的垄断性资源价值,包括:征收地面服务特许经营费:向机场内所有提供地面设施使用和地面服务的供应商收取,"按照飞机起飞全重,4元/吨收取"。该项收入将随着飞机起降架次的增长而增长。按地服公司的最大起飞全重每吨4元征收,收入6000万元左右,无相应成本。征收航空配餐特许经营费:按配餐供应商的营业额4%征收,收入600万元左右,无相应成本。该业务将随着机场内旅客吞吐量的增长而增长。广告:按照广告收入的70%收取。随着机场客流量的增长,广告受众人数将迅速增加,机场内广告的价值将随之上涨。免税店和餐饮:按照"收入分成"和"保底收入"孰高的原则收取。"保底收入"按照2004年免税和餐饮利润水平的80%确定。

截止到2005年年底,首都机场非航空业务中除柜台租赁、停车场、维修业务外,全部以特许经营权的方式进行运营,公司仅收取特许经营权收入,同时不必负担相应业务的成本。未来对货运站业务、航空煤油业务等也有可能收取特许经营费。转变为特许经营之后,公司仅靠特许经营权就可以获取利润,同时避免了直接经营风险。虽然收入会有较大幅度下降,但同时无须负担相应的成本,非航空业务利润将有较大幅度增长。

五、特许经营带来非航空性业务效益提高

2005年1月起,首都机场实施非航业务调整策略,不再自营若干非航空业务,而是将其授予专门营运商特许经营,从中收取特许经营收入。特许经营的范围主要包括零售、广告及餐饮。同时首都机场还获得民用航空局批准,作为试点机场,自2005年1月1日起对部分地面服务业务、航空配餐业务实施特许经营。配合这一策略,首都机场于2005年先后将与上述业务相关的资产、权益与负债进行了剥离。

实行特许经营的成果显著。一方面,2005年零售、餐饮和广告收入较2004年降低了2.97亿元(表1);另一方面,以2004年的可比口径计算,实行特许经营后,首都机场经营成本降低了4.35亿元(表2),这意味着即使不考虑2005年与2004年相比的收入与成本增长,由于零售、广告和餐饮业务实行特许经营,至少使首都机场增加税前利润近1.4亿元。

表1 首都机场实施特许经营后零售、广告和餐饮业务收入的变化

(单位：人民币,千元)

业务类别	2004年	2005年	2005年较2004年增加
零售	514 103	165 489	−348 614
广告	110 469	120 441	9972
餐厅	111 708	42 554	−69 154
合计	625 811	328 484	−297 327

从首都机场案例来看，特许经营的实施作为机场转变经营模式的主要方式已经开始在我国逐步展开。目前几大枢纽机场已经获得民用航空局的特许经营权试点资格，而相应立法工作也在进行。作为国际广泛推行的机场经营模式，特许经营的实施将更能体现机场的资源价值，并且能够推动机场航空延伸服务业务的发展，从而带动机场整体估值水平的提升。

表2 首都机场零售、广告和餐饮业务实施特许经营后成本的变化

(2004年可比口径)(单位：人民币,千元)

	含零售、餐饮、广告业务的成本	不含零售、餐饮、广告业务的成本	实行特许经营导致成本减少
折旧	458 939	452 912	6027
员工费用	369 342	304 409	64 933
水电动力	166 465	163 912	2553
修理及维护	124 423	118 585	5838
货品及材料成本	335 391	36 457	298 934
其他	440 907	384 382	56 525
合计	1 895 467	1 460 657	434 810

附录12.2

香港机场特许经营案例

香港机场在国际机场管理领域享有较高声誉，其对机场特许经营权的管理可以代表国际先进机场成熟的通行做法。作为内地机场与国际上机场管理惯例接轨的"窗口"，香港机场的做法对我们有着很好的借鉴意义。

从香港机场的运营来看，除了航空公司外，目前共有22家专营公司在机场提供各种服务，包括航空货运、油料、维修、配餐、地面服务等，特许经营权已经得到充分实施，机场资源利用率非常高；从2004年实际的特许经营收费看，机场禁区辅助服务专营权和零售特许经营权分别为机场贡献了10.9亿港元和16.9亿港元收入。

一、香港机场特许经营资源的分类

香港赤腊角机场工程包括三部分：一是香港机场管理局设施：政府注资366亿港元、举债132亿港元，负责建造和营运机场，主要为特许经营权设施；二是专营权设施：主要包括两个航空货运站、飞机燃油供应系统、航空配餐、机务、地勤服务设施5项，还有机场酒店、机场免税店、机场客货运代理中心等需机场批出经营牌照的设施；三是政府设施：含空中管制、气象服务、消防、出入境、海关、警察和邮政服务设施。香港机场对专营权设施和特许经营权设施均实行机场专营和特许经营管理，由香港特区政府立法，香港机场管理局作为香港机场的业主依法实施。

二、关于专营权管理

香港机场专营权管理可分为两个阶段，第一阶段为机场建设期及运营前期普遍采用的"一般模式"——货运站模式，机管局仅收取专营商一定的土地租金或特许权费，其特点是机管局无风险，且有稳定回报。第二阶段为机场投入营运后的"发展模式"——物流中心模式，机管局用土地与专营商以合作伙伴关系共同发展，其特点是低风险，可能有较大回报。

第一阶段，"一般模式"。香港机管局在各个专营权的批出项目上，都会附带条件，以行使其监管职能，使提供的服务既安全又具有成本效益和竞争力。机场各项服务专营权的年限在5年至20多年不等，所有获批专营权的经营商均是经验丰富的专业公司，全部经公平严正的甄选过程而取得专营权。

例如，机场货运站共设4个专营牌照，目前已批出两个，一家为"香港空运货站有限公司"，投资逾80亿元，货运市场占有率约80%，由怡和、太古、九仓、和黄、国泰、中国航空及中信泰富等财团组成，并由中银、汇丰、日本兴业等12家银行组成的财团承担66.2亿元的项目融资。另一家为"亚洲空运中心有限公司"，由CIAS（新加坡樟宜机场地勤服务）、SATS（新加坡机场终站服务）、招商局、嘉利集团、联邦快递等联合组成，投资达8亿元，货运市场占有率为20%，以上两家专营公司牌照年限为20年，由获牌照公司自行融资、建造、管理及营运。但其货物收费定价，必须由机管局与专营公司共同定出，并且该价格管制机制维持6年，而后机管局再重新评估。如发现有妨碍竞争的情况，机管局有权提早取消专营权。而且协议规定，在货运站投入运作的头5年内，机管局可随时批出第3个牌照，在5~10年内，可批出第4个牌照（年限设置原则是当一个牌照的业务量接近满负荷时，考虑批出下一个牌照），这样，机管局持有不断引入竞争并维持运作活力的特权。货站一旦运行，机管局则向两家经营者收取货物处理收入的10%作为回报。可见，机管局既要代表政府，对介入机场事务的各个财团行使监管权，又要以灵活的手法进行商业运作。以下是香港机场在建设期批出的其他专营项目：

飞机燃油供应系统专营权：18亿港元，有3个财团竞投1个牌照。最后由加德士石油、国泰航空、中国航空、华润石油、埃索香港、科威特石油、中华石化、美孚、蚬壳共9家财团联合组成的"香港航煤供应有限公司"投得，专营权运营商获保证其有15%的回报，需融资17亿港元，其中15.47亿港元为16年期的有期贷款；1.2亿港元为建造期债券；0.24亿港元为循环信贷，属融资项目。

航空配餐服务专营权：共3个牌照，20亿港元。最大一家为国泰航空饮食服务公司，需投入16亿港元，机管局根据不同的航线情况，收取配餐服务总收入的3%～5%作为专营费。此外，机管局亦按占用土地面积，每年向专营者收取每平方米750美元的地租。其余两家为德国汉莎和瑞士GATEGOURMET。

飞机基地及外勤维修专营权：香港飞机工程有限公司（上市公司）投资15亿港元，投得为期20年的飞机基地及外勤维修专营权。此外，飞机外勤服务（含飞机外勤维修）专营权分别由两家投得，一家为新加坡的泛亚太平洋航空服务公司，另一家为和黄与中航组成的中国航机服务有限公司，期限为10年。

停机坪服务管理：3个牌照，5亿港元，由3家投得，分别为香港机场服务有限公司、怡中航空服务有限公司、明捷航空服务（香港）有限公司，机管局向其收取总收入的一定百分比作为专营费，并收取其在客运大楼的写字楼及储物场所的租金。

机场酒店专营权：20亿港元，有8家酒店业财团参与竞投，最后由香港富豪酒店集团投得。机管局以地皮招租的形式获利，共25年的酒店营运分租期，酒店本身10年回本。

机场货运代理中心专营权：19亿港元，由新鸿基地产为首的财团投得，获分租20年的营运权。

香港机场在经营期通过招标批出的专营项目数量更多，如非禁区清洁服务、飞机停泊辅助系统维修、旅客捷运系统维修、手推行李车管理服务、客运大楼银行服务等经营权。

第二阶段，"发展模式"。香港机场在运营之后，发现珠江三角洲有大量小货船的货物在香港转口运至欧美，机管局即向港府申请在机场海域开设小码头项目。在获批50年经营权后，再通过竞投形式由珠江海空联运有限公司获得该项目的特许专营权，由该公司投资、建设、经营，期限为50年。机管局一分钱不出，只用土地为条件，以合作伙伴方式与其共同发展，不仅可向营运商收取总收入一定百分比的专营权费及一个固定的牌照费，还可能获得以土地为条件的分红。管理者、经营者均对合作的"双赢"表示满意。

2001年2月，机管局与商贸港香港有限公司签订协议，采用BOT投资模式兴建及营运物流中心，项目投资5.3亿港元，租约为期25年，另有两年为建造期。根据协议，商贸港香港有限公司将负责设计、建造、营运及管理物流中心，在租约期满后，再将该中心转让给机管局。该中心位于机场岛的南商业区，占地达1.38公顷，总建筑楼面面积达4.14万平方米。至此，机管局正式涉足航空物流事业。

香港机场物流营运合约是一种创新的批准经营方式，是在机管局特许批准下的专营，机管局根据《机场管理局条例》以审慎商业原则管理所有资产包括土地与专营权，以合作伙伴关系共同发展，它不涉及经营财团的亏损，只在财团营业金额上分成。换言之，机管局是以最低风险批准经营权，全部投资由财团负责，机管局是以利润分成来体现土地价值和增值。

三、香港机场特许经营权管理

对特许经营设施，香港机管局一般进行特许经营权管理，管理方式基本上与专营权管理的"一般模式"相同。如2001年年底在机场客运大楼抵港层设置商业服务柜台，为机场使用者提供酒店接待、旅行团预订、各类服务租赁、自驾汽车租赁、专利巴士票务和其他商业服务等，但不包括保险、货品销售、博彩、接送及交通服务。通过公开招标能够营运以上任何一项商业服务的机构，服务期为两年。同时，2001年年底客运大楼商业服务柜台也完成招标。

香港机场目前正孕育南面、东面和北面三大新的商业社区，其中南面商业区占地30公顷，主要为货运相关设施发展区；东面商业区占地10公顷，为商业园发展区；北面商业区占地45公顷，为办公室、酒店、酒店式住宅、会展场地、零售和休闲设施。这些区域相关经营项目也都分别处于招标中。

四、香港机场特许经营的立法

香港机场非常注重利用特许经营权对机场资源的开发，专门以立法形式制定了《机场管理条例》，明确了特许经营权的管理与使用。如《条例》规定：除军事、警务和海关缉私飞机以外的航空活动，包括从事旅客服务、票务售卖服务、办理旅客登记及登机手续、办理行李托运手续、办理行李领取及处理手续、办理行李及货物装卸程序、办理飞机地面服务等，均可通过特许经营方式实行外包。在机场从事航空业务运作的单位使用机场飞行区、停机坪、客运大楼、货运大楼等机场设施，应按照规定向机场管理当局提出申请，经批准后方可实施，获批准的单位必须严格遵照获同意的文件和航班计划实施执行，提高机场利用率和服务水平，并规定按时向机场管理当局缴付特许经营的费用。

附录 12.3

商业特许经营管理办法

商务部令 2004 年第 25 号

第一章 总 则

第一条 为规范商业特许经营行为，保护当事人的合法权益，促进商业特许经营健康有序发展，制定本办法。

第二条 本办法所称商业特许经营（以下简称特许经营），是指通过签订合同，特许人将有权授予他人使用的商标、商号、经营模式等经营资源，授予被特许人使用；被特许人按照合同约定在统一经营体系下从事经营活动，并向特许人支付特许经营费。

第三条 在中华人民共和国境内开展特许经营活动适用本办法。

第四条 特许人可以按照合同约定，将特许经营权直接授予被特许人，被特许人投资设立特许经营网点，开展经营活动，但不得再次转授特许经营权；或者将一定区域内的独家特许经营权授予被特许人，该被特许人可以将特许经营权再授予其他申请人，也可以在该区域内设立自己的特许经营网点。

第五条 开展特许经营应当遵守中华人民共和国的法律、法规，遵循自愿、公平、诚实、信用的原则，不得损害消费者合法权益。

特许人不得假借特许经营的名义，非法从事传销活动。

特许人以特许经营方式从事商业活动不得导致市场垄断、妨碍公平竞争。

第六条　商务部对全国特许经营活动实施监督管理,各级商务主管部门对辖区内的特许经营活动实施监督管理。

第二章　特许经营当事人

第七条　特许人应当具备下列条件：

（一）依法设立的企业或者其他经济组织；

（二）拥有有权许可他人使用的商标、商号和经营模式等经营资源；

（三）具备向被特许人提供长期经营指导和培训服务的能力；

（四）在中国境内拥有至少两家经营一年以上的直营店或者由其子公司、控股公司建立的直营店；

（五）需特许人提供货物供应的特许经营,特许人应当具有稳定的、能够保证品质的货物供应系统,并能提供相关的服务；

（六）具有良好信誉,无以特许经营方式从事欺诈活动的记录。

第八条　被特许人应当具备下列条件：

（一）依法设立的企业或者其他经济组织；

（二）拥有与特许经营相适应的资金、固定场所、人员等。

第九条　特许人享有下列权利：

（一）为确保特许经营体系的统一性和产品、服务质量的一致性,按照合同约定对被特许人的经营活动进行监督；

（二）对违反特许经营合同规定,侵犯特许人合法权益,破坏特许经营体系的被特许人,按照合同约定终止其特许经营资格；

（三）按照合同约定收取特许经营费和保证金；

（四）合同约定的其他权利。

第十条　特许人应当履行下列义务：

（一）按照本办法有关规定及时披露信息；

（二）将特许经营权授予被特许人使用并提供代表该特许经营体系的营业象征及经营手册；

（三）为被特许人提供开展特许经营所必需的销售、业务或者技术上的指导、培训及其他服务；

（四）按照合同约定为被特许人提供货物供应。除专卖商品及为保证特许经营品质必须由特许人或者特许人指定的供应商提供的货物外,特许人不得强行要求被特许人接受其货物供应,但可以规定货物应当达到的质量标准,或提出若干供应商供被特许人选择；

（五）特许人对其指定供应商的产品质量应当承担保证责任；

（六）合同约定的促销及广告宣传；

（七）合同约定的其他义务。

第十一条 被特许人享有下列权利：
（一）获得特许人授权使用的商标、商号和经营模式等经营资源；
（二）获得特许人提供的培训和指导；
（三）按照合同约定的价格，及时获得由特许人提供或安排的货物供应；
（四）获得特许人统一开展的促销支持；
（五）合同约定的其他权利。

第十二条 被特许人应当履行下列义务：
（一）按照合同的约定开展营业活动；
（二）支付特许经营费、保证金；
（三）维护特许经营体系的统一性，未经特许人许可不得转让特许经营权；
（四）向特许人及时提供真实的经营情况，财务状况等合同约定的信息；
（五）接受特许人的指导和监督；
（六）保守特许人的商业秘密；
（七）合同约定的其他义务。

第三章 特许经营合同

第十三条 特许经营合同的内容由当事人约定，一般包括以下内容：
（一）当事人的名称、住所；
（二）授权许可使用特许经营权的内容、期限、地点及是否具有独占性；
（三）特许经营费的种类、金额、支付方式以及保证金的收取和返还方式；
（四）保密条款；
（五）特许经营的产品或服务质量控制及责任；
（六）培训和指导；
（七）商号的使用；
（八）商标等知识产权的使用；
（九）消费者投诉；
（十）宣传与广告；
（十一）合同的变更和解除；
（十二）违约责任；
（十三）争议解决条款；
（十四）双方约定的其他条款。

第十四条 特许经营费是指被特许人为获得特许经营权所支付的费用，包括下列几种：
（一）加盟费：是指被特许人为获得特许经营权而向特许人支付的一次性费用；
（二）使用费：是指被特许人在使用特许经营权过程中按一定的标准或比例向特许人定期支付的费用；
（三）其他约定的费用：是指被特许人根据合同约定，获得特许人提供的相关货物供应或服务而向特许人支付的其他费用。

保证金是指为确保被特许者履行特许经营合同,特许人向被特许人收取的一定费用。合同到期后,保证金应退还被特许人。

特许经营双方当事人应当根据公平合理的原则商定特许经营费和保证金。

第十五条　特许经营合同的期限一般不少于三年。

特许经营合同期满后,特许人和被特许人可以根据公平合理的原则,协商确定特许经营合同的续约条件。

第十六条　特许经营合同终止后,原被特许人未经特许人同意不得继续使用特许人的注册商标、商号或者其他标志,不得将特许人的注册商标申请注册为相似类别的商品或者服务商标,不得将与特许人注册商标相同或近似的文字申请登记为企业名称中的商号,不得将与特许人的注册商标、商号或门店装潢相同或近似的标志用于相同或类似的商品或服务中。

第四章　信息披露

第十七条　特许人和被特许人在签订特许经营合同之前和特许经营过程中应当及时披露相关信息。

第十八条　特许人应当在正式签订特许经营合同之日 20 日前,以书面形式向申请人提供真实、准确的有关特许经营的基本信息资料和特许经营合同文本。

第十九条　特许人披露的基本信息资料应当包括以下内容:

(一) 特许人的名称、住所、注册资本、经营范围、从事特许经营的年限等主要事项,以及经会计师事务所审计的财务报告内容和纳税等基本情况;

(二) 被特许人的数量、分布地点、经营情况以及特许经营网点投资预算表等,解除特许经营合同的被特许人占被特许人总数比例;

(三) 商标的注册、许可使用和诉讼情况;商号、经营模式等其他经营资源的有关情况;

(四) 特许经营费的种类、金额、收取方法及保证金返还方式;

(五) 最近五年内所有涉及诉讼的情况;

(六) 可以为被特许人提供的各种货物供应或者服务,以及附加的条件和限制等;

(七) 能够给被特许人提供培训、指导的能力证明和提供培训或指导的实际情况;

(八) 法定代表人及其他主要负责人的基本情况及是否受过刑事处罚,是否曾对企业的破产负有个人责任等;

(九) 特许人应被特许人要求披露的其他信息资料。

由于信息披露不充分、提供虚假信息致使被特许人遭受经济损失的,特许人应当承担赔偿责任。

第二十条　被特许人应当按照特许人的要求如实提供有关自己经营能力的资料,包括主体资格证明、资信证明、产权证明等。在特许经营过程中,应当按照特许人的要求及时提供真实的经营情况等合同约定的资料。

第二十一条　在特许经营期间及特许经营合同终止后,被特许人及其雇员未经特许人同意,不得披露、使用或者允许他人使用其所掌握的特许人的商业秘密。

第二十二条　未与特许人鉴定特许经营合同,但通过特许人的信息披露而知悉特许人商业秘密的人和申请人,应当承担保密义务。未经特许人同意,不得泄露、向他人透露或转让特许人的商业秘密。

第五章　广告宣传

第二十三条　特许人在宣传、促销、出售特许经营权时,广告宣传内容应当准确、真实、合法,不得有任何欺骗、遗漏重要事实或者可能发生误导的陈述。

第二十四条　特许人和被特许人在广告宣传材料中直接或者间接含有特许人的经营收入或者收益的记录、数字或其他有关资料,应当真实,涉及的地区及时间应当明确。

第二十五条　特许人和被特许人不得以任何可能误导、欺骗、导致混淆的方式模仿他人商标、广告画面及用语或者其他辨识标记。

第二十六条　在特许经营推广活动中,特许人不得人为夸大特许经营所带来的利益或者有意隐瞒特许经营客观上可能出现的影响他人利益的情况。

第六章　监督管理

第二十七条　各级商务主管部门应当加强对本行政区域内特许经营活动的管理和协调,指导当地行业协会(商会)开展工作。

各级商务主管部门应当建立特许人、被特许人信用档案,及时公布违规企业名单。

第二十八条　特许经营行业协会(商会)应当根据本办法制定行业规范,开展行业自律,为特许经营当事人提供相关服务,促进行业发展。

第二十九条　特许人应当在每年1月份将上一年度签订的特许经营合同的情况报其所在地商务主管部门和被特许人所在地商务主管部门备案。所在地商务主管部门应将备案情况报上一级商务主管部门。

第三十条　在特许经营活动中涉及专利许可的,应当按照《中华人民共和国专利法》及其实施细则的有关规定签订专利许可合同,并按《专利实施许可合同备案管理办法》规定办理备案事宜。

第三十一条　在开展特许经营活动之前,特许人应按《中华人民共和国商标法》及其实施条例的规定办理商标使用许可合同备案事宜。

第七章　外商投资企业的特别规定

第三十二条　外商投资企业不得以特许经营方式从事《外商投资产业指导目录》中的禁止类业务。

第三十三条　外商投资企业以特许经营方式从事商业活动的,应向原审批部门提出

申请增加"以特许经营方式从事商业活动"的经营范围,并提交下列材料:

(一) 申请书及董事会决议;

(二) 企业营业执照及外商投资企业批准证书(复印件);

(三) 合同、章程修改协议(外资企业只报送章程修改);

(四) 证明符合本办法第七条规定的有关文件资料;

(五) 反映本办法第十九条规定的基本信息资料;

(六) 特许经营合同样本;

(七) 特许经营操作手册。

审批部门应当在收到上述全部申请材料之日起30日内做出批准或者不批准的书面决定。

申请人获得批准后,应在获得审批部门换发的《外商投资企业批准证书》后一个月内向工商行政管理机关办理企业登记变更手续。

第三十四条 外商投资企业经批准以特许经营方式从事商业活动的,应在每年1月份将上一年度签订的特许经营合同的情况报原审批部门和被特许人所在地商务主管部门备案。

第三十五条 外国投资者设立专门以特许经营方式从事商业活动的外商投资企业时,除符合本办法外,还须符合外商投资有关法律、法规及规章的规定。

第三十六条 本办法施行前已经以特许经营方式从事商业活动的外商投资企业,应将已开展业务的情况向原审批部门备案,继续以特许经营方式从事商业活动的,应按本章规定的程序办理相关手续。

第三十七条 港、澳、台投资企业在内地以特许经营方式从事商业活动参照本章规定执行。

第八章 法律责任

第三十八条 违反本办法第七条、第八条规定的,由商务主管部门责令改正,并可处以3万元以下罚款;情节严重的,提请工商行政管理机关吊销营业执照。

第三十九条 未按本办法规定进行信息披露的,由商务主管部门责令改正,并处以3万元以下罚款;情节严重的,提请工商行政管理机关吊销营业执照。

第四十条 特许人违反本办法规定进行广告宣传的,按照《中华人民共和国广告法》及其他有关法律、行政法规及规章的规定处理。

第九章 附 则

第四十一条 本办法由商务部负责解释。

第四十二条 本办法自2005年2月1日起施行,原国内贸易部发布的《商业特许经营管理办法(试行)》同时废止。

第 13 章　机场环保与机场公共关系

本章关键词

机场环保（the environmental protection of airport）
机场公共关系（the public relations of airport）

互联网资料

http://news.qq.com/a/20060912/000165.html
http://www.chinaairports.cn/indxe.html
http://www.caac.gov.cn/
http://whb.news365.com.cn/whb/pdf/20080326/WH08032615.pdf
http://www.iata.org
http://www.icao.int

> 机场是现代化的标志之一，为人们的出行带来了方便和快捷，但同时也不可避免地带来了噪声影响问题。机场噪声是一个世界性的问题，许多国际机场也都同样面临这个问题。机场噪声也是一个复杂的问题，涉及飞机源噪声、空中飞行程序以及机场周边的土地使用规划等。不仅如此，机场还有其他方面的污染，解决好这些污染问题，可使机场处于一个良好的社会环境中，同时也可以使它拥有更加和谐的公共关系。

13.1　机场的环境保护

机场环境指与机场有关的周围事务，是整个环境的组成部分，它与机场的交通运输活动紧密相关。一方面机场的航空运输活动对周围的环境造成一定的影响，另一方面机场周围的环境状况也影响着航空运输活动。因此机场环境状况的优劣，不仅与整个社会公益密切相关，而且直接影响到机场的航空运输活动，为此必须保护好机场环境。

13.1.1　机场环境保护的基本法律制度

为保护和改善机场环境，我国民用航空局制定了一些具有重大意义的法律制度。主要包括环境影响评价制度、"三同时"制度和许可证制度。

(1) 机场环境影响评价制度

环境影响评价制度是指在进行环境影响评价、编制和审批环境影响报告书的内容和程序等方面所作的规定。

根据我国《环境保护法》的有关规定,机场在新建、改建和扩建时,应由建设单位及其主管部门,就机场建设对周围地区环境的影响进行分析和预测,包括对周围地区地质、水文、气象等可能产生的影响,对自然资源产生的影响,各种污染物的排放对大气、水、土壤环境质量产生的影响,噪声、震动对生活居住区的影响范围和程度等,并提出预防、减少、消除上述各种影响的措施等。在此基础上编制环境影响报告书,报送环保部门审批后方可进行设计与施工。

(2) 机场建设"三同时"制度

"三同时"制度是指在进行新建、改建、扩建基本建设项目、技术改造项目、自然开发项目以及一切可能对环境造成污染和破坏的工程建设时,防治污染和生态破坏的设施必须与主体工程同时设计、同时施工、同时投产的制度。

机场投入使用后,会产生许多污染,特别是污水与垃圾,因此污水处理设施、垃圾焚化设施等都应与机场主体工程同时设计、同时施工、同时投产。

(3) 机场环境许可证制度

凡对环境有不良影响的各种开发、建设、经营活动,其建设或经营者需事先提出申请,经主管部门审查批准,颁发许可证(或称为执照、特许证、批准书)后才能从事该项活动。在环境管理中,最广泛使用的是排污许可证。

机场的规划、建设、排污等也要有许可证,国家通过对机场规划、建设、排污等的申请、审查、决定、监督、处分等管理程序,及时掌握机场建设和环保状况,以便依法切实有效地加强机场环境的管理。

13.1.2 机场的环境污染及其控制

1. 大气污染

所谓大气污染,就是指洁净的空气环境被有害气体和有害的悬浮物质微粒所污染,且污染物呈现出足够的浓度和时间并因此而危害了人的舒适和健康。机场的大气污染主要由五类物质造成:①一氧化碳;②碳氢化合物;③氮氧化物;④二氧化硫;⑤微粒物质。

上述物质的产生均与机场的日常运营有关。例如飞机的运行,油料的溢漏,各种地面服务车辆、设备的开动,机场工作人员、旅客及迎送者乘坐的汽车的尾气排放,乃至机场的锅炉、垃圾焚烧炉的燃烧,建筑施工,空调制冷等。

飞机发动机的排气主要含有一氧化碳、二氧化碳、碳氢化合物、氮氧化物和炭粒、灰分等粒子物质。另外,排气中还含有强刺激性的有机酸以及碳和硫的化合物。飞机污染物的排放量与发动机类型、运行状态、运行时间、所用燃料等因素有关。

减少飞机发动机排气对大气的污染,关键在于飞机燃烧系统的改进和燃油品质的提高。实验表明,在排气中发现的污染物都是在燃烧室中产生的。如果燃烧室设计得更合理,能够为燃料燃烧提供适宜的温度、压力、助燃空气和燃烧时间,排气中的污染物就会减少。燃油的化学组成、蒸发性和黏度对喷气燃料的燃烧有显著影响。以烷烃、环烷烃为基础,蒸发性和黏度适宜对喷气燃料具有良好的燃烧完全性、稳定性,可有效地抑制排气中污染物的产生。另外,通过飞行区、航站区的合理规划和飞机地面运动的合理调度,尽可能减少飞机的地面滑行距离,减少飞机在地面时的发动机工作台数和运行时间,等等,也都有助于减少飞机发动机排气对大气的污染。

飞机和各种地面车辆使用的油料,如果在装卸、输送、储存和加注时发生溢漏;或飞机在某些情况下于机场排放燃油,都会造成油料蒸发,使大量的碳氢化合物气体污染机场的空气环境。因此,搞好机场油料设施维护,完善供油作业程序,加强飞机排放油料的管理,对保护机场大气环境也是非常重要的。

根据实测,目前造成机场大气污染的主要原因还是机场地面车辆和进出机场的大量汽车。这些车辆燃烧用汽油或柴油,其排气中含有一氧化碳、碳氢化合物、氮氢化合物、醛、有机铅化合物、无机铅、苯并芘等有害物。据调查,在一些大机场,每台地面服务车辆日均油耗为 7 加仑(1 加仑约为 3.8 升(美))。大型机场都有种类、数量繁多,活动频繁的地面服务车辆和场务车辆,这些车辆的日常工作对机场飞行区、航站区的大气污染可想而知。在与外界进行客货交流的过程中,每天都有大量的汽车进出机场,有的机场日进出车辆达十几万台,数目十分惊人,这些车辆通过尾气会排出大量污染物。汽车尾气中的氮氧化物有一氧化氮和二氧化氮。一氧化氮对人体的危害与一氧化碳类似,不过它与人体血红素的亲和力更强,进入人体后将阻止氧气向人体的各个器官输送,使人因缺氧而麻痹、痉挛。二氧化氮的毒性比一氧化氮更甚,它不仅对肺部有危害,对人的其他器官和造血组织都有损害。更为严重的是,氮氧化物和碳氢化合物气体,在一定条件下经强烈的日光照射,会发生一系列复杂的光化学反应而形成一种浅蓝色的有毒烟雾——光化学烟雾。光化学烟雾是含有臭氧、乙醛和其他有毒氧化物的混合物,刺激人眼、咽喉、气管和肺部黏膜,严重时会引起失明、中毒;它还危害动、植物生长,降低大气能见度,使橡胶制品发生龟裂,等等。光化学烟雾的产生机理已由美国加利福尼亚大学 Haagen Smit 教授揭示并为实验证实。1940 年,美国洛杉矶发生了世界上首例严重的光化学烟雾污染事件,故光化学烟雾亦称洛杉矶烟雾。避免这种污染的关键是减少向环境排放碳氢化合物和氮氧化物。

减少机场地面车辆的数量和活动次数,通过环保技术措施使地面车辆排气达到一定标准,这些做法无疑都对大气环境保护有很大帮助。现在,有些机场采用"无车辆站坪",即通过设在机坪机位的设备,实现诸如加油车、加水车、电源车、气源车、空调车、污水车等地面车辆的功能。无车辆站坪的采用从根本上解决了地面服务车辆的大气污染。

对于进出机场的大量汽车所造成的大气污染,一方面有赖于燃油品质的改进、汽车环保技术(机内净化,机外净化)的提高和对尾气排放标准的严格管理,另一方面则在于机场陆侧交通系统的合理规划。如果机场采用旅客利用起来非常方便的公交客运工具,如地铁、电气化铁路、轻轨捷运车辆等,将明显减少进出机场的汽车数量。另外,保证供汽车行驶的机场路通行顺畅,无交通拥塞,使车辆在机场的逗留时间减少,也能在一定程度上缓解汽车尾气造成的大气污染。

机场为了供电、供热、供冷一般都配有容量较大的锅炉房。目前,我国大多数锅炉都以煤为燃料。为了处理垃圾，有的机场还建有垃圾焚烧炉。锅炉和垃圾焚烧炉运行时，烟气中含有烟尘、二氧化硫、氮氧化物、一氧化碳、碳氢化合物等污染物质。烟气中的烟尘分飘尘、降尘两种。飘尘粒径小于 $10\mu m$，会长期地飘浮在空中，其中粒径小于 $0.1\mu m$ 的飘尘根本就不沉降，危害极大。二氧化硫是无色有臭味的强刺激性气体，人体接触后会引起黏膜刺激，造成呼吸道严重疾病。当空气中烟尘较多且湿度较大时，二氧化硫往往与烟尘结合在一起，与空气中的水蒸气混合后发生化学反应，形成所谓"伦敦型烟雾气"。1952年12月，伦敦大雾，居民采暖炉散发的大量烟尘、二氧化硫在空中形成硫酸烟雾，造成四千多人因呼吸系统疾病而死亡。二氧化硫的大量排放，还可能造成大面积酸雨现象。即二氧化硫气体在大气中被氧化成酸性氧化物后，再与大气中的水汽结合成雾状的硫酸，并随雨、雪等降落到地面。酸雨具有较强的腐蚀性，破坏动植物生长，腐蚀建筑物和金属制品等。我国已有22个省、市出现了酸雨。

为了减少锅炉、焚烧炉等对大气的污染，应针对不同的污染物采取不同的措施。由于我国煤炭资源普通含硫较高，为减少硫的氧化物的产生，可采取燃煤脱硫或烟气脱硫技术；为减少烟尘排放，可采取各种高效除尘器；为减少氮氧化物形成，可采用低温、低氧燃烧设备；为减少一氧化碳、碳氢化合物生成，可采用高效燃烧技术；等等。

机场的航站楼、办公建筑，为了在夏季保持适宜的温度，需进行空调，其冷负荷量是非常大的。航空食品加工、储藏，货运站冷藏室等也都需要供冷。总之，机场需要各类制冷设备。目前，我国制冷设备还大都使用氟利昂作为制冷剂。氟利昂是饱和烃类的卤族衍生物，大多是无毒的，但容易泄漏，且泄漏后不容易被发现。现已证实，氟利昂对大气臭氧层有消耗作用。因此，机场制冷设备中氟利昂的使用也对大气环境造成破坏。

机场大气环境的污染原因是多方面的。治理大气污染，必须查清源头、加强监测、分清主次。既要"节源"，减少污染物的排放量；又要"净流"，对排放的污染物进行净化处理。既要有环境保护的技术措施，又要有相应的管理措施，采取综合防治的办法。

2. 水体污染

水体是海洋、河流、湖泊、水库、地下水等"贮水体"的总称。水体不仅指水，还包括水中的悬浮物、底泥和水中生物等。

机场作为大型交通设施，有大量的人在工作、生活和过往停留，每天都会产生很多的生活污水和一定数量的工业污水。每天在机场降落的飞机也会卸下相当数量的生活污水。机场日常运营、维护、机务维修中产生或散落在地上的有害物品经水或雨水冲刷，也会形成污水。如果这些污水未经任何处理，就直接或间接地排放到机场或机场附近的水体中，必然会使水体的物理、化学、生物等特征发生不良变化，破坏水中固有的生态系统，威胁水中生物生存，从而降低水的使用价值，造成水体污染。有些污水的产生是不可避免的，例如生活污水；有些污水的性质和产量通过采用一定的技术和管理措施是可以改变的，例如生产和运营、维护、维修过程中产生的污水。对这类污水首先还是应该设法减少其产生量，降低其污染性。

污水处理有多种方法，但概括起来有四种，即物理处理法、生物处理法、化学处理法和物化处理法。

物理处理法。采用物理手段分离、去除污水中的悬浮性污染物。常用方法有：①重力分离(沉淀、上浮)法,采用沉沙池、沉淀池、隔油池等设施;②过滤法,利用格栅、栅网、微滤机、砂滤机等设备;③气浮法,将空气通入污水中形成气泡,使密度接近水的微粒污染物粘附在气泡上浮出水面而被分离;④离心分离法,采用旋流分离器、离心分离机等。

生物处理法。利用水中微生物的新陈代谢功能,使污水中呈溶解和胶体状态的有机污染物被降解为无害的物质。常用方法有:①好氧生物处理法,借助于好氧微生物,可进一步分为活性污泥法和生物膜法,前者是目前使用最广泛的一种生物处理法。该法将空气连续鼓入曝气池的污水中,使水中生成繁殖有巨量好氧微生物的絮凝体——活性污泥。活性污泥中的微生物以有机污染物为食料,既净化了水,微生物自身还得以不断生长、繁殖。②厌氧生物处理法,即在厌氧条件下利用厌氧微生物来净化污水,适合于高浓度有机污水的处理。

化学处理法。向污水中投放化学药剂,利用化学反应来分离、回收污水中的污染物质或使其转化为无害物质。常用方法有:化学沉淀法(处理含重金属、氰化物的工业污水)、混凝法(降低污水的浊度和色度)、中和法(处理酸性或碱性污水)、氧化还原法(处理呈溶解状态的有机或无机污染物)等。

物化处理法。如萃取法、吸附法、离子交换法、电渗析法等。

按污水处理的程度划分,可分为一级、二级和三级(深度)处理。一级处理亦称预处理,主要是去除水中的悬浮物,物理处理法通常作为一级处理。一级处理后的污水还必须进行二级处理,常采用生物处理法,旨在大幅去除污水中呈溶解和胶体状态的有机污染物。二级处理后的污水中仍残存微生物不能降解的有机污染物和氮、磷等无机盐类。污水的三级或深度处理往往以污水回收复用为目的,旨在进一步去除悬浮物、无机盐类和其他污染物质。一般根据污水回收复用的用途而组合三级处理工艺,常用的有生物脱氮法、混凝沉淀法、活性炭过滤法、离子交换法、电渗析法等。

污水处理系统,要根据污水的水质、水量、回收其中有用物质的可能性和经济性、排放标准,并通过调查、研究和经济比较后决定,必要时还应进行一定的科学实验。

机场产生的污水,生活污水占有较大份额。生活污水中常含有各种病原体,如病毒、寄生虫等。水体遭到生活污水污染后可能传播多种疾病。历史上许多次霍乱、肝炎、伤寒之类的瘟疫流行都是水媒性传染病。生活污水中的碳水化合物、蛋白质、油脂等有机物在被水中微生物分解时要消耗氧气,结果使被污染水体中的溶解氧减少,影响鱼类和其他水生生物的生存。水中溶解氧耗尽后,有机物将进行厌氧分解,产生硫化氢、氨和硫醇等难闻气体,使水质进一步恶化。污水中的氮和磷还会使被污染水体富营养化,造成水质下降。

机场生活污水的处理一般采用物理处理法作预处理,然后以生物处理法为二级处理,处理工艺流程见图13.1。污水先经格栅、沉沙池除去较大的悬浮物及砂粒杂物,然后进入初次沉淀池,去除呈悬浮状的污染物后进入生物处理构筑物(可采用活性污泥曝气池或生物膜构筑物)处理,使污水中的有机污染物在好氧微生物的作用下氧化分解。生物处理构筑物的出水进入二次沉淀池进行泥水分离,澄清的水再经消毒后即可排放或作深度处理回收复用。二次沉淀池放出的污泥须作浓缩、污泥消化、脱水等处理,处理后可综合利用。污泥消化过程中产生的沼气也可回收利用。如果需要进一步对二级处理后的水脱氮除磷,则可采用水解(酸化)——好氧处理工艺或厌氧——兼氧——好氧处理工艺。

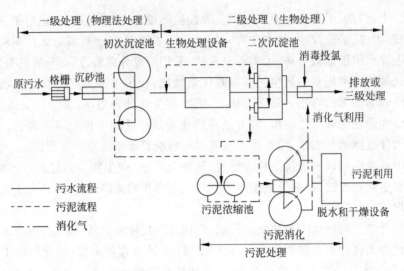

图 13.1　生活污水处理工艺流程

3. 道面和土地污染

在机场运营中,时常会发生对道面和土地的污染。这些污染,不仅破坏环境,有的甚至危及飞行安全,必须加以控制和治理。

(1) 道面污染

常见的机场道面污染有飞机橡胶轮迹污染、燃油、润滑油污染、油漆污染,为除胶、除油、除漆、除冰等目的而使用的各种化学药剂所造成的污染。

当着陆飞机轮子高速接地时,剧烈摩擦产生的高温使机轮表面橡胶发生熔化,熔化的橡胶涂抹在道面上就形成了橡胶轮迹污染。道面上的胶层破坏了道面的宏观粗糙度,降低了道面的摩擦系数。据测定,在繁忙机场,一年内胶层厚度累积可达 3 毫米左右。在雨天,当飞机在被橡胶污染的道面行驶时,很容易因飘滑而发生事故,所以必须定期清除跑道的污染胶层。目前,有三种除胶方法,即化学方法、机械研磨方法和高压水冲方法。采用化学方法时,清除水泥混凝土道面橡胶用甲酮基及苯的混合物;沥青混凝土道面除胶用碱性药剂。由于上述化学药剂都具有一定的挥发性和毒性,故操作时对环境有一定程度的污染,且对道面本身也有破坏作用。有鉴于此,目前许多机场都采用非化学方法。例如,我国北京首都国际机场使用英国 HARBEN 公司产除胶车,利用高压水冲方法除胶。

在跑道、滑行道,尤其是机坪上,由于滴漏、排放或加油操作不当,经常发生道面被燃油、润滑油污染的情况。油料不仅会因蒸发污染大气,使标志线变得模糊不清,更为严重的是破坏道面。沥青混凝土道面被污染后,沥青会被溶解,造成骨料散碎,进而形成空洞,所以污染后必须立即清污。清污时应先用粉末或粒状吸油材料将表面的油覆盖、吸干,然后喷洒油脂溶剂清洗道面,最后再喷水冲洗。对于反复受到深层油浸的水泥混凝土或沥青混凝土道面,目前尚没有经济可靠的清洗方法,严重时只能翻修。使用油脂溶剂等化学物品时,应采取必要的环保措施。

在严寒地区的机场,冬季清除飞机、跑道和机坪上的冰是十分重要的工作。除冰、防结冰时常常使用化学物品。例如,为飞机除冰采用乙二醇,道面除冰用除冰液、尿素、细盐等,在操作中应采取必要的环保措施。如任其散落,既可能破坏道面,还可能造成大气、水体和土壤污染。德国慕尼黑国际机场就安装了除冰液(乙二醇)回收复用装置,使回收的除冰液经蒸馏和加入添加剂后可再利用,既保护了环境,又节省了费用。

(2) 土地污染

飞行区升降带土质区,可能因多种原因而受到污染、侵蚀。例如道面维护、施工、除胶、除冰、除油时采用的有害化学药剂,可能随雨水、冲洗水而流入;为控制草高、鸟害而喷施缓生剂、麻醉剂、杀虫剂等,以及飞机喷气流吹袭。

对机场范围内土地的最大污染还是来源于垃圾,其中主要是生活垃圾,包括在机场降落航班所卸下的各种生活垃圾。机场垃圾采用集中露天堆放是最简单的处理方法。但这种方法占用土地,破坏环境,在风吹日晒等自然因素作用下极易造成大面积污染,因此不应提倡。机场应因地制宜地确定垃圾处理方案。当机场距城市垃圾处理站较近时,可将垃圾转运出去集中处理;否则可采用填埋或焚烧处理法。填埋是目前城市垃圾处理中采用最为广泛的一种方法。通常以较偏远的低洼地带作为填埋场。填埋时,每铺一层垃圾,压实后再铺一层松土、砂或粉煤灰的覆盖层,以免鼠蝇滋生,并可使垃圾产生的气体逸出。然后,依次将垃圾分隔在夹层结构中。已回填完毕的场地,可作为绿地、公园等。垃圾埋填场还要注意采取防止污染水体的技术措施。垃圾焚烧法,需配备专用设备将垃圾焚烧。通过焚烧,可使垃圾显著减量,体积一般仅为焚烧前的 15%;还可使垃圾中的病毒、病菌、有害物质等得到较彻底的清除。外航班机较多的机场,将航班卸下的垃圾焚烧是比较好的处理方式。但垃圾焚烧设备和运行投资较大。

4. 其他污染

除噪声、大气、水体和土地污染外,民用机场还程度不同地存在着其他形式的污染,如电磁污染、光污染、热污染等。

机场的电磁辐射污染,源于机场的输电线、电气设备和各种通信导航设备。电磁污染首先是对人体健康有害。强大的电磁辐射,特别是射频电磁场达到足够强度时,会破坏人体机能和热平衡。危害程度与电磁波波长有关。按危害程度由大到小排序,依次为微波、超短波、短波、中波、长波,即波长愈短,危害愈大。微波对人体损伤作用强的原因,一方面是由于其频率高,使人机体分子振荡激烈,摩擦作用强,热效应大;另一方面是微波对机体的损害具有累积性,不易恢复。机场的非通信导航设备可能在广大范围内发生严重的电磁干扰,影响机场通信导航设备的正常工作,威胁飞行安全。这一点尤其应该引起机场运营者的警惕,在诸如电气设备安装、建筑施工、无线电通信等过程中,必须保证所产生的电磁污染不干扰机场通信导航设备的正常运行。对电磁辐射污染的治理,可采取区域控制、屏蔽防护、吸收防护和个人防护四种方案。区域控制,就是将电磁辐射源相对集中在某区域,使该区域远离人们的工作区、居民区或机场通信导航敏感区;屏蔽防护,就是使用某种能抑制电磁辐射扩散的材料,将电磁场源与其环境隔离开来,使辐射被限制在很小的一个范围内。具体的屏蔽装置可以是屏蔽罩、屏蔽室。屏蔽材料可用钢、铁、铜、铝等金属。一般来说,屏蔽电场以铜材为好,屏蔽磁场宜选用铁材。屏蔽防护是目前应用最多的防电磁辐射污染的方法;吸收防护,是采用对辐射能量具有强吸收作用的材料敷设于场源外围,达到防污染目的。吸收材料可分为谐振型和匹配型。实际应用中,塑料、橡胶、胶木、陶瓷等材料里加入铁粉、石墨、木材和水等即可制成吸收性材料；个人防护，其对象是个体的微波作业人员。当因工作需要，操作人员必须进入微波源的近场区作业时，或因某种原因没有对辐射源作有效的屏蔽、吸收时，应采取个人防护，如穿防护服，戴防护头盔、眼镜等。另外，为避免周围环境的电磁辐射干扰机场通信导航，机场选址时应规避广播电台、电视台、大型通信建筑、电厂等。

光污染和热污染还未对环境形成广泛而明显的危害，因此目前还没有引起人们的普遍关注。但在民用机场，光污染和热污染是确实存在的。

所谓光污染，是指不适当或不适量的光辐射给人们的生活或生产带来的消极影响。如紫外线、红外光对人眼的伤害，高大建筑玻璃幕墙在阳光照射下所发生的反光对汽车司机视觉的干扰，快速闪烁的霓虹灯、电气焊弧光等对人眼的刺激，等等，均属光污染。从飞行安全的角度，机场内用于照明、装饰的各种灯具，其布设位置、发光颜色、照射方向和照度等是绝对不能随心所欲的。特别是飞行区附近，如果夜间有大片灯火灿烂夺目，造成光污染，以至模糊了助航灯光、障碍灯、信号灯，或与这些灯光发生了混淆，就可能误导飞行员，引起飞行事故。即使是白天，飞行区也应具有良好的光环境，不出现眩光或分散眼睛注意力的五颜六色，保证目视助航标志清晰易辨。

广义地说，热污染是指向环境排放热量而引起的对自然界热环境的破坏，热污染通常都伴随着能源的消耗。在机场，飞机、地面车辆发动机的热尾气，锅炉的热烟气、排污水，制冷设备冷凝器的冷却水等等向大气或水体排放后都会引起热污染。但由于废热气体排入大气后对大气环境的影响表现不明显，故热污染现在主要是指废热水排入水体所引起的污染。特别是排入河流、湖泊等水体后，造成的热污染尤其严重。热污染使水温升高、水中溶解氧减少，直接威胁鱼类等水生动物；引起藻类、湖草的过度生长，破坏水质。减少热污染首先应该改进热能利用技术，提高热能利用率，减少废热量；其次应按热的能质开展综合利用。现在，许多合理利用热能的方案，如热电联产、集中供热等已显著地降低了热能设备的热污染。

13.1.3 机场噪声污染及其控制

1. 机场的噪声问题

机场噪声污染业已成为机场环境影响中最引人注目，也是最为棘手的一个问题。

20世纪60年代以前，人们很少关注飞机的噪声。因为螺旋桨飞机的噪声并不很大，只要城市距机场并不很近，一般不会形成干扰。喷气式飞机的出现，彻底改变了这种状况。特别是随着飞机越来越大、越来越快，发动机功率越来越高，以及空中交通量的急剧增加和公众环保、自我保护意识的普遍增强，机场噪声成为各方面关注的问题。近年来，我国民用机场建设的数量和规模日益增大，机场周围公众对机场噪声的抱怨也越来越强烈，向政府上诉，要求补偿、搬迁或关闭机场的事件屡有发生。

实际上，噪声污染已成为当代世界性的问题，是一种危害人类环境的公害。噪声污染与大气污染、水体污染和固体废弃物污染并称当今世界的四大污染。与其他污染不同的是，噪声污染具有很强的时、空局限性。只要噪声源停止发声，污染立即消失；噪声污染的范围也相对较小。噪声污染对人的影响，不单取决于声音的物理性质，还与人的心理、生理状态有关。吵闹的噪声，令人厌烦，精神不易集中，影响工作效率，妨碍交谈、休息和睡眠。强烈的噪声还可能掩盖危险信号或征兆，引发工伤事故。

研究表明，在强噪声下暴露一段时间后，人的听觉会发生暂时性听阈上移，听力变得迟钝，称为听觉疲劳。但这只是暂时性生理现象，内耳听觉器官并未受损，经休息可以恢复。如长期在强噪声下工作，听觉疲劳就无法恢复且内耳发生病变，暂时性阈移变成永久性阈移，称噪声性耳聋。据调查，噪声级在 80 分贝以下时，能保证人长期工作不致耳聋；在 85 分贝和 90 分贝条件下工作，将有 10% 和 20% 的人产生噪声性耳聋。如果人们突然暴露在 140~160 分贝的高噪声下，会引起听觉器官急性外伤，使鼓膜破裂流血，螺旋体从基底剥离，双耳完全失聪。在强噪声下长期工作和生活，除听力受损，还有头痛、头昏、神经衰弱、消化不良或高血压、心血管疾病等症状。另外，高强噪声还可能破坏机械或建筑物，使金属构件发生疲劳。总之，防治机场噪声污染，已成为民用机场规划和运营中的一个必须认真对待的问题。

2. 噪声污染的防治措施

形成噪声污染需具备三个要素，即噪声源、传播途径和接受者。治理、控制噪声污染也不外乎从以上三方面着手。防治机场噪声污染可采取以下措施。

（1）实施管理

鉴于民用机场噪声污染问题日益尖锐，目前各个国家都认识到，政府、机场当局实施切实而有力的管理，是防治机场噪声污染的有效措施。具体做法是，政府和机场都有明确的职能部门对机场噪声问题进行管理、监督，严格执行国家有关政策和法规，并根据各个机场的不同情况，因地制宜地制定一些管理条例或管理细则。我国已颁布了一系列有关环境噪声的条例和标准，如《中华人民共和国环境噪声污染防治法》《建设项目环境保护管理办法》《机场周围飞机噪声环境标准》等。上述文件是进行机场噪声污染治理的基本依据。

机场噪声污染防治应分为两个层次。首先在机场选址或扩建前充分考虑机场建设后的噪声环境影响，并将此作为工程可行性研究的重要内容。近年来，我国新、扩建机场都要有"环境影响评价报告书"。报告书的主要内容是预测机场建设后的飞机噪声污染情况，论证建设是否可行；如果可行，提出噪声防治措施及周围土地使用规划。只有报告书批准后方可进行有关的设计与施工。这就从根本上保证了机场建设后不会发生严重的噪声污染。机场噪声防治管理的第二个层次，就是通过各种手段和途径，在机场的日常运营中实施有力地监督与控制。如果日常的监控得力，效果也会十分显著。

还应说明的是，对现有机场中噪声确已大幅超标，对周围人们的生活和工作已构成严重干扰的机场，政府应出面责令其采取有效措施进行治理。确实无法治理时，应关闭、搬迁机场或调整运输任务。

（2）降低飞机噪声

机场噪声源于飞机，若能将飞机噪声降下来，则显然是治理机场噪声的治本之策。飞机运行时发动机产生的噪声是机场噪声污染的主要根源。1971 年，国际民航组织通过了题为《航空器噪声标准和建议措施》的文件，提出了民用航空运输飞机噪声鉴定办法和最大允许值。对超过限值的飞机，各机场通过"机场使用条例"对其起降进行一定程度的限制。各飞机生产厂也按限值对飞机发动机作降噪技术处理，否则得不到该类飞机或发动机的运行许可证。对飞机运行噪声的限制显著改善了机场的声环境，同时也鼓励、促进着降低飞机噪声技术的研究。

喷气发动机的噪声主要来自风扇或压气机、涡轮、排气流或喷口。上述噪声源具有不同的特点，噪声发生机理也不尽相同。压气机、涡轮的噪声，是由于转动、静止叶片的压力场与紊流尾流的相互作用而产生的。喷气流噪声则源于排出的燃气与大气的猛烈撞击和紊流度极高的强烈混合。发动机噪声也主要是针对上述原因采取相应的对策。通过减小气流的紊流度、减小转动与静止叶片的相互作用强度和使用吸声衬垫，可有效抑制发动机的内部噪声。通过采用高涵道比和在喷管上使用波纹或瓣形消声器，可显著降低喷气流噪声。

随着发动机降噪技术日臻完善，新机型的噪声已明显低于老机型。近期生产的宽体运输机如 B-747、A-300、L-1011 等，要比早期生产的 B-707、DC-8 等的噪声小得多。根据实测，一架三叉戟 2E 飞机所发出的噪声与 20 架 B-757 相当。所以目前许多国家已将三叉戟、B-707 等高噪声飞机淘汰掉，而代之以 B-757、B-767、B-777 等低噪声飞机。

为控制噪声，民用运输机必须经过噪声鉴定并取得噪声鉴定合格证方能正式投产和使用。鉴定时，采用国际民航组织制定的"航空器噪声鉴定"（见国际民用航空公约附件16）标准。其具体规定是：在图 13.2 所示的起飞、着陆、侧向三个测量点，所测得的飞机有效感觉噪声级 L_{EPN} 不得超过飞机的噪声鉴定标准值，见图 13.3。

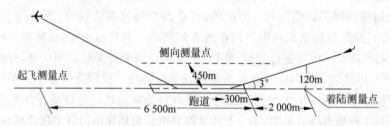

图 13.2　民用运输机噪声鉴定测量点

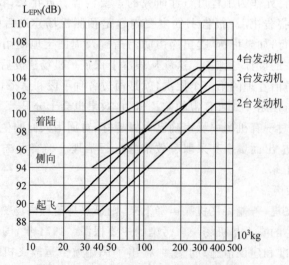

图 13.3　ICAO 建议的飞机噪声鉴定标准

(3) 飞机采用低噪声污染运行方式

合理安排飞行程序,使飞机在起飞和着陆时,从高度或水平距离上避开噪声敏感区,是控制飞机噪声污染的一个非常有效的措施。

当噪声敏感区在跑道延长线上且距跑道较远时,可规定飞机起降都避开敏感区。当敏感区在跑道延长线上且距跑道较近时,可规定靠近敏感区的跑道一端不飞行,只在另一端进行起降,见图13.4(a)。或规定靠近敏感区的跑道一端只许着陆,而不许起飞,见图13.4(b)。当敏感区在跑道侧端时,可规定飞机起降时在没有敏感区的另一侧进行,见图13.5(a)。或规定飞机以足够大的距离绕过敏感区,见图13.5(b)。

飞机起飞时,提高上升率,以期较快地在垂直方向拉大与噪声敏感区的距离;或进近时采用较大下滑角,在距离机场较近时才作低空飞行,以及进近时减小油门或襟翼调整等措施,在具有足够的飞行安全保障时采用,也能收到降低噪声污染的效果。

飞机在跑道上着陆,有时为获得显著的制动效果而使用发动机反推力,造成噪声骤增,尤其是夜间反推力噪声非常刺耳。因此,机场应对飞机着陆时的反推力使用进行合理的限制。飞机在地面滑行时,采用牵引车拖动,或使三发以上飞机减少工作的发动机台数,这两种方法可减轻飞机滑行时的噪声。

对于有航空公司基地的机场,维护飞机时要经常进行发动机试车,且试车又多在晚上。为降低噪声污染,可利用某种形式的消声器或大机库、自然地形的屏蔽、吸音作用来消减噪声。适当调整飞机停放位置,使噪声向非敏感区扩散也能收到一定效果。风向对噪声的影响是很大的。如果对于主导风向,维修基地处于噪声敏感区的下风侧,则能显著地减少对敏感区的噪声污染。

图 13.4 跑道端噪声敏感区减轻飞机噪声污染的措施

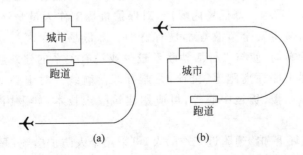

图 13.5 跑道一侧有噪声敏感区时减轻飞机噪声污染的措施

(4) 机场宵禁

夜间是机场飞机噪声影响的敏感时段,为避免扰民,可实行机场宵禁。然而,机场宵禁的程度大有差异。有的机场,如悉尼,关闭跑道,停止一切航行活动;有的机场,如伦敦希思罗,允许轻声的螺旋桨飞机起降;还有的机场,如我国香港、法兰克福,对于达到噪声标准的飞机则给予宵禁豁免权。

(5) 机场实施噪声监控

机场根据周围具体情况,制定明确的噪声标准。对超标飞机加收起降费或不允许其进入机场,对低噪声飞机则给予起降优先权。另外,在机场布设飞机噪声监控网,监测每架飞机起降时的噪声,如发现超标,则进行罚款并责令改进。

在噪声监控搞得好的机场,如英国曼彻斯特,飞机在飞行中一旦噪声超标,飞行员马上就会收到噪声违章通知。航空公司也会积极地找到机场有关部门,通报纠正措施或协商解决方案。

(6) 机场设置噪声屏障

机场修建防声建筑或有意识地在机场规划中利用高大建筑物、自然物的屏障作用来阻止噪声的传播,也能起到减少噪声污染的效果。树林也有一定的降噪作用,声波在树木中每行进10米,就要衰减2～3分贝。

(7) 合理规划使用机场周围土地

机场噪声不可能彻底根除。根据机场噪声影响情况,合理规划使用机场周围土地,是目前减少机场噪声污染的最常用也是最有效的措施。具体来说,就是根据机场噪声等值线图和各行业或各类建筑对噪声的限制要求,合理规划、控制机场周围土地的使用,使机场周围的行业、建筑与机场的噪声环境相容。各类建筑对噪声的限制要求可参阅表13.1。现在,民用机场占地较大的一个主要原因就是因为噪声控制。加拿大蒙特利尔米拉贝尔国际机场占地36 000公顷(360平方千米)堪称世界之最。其中机场本身用地7000公顷,其余29 000公顷为机场周围的噪声控制区,用于农、林、商业、轻工和居住。

(8) 机场内部合理布局,降低场内噪声污染

在防治机场噪声时,人们通常将重点放在机场外部。实际上,机场内部所受噪声污染的程度无疑是最为严重的。降低场内噪声,对保护机场工作人员身体健康,提高工作效率,避免工作差错,减少安全事故等都是有益的。降低场内噪声污染的最有效措施是机场内部进行合理布局,使与飞行活动联系较少或没有关系的建筑物、工作场所,尤其是居住、生活区,尽可能远离跑道、机坪,并避开起落航线。对于必须靠近噪声源的建筑物,如航管楼、航站楼、货运中心等,可应用建筑隔声技术,如采用隔声墙、隔声门和隔声窗等。

对于必须在机坪上和跑道附近工作的人,可采用个人防护措施,佩戴耳塞、耳罩或防噪头盔。个人防护是最有效、最经济的方法,一般可降噪10～40分贝。

表 13.1 机场飞机噪声影响范围内的土地适用参考

噪声等级	室外噪声评价量(分贝)		噪声暴露预报数 NEF	建 筑 物					
	计权等效连续感觉噪声级 L_{WECPN}	昼夜平均声级 L_{dn}		居住	文教	卫生	商业	工业	资源生产	娱乐
较小	0～70	0～55	0～20	住宅	剧场、会堂、学校	医院	商店	各种工业	各种资源生产	公园
中等	70～80	55～65	20～30	住宅*、宾馆	学校*	医院*	商店	仪表、光学、钟表	各种资源生产	公园
较强	80～90	65～75	30～40				零售商店、批发商店	食品、印刷、化学、塑料、建材	各种资源生产	公园
强烈	≥90	≥75	≥40					食品*、印刷*、化学*、塑料*、建材*、冶金*	渔业、采矿	

注：*表示要做适当的降噪处理。

13.1.4 机场鸟害及其防治

在考虑机场的生态和环境影响时,对鸟类的处理需要非常谨慎。首先,鸟类,特别是那些濒危鸟类,作为野生动物资源是应该加以保护的。其次,如果机场,特别是机场飞行区附近有大量的鸟在活动,将对飞机的航空安全造成极大威胁。

自航空之初,飞鸟就被认为是对飞机飞行活动的一种威胁。在早期,飞机速度较低,飞鸟与飞机相撞后,一般会造成击裂挡风玻璃、击凹机翼前缘或机身等破坏,但有时也可能造成重大事故。例如,首次飞越美国大陆的著名飞行员卡尔·罗杰斯,1912年在一次驾机表演时,就因一只海鸥缠住了操纵杆的控制线而机毁人亡。

喷气式飞机投入运营以后,由于飞机的速度愈来愈快且噪声日益减少,遂使遭受鸟击的可能性大为增加。一般来说,当飞机在航路上飞行时,由于飞行高度较大,不会与鸟相撞。但当飞机在机场或机场附近,进行起飞、爬升或进近、着陆时,就极有可能与飞鸟相撞。据统计,鸟击大多发生在500米以下的低空区域。

鸟击的危害是严重的,其危害主要来自对飞机发动机的破坏。飞鸟一旦被吸入发动机,就可能造成发动机气流变形,阻塞、打坏发动机机轮片等致命破坏而引发重大事故。近年来,由鸟击而造成重大飞行事故的情况时有报道,因此国际民航组织、各国民航管理机构和机场当局都非常重视鸟害的防治工作,并投入大量人力和资金进行对策研究。

对鸟害必须采取综合治理的方法。首先,在机场选址时,应避开大量鸟类栖息或候鸟迁徙时经常驻留的地方。这样既保护了自然环境和鸟类,也使机场建成后不致面临严重的鸟害问题。其次,与噪声控制相类似,对机场周围土地的合理规划与使用对防止鸟害也是非常关键的。经过多年研究,人们业已认识到有些行业、土地利用方案和自然环境会招致鸟类的栖息,例如谷物种植、食品加工、饲养场、屠宰厂、落叶树林、长有浆果的灌木林、草场、野生动物保护区、鱼加工、人工或天然水域、沼泽、垃圾堆放场,等等。所以,机场应避开上述区域或调整土地利用方案。最后,机场的鸟类是不可能禁绝的,特别是处于自然环境优美、气候温暖地区的机场,总会因各种原因有鸟在机场活动。对于这些鸟,机场当局应掌握鸟的种类、活动范围,研究其习性、活动规律和致鸟原因,分析可能造成的危害程度,然后采取各种有效措施。典型的措施有:

(1) 控制垃圾,尤其是机场附近的垃圾和废物场所。1971年召开的第六次欧洲——地中海地区航行会议中确定:垃圾堆不得设置在距机场基准点13千米(6英里)以内。

(2) 用各种措施控制鸟的食物来源,例如,通过喷施杀虫剂、农药、翻耕土地,狩猎等手段来抑制昆虫、蚯蚓和其他小动物的繁殖和生长,确保在机场及其附近的开放区内,不为那些惹麻烦的鸟类提供充足食物。

(3) 尽可能排除那些使水鸟栖息的水面。如填平、排干或者用拦网覆盖水面等。

(4) 控制机场临近地区的农业生产,如果机场附近的开放区被租用,租约中应写明禁止种植谷物等庄稼的条文。

(5) 促使那些能抑制鸟类生存的植被生长;另一方面,控制那些吸引鸟类的植物生长,例如树木、绿篱和长有浆果的灌木丛等。

(6) 确保机场地区的建筑物不给鸟类提供合适的筑巢场所,比如对燕子、鸥掠鸟、麻雀这些习惯于人类生活环境的鸟类。

尽管防治鸟类不能单纯靠驱赶,但驱赶仍是目前各机场广泛采用且具有一定实效的方法。常见的驱鸟方法有:听觉威慑(鸣枪、放鞭炮、播放鸟的哀鸣或天敌叫声、电子发声器、高频振荡器等),视觉威慑(稻草人、彩旗彩带、天敌飞禽或死鸟模型等),布设障碍网使鸟难以接近栖息处(高大建筑、食物来源区域等),用化学药剂毒杀、捕捉等。

机场鸟害的防治基于以上措施,各机场应根据地理环境、气候状况、鸟类种类及数量等实际情况选择和制定适合本机场的防治办法。机场管理部门应专门成立鸟害的防治组织,对本机场鸟害的防治进行专门的研究。专门人员通过跟踪、观察和记录,对机场鸟类各季节的种群、数量、活动范围、栖居场所、出入时间、草高影响等方面都要有较为准确的掌握,以便制定出分阶段相应的预防措施,在重点时段、重点区域内做好针对性的预防。对每次以不同驱鸟方式驱鸟后的收效情况做出详细的记录,为制定和完善本机场最佳的驱鸟方案提供可靠的依据。

13.2 机场的公共关系

机场作为城市和社区的一部分,拥有大量的土地,又有众多的商业活动,大的机场有如一个小型城镇,这些构成了机场独特的社会公共关系。

首先,机场的地位通常由所在地区的经济发展实力决定,任何一个国际性城市都必须拥有一个现代化的机场,机场与城市高度依存关系要求城市为机场的发展提供土地资源和政策保护,反过来机场要处理好噪声污染和公共媒体的关系。其次,航空公司是机场的主要用户,是它的主要收入来源,因而机场必须用主要设备、人员、资源来满足公司的要求。一个高度发达的机场必然有一个强大的基地航空公司与之形成利益共同体。最后,机场作为一个社区,有大批服务性企业进驻机场,机场要向这些企业收取租金,同时也要对它们进行有效管理。这些企业经营业绩、服务质量对机场来说休戚相关。

有效的公共关系有助于机场当局充分利用资源优势来形成核心竞争力。

13.2.1 机场管理者的职责

机场管理者的角色既是地主(landlord),又是企业执行官(business executive)。作为地主,最主要的责任就是要保证机场安全的运行条件,并对机场建筑物和土地进行维修、维护。作为企业的执行官,要负责公共关系、财务计划,有效地进行日常运行,协调与航空公司、特许经营者之间的关系,并为租户和各种承运人提供最好的机场设施服务。

机场管理者的主要职责是安全、有效地运营机场与其设备。在大型商业化机场,机场经理不能直接控制飞行活动,更多的是提供服务给那些使用机场设施的团体或个人,包括:①从事定期航班的航空公司及其代理,维修其飞机以及旅客的地面服务;②各种通用航空团体,包括固定基地运营者FBO(Fixed Base Operator),还有一些个人或公司拥有飞机并运营;③空中交通管制部门的政府员工、顾客,等等。以上这些团体可以看作是机场的用户(租户),机场经理除了与那些直接从事飞行的个人或公司打交道外,还要与那些经营饭店、商店、停车场、旅行社等特许经营者打交道。

不论机场大小,提供给用户和公众服务始终是机场管理者的重要职责。机场经理必须制定财政政策,保证新的商业活动安全,加强区域内的规章制度,给观光者和旅客提供设施,监管建筑项目,检查机场是否足够保持治安,飞机和车辆交通是否按规定运作,等等。

机场经理要把关于机场的功能和活动报告给市或当地政府及公众,所以,他们既是公共关系的专家,又是商业经理人。当然,并不是所有的机场经理都要具备这样的职责,许多太小的机场,如有的机场甚至没有定期航班,在这些机场工作则很简单,但经理通常要亲力亲为;在大机场,经理工作职责范围大,就会有助理负责具体工作,经理负责监控。

13.2.2　机场管理者与公共关系

机场经理工作中,很重要的且具挑战的一方面就是公共关系。公共关系是这样一种功能,目的是给企业及其产品、服务都带来好处,或是处理那些会影响企业目前和未来发展的群体(或个人)的关系。最好的公共关系的类型应当是不仅给企业带来好处,而且还能帮助企业形成某种策略,如果可能,还能给他们带来较好的反馈。

航空运输和机场对于我们的生活,甚至国家的生活影响都很大,没有谁不知道机场的存在。尽管航空运输在近25年来迅猛增长,但也带来挑战、问题和机遇。航空运输对人们生活的影响,不论是正面还是负面的,都很大,因此机场总是给人留下了这样的印象——既好也不好。

机场面临的一个很大问题是关于公众对其最初形象的认知,这些形象往往反映公众在机场遇到的问题及其态度。诸如:喷气机的噪声,到达机场的时间,需要在拥挤的公路上挤时间,找停车的车位,买票排长队,花很长时间等候提取行李,还有其他不便之处,等等;而有一些公众会对机场产生这样的看法,认为机场是个令人振奋的地方,通过商业渠道对社会做了很大的贡献,对个人也有很大的价值,提供方便去旅游,提供更多的个人发展机遇和享受生活的机会。

尽管航空有很多正面意义,但负面影响也很多。机场总试图在技术方面来解决一些问题,以至于忽视了一些其他无形的部分。虽然通过技术可以解决诸如航路系统等许多问题,但如果能将技术和公众(社会团体)的观点联系在一起,这才是机场公共关系的努力方向。

机场和公众有责任一起工作来解决他们共同的问题,达到共同的目标,最终获得一个满意的公共关系。当然,这需要不断的努力,有时候会牺牲部分居民的福利或是航空企业的利益,以便获得机会赢得好的公共关系。有时候这种牺牲会令居民产生误解,导致机场的负面影响或公众对航空企业缺乏信心,因此,要确保问题的解决,必须有足够的和准确的信息。

1. 公共关系的原则

无论机场的大小,处理公共关系都应遵循一定的原则,以下列举一些基本原则:

(1) 每个机场、每个公司或是机场的股东之间,都存在公共关系。

(2) 公众利益是机场享有的最大最有价值的资源,公众的意见最有力量,他们所表达出来的对事情的认知看法最有可能赢得支持;反之,公众的误传则不利于甚至危害到机场。

(3) 好的公共关系的基本组成要素就是诚实正直。

(4) 机场的政策和计划项目如果没有公众的兴趣,也没有机会获得成功。

(5) 机场的公共关系不应只是在应付负面情况时才使用,好的公共关系应是通过坚持不懈的努力获得的。

(6) 机场的公共关系应超出新闻界和广告范围,不仅应该表达出机场对公众利益的关注,它应该是双向的信息传递,还应把公众的意见传达给机场管理部门和公众的领导。尽可能运用各种方法获得公众关于机场运行的意见并将其渗透到机场实际运行的各个方面。

2. 机场与其公众

尽管机场的规模不同,其活动的范围也不同,但机场要面对的公众是一样的,主要有以下四类:

(1) 外部的商业公众:他们是机场过去、目前、未来的客户,机场为其提供各种服务。主要包括各种商业部门、政府、教育部门,还有一些从事飞行的公共团体或个人。

(2) 外部的一般性公众:他们是当地的居民和纳税人,他们很多人可能从未去过机场,但他们有权表决有关机场事宜,或是一些特殊的组织(利益人),能代表公众团体。

(3) 内部的商业公众:直接在机场运营的商业企业单位,如航空公司、FBOs、其他通用航空团体、政府官员、其他航空和旅游的企业或贸易组织以及所有这些企业的员工。

(4) 内部的员工公众:这里包括在机场工作的所有员工。

这些是机场最重要的公众,也是最关键的信息来源,机场管理者必须要了解他们的动态,以便机场在实施某个项目时与他们互通信息并取得他们的支持。

3. 公共关系的目标

机场的公共关系要达到以下几个主要的目标:

(1) 在外部公众头脑中建立起机场是服务于公众的基础设施的概念。许多机场和当地一些商业企业一起合作,印刷宣传小册来宣传在机场进行的一些项目和活动,因为这些项目中有这些商业团体和公众的投资。

(2) 同外部公众进行交流和对话,建立共同的目标和利益。机场经理及他的员工通常在各种社区组织活动中担任嘉宾,他们在这些组织中成为活跃的成员,以便通过这种非正式的形式推销机场,并树立机场在公众中的形象。当然关于机场新发展的项目也可以通过各种媒体来发布宣传,这也是交流的一部分。

(3) 回答公众一般的问题及关于对环境的抱怨。机场与其邻居和相关的居民社区发展和睦的关系,这一点很重要。机场与航空公司和其他内部商业公众一起工作,机场就应设法通过改变飞机进近路线或调整航班时间等方式,解决诸如噪音问题。为便于公众对机场运行有更好的理解,可以组织他们来机场参观。机场还要采取一些更接近居民的活动来加强与他们的关系,以表示对他们的关注。例如,让公众参与机场规划,采用听证会的形式,保证机场管理能不断关注公众对机场的感觉。

(4) 与内部商业公众建立良好的工作关系,他们和机场的利益是一致的。

(5) 制订激励计划,提高员工的士气。

像其他服务于公众的设施一样,机场也需要公众的理解。一个好的公共关系可以使公众更好地认识机场及其好处,并接受它。态度不是一朝一夕就可以转变的,所以公共关系必须持续开展,逐渐理解发展到接受。

13.2.3 机场与用户的关系

大多数的机场就是一个大型的公共团体,有很多的设施、服务等。对这些设施的管理通常是公共团体的责任,机场也是如此,它的运营必须与航空公司联系在一起,为他们提供航空运输服务,还有特许经营,FBO 与其他公司一样也需要用机场的资产来从事经营活动。这样机场的公共管理和这些企业之间的结合就形成了独特的地主—租户的关系(landlord-tenantrelationship)。

1. 机场—航空公司之间的关系

从航空公司的角度来看,每个机场是航路系统的一个点,用来装载或转运旅客、货物。为更有效地运营,在每个机场,承运人都需要设施。这些需求不是静态的,会随着交通需求、经济状况、竞争环境发生变化。在美国,1978 年航空公司放松管制前,应对这些变化是很慢的,还要一定的申报程序,承运人必须接受民用航空委员会(CBA)的允许,增加或减少航线,改变运价。CBA 进行商议,发布公告,听取意见,等等,这种程序通常要几个月甚至几年。从 1978 年航空公司放松管制法案颁布以后,承运人可以不经允许就可以改变其航线,随着航线的变化,航空公司也需要机场迅速做出变化。

航空公司运营的航线连接许多城市,与航空公司不同,机场运营则是在一个地点满足不同的用户。航空公司的运营变化给机场资源带来很大的压力,往往耗资巨大建好的设施很快就不能满足航空公司的需求了。虽然航空公司的活动影响机场的运营,但使用机场设施的除了航空公司外,还有很多用户,因此机场运营者必须全面考虑如何有效地使用空侧设施,而不仅仅只考虑航空公司的要求。

尽管有不同的立场,但承运人和机场管理都有一个共同的目标,使机场成为一个稳定而成功的经济实体。一般地,机场和航空公司通过签订协议建立关系,然后制定使用机场设施的费率的方法。这种使用协议的条款范围很广,时间上也从以月或年为单位的协议到长达 25 年或更长的长期租赁合同。这些协议是承运人与机场通过谈判,获得他们日常运营所需的设施,如租用候机楼空间作办公室、旅客廊桥、值机柜台等。

长期协议一般已经形成定律了,一个主要原因是由于长期投资的期限因素。一条跑道寿命为 10 年或以上,一座候机楼则更长,当机场要扩建并从航空公司那里获得资助,机场就希望签订长期租赁协议,保证航空公司持续使用设施,并支付费用。在一些机场,使用协议和租赁协议可能是很多航空公司联合起来签订并付费;而有些机场,航空公司可能独自承担给自己带来好处的改扩建项目。

过去,主要的航空公司垄断市场,风险高。近几年,航空公司比较稳定,而机场则开始变化。自从放松管制,航空公司不再有义务服务于一个特定的城市,也不再从竞争中受到保护，他们可以自由竞争，改变航线，从事各种商业活动。另一方面，机场也在市场中显示其信用价值以及很强的旅游市场。不论航空公司发生什么，机场仍可以提供服务。对于机场寻找资金来说，长期协议并不是很重要了，机场也变成了经济实力强盛的公共团体了。

由于航空公司不断变更航线，其与机场的短期租赁协议则变得很普遍。尽管短期协议的成本比较高，但它对航空公司和机场来说都具有灵活性的优势。航空公司要进入新市场，不能也不愿签订长期协议，除非它确信这个市场有利可图，才愿意承担资金发展项目的责任。同时，机场也可能不愿意与一个新的航空公司签订长期协议，因为它也不能确定新的航空公司的可信度。

一些主要机场的规划决策以及关于航空公司日常运营所需设施的谈判，通常是在机场管理者和定期航空公司代表组成的谈判委员会之间进行。过去，谈判委员会总是把航空公司的要求施加于机场身上。自从放松管制以后，谈判的性质发生了变化。在管制下，主要的承运人，尽管是竞争者，但还是有共同的利益和需求。在当时的价格基础上，以及保护条款的作用，没有谁改变运营策略，因此并不存在真正的竞争。承运人代表在不同的机场谈判，立场都是一致的，而且与谈判对手也是在合作的气氛下工作的。放松管制后，这种环境就变成竞争而非合作了。承运人在航线选择、服务水平、价格上发生变化，他们不愿把这些信息共享，担心这些计划被竞争对手知道占了优势。这些因素使得谈判变得很困难，机场也在抱怨，在这种竞争的气氛中，承运人不再提前告知这些变化，而这些变化对机场来说可能直接影响其运行。

大多数机场被少数几个大型的航空公司通过长期协议控制的日子过去了，很重要的原因就是：从放松管制后，承运人数目激增。飞机的大小、性能、旅客人数、服务市场等广泛的变化，意味着不同等级的承运人需要不同的设施。例如定期短途的航空公司（commuter），飞机较小，通常不会和主要承运人使用相同的登机门和机坪。其他新进入的承运人，与一般承运人的需求也不尽相同，他们可能需要频繁地更换登机门，行李设施则很少需要。这些较小的承运人在谈判中也会对主要承运人产生一些压力，特别是在关于机场投资的决策上。

2. 机场—特许经营人的关系

像饭店、书店、礼品店、停车场、汽车租赁公司、酒店等通常是在特许经营协议或管理合同下经营的。这种协议变化很大，但典型的是特许经营协议，机场允许一个公司在机场的资产上从事商业活动，作为交换，他们要支付给机场最小的年费用或是收入的一定比例，两者取高者。一些机场倾向于收取他们收入的某一个份额，而采用另一种协议"管理合同"，在此合同下，一个公司租用并运营某项设施。由机场收集全部的收入，然后付给公司运营费用，加上房屋管理费，或是支付其收入的一个百分比。

从特许经营中获取收入对机场来说十分重要。特许经营产生的收入往往比从航空公司收取的费用还要高，因此，机场用非航空性服务的特许经营收入来交叉补贴航空收入。

停车场和汽车租赁在机场也是很重要的特许经营活动。在一些机场，这项收入是机场在航站楼区域获得收入的最大来源。有时候，比从航空公司收取的起降费还要高。通常，运营停车场和汽车租赁的公司在机场内和机场外的服务运营都是一样的。

另一种重要的特许经营人就是FBO,提供给那些自己缺乏设施的一些用户,主要是通用航空。典型的FBO销售燃油,提供飞机服务、维修、维护的设施,也提供租用机库和短期停机设施的服务。机场与FBO的协议有很多种类,有时,FBO可以在机场建设和发展自己的设施;有时,FBO管理的设施归机场所有。他们还给那些小的航空公司或新进入的航空公司提供服务,特别是新进入的公司,因为他们还没有自己的地面服务设施。

另外,还有一些特许经营人,机场当局作为地主向诸如工厂、货主、零售商、仓库提供服务,他们都能给机场带来收入,这些公司租用场地,建设自己的设施。

3. 机场与通用航空的关系

机场运营者与通用航空GA(General Aviation)的使用协议比起与承运人和特许经营人之间的协议来说简单了许多。通用航空呈现多样性,在一些机场,GA的飞机通常是由不同的个人或组织拥有并运营。由于所有者不同,飞机类型的多样性,机场与GA之间的长期协议并不普遍,通常为短期协议。GA用户通常租用机场设施,特别是机库,他们的关系就是地主—租户的关系。也有个别的GA所有者和运营者对机场的资金发展项目负责,但这种情况非常少,甚至有的机场通用航空是主要的用户,也不承担资金的筹集。

一般来说,GA的飞机利用率都比商用飞机利用率低,大多数的GA飞机占用地面时间很长。这样,GA在机场最大的需求就是存放飞机的空间和场地以及相应的加油、维修设施。一般的商用飞机可能会占用一小时的登机门来加油和旅客登机,而GA则可能停放一天或一周的时间,等待旅客在该城市完成其商业活动,因此飞机的所有者就必须要有场地或租用场地、机库来供飞机停放。

一些机场运营者直接服务于GA用户,机场管理直接运营一个GA候机楼,收取起降费,出租机库给用户。在一些机场,还有把机库卖给用户。有机队的公司通常在其基地机场有自己的机库场地。通常的做法是,机场委托FBO,它作为机场的代理人,同飞机的所有者谈判使用机场设施,并收集费用。

📋 本章小结

机场环境指与机场有关的周围事务,是整个环境的组成部分,它与机场的交通运输活动紧密相关。

为保护和改善机场环境,我国民用航空局制定了一些具有重大意义的法律制度。主要包括环境影响评价制度、"三同时"制度和许可证制度。

机场环境污染包括大气污染、水体污染、道面和土地污染、其他污染。

机场噪声污染业已成为机场环境影响中最引人注目,也最为棘手的一个问题。

形成噪声污染需具备三个要素,即噪声源、传播途径和接受者。治理、控制噪声污染也不外乎从以上三方面着手。

喷气式飞机投入运营以后,由于飞机的速度愈来愈快且噪声日益减少,遂使遭受鸟击的可能性大为增加。鸟击的危害是严重的,其危害主要来自对飞机发动机的破坏。对鸟害必须采取综合治理的方法。

机场作为城市和社区的一部分,拥有大量的土地,又有众多的商业活动,大的机场有如一个小型城镇,这些构成了机场独特的社会公共关系。有效的公共关系有助于机场当局充分利用资源优势来形成核心竞争力。

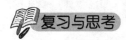 复习与思考

1. 我国机场环境保护的基本法律制度有哪些?
2. 机场的环境污染包括哪几大类?
3. 防治机场噪声污染可采取哪些措施?
4. 机场如何综合治理各种鸟害?
5. 机场如何处理好公共关系?

 在线自测

第 14 章 机 场 竞 争

本章关键词

机场航空业务(aeronautical business of airport)
机场非航空业务(non-aeronautical business of airport)
垄断(monopoly)   马太效应(Matthew effect)

互联网资料

http://www.economicdaily.com.cn/no6/newsmore/200707/16/t20070716_204910.shtml
http://www.chinaairports.cn/indxe.html
http://www.caac.gov.cn/
http://news.sxrtv.com/link/0/132/content132551.jsp?pid=2&CatalogNumber=null&ProgramID=132551
http://www.chinawuliu.com.cn/cflp/newss/content/200712/670_90826.html

> 在公众的心里,机场具有一定的垄断特征,因此以前很少有人关注机场的竞争性。实际上,在机场不断发展的今天,不管航空业务还是非航空业务,都存在一定的竞争特性。

14.1 机场航空业务的竞争性分析

由于航空运输的客、货最终都通过承运人即航空公司来进行,因此人们常常认为市场的概念仅适用于航空公司,或者干脆认为机场不存在市场问题。应该看到,开发航空运输市场必须有承运人提供运力资源,也必须要有机场为航空客、货运输行为提供最基本的服务保障平台资源,两者缺一不可。两种资源的共同作用,才能形成航空运输服务的完整商品,才能产生航空市场效益。

在航空运输发展的正常状态下,特别是在步入相对成熟的阶段后,越来越多有选择机会的消费者在购买航空运输产品的时候可能会有两重考虑,即从什么地方走(选择机场)及由哪家航空公司承运。选择这一机场并不一定就选择哪家航空公司,而选择了这家航空公司也不一定非从哪个机场走。如何让更多的客户选择我们的产品,这就是航空业务的竞争问题。

由于机场是以专用基础设施为主要手段的服务性企业,其产品具有不可移动的特征。因此机场的市场只能是以机场所在地为中心,呈放射状向外延伸。随着机场辐射能力的增强,机场的市场空间可以不断扩大。但是,由于成本和影响力的关系,机场的市场将随辐射的延伸而逐步弱化。机场的市场具有其特定的有限性,这也导致机场航空业务发展规模的有限性及竞争的区域性。

14.1.1 机场的垄断特征

1. 垄断企业的概念

提起机场,人们往往会与垄断性经营相联系,因此也自然导致社会各界对机场认识的一些偏差。或以为机场的发展是"靠"出来的,即当地的社会经济发展自然提供的;或以为机场的运营只有管制的特征,而没有经营的特征;有些则把机场认定为航空运输服务的设施而不认为它是企业。认识上的偏差可能导致政府和社会对机场的经营和发展激励不足,可能导致机场管理者的"等、靠、要"思想,对机场的健康发展是不利的。因此,准确地认识机场的垄断性特征,有利于通过合理的政策,减少或遏制其垄断可能带来的负效应,同时可以更清晰地看到机场的非垄断性一面,即竞争性特征,创造更好的竞争环境,激发机场的内在活力,推动机场更快地发展。

要准确地认识机场的垄断特征,首先需要了解垄断的一般概念。

根据垄断的形成方式可以把垄断分为两大类:一类是竞争性垄断,另一类是自然性垄断。

所谓竞争性垄断是指在生产集中和资本集中高度发展的基础上,一个大企业或少数几个大企业对相应部门产品生产和销售的独立或联合控制。这种垄断的形成是在以自由竞争为基本特征的市场环境下,企业为获取更高的收益,凭借自己在经济、技术或管理的优势,排挤或并吞其他企业,使生产资料、技术人才和产品的生产日益集中于自己手中。这种垄断产生于自由竞争,但不能消除竞争。因为竞争是商品经济的必然产物,社会的发展,生产要素的流动,需求的变化,从垄断组织的内外部都将产生新的竞争者。客观上,在垄断与竞争的交替中生产力得到提高,社会得到发展。

所谓自然性垄断,传统理论中大致包括以下两个方面基本特征:一是规模经济性。包括成本导致的规模经济和网络系统导致的规模经济。即自然垄断企业的平均成本随产量的增加而持续下降,如果把某种产品的全部生产交给一家垄断企业来进行,对社会来说总成本最小。二是大量的沉没成本。沉没成本构成一般企业的退出壁垒,而在自然垄断产业,巨大的沉没成本构成了较高的进入壁垒。对自然垄断行业的这种理解是假定自然垄断厂商只提供一种产品或服务。在单一产品情况下,规模经济是自然垄断的充分条件。递减的平均成本意味着成本的弱增性,但弱增性不一定意味着平均成本的下降。如果一个单一产品厂商的成本函数是弱增的,即使它有不断上升的平均成本,它仍然是一家自然垄断企业。它意味着由一家企业生产全部产品时的成本比分为两家企业以上生产时的成本还低。根据"弱增性"可以将自然垄断定义为:如果由一个企业生产整个行业产品的成本比两个或两个以上的企业分别生产该产品的成本总和更低,这个企业就是自然垄断的。

这类垄断大多出现在国家基础设施如水、电、交通、能源、稀有矿产开发、军工等行业。机场亦属此类。在这一类垄断行业中，由于产品特征及政策导向的差异，其垄断的程度又有很大的差别。就企业（或商品生产者）对市场的支配能力而言，又可以分为以下三种形式：

（1）完全垄断企业。表现为该企业产品在特定市场区域内不可替代，如电力、城市水务等。水、电是生产生活的必需品，由于供应渠道的单一（输送管线网），使消费者具有不可选择性和不可替代性。

（2）局部垄断企业。表现为该企业产品是特定市场区域的唯一提供者，但其产品具有一定的可替代性，如铁路、高速公路等。就该项运输形式而言其经营者为独家经营，但消费者可以有不同交通方式的选择，因此就运输服务产品而言它存在着一定的竞争。

（3）局部有限垄断企业。表现为行业内外同时存在竞争，仅是在特定的市场区域内具有比较稳定的消费群体，如机场、港口、发电厂等。机场作为民航运输服务产品，虽然有其特定的优势，但与其他运输方式间存在着竞争。消费者可以根据自身的需求做相关的选择。同时，机场与机场之间，同样存在着竞争，即其消费者——航空公司及旅客、货主同样具有选择性。而其相对稳定的消费群体则是邻近该机场而又必须选择航空运输的消费对象。

自然垄断与竞争性垄断不同。由于其受政策、资源或地理要素的保护，没有竞争环境和压力，也就自然地缺乏内在发展的动力，对促进生产力的提高是不利的。虽然其行业特性和产品特点很难使这种垄断行为完全消除，但随着社会的发展，各国政府还是极力调整政策以期减少垄断所带来的负效应。

2. 机场的局部有限垄断特征

（1）机场垄断的区域性

机场的垄断来源于投资的有限性及政府政策的安排。由于机场属资金密集型项目，在市场尚未出现巨大需求并且具有足够投资来源时，在一定的区域范围内通常只会建设一个机场，由此而提供了机场垄断的条件。机场相当于某一区域的特定消费（只是因资金、规划、环境等要素，使机场成为较难进入的行业），其市场以一个城市或区域为基础也实属正常。但是，一旦有其他投资者出现，自然使其传统的市场萎缩，竞争加剧。机场业的竞争与其他服务行业的竞争区别在于需要站在一个更广阔的市场空间来考量，其竞争的结果需要有更长的时间和过程才能表现出来。在我国，随着社会的发展，需求的增加，机场的密度也不断提高，珠江三角与长江三角紧邻城市纷纷兴建机场，机场的传统市场也自然萎缩，其竞争性也日益显现。国外发达城市或相对集中的城市群同时拥有数个机场，甚至是数个国际机场也比比皆是。随着机场的密集度增加，垄断的情况也将逐渐地淡化。

政府的政策安排可能使机场在某一方面的垄断长期保留下来。出于对资源（包括土地、市场、空域、航路等）综合开发利用或投入产出效益的考虑，以及城市总体规划的合理性，倘若政府仅指定某个机场为国际机场或仅开放某部分航线、航权，则政策给予的垄断出现。假设一个城市的机场或邻近机场由一个投资者或公司所拥有，也会出现因内部利益保护而对市场做相应的发展分工以减少或避免竞争。假设上述政策安排发生变化，则其垄断的区域也将受到分割。

机场垄断的区域性还与其他交通运输的配套有关。陆路或海路交通条件的改变将使机场的相对垄断区域随之改变,如连接机场或所在城市的高速公路的建设、铁路的提速、海上运输线路的开通或跨海大桥的建设等,都将使该机场的相对垄断区域扩大而相邻机场的区域缩小。比如随着2008年5月1日杭州湾跨海大桥的全线贯通,上海到宁波的路程缩短为2个小时,那么上海和宁波之间的航班的竞争力就大大减弱。

(2) 机场市场的流动性

在机场相对垄断的市场区域,并不意味着该市场长期为该机场所拥有,由于价格等因素的影响,原有的垄断市场将出现流动状态。最典型的现象是低成本航空公司的出现。该类型航空公司一般选择一个城市的次要机场或重点城市的周边地区的二线、三线机场作为其基地或起降机场。由于低成本航空价格的特殊吸引力,使原为骨干机场所拥有的有限垄断市场部分流向了这些机场,动摇了骨干机场的传统垄断。例如英国的曼彻斯特机场一直是雄踞英国中部的枢纽机场,也是欧洲的骨干机场之一。1998年欧洲的低成本航空公司伊西航空(Easy Jet)进入距曼彻斯特机场56公里的利物浦约翰·列侬机场,即对曼彻斯特机场的传统市场造成冲击,而约翰·列侬机场则迅速从1998年旅客吞吐量50万人次增长至2003年的300万人次,该机场增长的旅客,主要就是从曼彻斯特机场分流的。我国广东汕头机场,1995年旅客吞吐量达196.2万人次,居全国第12位,以后逐年大幅度下滑,至2003年旅客吞吐量跌至69.2万人次,居全国第39位,通航城市由47个跌至25个。吞吐量急剧下降的主要原因之一是周边机场的分流。

(3) 不同运输方式的分流

不同的交通运输方式有各自的优势,通常业界认为300公里以内,汽车运输具有优势;800公里以内,铁路具有优势;超过800公里则航空具有优势。客观上影响消费者选择运输方式除了距离外,重要的是成本与时间、舒适度之比。机场与航空公司构成航空运输的全过程,在成本、时间及舒适度上共同构成竞争的优势。就客运而言,旅客在机场办理登机手续、候机及抵达目的地机场办理相关手续时间往往要超过中短程航线的空中运输时间。而货运则更加突出。据有关资料统计,平均而言航空货运的空中运输时间只占整个运输时间8%左右,其余92%的时间消耗在地面的货物处理过程中。由此看来,机场的流程、设施、运行效率、成本及舒适度对航空运输的竞争力都有举足轻重的影响。随着其他运输方式的改善,特别是高速公路的发展、铁路提速、列车舒适条件改善及"夕发朝至"等服务时间的设计和安排使消费者对运输方式的可选择性增强,都将造成对民航的分流,也将削弱机场对特定区域市场的有限垄断地位。

加拿大罗理尔大学(Laurier)教授David Gillen等3位学者受加拿大交通法案审查小组委托,在对加拿大机场进行深入研究后所作的报告认为:把机场视为垄断行业是不正确的。在一些地方,机场为客源和货源展开了竞争(如温哥华机场与阿伯斯福机场、多伦多机场与汉密尔顿机场),门户机场和枢纽机场为了国际中转旅客也展开了竞争(如多伦多机场与纽约肯尼迪、杜勒斯、芝加哥和匹兹堡机场的竞争)。机场为从食品、饮料、专卖店获得收入而在特许经营商之间进行竞争。区域性机场与其他运输方式开展竞争(如铁路、高速公路等)。这些情况明显地反映了传统的机场垄断行为正在淡化,而竞争要素正在凸显出来。

3. 垄断因素对机场的影响

（1）对机场发展的基础支撑

除某些地理位置或政策特殊的机场，如菲律宾苏比克机场因处于亚太区中心位置且具有自由港政策优势被美国联邦快递航空公司选定为亚太分拨中心从而带入一大批企业，机场发展初期主要市场由外部而带入外，机场的生存和发展还是基于特定区域的需求并依靠这一市场而发展的。在这一阶段，有限垄断市场的大小变化情况对机场的发展起重要的作用，中心城市机场或经济活跃地区机场发展较快也是由于有这一市场的支撑。

但机场的发展并不完全依赖于这一市场。如上所述，这一市场具有一定的有限性与流动性，机场发展到一定阶段后往往越来越依靠外部市场（即竞争市场），以致从外部获取的市场超过相对垄断的市场而成为机场发展的主体。可以说机场拥有的相对垄断市场与竞争市场的比例随机场的发展而变化，前者将由大变小，后者则由小变大。反向而言，一个机场获取的竞争市场的比例越大，则发展越快。

（2）提供行业的平均收益

在一般情况下，垄断市场为机场提供了行业的平均收益。由于机场具有相对的垄断性，其收益情况往往备受社会的关注，社会所担心的是机场可能因其垄断而获取过高的收益，由此损害机场用户及社会的共同利益，因而都会采取一定的监控或约束的措施。我国机场的收费标准是国家统一制定的，其标准的形成是根据全国机场的平均收益确定的，而平均收益则来源于全国机场的一般成本投入以及从这一市场所带来的产出。由于机场产品的不可流动（异地销售或提供服务），在排除成本差异及市场竞争的状态下，每个机场都能通过其相应的垄断市场获得行业的平均收益。然而市场的流动性和竞争性将改变这一平均的状态。当一个机场通过各种手段获取相对垄断市场外的市场份额时，就可以更快地获得规模效应，从而获得高于行业的平均收益并取得更快发展。反之，当一个机场的相对垄断市场被分割或削弱，则机场的发展就有可能陷入被动的局面。概括地说，相对垄断的市场必然带来相对垄断的利益，而市场的流动也必然带来利益的流动。

（3）易于导致经营者的依赖性

机场局部有限垄断的特征易于因垄断市场的变化对机场发展的直接影响而使人们难以判断以致忽略经营因素的作用。有些机场因所在区域社会经济的快速发展，市场需求量急剧增加，机场吞吐量得以在一定时期内持续高速增长，这一阶段机场的经营者易于忽略竞争的一面。而发展缓慢的机场经营者同样也易于在比较中完全归咎于本地市场因素。当机场经营者把有限垄断因素对机场发展所起的作用放大之后，就容易产生经营上的惰性，或者在业务的拓展上无所作为，或者力求于利用相对垄断的条件采取独揽业务提高收费的办法以谋取尽可能多的垄断收益，其结果也将阻碍机场的发展。对垄断的片面认识也是导致体制弊端的根源。

（4）垄断市场的缩小使机场不得不面临挑战

航空运输需求的发展，政府或社会投资能力的增强，加之行政支配力量的局限，必然使机场的密度增加，并且不可能完全按市场的合理分布及实际需求有计划的增加。随着机场密度的变化，以及由于陆路交通改善等因素带来的机场辐射能力的提高、服务范围的扩大，航空市场的流动将不断增强，相对稳定支撑机场发展的有限垄断市场也将随之缩小

(虽然在绝对值上可能因新需求的产生而增加)。共同市场的扩大,使相关机场不得不面临要么争取获得,要么丢失或放弃某些市场的可能。为增加本机场的市场份额,就必须采取一定的竞争手段。由此,为维护和扩大本机场利益的竞争也将随之加剧。

14.1.2 机场竞争性的表现形式

1. 竞争机场的市场存在

竞争来源于同一市场出现两个以上的产品供应商。这一情况在机场业中通常有三种表现形态:

(1) 交叉市场(见图 14.1)

通常一个机场服务的合理半径是 150 公里。随着陆路交通条件的改善,这一半径会有所延伸。当然各种社会、地理、人文条件的不同,也会使机场的服务半径有很大的差异。为了说明问题,概以 150 公里为依据。当两个机场的间距小于 300 公里时,其服务半径的交叉区域就成了共同市场。消费者会根据机场提供的服务及价格情况做相关的选择,这就是两机场竞争的市场。

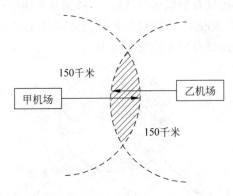

图 14.1 机场交叉市场的表现形式

(2) 中间市场(见图 14.2)

当两个机场的距离大于 300 公里时,超越机场合理服务半径区域内的消费者具有同样的选择机会。当消费者邻近机场没有前往目的地的航班时,离消费者最近能提供所需航班服务的两个机场也就是选择对象。有效地吸引可能的消费者也是机场竞争的目标之一。

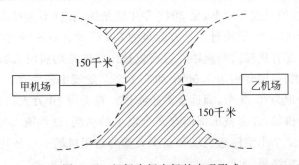

图 14.2 机场中间市场的表现形式

(3) 中转市场(见图 14.3)

由于机场及航线、航班设置的局限性,许多客货运输需求难以由两机场的直接运输来完成,需要由第三机场中转实现其运输过程。而从哪个机场中转则旅客、货主及承运人都会根据相关的条件做出选择。同时由于机场所在区域相对垄断市场的有限性,机场在发展到一定阶段后就出现缺乏成长空间的情况。而中转则是超越区域性的,市场可以随航线的延伸而扩大,具有极大的弹性空间,也是机场新的发展机会。此外,航空公司为扩大市场占有,降低成本,提高竞争力而产生的航线结构的组织与调整,也往往为机场的中转带来巨大的发展空间。因此中转市场也就成为各力图于加速发展的机场的竞争主战场。中转可分为国内间中转,国内、国际间中转和国际间的中转,其竞争的目标市场应根据机场的战略定位、政策和设施条件以及所处的地理位置等因素而定。例如北京、上海机场,由于处于我国的政治、经济中心,一方面自然形成的相对垄断市场稳定且具有很高的成长性,另一方面其特殊的地位及条件也确立了它们在我国的国内间和国内、国际间中转的枢纽地位。但如果把两地机场放到亚太地区的机场格局中,其竞争优势就弱化了。面对着首尔仁川、大阪关西、新加坡、吉隆坡、曼谷、香港等极力谋求成为亚太地区最主要枢纽的机场,首都或浦东机场都还没有形成明显的优势,特别是在国际间的中转市场方面。如果在国际间的中转市场上不能占据较大份额,要成为亚太的主要枢纽机场是不可能的。因此,在一定意义上大机场面临着更大的竞争压力。

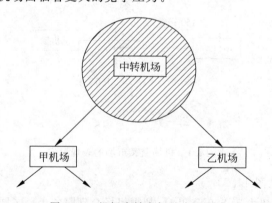

图 14.3　机场中转市场的表现形式

2. 机场密度的提高

目前,我国机场的密度还很低,至 2019 年年底全国境内(不含香港、澳门和台湾地区)共有民用运输机场 238 个,平均每万平方公里为 0.248 个。这一情况与发达国家相比,甚至一些发展中国家都有比较大的差距。目前发达国家的平均商用机场密度在每万平方公里 2.5 个以上,美国、英国分别达 5.98 个和 5.7 个。发展中国家如巴西为 1.06 个,印度为 0.72 个,巴基斯坦为 0.43 个,都远远高于我国。在美国 30 万人口以上的城市周围 20 英里以内都有枢纽机场,许多城市都拥有 2 个以上的机场,纽约有 800 万人,其周边共有 3 个大型枢纽机场、2 个小型枢纽机场和 1 个大型的通用机场。这是社会经济发展到一定水平后所出现的必然结果。

虽然我国目前存在着一些非计划性也非市场性的机场建设,不合理的机场布局使个别机场建成后处于停飞或半停飞状态（这也是竞争的表现形式），但机场的建设和发展仍在继续，这是随着我国社会经济快速发展所必然出现的情况。不断提高的机场覆盖密度，扩大了机场的共同市场，客货源流动的选择性增强，为机场的竞争创造了更好的条件，也将进一步推动机场的竞争。我国机场密度较高的珠江三角和长江三角的机场间的竞争已日趋激烈，这一现象将在我国越来越多的区域出现。

3. 辅助交通的改善

机场所在区域的有限垄断市场及与相关机场的共同市场构成了其市场基础。共同市场的大小，以及该机场能否获得这一市场除了机场自身拥有的条件和能力外，很大程度上取决于辅助交通的条件。辅助交通条件好，则该机场的服务辐射区就大，亦即通常所称的"市场腹地大"，反之，再大的共同市场也只能成为其他机场的资源。

机场的辅助交通一般为公路、铁路及水路三种形式。通常业界所谓机场合理服务半径150公里的概念更多的是从客货的地面运输时间约1.5个小时考虑的。航空运输在于它的效率，地面辅助运输时间过长，也就没有竞争能力。在同样的地面辅助运输时间的概念下，意味着交通条件越好速度越快，则其辐射距离就越远，也就越有条件为机场创造更广阔的市场腹地。高速公路、高速铁路及水上运输条件的不断改善，使机场腹地的不断扩大成为可能。大型枢纽机场以机场为中心专门开通中远程汽车运输班车，高速客船、铺设铁路专线正是为了扩大腹地和提高机场竞争力而采取的相关措施。例如香港赤腊角机场，虽然已成为亚太地区重要的国际枢纽机场，但面对珠江三角及周边地区广阔的航空客货市场，为了能在这一中国机场密度最高的地区保持竞争优势，加快发展，机场当局与5家汽车公司及船运公司合作开通了直通广东、福建省的定期班车点达40个，平均每天达200班，2003年乘客量达110万人次；开通快速渡轮客运航线由机场直接通往澳门、深圳、蛇口、东莞4个周边城市码头，2003年9月机场联运配套的海天客运码头正式启用，至2003年底每天有40班，乘客量超过20万人次，并开通至广州、珠海、中山等地航线。为实现更有效的联运，机场特设了专门通道办理出入境及登机手续。为吸引旅客乘船到香港转机，还在码头设立退款柜台，为转机旅客办理退还预缴的乘客离港税。在货运方面机场开展了虚拟航班业务，使机场的货运业务直接辐射到广东甚至达广西和福建。

德国的法兰克福机场更是以机场为中心编织了陆运、水运的主体交通网络。除以莱茵河、梅茵河两条河流为主导可达北海和黑海的水运及通往全国各大车站并连接欧洲高速公路网的汽车运输外，高速铁路更是该机场的一大特点。1号航站楼地下的地铁站可以使旅客从机场乘火车直达德国的24个城市，高速铁路车站每小时有8次高速列车离站，直达欧洲的一些主要城市，如瑞士巴塞尔，比利时布鲁塞尔等都在2小时车程以内，至荷兰阿姆斯特丹也仅需3个小时。机场当局希望能通过高速铁路直接为法兰克福200公里半径范围内居住的3500万人口提供服务，并使其远程航线的服务面扩大至欧洲的一些主要城市，提高其枢纽机场的竞争地位。对此，法兰克福机场管理层做出了如下总结：多式联运增强了法兰克福机场作为枢纽机场的功能，因为这拓展了机场的覆盖范围；通过高速铁路系统联结机场的覆盖范围有利于拓展和巩固始发客源的次级市场；在机场之间的竞争中，多式联运有助于法兰克福机场加强竞争力。

4. 流量经济的追求

流量经济是在近几年提出的一种适合于中心城市发展的经济模式。主要是指一个地区以相应的平台和条件吸引区外的物资、资金、人才、技术、信息等资源要素向区内聚集,通过各资源、要素的整合促进和带动相关产业的发展,并将形成和扩大的经济能量向周边地区乃至更远的地区辐射。在聚集、辐射过程中,各资源要素通过高效、有序、规范的流动实现价值,再通过循环不断地扩大经济流量,从而达到促进地区经济规模扩大,经济持续发展的目的。在一定意义上流量即资源,流量即发展。因此各主要城市争相扮演中心城市的角色,力图以此增加自身的流量。而流量需要载体,特别是当产业层次越高,流动速度要求越快,辐射范围越广时,对交通运输方式也就提出更高的要求。这也是各主要城市不遗余力争相建设机场、发展机场的主要原因。

有了机场就要有相应的客货源支撑,有了基础的平台就要求更快地发展。各地政府一方面给予机场一定的压力,寄希望机场能带来更大的客货流量以促进各资源要素的聚集和辐射;另一方面也从资金、政策、配套设施上扶持机场,以提高机场的竞争力。国内许多城市的政府都做了类似的承诺,即新开通一条航线补贴多少钱,特别是对国际航线,年补贴额动辄几百万上千万之多。政府的介入和支持既推动了机场的发展,也加剧了机场间的竞争。在这一方面机场间的竞争往往会演化为城市间的竞争。

2005年5月,国内媒体多角度报导了河南洛阳市政府为增加飞本地的航线航班,每年安排2亿元以上的财政资金以包租飞机的形式进行补贴,并在组织旅游团包机等方面给予奖励。虽然理论界对政府是否应该(或可以)依靠直接补贴的办法来影响市场有一定的争议,但从流量经济的角度看,政府通过财政政策的支持,扶持空运市场的发展,并通过客货流量的增加获取更大的社会综合收益却有积极的意义和作用。只要财政支持的结果能够真正把航线培养起来,把市场做大,社会的综合收益能高于财政的付出,那么政府的相关行为就有存在的理由,也难以避免。洛阳机场的5条由财政补贴的航线,在政策的激励下,从停航到复航,客座率3个月内即由40.5%上升至63.5%。说明政策的扶持使机场得到了较快地发展,而这一发展也自然加剧该机场与周边机场的竞争。

5. 枢纽机场的建立

旅客、货物的中转是机场最具成长空间的市场,也是各大机场的兵家必争之地。欧洲500多个定期航班机场中,16个最大枢纽机场旅客吞吐量超过总量的一半,大型枢纽机场的中转旅客超过80%。可以说,中转使机场具备了枢纽功能,枢纽机场的建立也为中转提供了条件。为发展中转业务,就必须具备枢纽机场的条件并不断提高枢纽地位。为此,各大机场都致力于积极改善中转设施,增加中转渠道,扩大中转辐射面。随着航空运输的发展,枢纽机场间的竞争将愈演愈烈。

谈到枢纽,并不意味着只有大型机场才有建立枢纽机场的资格和条件,而且枢纽只能定位少数机场。实际上发展枢纽机场的机会很多,因为枢纽机场并没有绝对的规模或数量等级概念,从功能上可以称之为枢纽机场的有以下几种情况:

(1) 国际枢纽。作为国际航线的网络节点,主要完成国际航线间的中转衔接。

(2) 国际国内门户枢纽。作为国内航线网络的对外出口及国际航线的进口节点,主要实现国际航线与国内航线的中转衔接。

（3）国内沙漏式枢纽。作为国内航线网络的区域性节点，主要完成国内经停航线的中转衔接。

（4）省区级内陆式枢纽。主要完成国内干线与支线的中转衔接。

美国的枢纽机场是按年旅客吞吐量在全国总量中的比例划分的。1998年登机旅客人数比例超过1%的大型枢纽机场有29个，其登机旅客占全国总量的67.3%；比例在0.25%～1%之间的中型枢纽机场有42个，其登机旅客占全国总量的22%；比例在0.05%～0.25%的小型枢纽机场有70个，占总量的7%。从枢纽机场的数量上看，其比例只占全国商用机场数量的26%，而吞吐量却占到全国总量的96.3%。亦即虽然美国列入国家机场系统综合计划（NPIAS）的机场共有3344个，其中商用机场538个，而全国的旅客吞吐量几乎全部集中在141个枢纽机场，可见枢纽机场在竞争和发展过程中形成的地位和作用。

欧洲机场在竞争中产生了一套动态评价机场枢纽地位及竞争力的体系，即由荷兰阿姆斯特丹史基浦机场提出的"骨干机场市场指数"（MMX），它根据机场在洲际网络中直达航班连接的目的地城市数量、航班频率及竞争情况（即占主导地位的航空公司或基地公司（联盟）运营的航班数量在总航班量的比例），对主要的枢纽机场进行排名，在量化的指数中体现枢纽机场的竞争结果。

亚洲主要枢纽机场的竞争日趋激烈，各机场都在研究竞争对手，强化自身实力，以期保持竞争优势。韩国运输研究所航空研究部门对亚洲8个主要枢纽机场（首尔仁川、东京成田、大阪关西、上海浦东、台北中正、香港赤腊角、马来西亚吉隆坡、新加坡樟宜）据其提出的机场竞争的"五项核心要素"（区域、设施、需求、服务、管理）逐一评定分值，再按不同的权重评估出每个竞争力。其评价得出最有竞争力的机场为香港，较有竞争力的为新加坡、首尔，较低竞争力的为吉隆坡、大阪和东京、台北，浦东最低。（该报告发表于2002年，正值浦东机场的起步阶段）这一研究，一方面反映了机场竞争的层面已不仅限于机场本身，政府及社会相关部门也都在关注及配合，另一方面还反映了枢纽机场的竞争已提升到通过各要素系统分析以更有针对性地去强化自身竞争力的高度。

2007年12月我国民用航空局发布了《全国民用机场布局规划》，提出要"重点培育国际枢纽、区域中心和门户机场"，这对我国枢纽机场的发展提供了很好的机会，同时也必然带来枢纽机场间（包括周边国家枢纽机场）的竞争。三大门户机场都投入巨资打造与国际枢纽机场相匹配的软硬件条件。各区域枢纽也纷纷打出中转品牌，如西安咸阳机场专门成立了中转联程项目小组，从流程、设施、配套服务到与三家基地公司的衔接，力求创造中转空港的优势。

固然并不是所有的机场都有条件成为枢纽，但随着民航运输需求的增加和运输网络的延伸扩大，干线机场根据自身的特点或优势，建设与自己条件相适应的枢纽机场的机会越来越多，也将导致为建设和发展枢纽而竞争的局面。

2003年下半年以来，我国民航进入了一个新的快速发展时期，我国经济的持续稳定发展，产业结构升级以及进入小康型社会后对国内外旅游的需求，将使民航的高速发展保持较长的阶段。为适应新的发展需要，国家推进了一系列民航体制改革的措施，国内各航空公司整合资源,大批购入飞机,调整运力布局,推出新的竞争战略,主要航空公司的中枢轮辐式航线结构逐步成型。同时国家加大了航权开放的力度,放松了航空运输进入的管制,以民间资本为主导的低成本航空公司开始出现,外国的低成本航空公司开通了我国航线,参与我国空运市场的竞争。国内支线飞机生产有了新的突破,将推动我国支线航空的发展。从国际民航发展的总体趋势看,随着民航市场的扩大,支线航空运输的增长都将快于干线的增长。1978年至2000年,美国支线航空客运量平均增长10.1%,是骨干航空公司客运量增长4.1%的两倍多。欧洲支线航空的增长也同样明显地快于干线的增长。我国民航发展新形势的出现,为枢纽机场的建设和发展提供了难得的机会,越来越多的机场正在抓住这一机遇,提升自己的能力,参与竞争,加快发展。

6. 低成本航空公司的崛起

从20世纪70年代初美国西南航空公司在得克萨斯州开始商业飞行,低成本航空这一充满活力与竞争力的航空服务方式就得以迅速发展并于90年代中后期在欧洲、亚洲兴起,逐步改变了全球航空运输格局。2003年全球旅客运输量排名前200位的航空公司中,低成本航空所承运的旅客已占总量的10%。低成本航空已对传统航空公司造成了有力的冲击,也对机场的发展产生了巨大的影响。低成本航空公司的崛起,极大地拓展了航空运输市场,为机场的发展带来了新的机会,也对传统的大、中型枢纽机场提出了新的挑战。

出于成本费用的考虑,低成本航空公司的航班通常选择使用二、三线机场,即在一个城市中或在合理服务半径内相邻的城市的两个以上机场中规模较小、繁忙程度较低的机场。根据低成本航空服务高效率、低成本的要求,机场的服务流程都比较短;设施简单,以满足服务需求为目标而不追求豪华、先进;候机楼一般不设登机桥,飞机停靠在可自行滑进滑出的机位;机场收费低且方式灵活,有的机场甚至航空业务不收费而仅谋取客流量增加带来的非航空业务收入,许多专门为低成本航空公司航班服务的机场已形成了不同于传统枢纽机场的新型的更具商业性的航空环境。这些机场在效率和成本上表现出的优势是枢纽机场所无法比拟的,因此也对枢纽机场形成了一定的竞争态势。

伊西航空公司执行总裁雷·韦伯就对中枢轮辐式航线结构及为之服务的枢纽机场提出过尖刻的批评。他认为:在低成本航空公司看来,现有枢纽机场效率低、成本高,无疑是为客户提供一种低劣产品。中枢结构航线要通过两个航班来将旅客运抵目的地,这自然会产生更高的成本。枢纽机场对起降时刻需要更高的利用,导致起降次数与旅客相关收费增加一倍。枢纽机场所造成的环保额外成本也是巨大的。枢纽机场是以航班组织的客流高峰设计的,从而使其扩大了平常并不需要的客运能力,造成建设成本与投资成本更高,占地面积更大,其成效也大大降低。他还提到:不是说枢纽机场无法生存下去,因为航空公司在经营中途停靠的长途航班方面肯定是需要它的,但是它要在未来取得发展空间的话,就要对其业务模型进行重新审视。

韦伯总裁的观点虽然是明显地站在低成本航空公司的角度形成的,但较直接地反映了传统航空公司的中枢轮辐式航线结构与低成本航空公司的城市点对点航线结构两种运行模式的竞争,同时也直接反映了枢纽机场与低成本服务机场的优劣势表现及其存在的越来越明显的竞争关系。

虽然随着传统航空与低成本航空竞争的深入,两种不同运营方式也会在某些航空公司或航线上趋同,如传统航空将航线调整为无经停航班,同时加大网络售票比重,低成本航空使用枢纽机场的同样设施与传统航空共用候机楼、登机桥并且在航班上提供部分免费饮料或点心等,但不同的消费需求,不同的运营模式对机场的不同要求和选择是一直存在的。发展低成本航空业务已成为机场竞争的重要内容。

机场在低成本航空业务方面的竞争表现为以下几种方式:

(1) 位于大城市周边的小型机场通过发展低成本航空业务,获得了新的发展机会,并对邻近的枢纽机场产生分流,蚕食枢纽机场的传统市场。如英国利物浦的约翰·列侬机场引入伊西航空公司使旅客吞吐量在 5 年内增长了 6 倍,其客流量就多数来源于曼彻斯特这一枢纽机场的传统市场。这是小型机场利用低成本航空与原来在实力上无与伦比的大、中型机场竞争并获得成功的典型案例。

(2) 利用一体化机场系统对集团内同一城市或相邻的一、二线机场进行分工,保持优势地位,避免客源流失或市场萎缩。例如德国的法兰克福机场在保持其以中枢轮辐航线结构为主的枢纽机场地位的同时,大力发展其所属的哈恩机场的低成本航空业务,保持集团的整体竞争优势。英国机场集团也将其所属的斯坦斯特德机场(STN)作为发展低成本航空的主要机场,该机场已成为欧洲近几年来发展最快的机场。虽然该机场只有一条跑道,1994 年旅客吞吐量只有 330 万人次,由于 BAA 抓住机遇引入低成本航空,10 年间,该机场平均增长速度超过 20%。2004 年该机场旅客吞吐量达 2090 万人次,位列英国第 4,全球第 49 位。

(3) 同一机场建设两套设施,成为可以同时为传统航空与低成本航空服务的"兼容"型机场。例如法国的戴高乐机场就专门设置了为低成本航空服务的专用候机楼及停机位。2003 年低成本航空在该机场的旅客吞吐量已超过 100 万人次,占该机场吞吐总量的 2.2%。该机场认为"兼容"的最大好处是能使国际远程航线的中转旅客更为便捷,以提高机场的枢纽地位和竞争力。近几年来,亚太地区的大型枢纽机场也都朝着兼容型机场发展,新加坡樟宜、马来西亚的吉隆坡机场都在建设低成本航空的专用候机楼,香港机场也为低成本航空设置 4 个专用机位,其目的都是为了在机场日益激烈的竞争中继续保持其优势和领先地位。

14.1.3 机场竞争的"马太效应"

所谓"马太效应"是指事物在发展过程中呈现强者越强,弱者越弱的趋势效应。在机场的竞争与发展过程中也体现了这样的效应。认识这一效应的存在,对在机场经营管理过程中以积极进取的方式把握发展机会,提升机场的地位,创造更好的经济效益是有意义的。机场竞争的"马太效应"主要表现在以下几个方面:

1. 效益周期的不同体现

从机场的效益模型可以看到,机场的发展随周期性的建设投入而表现出明显的效益周期。机场的收入曲线是靠吞吐量(架次)支撑的,在同一周期内,量上升得越快则效益越好。在周期的起始阶段,机场的吞吐量与建设规模的差距大,效益较差,倘若经营者基于对垄断的依赖采取急功近利的经营行为(如提高收费、提供不规范的服务等),而不采取积极的策略培养航线与市场(为此机场通常要在价格上付出代价,甚至需要有额外资金的投入,可能进一步降低当期效益或增加亏损),就可能发展缓慢,甚至因邻近机场的竞争而流失市场,导致吞吐量下降,航班停航以致进入效益的恶性循环状态。我国新建、迁建或大规模改扩建机场在投入使用后出现吞吐量长期于低位徘徊甚至连年下滑以致效益上出现恶性循环的情况不乏其例。这与机场对竞争要素把握不当不无关系。反之,倘若对市场采取积极进取的经营策略,如合理的营销手段及灵活的价格政策等,形成特定市场上的竞争优势,就能有效地开拓、巩固和扩大市场,使吞吐量得到更快提高(就机场的整体收益而言,量就是效益。即便为竞争而让出部分业务的直接收益,也可以从吞吐量的增长中获得较大的间接收益),最终形成更强的盈利能力,进入良性循环状态。

这里要强调的是,在我国目前机场密度不高,航空运输发展较快的时期,由于所在区域市场(局部有限垄断市场)的自然增长,多数机场或快或慢地都会在外界的推动下从一个效益周期走向另一个效益周期,因此机场竞争的"马太效应"并不一定是发展与不发展的问题,而是在同一环境下所能形成的速度与加速度的问题,能否扩大盈利空间的问题。

2. 航空业务的加速聚集

航空是以效率为优势的运输业务。一个机场没有足够的航线航班密度,其吸引力将非常有限。在当今陆路交通日益便捷的时代,航班时刻的选择性及是否有直达航班往往要比机场的远近重要得多。航线航班密度越大,旅客、货主的选择性越强,机场的吸引力也越大。机场的集散能力提高,航线航班的增加就更有基础。无论是传统骨干航空公司采取的中枢轮辐式航线网络方式,还是新兴的低成本航空公司的城市对式航线安排,都试图以提高航班密度、可选择性和便捷度来吸引顾客。罗兰·贝格公司在对欧洲机场2001年旅客吞吐量增长情况进行分析后认为,机场航班量每增加2倍,该机场旅客吞吐量就可增长5倍,充分反映了机场航空业务随航线航班增长而加速聚集的现象。

从发展的趋势看,全球的航空运输量在不断向主要的枢纽机场聚集。2019年,年旅客吞吐量100万人次以上的运输机场106个,其中北京、上海和广州三大城市机场旅客吞吐量占全部境内机场旅客吞吐量的22.4%,年货邮吞吐量1万吨以上的运输机场59个,其中北京、上海和广州三大城市机场货邮吞吐量占全部境内机场货邮吞吐量的46.5%。欧美在长期发展中已形成了高度聚集的态势。欧洲16个最大枢纽机场的旅客吞吐量超过了其500多个定期航班机场旅客吞吐总量的一半,而美国的29个大型枢纽机场的旅客吞吐量则占全美538个商用机场旅客吞吐总量的67.3%。加拿大排名前8名的机场占全国310多个定期航班机场旅客吞吐量的86%。从发达国家的发展情况看,我国机场航空业务的聚集度还将进一步提高。

机场航空业务的加速聚集现象还表现在中转业务上。中转业务是随航线结构的扩展及航班密度的提高而发展的,而中转则可以为机场创造更大的需求。从我国机场的现有条件看,目前最有条件发展以及已明显表现出对机场发展拉动作用的是国际国内门户枢纽和国内沙漏式枢纽两类机场。我国加入世贸组织以后,正在加速开放民航运输市场,单边、多边的航权、航线、航点开放,使更多的外国航空公司有机会进入中国。大量的外国航空公司飞入我国,为我国机场提供了新的发展机会,同时外国航空公司通过自己的销售网络带入了大量的外国旅客,为机场创造了新的需求。由于国际航线的辐射面较广,国际航线的增加也直接带动了国内航线的发展。

我国主要航空公司通过航线结构的调整,在国内的几个主要机场设立中转枢纽并开始形成"航班波"(航班集群),对这些机场的吞吐量的增长都起了自我放大的作用。中转创造需求的典型案例是美国的亚特兰大机场和德国的法兰克福机场。亚特兰大是一个人口不足200万的中型城市,固有的需求量比不上美国的其他骨干机场,由于该机场作为主要的枢纽机场,航空公司在这里每天组织10个以上的"航班波",每个"波"量达80架次,由此完成1700个航班的合成,从而向数千个城市提供高频率、低成本、低票价的服务。

3. 非航空业务资源的倍数增长

机场的非航空业务收入主要来源于客货流资源和土地资源,后者与机场的业务规模大小有关,但同时取决于规划的许可以及政府的相关政策,而前者则完全依赖于航空业务的规模,取决于客货流量的大小。更多的客、货流动产生更大的伴生性资源,开发潜力越大,价值也越高。客货流资源的规模效应主要表现为因流量大小而带来的市场成熟度和市场深度。机场的非航空业务项目有些是与机场的通航同时产生的,如停车场业务等,该类业务仅随吞吐量增减而涨跌,而有些项目则需要等客货流增长到一定程度,构成一定的消费量以后才能产生,特别是需要配套投资的项目,如航空配餐、酒店、商贸会议中心等。如果不对市场成熟度做认真的评估,就过早开发这些业务,则势必给机场带来新的包袱。机场多数非航空业务的市场广度随吞吐量的增长呈倍数增长,能为机场带来的收益也不是与吞吐量呈等比例关系的,如候机楼的商业和机场的广告业。

客货流资源除具有规模的倍数效应外,还具有结构上的倍数效应。主要表现为国际、国内航线,近程与远程航线所形成的市场深度的不同。国际航线与远程航线带来的潜在收益将远远高于国内航线和中、近程航线,这是不言而喻的。

4. 更优的保障形成更强的优势

机场以提供保障航空器运行及客、货服务相关设施为主要经营手段,相关设施、设备既是开展业务活动的基础条件,也是经营的主要成本构成。在机场的投资、运营过程中,若过于偏重设施保障能力的准备,机场能力或设施水平过于超前,经营过程中又缺乏手段推动吞吐量快速增长,投资形成超前的保障能力和超高水平的设施配备只能在加大成本过程中闲置(有些是某项设施的大部分功能闲置)直至老化淘汰。有的机场在投入使用后由于缺乏良好效益支撑长期不安排设备大修,缺乏必要的更新改造,机场的保障能力弱化,机场形象受到损害,也影响航空业务的进一步发展。这是机场投资建设到运营的另一种恶性循环。

创造投资运行的良性循环应该从积极经营的角度及竞争的角度对未来吞吐量做预测,并以此为基础安排建设规模。在同等投资能力和总量的情况下,宁可在建设投资规模上做适当的压缩,以安排足够的资金用于运营初期的市场启动或新航线航班的培养(由于非企业化的机场运作安排,经常是把可能筹集到的资金全部投于建设,很少考虑运营过程中的流动资金安排)。

5. 兼并重组，使强者更强

兼并是企业发展过程中基于提升竞争力的驱动，运用市场力量实行企业间重组的行为。或强强联合，或优胜劣汰，通过资源的优化配置使生产效率更高、成本更低、市场占有份额更大，从而获得更高的效益。我国机场在整体下放并转为企业化经营之后，掀起了兼并重组的浪潮，伴随着以省际机场为主导的机场集团的建立，机场间的竞争将可能由个体的竞争转为群体竞争。

除依靠行政力量完成的机场联合重组外，目前我国已有不少通过承债、资产收购或托管等方式实现机场重组。首都机场集团在各地机场下放后一年多时间里以各种不同方式完成了江西、贵州、重庆、湖北等省市机场的并购，并参股多个机场；厦门国际航空港集团也于 2003 年以承债等方式并购了福州长乐和龙岩冠豸山机场。一些大型机场集团也正在与相关机场接触，力求在集团成员的扩充上有所进展。航空公司介入机场经营或控股机场的情况不断增加。目前海南航空集团已拥有海口美兰、三亚凤凰和宜昌三峡等多个机场。国外相关企业对我国机场表现出极大的热情，正在积极寻找合适伙伴以期实现并购目标。比如，BAA、AGI、SIN、CPH 等机场管理公司早就对我国的机场业虎视眈眈，近几年来与我国乌鲁木齐、武汉、大连、海口、青岛等地机场频繁接触。巴黎机场管理公司购买了首都机场 9.9% 的 H 股，并参与了首都机场的管理和咨询。2002 年年底，SIN 和萧山机场签订协议，参与其的经营与管理。2003 年，CPH 公司购买了海口美兰机场 20% 的股份，而且协助海口机场进行商业化管理，并且签订了长期咨询合同。2003 年，法兰克福机场（FRA）与上海机场集团签署了合作备忘录；此后，香港机场管理局也与上海机场集团达成了合作协议。机场并购将带来更高层次的竞争和发展。

企业的任何兼并行为，都不会以显示实力、壮大队伍为主要目的。它必然要通过集团内部人、财、物及市场、信息等各方面资源的优化配置以达到"1+1>2"的目标，兼并的最终目的是整体效益的提高。因此兼并的成功与否，取决于资源的配置效果。在人力资源方面可以通过集团内的整体培训、技术、管理人才的调配及网络化管理，减少层次、减少机构编制、提高工作效能等方式实现优化。在财务方面可通过集团内部的统一结算、资金的统筹调度和安排提高资金使用效率，提高集团的资信水平和融资能力。同时可以通过集团内财务体制的规范降低相关的管理成本。在物资设备的管理上可以通过大集团范围内的调配，减少闲置、积压，降低库存，提高设备、物资的利用率；大宗物料及设备通过集团内的统一招标采购以降低成本。市场和信息资源的优化配置也将促进机场总体竞争力的提高。

除航空业务外，非航空业务同样可以通过集团化重组提高竞争能力。如商业的开发经营、广告、酒店、机电维修等业务都可以通过整合做大规模，实现规模经营，同时提高专业化经营水平进入外部市场，进一步提高非航空业务收益。

14.1.4 机场的竞争方式

在现代社会高层次竞争的环境下，企业已不只是生产产品而是为顾客创造价值。机场的竞争同样表现为如何为顾客创造更大的价值。

1. 提升机场的品牌形象

品牌是竞争的利器。虽然机场不像其他产品的品牌在竞争中表现如此突出的作用,但随着不同交通运输方式间竞争的日益激烈及机场密度的提高,品牌的作用将日益显现。机场品牌的作用将从双向客户的选择中表现出来。一是对于旅客、货主。处于共同市场的这些消费群体在选择其出行或运输方式时对机场在安全、舒适、便捷等方面的信赖程度或期望值将成为其最后决定的重要参考因素之一。二是对于航空公司。航空运输的全过程亦即航空运输的完整产品是由机场和承运人共同完成的,位于共同市场的客户在购买这一产品时往往会做两重选择,即从什么地方(机场)走以及什么航班(哪家航空公司)走。如果前一项选择即被否定则也就失去后一项选择的机会。因此,航空公司在选择航点时,除考虑市场容量的因素外,对机场产品的质量保障情况也是极为关注的。特别是国际航线,市场以较大区域的概念形成,如中国的东部、西部或长江三角、珠江三角等,国外有些枢纽机场的选择也不是哪个城市大就定在哪个机场。任何骨干航空公司在选定一个新的目的地机场前都会对这一机场的设施、环境、服务及安全记录等级做认真的考察和评估,许多国家还要经过该国民航局的现场检查符合通航标准后才能准予开通航班。这些情况无一不与机场的形象品牌密切关联。竞争需要品牌,也创造品牌。品牌优势即竞争优势。

机场的产品质量主要由安全、舒适及效率构成。

安全包括飞行区设施运行安全,旅客、行李、货物等安全检查,航空器护卫、净空保护及为航空公司提供各项地勤服务如平衡配载、机务等安全保障,有些机场还包括导航和航空油料供应。航空运输服务以安全为前提,没有良好的安全记录就谈不上客户的信任度,也谈不上顾客的价值。舒适是旅客选择航空的重要因素之一,由机场的硬件和软件综合构成。

舒适是通过个人体验而感知,提高客户的体验价值就必须把产品功能与客户体验所带来的感官、情感和文化价值结合起来。从硬件上说,机场的流程布局、环境设计、设施设备的完善程度等都是重要的因素。旅客行为特点及适应性研究,在机场工程及设施设备的规划设计中已成为不可或缺的内容。大型机场越来越注重候机楼内的配套交通,旅客、行李的中转设施及通道,候机楼内的客户服务项目、健身和娱乐设施的完善等,小型机场则更注重流程的简洁实用。在软件方面,各种服务的手段和措施更是层出不穷。许多机场提出以创造"温馨机场"为目标的服务标准。在这一方面美国纽约新泽西机场管理局有4个非常典型的案例。

该机场管理局于1989年开始实施以"好客训练"为主题的"美化机场行动",该计划后来被重新命名为"机场大使"。计划初期主要是对机场雇员以及10多家在机场营运的相关公司员工(包括停车场收费员、大巴及出租车司机、地面运输代理人及其员工)提供训练。1992年该计划扩大到为国际旅客服务的工作人员身上,包括有关航空公司、海关、移民局、农业部和公共健康服务部的员工。该训练计划很快见效。当局不断收到为机场工作人员热心举动而感动的旅客来信。其中有一位叫 Stanley Brezenoff 的旅客写信告诉管理局第一把手,谈到了她在机场的感受并说:"现在,我要告诉自己所有的朋友和商业上的伙伴,一定要使用纽瓦克机场。"机场管理局航空顾客和营销服务部总经理 Susan Baser 说:"我们希望我们的行为是作为一个统一的机场系统受到人们按照道德、服务和创新的最高标准的评价。我们的机场用户强调质量,我们就要保证提供优质服务。"一案例说明机场的服务质量是靠在机场工作的所有员工共同创造的,不断改进的服务质量可以创造出品牌效应。这在机场的竞争和发展中是至关重要的。

效率是航空运输的优势所在。对机场的客户而言,效率的重点是航班的准点、中转的便捷和出入境联检的顺畅。机场原因造成的航班延误,意味着机场同时向消费者及承运人提供了带有重大瑕疵的服务产品,对机场的声誉影响巨大,这是各机场都很忌讳的。中转是枢纽机场的重要业务来源,为争取更大的市场份额,各相关机场都极力改善设施和服务以获得更明显的竞争优势。例如在欧洲哥本哈根机场为45分钟,苏黎世机场40分钟,慕尼黑机场35分钟;而在维也纳机场一般国际航班为30分钟,"星空联盟"航班之间的中转只需25分钟,为欧洲最短中转时间。维也纳机场以其中转效率及回程飞行准备时间的领先于2001年度《世界机场》杂志评为"出色机场服务奖"。全世界各大机场也以提出其具有吸引力的中转时间为其品牌标志之一。例如对国际转国际的航班,美国的亚特兰大机场提出90分钟内可以办完中转手续,新加坡樟宜机场60分钟,香港机场60分钟,而德国的法兰克福机场只需要45分钟。我国广州新白云机场是大陆第一个按枢纽机场概念设计的机场,该机场充分考虑了快速中转功能并在楼内的交通设施、行李传送等设施上进行了比较完善的设计和实施,对提高在中转旅客市场的竞争力将发挥较大的作用。

"最短衔接时间"(Minimum Connecting Time,MCT)已成为评价机场竞争力的重要因素之一。为旅客提供最佳的MCT,除了上述提及的通过创造最佳的软件(如中转所需的旅客、行李的转机手续服务,海关移民局等出入境或过境手续等)、硬件(如流程、设施等)提高中转速度外,很重要的条件是航线航班的密度及航班时间分布情况。一个枢纽机场为旅客提供的中转航班的可选择性大小,上、下程航班的时间安排,特别是远程与近程、国际与国内、干线与支线具有较大市场潜力或竞争较为激烈的航线,能否为旅客创造紧凑而又顺畅的中转衔接都是构成机场竞争力的要素。英国运输研究所在全球机场收费的研究报告中指出:"在航空公司的航线开发战略中,中转旅客的费用是否打折只是很小的考虑因素。机场能提供的MCT更为重要,因为这决定了到达旅客前往下一程可选范围的大小。""如果机场作为中转枢纽对航空公司有足够的吸引力,航空公司也会不顾相对高的收费,在机场开辟航线。"由此可见,"最短衔接时间"在机场竞争中的重要作用。

2. 提高产品的附加值

现代企业的竞争始终围绕如何为客户创造更大的价值这一主题来进行。除了提高产品本身的客户价值含量外,就是尽可能提高产品的附加值。附加值是产品价值的延伸或补充,通过综合价值的体现,提高产品的吸引力和用户的满意率。机场产品的附加值可以从两个方面体现:一是客户在成本不变的情况下产品功能和效用的扩大;二是具备解决客户潜在需求的条件和能力的增强。前者表现为服务的延伸,后者表现为附属产品的完善组合。

延伸服务具有横向延伸和纵向延伸两种形式。纵向延伸即在机场建立交通一体化系统,通过水路、陆路的密切衔接,使旅客、货物在无须支付费用或较低费用的情况下无缝隙到达所在市区或所期望的目的地。为提高机场的辐射能力吸引更多的客户,机场通常会通过陆空、铁空、海空等多式联运的方式为旅客或货主提供跨城市、跨区域的交通服务,对重点竞争区域或重点发展航线航班的客、货往往会与航空公司联手对衔接运输的费用予以补贴或提供其他方面的便利。例如深圳机场利用海空衔接的优势,与航空公司联手推出"港澳自由行空海快线"服务,旅客在出发地机场托运行李直达港澳,旅客抵达深圳机场后免费由豪华巴士提供衔接服务,提供机、船间的无缝衔接,形成了一条竞争力很强的空海联运线路。

对往来市区的旅客往往通过建设城市候机楼(city terminal)的方式使旅客在市区就近办理值机手续,并交运行李然后搭乘机场直达火车或汽车抵达机场。目前城市候机楼已逐渐发展至邻近城市,形成一个机场几个城市候机楼的候机网络。美国于1991年通过了一项联邦一体化地面交通法案(ISTEA),该法案计划在6年时间为一体化交通系统提供近700亿美元的资助。得益于这一计划,亚特兰大哈斯菲尔德国际机场通过MARTA铁路系统与亚特兰大市中心的一体化交通中心连接起来。乘飞机到亚特兰大市的旅客将全程托运自己的行李直接到市中心的某个地点,实现了无缝隙的服务。这些服务的延伸方便了旅客,也提高了机场的竞争能力。

服务的横向延伸即在机场为旅客提供专项免费或低收费服务,如为中转旅客提供专用休息厅及相关娱乐休闲设施和条件,为航空公司或机场的常客提供特殊的通道等,使旅客在机场获得更大的效用上与心理上的利益体验。

机场附属产品的完善组合表现为不断扩大机场服务功能的配套项目,更广泛地满足客户的需求。例如设立飞机维修基地,提高机务保障能力;设立商务中心,为商务旅客提供更便捷的业务工作条件。机务保障能力是航空公司在开辟中、远程航线时评估机场条件的重要指标之一。航空器的故障在所难免,故障处理的及时程度不仅影响公司的形象声誉,还将直接影响飞机的调配和飞行小时的利用,间接损失将远远高于直接损失。因此机场可提供的(并非机场公司本身)机务保障能力的高低就构成机场竞争力的重要因素。其他商务配套,也是完善枢纽机场功能的必要项目,如宾馆、商务会议中心、购物中心等。法国戴高乐机场的商务中心及英国伯明翰机场的国际展览中心面积都在9万平方米以上。这些功能的设立可以使商务旅客避免往来于市区的拥塞和奔波,为国际间的商务活动创造了更为便捷的条件,这也是机场竞争要素的体现。

3. 机场的价格竞争

虽然机场局部有限垄断的市场特征使机场价格受到社会公众较严格的监管,同时由于机场业的进入过程相对缓慢,机场产品的供应不会像其他产品一样能较快地在利润的驱动下迅速增长,价格对市场的反应不十分迅速,对供求的调节作用相对滞后,但价格机制在机场的竞争和发展中仍发挥着相当大的作用。

机场的价格竞争根据不同的发展战略,不同的客户对象具有不同的表现形式:

(1) 提供鼓励性价格

根据机场的市场拓展战略及不同的航线、时段、航班量实行弹性价格,以机场的有限资源构成最大的竞争优势。

价格与战略的关系主要表现在吸引、支持或与航空公司联手进行新市场开拓或新航线的培养。开拓新的市场一般都需要有一个投入的过程,这一过程所付出的代价若全部由航空公司承担,则航空公司可能缺乏信心以致放弃这一计划,况且对所在区域及其腹地的市场情况往往机场比航空公司特别是非基地公司要熟悉,对市场风险的把握也比航空公司要准确,因此机场往往会在价格上表现出更大的弹性,甚至有共同承担市场风险的安排,以增强航空公司开辟航线的信心。目前,国内许多机场所在地政府,通过机场对一些新开辟的航线进行补贴,也属价格竞争的一种表现形式。

价格与时段的关系主要是整体收益的计算和判断。机场设施和人员的配备往往是根据高峰期的需求而确定的。航班的不均衡及航线结构的不合理经常会出现高峰期设施和工作人员不足而低谷时段大量闲置,对机场是很不经济的。若为满足短暂高峰时段的需求再进行设施设备的投资,则势必更大地消耗机场的收益。因此把闲置消耗的成本转化为利益让给客户,即以比高峰时段低得多的价格提供给航空公司而鼓励增加低谷时段的航班,谋求机场与航空公司的双赢便成为机场竞争的有效手段。机场可通过效益调节转换为竞争优势。

价格与航班量的关系是为鼓励航空公司多飞航班,机场对具有发展潜力或与本机场提升竞争力关联度较高的航线实行鼓励性价格政策,即当航空公司按与机场共同约定的时间增加了一定数量的航班,机场即给予相应的优惠价格,以鼓励航空公司的发展。

(2) 建立承运商竞争平台,创造低价位环境

以具有吸引力的价格条件引进两家以上的基地航空公司,通过提高承运商的竞争度,为旅客、货主提供更低成本的服务,从而提高机场的竞争力。基地航空公司的发展对机场发展的影响是巨大的。任何一个枢纽机场都需要有一个强大的基地公司来支撑。但如果一个机场只依赖一家基地公司,则也可能对机场的竞争力带来负面影响。长期以来由于我国基地公司设立(包括过夜航班及相关航线)的行政计划性强,审批程序多或因出于对原基地公司的利益保护,有些已有较大吞吐量的机场竞争度仍不高。由于外站公司难以进入,投入的运力不足,形不成竞争力量,该区域容易形成"寡头"垄断的局面,通过维护高票价而维护基地公司的利益。这种情况将较大程度地影响航空运输市场的成长,也将削弱机场的竞争力。

美国联邦航空局(FAA)的一份研究资料认为,机场准入是保持航空公司竞争的关键因素,缺乏竞争的机场和航线将导致不合理的高票价。该研究的调查结果显示,在西南航空等低成本航空公司充分进入的枢纽机场票价比较合理。在亚特兰大机场,1988年三角航空公司(DELTA)的票价比其他航空公司的平均票价高出47%,而1997年,由于低成本航空 Air Tran 在24条航线上的竞争,三角航空的票价降低到只高出其他航空公司的20%。在盐湖城机场,1988年三角航空的票价高出21%,而1997年,由于西南航空在28条航线上的竞争,三角航空的票价降低至比其他航空公司的平均票价还低15%。可见,放开机场准入条件有利于形成航空公司的合理竞争,将使消费者受益,也使机场受益。

据业内的有关机构调查评估,空运成本(票价)每降低1%,就能增加0.53%~1.25%的航空旅客的需求。假设有一定规模的机场都能通过航空公司的合理竞争而降低一折票价,则可能直接带来10%的新增需求,这是一个很客观的增长幅度。全球旅客吞吐量最大的美国亚特兰大机场于2000年推出《竞争计划》,旨在为各航空公司提供公平的市场进入机会和平等服务,通过航空公司的竞争实现其航班量和旅客吞吐量的最大化,这对我国机场的发展是很有启示意义的。近几年来,深圳宝安、海口美兰机场吞吐量的快速增长已明显得益

于由竞争所带来的为旅客、货主提供的低成本服务。广州新白云机场通航伊始,国家民用航空局即批准3家航空公司进驻设立基地,对新白云机场的发展奠定了良好的基础。

(3) 按服务要求定价

根据航空公司的不同服务需求,采取不同的收费以提高吸引力。低成本航空的兴起,意味着航空运输走向平民化,也同时创造了巨大的新的市场需求。这一新客户也成为机场竞相吸引的对象。特别是一些二线机场,充分利用设施设备相对简约,服务项目及成本易于适应低成本航空需求的特点,以价格优势吸引低成本航空公司设立枢纽或基地。例如美国巴尔的摩机场在美国西南航空进驻后,平均票价降低60%,吞吐量增长300%。英国的利物浦约翰·列侬机场、德国法兰克福的哈恩机场都很好地利用了价格优势发展低成本航空,避开与大型机场的同质市场的竞争而取得飞速发展。一些大型枢纽机场,如法国的戴高乐、新加坡樟宜机场为获得低成本航空这一市场也纷纷建设专用候机楼,按与服务传统航空不同的设施及项目定价,以低价格满足低成本航空公司的需要。同时还避免了传统航空对机场当局提出未能按价格的"非歧视"原则执行的指责。2004年7月,亚洲著名的低成本航空公司亚洲航空公司曾打算进入香港市场,但终因香港机场的起降费过高而放弃,转而选中价格相对低廉的澳门机场,然后用45分钟的轮渡将乘客送至香港。航线开通后客运量迅猛增长,开航仅两个月即从每日1班增加至每日2班。为不使低成本航空这一市场进一步流失,香港机场也于2004年年底宣布,为低成本航空设立4个专用机位,以提高机场在这一市场的竞争力。我国低成本航空公司的出现,将为中小型机场提供一个新的发展机会,也将对机场的服务价格提出更大的弹性要求。

4. 支持基地航空公司的发展

基地航空公司是机场最大也是最重要的客户,其发展的步伐及方式对机场的整体发展具有举足轻重的作用。基地航空公司的竞争力是机场竞争力的重要组成部分,机场竞争力的提高同样也推动着基地航空公司竞争力的提高,两者利益相互依存,竞争力互动性突出。从表14.1所示基地航空公司运输量在机场业务总量的比例就可以看出基地航空公司对机场的影响。

表14.1 主要基地航空公司占机场旅客吞吐量的份额情况(2003年)

机 场	旅客吞吐量(万人次)	主要基地公司	占机场份额(%)
亚特兰大哈斯菲尔德	7 909	三角航空	73.8
伦敦希思罗	6 347	英国航空	40.9
东京成田	6 317	日本航空	46.5
巴黎戴高乐	4 812	法国航空	57.2
新加坡樟宜	2 466	新加坡航空	38.7
香港赤腊角	2 677	国泰航空	25.3
北京首都	2 436	中国国际航空	37.2

以法兰克福机场为基地的世界排名第四、欧洲第一的德国汉莎航空公司,其客运业务

量占法兰克福机场近60%,该公司航线网络覆盖全球89个国家327个城市,对法兰克福机场成为欧洲枢纽起到了至关重要的作用。又如美国圣路易斯兰伯特机场2000年旅客吞吐量最高达3056万人次,排名世界第25位,由于与其基地公司美利坚航空公司在服务价格等问题协调不一致,美利坚航空逐年减少在该机场的运力规模,导致机场吞吐量大幅减少,至2003年旅客吞吐量降至2043万人次,比2002年下降20.5%,在全球排名降至41位。

基于基地公司对机场发展的影响,机场在发展这一"大客户"上往往特别重视以下两方面的工作:

(1) 以良好的政策吸引航空公司设立基地

基地机场的选择和建立是航空公司发展的重大战略举措,不仅投资巨大,而且需要建立新的市场网络、培养人才队伍等。每一家航空公司都会采取极为谨慎的态度,评估客货市场潜力,考虑机场航线网络布局上的地理位置、经营环境及机场的软硬件情况,通常会在几个机场的评估比较后做出选择。航空公司的评估和比较过程就是机场竞争的过程。与其他行业一样,一旦获得一个举足轻重的大客户就会为企业带来重大的发展机会。因此,机场当局往往会根据自身的市场优势或地理优势,积极向相关的航空公司开展营销,以争取获得设立基地的机会。

为提高对航空公司设立基地的吸引力,机场往往着力于根据航空公司的要求调整和改进相关硬件设施及管理软件,给予各种价格的优惠,并积极协调地方政府在土地、税收等政策上予以扶持。

当机场客货吞吐量达到一定水平时,一方面由于市场规模大了,其他航空公司为加大在这一市场所占份额,会提出设立基地的要求,另一方面机场当局出于竞争和发展的需求也力图引进两家以上的基地公司,这时机场与其重要客户(原基地公司)可能在利益上出现某些冲突。协调与原基地公司的关系及新老基地公司的关系便成为机场营销过程中的重要问题。在航线结构上(如国际与国内、干线与支线)、市场层次上(如客与货、传统航与低成本航)等的合理组合或优势互补,在基地公司间创造公平竞争又有利发展的环境就成为机场竞争和发展的重要因素。

(2) 与基地航空公司保持良好的沟通和配合,为基地公司创造更好的发展条件

一是机场与基地公司高层建立密切联系与沟通,形成发展战略上的协调机制。基地公司的运力投放、航线结构安排、中转业务的发展、航班波的组织及价格策略等都是直接构成机场竞争力的要素,机场与航空公司的协调配合,在利益方向上取得一致就能凸显这些要素的作用并形成更强大的竞争力。目前在欧洲,一个新的3A战略概念正在形成并逐步付诸实施。即机场(Airport)、航空公司(Airline)、航空导航服务供应商(ANSP)的共同合作与发展。例如三家合作设计停场时间的最优化方案,以助于机场增加容量,航空公司提高飞机利用率,空管指挥更多的飞机。又如通过航空公司适当削减"航班波"时的班次,减少高峰时的航班,以更均衡有效地利用机场及空管设施,同时机场及空管向航空公司予以相应的经济补偿。3A战略将创造共赢的局面。

二是设施上的支持与保障。基地公司是机场设施的最大的用户,在保证对所有客户提供公平竞争环境的前提下尽量满足大客户的需求是机场竞争发展的需要。机场的规划

布局、流程设计、设施的配备等在设计和实施之前及时与基地公司沟通，征询相关建议，更好地适应基地公司的需求，对机场资源的有效利用也具有十分积极的意义。例如法兰克福机场与汉莎航空公司联合研制开发出独特的飞机进近技术，提高了跑道利用率，增加了飞机的起降架次就是机场与基地公司合作共赢的极好案例。

三是服务上的配套。配合基地公司的业务发展（如航班波的组织、航班时段的调整、新航线的拓展等）及时提供所需的配套服务。尽可能提供可以由机场统一安排而又有利于航空公司减少成本的保障性服务（如员工班车等）。配合基地公司市场开发的重点延伸水、陆联运网络等。

5. 机场业务的专业化经营

社会经济技术发展推动社会生产的专业化分工协作的现象同样表现在机场业内。民航消费需求的增长及业内外竞争的驱动对机场各项服务的质量要求越来越高，成本要求则越来越低。客观上任何企业、机构都不可能是全能的，虽然它拥有机场的整体资源，但它难以同时拥有充分开发这些资源的其他配套资源（如人才、技术、信息等），资源要素配置的不合理，必然产生机场资源的开发利用的不平衡。或者因为在某些方面具备相应的优势，使机场的资源得以充分有效的利用，而在其他方面由于不具优势造成资源的耗费而导致质次价高的结果。机场竞争的要求及其结果，必然要求各机场或相关服务企业（机构）按照比较优势的原则，选择发展最具优势的那方面业务，做到"业有专攻"，以保持竞争中的优势地位。

所谓的"业有专攻"，即集中自己的最佳资源，精于某项专业，充分表现竞争优势，获得最佳效益。这也是合理的社会分工形式。生产服务的专业化，可以有效地集中某一领域的专业管理人才，更有效地引进并积累专业管理技术及经验提高管理的有效性；可以集中培训员工、合理调配人才布局、提升培训的效果和降低培训成本；可以依靠规模有效降低设备物料的采购成本，调剂生产余缺使生产资料得到有效的利用；可以共享市场等信息以降低开发成本；可以借助优势获取市场的更大份额，并通过对市场的影响力争取对自己更有利的市场环境等。专业化生产必然使产品质量提高，生产成本下降，使企业的竞争力提高，最终使客户受益、社会受益。

当然，机场服务业务的社会化和专业化也不等于机场什么业务都不做。看准自己的优势，瞄准自己的方向，把某些业务做大做强还是大有可为的。例如巴黎机场集团的地勤服务、法兰克福机场的货运服务业务、英国机场集团的商业零售业务等，都属本机场的优势业务并实现了本机场的经营或业务输出。目前我国多数机场业务上"大而全""小而全"的情况还比较严重，什么都做，什么都做不大、做不强，也做不出好的效益，有些甚至成了机场的沉重包袱。机场服务的社会化、专业化已迫在眉睫。这一步不能尽快地跨越，机场的总体效益就很难改善，竞争力也无从谈起。虽然一些大中型机场在机场商业零售、机电维修方面已逐步走向专业化服务道路，但从机场的整体业务看还仅占很小的比例，特别是机场的航空服务业务。我国机场业务的专业化发展，除了需要在认识上或观念上的转变外，还需要进一步完善相关的政策和法律环境。

6. 加速机场集团化

美国哈佛商学院的创始人 Gomes Cassenes 在他的《联盟革命》一书中指出："公司即

将消亡,企业集团和企业集群之间的竞争已经取代了原有公司和公司间的竞争。"航空联盟的日益扩大,航空旅游商联盟及航空货代联盟的建立,全球性机场地面服务公司的崛起,都出于竞争和发展的需要。机场为形成更强大的竞争优势,也不例外地逐步走向联盟。

无论是国内机场间的组合,还是国际间的组合;无论是依靠行政力量实现产权归属的调整,还是以市场行为实现的控股兼并;无论是以相互参股为纽带,还是以协议的方式建立战略联盟,从20世纪80年代以来,全球机场正在加速集团化。集团的跨度在不断扩大,层次不断提高。对于这一发展趋势,ACI认为:全球化是不可避免的,这对航空公司不是坏事。机场间的交叉拥有或联盟,与机场私有化和全球化紧密相连。这种合作与建立机场网络所带来的好处相同,即规模效益、最佳运行状态,以更低的成本最佳地利用机场资源,以及由此带来的低收费。机场的发展趋势顺应全球经济潮流,将逐渐走向机场群体间的合作竞争之路。

自前全球机场的集团化形式可以分成紧密型或半紧密型两种形式。所谓紧密型就是通过收购兼并或国内政府的股权调整使机场集团能真正达到控股其他机场,并能有效贯彻股东意志对其经营决策有支配作用的机场。对参股或不参股但获得了较长时间的机场经营管理权的情况也可以归在此类。这类机场集团由于能通过强有力的产权或合约的纽带作用,从全集团的利益出发制定统一的战略,实行资源的整体开发和统一调配综合利用,因此集团的整体优势突出,集团化效益明显。目前国际上较有影响力的机场集团及所属机场情况见表14.2。我国机场的集团化起步较迟,除首都机场集团外,多数集团成员还局限于省内,集团内资源的互补性不强,集团内缺乏统一协调发展战略,集团内部尚未建立有效的组织运行机制,资源的组合度不高,优化配置的效应还未明显地发挥出来,这是劣势,也是优势。也就是一旦集团化的组织运行机制完善后,目前蕴含的巨大潜力将得到有效挖掘,机场的群体效益将得到较大的改善,竞争力将明显增强。

表14.2 主要机场集团及其下属机场情况

机场集团	全资或控股机场	参股25%以上的基础(含BOT)	委托管理机场
英国机场集团(BAA)	希思罗(英)、盖特威克(英)、斯坦斯特德(英)、格拉斯哥(英)、爱丁堡(英)、阿伯丁(英)、南安普顿(英)、那不勒斯(意)	西埔Seeb(阿曼)、撒拉拉Salalah(阿曼)	印第安纳波利斯(美)、匹兹堡(美,新候机楼零售)、波士顿洛根(美,候机楼零售)、巴尔的摩(美,候机楼零售)、毛里求斯、墨尔本(澳)、郎塞斯顿(澳)、珀斯(澳)、达尔文(澳)、艾丽斯斯普林斯(澳)、滕南特克里克(澳)
史基浦机场集团(AMS)	史基浦(荷)、鹿特丹(荷)、Lelyslad(荷)、埃因霍温(荷)	布里斯班(澳)	
巴黎机场集团(ADP)	戴高乐(法)、奥利(法)、勒布热(法)	马达加斯加、圭亚那	埃及、柬埔寨、马达加斯加、圭亚那、墨西哥
哥本哈根机场集团(CPH)	哥本哈根(丹)	新卡斯特(英)、Ryggs Sivile(挪)	

续表

机场集团	全资或控股机场	参股25%以上的基础（含BOT）	委托管理机场
法兰克福机场集团（FRA）	法兰克福（德）、汉诺威（德）、萨尔布吕肯（德）、哈恩（德）	利马（秘）、安塔亚（土）、马尼拉（菲）	
西班牙机场集团（Aena）	巴塞罗那、马德里等西班牙43家机场	Aguascalientes、Bajio、Mexicali、Morelia等墨西哥12家机场，Barranguilla等哥伦比亚2家机场，Jardines（古巴）	
澳大利亚Macquarie机场集团（MAP&MAG）	悉尼（澳）、布鲁塞尔（比）、布里斯托尔（英）、伯明翰（英）	罗马（意）	
北京首都机场集团	首都、天津、重庆、武汉、南昌、贵阳等	大连、沈阳	

半紧密型的机场集团主要是通过参股而形成的战略伙伴或以合约形式建立的机场联盟。这类集团虽然对所属机场的经营决策的影响力较弱，但由于集团成员的战略利益一致，可以通过相关机制协调政策及行动，统筹资源的开发利用，优势互补而取得利益的最大化。近几年境外的一些著名的机场集团纷纷投资于我国机场主要出于该方面利益的考虑。境外机场作为战略合作伙伴参股我国机场，将成为我国机场与国际先进机场建立利益联盟的纽带，对推进我国机场经营管理水平、提高在国际营运市场的竞争力将很有益处。国际上正式以联盟形式出现的机场组织也于21世纪初产生。它是在航空公司联盟出现并取得成功的诱导下出现的。1997年，美联航、汉莎、SAS、枫叶航空、维珍和泰国国际航空正式成立了第一家全球性航空公司联盟——"星空联盟"，此后为竞争的需要全球各大航空公司纷纷组合，先后成立了"环宇一家""优先联盟""比翼联盟"等航空联盟，星空、环宇成立后又不断吸收新的合作伙伴，扩大联盟家族和航线网络。航空公司联盟成立以后，在改进服务质量、提高运行效率、降低运行成本、提高营销优势及争取市场权力和合作定价优势等方面都表现出积极的成果，为航空公司带来巨大的利益。在此背景下，也随着机场商业化、私有化的发展，发达国家的一些骨干机场为提高竞争能力和经济效益也开始酝酿走联盟道路。2000年中期，以美国华盛顿杜勒斯机场和法国查特罗机场为首发起成立了一个名为"银河"的机场联盟。该联盟目前共有20家机场，其中北美5家、欧洲8家、非洲3家、亚太4家。该联盟前期以全球共同拓展货运业务为目标，在服务标准、成本规范和发展战略上协调一致，力求树立品牌效应。2000年年底德国法兰克福机场与荷兰史基浦机场这两家位于全球旅客吞吐量前十位的机场巨头宣布成立了名为"Pantares"的机场联盟，将在旅客服务及配餐、航空地勤服务、机场设施管理、房地产开发、信息及通信技术、国际活动六个方面开展合作。

由竞争到整合，将可能出现机场资源布局的流动和调整，从而提高机场的整体竞争实力,并在群体优势的作用下大幅度提高机场效益。国外的一些评论和报导认为,机场联盟的建立,扩大了机场的市场占有比例和市场影响力,有利于提高与航空公司谈判的地位和条件,也有利于争取获得政府更好的政策支持。报导列举了机场与航空公司的实力比较:全世界最大的机场管理集团 BAA,年营业额约在 30 亿美元,仅占到欧洲航空客运市场的 10%,世界客运市场的 3%,两相比较之下,航空公司的"星空联盟"和"天合联盟"都在 870 亿及 650 亿美元以上,分别占世界客运市场的 25% 和 19% 左右。悬殊的实力差距,使机场不可能以平等的地位与航空公司对话。一旦机场联盟出现"机场将不再变得那样碌碌无为"。机场联盟的兴起一方面将加剧机场间的竞争并可能将竞争由区域化扩大至全球化,另一方面也将提高机场在航空运输业发展过程中的实际影响力。

14.2　机场非航空业务的竞争力分析

　　机场的收益来自于航空与非航空业务两个方面,且机场航空业的规模越大,机场的商业化经营层次越高,非航空业务在机场整体收益中所占的比重也越大。随着机场的发展,非航空业务的竞争力已越来越成为机场整体竞争力的重要组成部分。

　　非航空业务来自于机场独特的资源,但资源的存在并不等于效益的存在。机场的资源具有垄断和竞争的两重性,看不到垄断就难以更好地发挥优势,而看不到竞争就可能因依赖于垄断而使资源得不到有效开发。更充分、有效地开发和利用机场资源一直是机场经营者追求的目标,但不同的体制形式,不同的战略导向都会有不同的结果。

　　发展机场非航空业务的形式是多样的。既可以完全借助于外力,即通过特许经营权的转让,由外部的专业公司来开发经营,也可以由机场当局自行开发经营,也可以两者兼而有之。关键在于选择何种方式可以使等量的资源发挥更大的效用,对机场的长远发展更为有利。借助外力,可以减少风险,依靠专业公司经营,可以充分挖掘资源的潜力,而合理的自营则可以借助这一平台创造更大的效益空间,即通过走出机场把业务做大以获得大于开发机场资源的收益。因此,充分认识非航空业务的特点,准确把握自身的优势,合理选择开发方式,建立良好的运行机制,并使非航空业务与航空业务协调发展、形成合力都是机场经营管理者所应关注的课题。

14.2.1　机场非航空业务的垄断与竞争特征

1. 机场非航空业务发展基础

　　机场非航空业务的发展主要取决于其独特的资源构成,即由旅客、货物的聚散、流动过程的消费需求形成的市场资源,以及由于机场为规划、布局、服务配套、环境保护、净空管理等功能性需要而控制、预留的可以开发利用的土地资源。当然机场的非航空业务还可能由于政府的支持而专门划拨与机场无关的其他资源,如森林、矿产、高速公路、附属开发区等,也可能因机场在某一方面的优势而投资于与机场不相关的行业,如金融、证券、制造业等。

　　(1) 客货流资源及其产业链

　　航空旅客、货物从所在地(始发地)至目的地的整个运输过程,通常都是由多种运输方式衔接完成的。机场作为各种运输方式的衔接点和集散地一方面获得了双向交通业务的机会,另一方面由于人、货的聚集、等候、滞留必然产生的相关消费而形成特定的市场,机场当局也自然成为这一市场的拥有者。由于这两方面机会的存在,从理论上说就为机场提供了建立如下产业链的可能:

从纵向看,可以有巴士公司、出租车公司、汽车运输公司、轮船公司等负责客、货的接入和配送,可以设立停车场、车站、码头的经营业务。

从横向看,可以根据旅客、货主的各种不同需求设立商业零售、餐饮、酒店、会议、展览、汽车租赁、旅行社、货运代理、广告、商务贵宾等服务业务,也可以根据航空公司的需要而设立航空配餐等业务。这些业务交织在一起,与机场的航空业务配合形成了完整的服务链。业务上既可以分立也可以融合。

(2) 土地资源及派生产业

通常土地都是机场的优势资源。根据机场的总体规划按不同地块的技术需求及功能需求进行合理的开发利用,尽可能减少土地闲置及由于规划的不合理使土地价值得不到充分的挖掘,是机场当局所关注的。

在机场服务区域内通常可根据配套业务需要开发写字楼、物流、会展等房地产业务,在飞行区周边区域可以根据净空、环保及电磁环境要求开发主题公园、高尔夫球场、仓储加工、种养殖业等。

机场航空业务(以候机楼、货站为主)的物业管理,结合土地资源开发而产生的其他物业共同形成了发展建筑设计规划、工程建设管理、机电设备的安装维修、园林园艺、楼宇及环境保护及房地产开发等派生业务,都是机场可能发展或新增收入的业务。

(3) 资源的拥有与开发

我们看到机场能拥有的上述资源,并不意味着所有的机场都拥有或具备这些资源的开发条件。资源的开发需要投入一定的成本,当资源开发收益不足以补偿所支付的成本时,这一资源的开发是不经济的,因此也可视为无效资源或暂时不具备开发条件的资源。

在客、货流资源方面,其开发价值更多取决于流量的大小,流量越大,市场规模越大,价值也越大。在土地资源方面,除了与流量有关外,还取决于政策赋予的条件以及机场的地理位置即与城市功能区的关联性,机场配套基础设施状况、机场所在区域的产业导向、社会经济发展水平以及地理和气候条件等。任何一个因素的变化都有可能造成资源价值的重大变化。

即使机场拥有了有效的资源,也不意味着就应该由机场来开发经营。这主要取决于开发的成本要素。资源的开发需要有相应的人才、技术、设施等条件,当机场不具备这些优势时,将导致开发成本的提高,经济性下降。同时资源开发还有规模效应或经济批量问题,任何单一的机场,其资源拥有量都是有限的,倘若仅就某个机场的资源而单独地开发经营,则都有可能因规模的局限导致平均成本的提高而影响效益,影响该项目在行业中的竞争力。此外,机场的体制形式、发展战略及经营机制也都将影响到机场资源的开发。

2. 机场非航空业务的垄断要素

机场非航空业务的资源是由机场投资者通过机场的建设,使之具备经营条件并不断发展而创造的。机场所有者便是这一资源的初始拥有者。独家拥有资源并不意味着就可以垄断,因为垄断只有在通过独家拥有某一资源并获得特殊利益时才有意义。因此,判定其垄断特征关键在于其是否能获得特殊的利益。有些资源虽为独家拥有,但由于其市场与外部的大市场紧密融合,故难以形成垄断。例如公共交通、汽车租赁、旅行社、货物代理等。有些资源因拥有量不足以独立开发而不得不通过市场手段选择承接经营商家以保证收益或降低经营成本,如物业管理业务及小型机场的广告等。

机场非航空业务的垄断主要有以下两种情况:

(1) 独特的资源占有

即机场拥有的这一业务(或市场)外部不可替代或难于替代。或者说,消费者在机场的需求是刚性的,难以选择的,如停车场、陆路、水路在机场的站点等。一些机场内的专项业务服务权利也可归入此类,如机场范围内的有线电信服务业务等。

(2) 相对独立的市场环境

即虽然这一服务业务可以替代,但由于机场的特殊环境,使替代产品的提供者不具竞争优势,如机场内的商业零售、餐饮、酒店、大中型机场的广告等业务。

这两种情况下形成的垄断业务共有其特殊的"双刃剑"效应。一方面可以为机场带来较好的收益,另一方面也因其垄断的特征,使某些机场在这些业务经营中过多依赖这一特征而出现高价格、高成本的经营情况,使相关资源的开发受到了较大的局限。同时,一旦机场当局在协调各方利益过程中稍有不慎,也往往会成为媒体舆论批评的焦点。

3. 机场非航空业务的竞争要素

机场非航空业务的发展,虽建立于机场形成的独特资源的基础上,但由于机场局部市场与大市场的密切关联,外部经营者进入的可能,机场周边资源的开发以及由于自身规模的不经济而要求与大市场融合等因素,使得机场的非航空业务多处于竞争压力之下。根据资源特点及业务特点,其竞争形式主要表现为以下几种状态:

(1) 与航空业务发展关联的间接竞争

表现为虽然这一产品(服务)为机场独家提供,外部不可替代,或虽然其他产品可能部分替代,但这一产品的垄断行为的不合理利用可能影响机场的总体竞争而受到约束。例如停车场或由机场独家提供某项陆路公共运输服务,如巴士等。与其他非航空业务不同,陆路交通是出入机场的必要配套,这一配套一般由自驾车或公共交通来实现。自驾车需要停车场服务,停车场虽为机场独家经营,但如果收费太高则可能减少自驾车交通转而寻求公共交通,倘若主要公共交通也因独家经营而大幅度提高价格则势必因抬高航空运输的整体成本而影响到机场的整体竞争力。因此可以说,就停车场而言是垄断的,而作为机场的停车场,又是竞争的。

(2) 机场小市场与社会大市场的竞争

这种情况在机场最为普遍,即作为某种产品或服务,在机场范围的小市场中可能是垄断的,但机场只具备某种区位优势,更多表现为方便消费,而非必需消费,因此这种产品或服务在一定程度上易于受到由机场外的大市场替代而存在竞争,如机场的商业零售、餐饮、酒店等。现阶段,我国机场内的商业零售,由于管理手段的局限,较难以普遍采取以销售额提取特许经营费的管理办法,往往由于投标人为争取中标而提高投标价,并因为标价起点太高而不得不提高商品价格,导致因价格高于外部市场价格,最终影响到机场零售商的竞争力,也影响机场零售业的发展。国外机场的通行做法是采取低租金加合理的特许经营权费提成办法,对机场的零售商品价格实行一定的调节,使机场的商品价格不高于甚至低于外部市场,如新加坡樟宜机场及 BAA 的免税商品,以求得与外部大市场的竞争中占据更大优势。新加坡樟宜机场甚至做出了商业中心的概念,有些居民还专程到机场消费,都表现了小市场与大市场的竞争关系。机场土地资源的开发利用也往往会随机场周边土地的开发而产生竞争,从而对机场相关业务的经营发展带来影响。

(3) 外部经营者进入的竞争

即非机场当局的其他单位,利用政策或政府干预在机场内或紧邻机场区域获得土地资源并开展与机场同质业务,在机场内形成竞争局面。例如国内许多机场内或周边都出现了多家酒店、餐饮、零售及房地产等经营性企业,这些企业以优惠的价格获得土地而又无须分摊机场的开发成本,无须对机场的基础设施配套建设及日常的维护管理承担相应费用,即机场资源为外部经营者占有或分享,在一定层面上其竞争优势要高于机场的同类企业。

(4) 规模经济与不经济的竞争

机场的非航空业务往往因为规模的不经济而受到外部经营者竞争的压力。目前国内多数机场非航空业务的开发都处于起步阶段,为增加非航空业务收入,都力求充分利用本机场的资源发展相关业务,形成多产业并举的局面。然而由于机场自身的资源有限,往往因规模的不经济等原因而缺乏竞争力,效益低下,而且在外部同行企业强大的竞争力面前往往面临守不住阵地的两难处境。因规模不经济而面临的竞争压力大致可分为三种情况:一是机场虽具备较充裕的资源,具备良好的经营条件,但相比于外部经营规模更大、效益更佳的同行企业而出现竞争劣势;二是机场具备一定的资源,有基本的经营条件,但由于规模的不经济,完全不具备竞争优势,倘若不依靠机场当局的保护,外部经营者可以通过竞争而轻易取代;三是机场资源有限,不具备经营条件,机场当局不以经营的形式进行而以配套服务的形式进行,避开竞争压力,促使机场的有效资源处于消耗状态。

14.2.2 提高非航空业务竞争力的主要策略

发展机场的非航空业务可以有三条路子:

一是根据机场的资源拥有情况,只要具备开发条件的就投资开发,自主经营,以求"肥水不流外人田"。这一模式难以取得成功。我国目前许多机场急于扩大非航空业务收入,多产业全面开发,最后走向发展缓慢、效益低下,甚至拖累了航空主业的发展。

二是像美国机场一样做"甩手掌柜",即机场当局什么都不经营,全部资源都转化为特许经营权释出,由专业化公司来开发和经营。这一模式的优点是机场当局工作简约,只要制定出较为完善的特许经营权转让政策、招投标办法及有效的监督管理即可,可以不承担任何经营风险,也不支撑庞大的职工队伍。同时由于进入机场从事非航空业务经营者都是各种行业的专业化企业,经营开发能力强,对机场资源可以形成深度的开发和利用。但由于我国的行业和社会背景不同,这一模式不一定能成为我国机场选择的最佳模式。首先是机场的定性不同,美国机场的非企业化性质,缺乏直接从事业务经营的动机,弱化了业务(特别是非航空业务)发展的动力,加上美国机场的投资来源较有保障,也同样衰减了通过非航空业务扩张进一步提高收益以支撑主业发展的需要。我国机场的企业化定性，客观上要求机场不断追求最佳效益，航空主业发展空间的有限性必然要求机场公司寻求非航空业务的发展空间。其次是美国的行业分工已有比较高的水平，各专业的业务服务已具备完善的规则，企业间协调性强，而现阶段我国的行业分工及职业水准尚有差距，业务的全部释出可能会增加机场运行的协调难度。加上我国机场特许经营权的管理办法尚未成熟等，将使我国机场难以选择美国式的发展道路。

三是欧洲机场模式。即根据机场的优势，有选择地做大做强某项业务，把不具经营优势的资源转让给专业公司，以多形式充分挖掘机场资源，同时也为机场开辟独特的发展空间。这一模式对我国机场的发展有较强的指导意义。

1. 集中优势资源发展优势产业

（1）正确把握机场发展的多元化战略

机场从事非航空业务的开发经营，即意味着走向多元化发展的道路。与其他产业一样，因多元化发展而使企业得以迅速成长的有之，因多元化而导致企业的整体发展受挫以至于拖垮整个企业的也有之，关键在于能否根据企业自身的特点因时因势地把握好多元化的发展战略。

企业多元化的发展方向一般可分为纵向、横向和混合多元化三种类型。

纵向多元化即以主导产品为中心沿着产业链向上、下扩张。机场开展的延伸服务如水陆运输、客货运代理、宾馆、餐饮、商业零售等都属于纵向多元化。纵向多元化的好处是通过上、下游产品的衔接使该产品的市场或原料的供应得以保障，也减少中间环节的相关成本，资源的互补性强，易形成产业群体的更强大的竞争力。弱点是由于集中在一个产业链上，当终端产品或中间产品出现较大风险时会形成连带的影响，使企业的整体效益受到严重的甚至是致命的打击。例如一旦出现类似于"9·11"恐怖袭击或"非典"这样的突发事件，机场的航空业务急剧下滑，纵向多元的其他产业也必然同步受到极大影响。

横向多元化即在原有产业之外开发与该产业（产品）不直接相关的新产品。例如机场利用土地资源开发房地产或从事健身娱乐业、现代农业等。横向多元化的优点是行业的关联度低，企业整体抵御风险的能力较强，弱点是人、财、物资源的共享较困难，不易形成企业集团内部跨产品的优化配置，对强化某一产品的竞争力没有直接的作用。

混合多元化是上述两种多元化的结合，可表现为同时进行横向、纵向的开发和经营，也可表现为一个产品的双向效果。如机场利用土地资源开发仓储区，一方面为航空主业配套，另一方面开展仓库、堆场等物业出租等。混合多元化往往需要企业拥有更广泛的优势资源或更强的实力。

综观企业实行多元化发展战略，其目的主要有四个方面：一是通过多业务的组合，规避经营风险；二是充分发挥主要业务优势的辐射作用，拓宽经营空间以获取更高的利益；三是充分利用闲置资源及原有的营销渠道、生产能力或顾客基础等；四是建立知名品牌家族，实现集团化规模增长。

多元化经营应是企业规模发展到一定阶段的一种自然的选择。这一选择应基于几个重要的关联条件的判断。即：

① 企业所在行业或主导产品是否已经没有足够的增长潜力或发展空间；

② 企业是否已在行业内占据了稳固的地位（会不会因其他产业、产品的发展而削弱主导产品的竞争力）；

③ 是否积累了发展新产业、产品所需的人才及资金实力；

④ 新进入的行业或产品是否能带动原来的主业或者可以受到主业的带动。

机场走多元化发展的道路有其共同的基础条件。就主业而言，机场受所在区域社会经济等各方面条件的限制，其发展空间有限，而机场又属于资金密集型项目，不同机场间跨区域管理难度较大，机场主业扩张需要具备强大的财务优势，良好的管理基础及充足的人才资源，因此多数机场经营规模的拓展要走专业化发展之路会有一定的困难。加上机场拥有比较广泛的可开发资源，使得非航空业务开发，即多元化经营就成为多数机场在发展过程中自然选择的道路。然而发展空间的导向及基础资源(客货流资源及土地资源)并不能构成多元化发展的全部条件，只有当立足于基础资源通过自营得以形成比资源转让更大的优势，并能实现多元化发展的战略目标时，走多元化发展之路才有真正的意义。因此能否发展多元化经营，选择什么产品，利用哪方面的基础资源来发展多元化经营就必须着重考虑以下两个重要条件：

一是本机场公司是否拥有发展这一产业、产品的其他配套资源，即人才、资金、技术、营销渠道，能否建立适应这一行业特点的经营机制。目前国内的有些机场就是由于只看到所拥有的基础资源，没有充分考虑或在缺乏这些重要的配套资源的情况下推进多元化经营而形成包袱的。人才是发展新业务的重要条件，同时还要建立适应于该行业竞争发展的企业运行机制和文化。

二是机场所发展的非航空业务能否与航空业务形成良性互动的关系。会否因求利而给安全、服务带来隐患？会否因谋利而影响机场环境？会否因急于图利提高某项非航空业务收费而削弱机场的整体竞争力？等等。此外，通常机场具有良好的资信，多元化经营后是提高了资信水平还是降低了资信等级，对机场的整体品牌能带来积极还是消极的影响？这些因素都将综合构成机场是否发展及如何发展多元化经营的重要条件。

(2) 发展具有资源优势的产业

根据发展多元化经营的条件分析可以看到，企业拥有资源的有限性决定了机场发展非航空业务需要集中所拥有的优势资源有选择地发展优势产业。所谓优势资源应包括机场的基础性资源及与之相配套的人、财、物等资源的综合优势。只有这样，才能使机场拥有的该项基础资源得到更充分的挖掘，获取更好的收益，同时形成更强的竞争和发展能力，逐步把该产业做大。

欧洲的主要机场集团都有其经营业务上的强项，如英国BAA和荷兰史基浦机场的零售业，德国法兰克福机场的货运和地面代理，法国巴黎机场公司的机场建设和候机楼设计等。这些强项也都是立足于本机场的资源开发，形成优势后再逐步向其他机场输出并进而形成跨国产业，有些业务对机场的效益贡献甚至高于航空业务。在BAA所属机场中，由集团自己经营管理的业务有保安、急救、部分工程和维修、问询、航显系统、免税品经营及机场商业零售。而机场地面服务、配餐、航油、部分工程和维修、停车场、餐饮等都采取发包的方式让其他专业公司来经营。在非航空业务中，BAA重点发展了机场商业零售和免税品经营这一业务，形成独特的优势，并体现了强大的竞争能力和扩张能力。BAA

于 1992 年开始经营美国匹兹堡机场的零售业务,当年每个旅客在该机场的平均消费为 2.4 美元,至 2001 年平均每个旅客在该机场的消费额达到 10.03 美元,居美国各机场的前列。在免税品方面,BAA 于 1996 年成立了世界免税品公司(World Duty Free),1997 年收购了美国环球免税品公司(DFI),强大的营销能力及营业额,使 BAA 在一些热销商品上占据了绝对的优势,其经营的香水价格低于同一地区商业中心同等商品价格 20%~30%,烟酒价格低 50%,该两项商品已成为其收入的主要来源,占年零售收入的 50%。世界免税品公司的销售额已超过了 10 亿美元,占全球免税商品市场 5% 的份额,成为这一市场的领导者。法国的巴黎机场集团(ADP)以机场的规划建设和候机楼的设计见长,其全资子公司巴黎机场国际工程公司依托集团提供的全面的专业技术支持,在机场及大型公共项目的规划、设计和工程监理等业务上做出了品牌,该公司设计的机场项目遍及欧、美、亚、非各大洲,包括亚洲的几个重要国际枢纽机场如韩国仁川、日本的大阪关西、阿联酋的迪拜及北京首都、上海浦东等机场。我国的国家歌剧院、上海东方文化艺术中心等大型公共建筑也都是该公司的作品。巴黎机场国际工程公司不仅成为国际工程设计领域强有力的竞争者,也成为巴黎机场集团非航空业务的一张王牌。

　　机场的非航空业务本身虽分别属于不同的行业,但由于机场这一特殊的环境,使得在机场的这一业务具有独特的经营管理、技术诀窍和营销方式,因此也就具有独特的专业性。例如机场的广告业,其媒体受制于不同流程(如出发或到达、国际或国内,隔离区内外等)的不同需求功能(如一般空间的广告牌或灯箱、闭路电视、航班动态、行李转盘、电梯、登机桥、手推车、局域网、登机牌、候机楼内各种读物以及可供制作大型形象广告的空间等),消费者的分布、流量、逗留时间不同,使得其价值含量不同,对机场的理解程度决定了其资源的开发深度及价值体现。目前,世界上多数机场广告是由总部设在英国的 JCDecaux Airport 和总部在美国的 Clear Channel Airport 两家广告公司所经营,仅 JCDecaux Airport 一家就拥有全球机场广告市场 35% 的份额,业务涵盖了全球 150 个机场,充分表现这一行业的专业性及由专业经营而形成的竞争力。我国目前几乎所有的大、中型机场都有自己的广告公司,既做不大,也不专业,这就是因优势资源的集中度不够而产生的结果。随着机场企业化的变革及专业市场的融合,机场当局对收益的追求也将使我国机场的广告业在竞争中逐步走向专业化。

　　(3) 寻找优势互补的合作伙伴

　　要利用机场有限资源造就具有竞争力的非航空业务,除了集中自身的有效资源发展优势产业外,还应善于借助外力。即一方面发现和运用所拥有的具有一定优势的基础资源,另一方面通过寻找具有开发利用这一基础资源的其他配套资源(如人才、技术、市场等)的合作伙伴,实现优势组合以获得更好的发展基础,形成更强的竞争能力。有些机场紧守着自身的基础资源,坚持自主开发经营,担心引进合作伙伴会利益外流或丧失自主权,结果往往因某些经营要素不具备、缺乏经营优势而难以深度开发,形不成竞争优势而效益低下,更谈不上发展。

　　选择合作伙伴应立足于发展该业务的资源要素或竞争要素的分析。通常机场具备的是客货流量等市场资源及土地资源,机场较缺的是专业经营人才、专有技术及外部市场资源等。倘若我们把所发展的业务主要定位在机场所拥有的市场资源,则合作伙伴更多的要具备经营人才或相关技术的优势,如航空配餐、酒店等业务。倘若机场的基础资源仅设定为该业务的基础,而公司的发展需要开拓更多的外部市场,则合作伙伴应更多地具备营销优势及外部市场资源,如广告、机场机电工程等业务。有些合作项目只是更多地看到合作伙伴的"投资",即把引进外资理解为只要对方拿钱进来就好,这对于非资金密集型的业务项目并不一定是好事。客观上,投资者要求的回报通常要高于市场的融资成本,而我国多数机场目前的资产负债率都不高,资信等级较高,融资能力较强,在这种情况下,资金并不能成为优势,选择这样的合作伙伴就未必能形成组合优势,提高这一业务的竞争和发展能力。

选择合资合作还有一个股权的比例关系问题,即在该业务项目上机场方是控股还是适度参股。

控股能使机场间接地发挥对该业务经营资源的主导权,使该项业务能与机场的总体战略协调发展,并获得机场基础资源开发的主要收益。同时还能获得更多的由该业务发展而形成或增值的无形资产,如品牌的联动效应、市场的影响力及集团的资信水平等。

参股则可以借助合作方的优势分享机场基础资源开发的长期利益及由合作方带入的其他资源所产生的收益,并通过输送干部为机场培养相关业务的经营管理人才。更重要的是通过机场当局的参股,风险与利益共担可以给予外部投资者更大的信心,对该业务进行更大的投入。

控股或参股的选择取决于机场的发展战略规划及机场的资源占有情况的综合考量。缺乏资源优势的业务难以成为机场非航空业务的发展方向或发展重点。虽然具有一定资源优势而不符合机场战略规划的业务则只适宜于参股或以特许经营权等形式转让资源。例如机场区域内的汽车加油站,虽然机场拥有一定的区域市场优势,但缺乏油品资源及其他资源的优势,因此适度参股或经营权的出让要比自营或控股经营更为有利。有些大中型机场虽然拥有较丰富的商业零售资源,倘若机场不像 BAA 把该业务确定为非航空业务发展的战略重点,则同样不宜分散机场的其他经营资源而坚持自营或控股经营机场的商业零售业。

(4) 多渠道深度开发机场资源

发展机场非航空业务,对不具备自营或控股、参股经营的项目,应尽可能吸引专业公司来开发经营,借助专业公司的力量使机场的资源得到更有效的开发并获取更大的收益。引进专业公司经营的渠道很多,可以采取特许经营权转让、土地出让、租赁等形式,运用最广泛的还是特许经营权转让或几种方式的结合。

2. 向外延伸非航空业务获取更大的市场

机场自营的非航空业务的成功大都由内部资源开发起步、外部市场拓展而做大做强的。机场内部基础资源的有限性决定了仅专注于内部资源的开发难以形成规模效应,难以形成整体的竞争实力。机场的基础资源构成了机场发展该业务的起步优势,要获得最终优势还得依靠更为广阔的外部市场。

(1) 获取外部市场的优势

机场集中优势资源发展优势产业,通过向外拓展逐步做大做强有其得天独厚的条件,这些条件使其具备了在外部市场的竞争中比其他经营者更大的优势。其优势主要来源于如下几个方面：

① 资源的综合利用。机场内部的非航空业务经营者充分利用了机场的某些潜在资源或闲置资源作为生产经营的基础，这些资源的成本价格很低甚至免费，这是外部经营者难以获得的条件。例如机场自营的花卉园林产业，一方面可以充分利用位于飞行区周边不可用于其他配套或商业设施开发的闲置土地，另一方面机场内部大量的园林及绿化美化业务需求也为这一产业的发展提供了一定的市场，这两方面的资源优势将综合构成比外部经营者略高一筹的起点。

② 利用原有生产能力形成的规模经济效应。倘若机场内部资源的开发即足以形成一定的经济规模，那么充分利用开发过程富余的生产场地、人员、市场购销渠道而扩大生产规模，则势必获得更低的生产成本和更高的平均收益。例如厦门国际航空港食品有限公司主营业务为航空配餐，该业务随航班时刻的安排具有较明显的生产峰谷。为充分利用非生产高峰时段富余的生产能力，该公司通过竞争先后承接了肯德基的面包及必胜客的配料生产业务，前者的起步利用了配餐面点的富余能力而后者则利用了冷热厨的富余能力，使得该业务具有强大的竞争力。该公司已多年成为这两家国际著名的快餐连锁店跨省际的产品供应商。面点等生产能力的扩大，反过来变成餐配所需面点利用了该生产线的富余能力，进一步降低了主营业务航空配餐的生产成本。规模效应使该公司主营与非主营产品的竞争力得到了很大的提高。

③ 市场进入的综合成本相对较低。由于机场的非航空业务以利用内部资源特别是市场资源为起点，这部分业务的市场进入成本要比外部经营者低，在同样的经营管理水平上，其收益要高于外部经营者。例如广告业务，如果机场内提供了1000万元的业务量，在同等经营水平上广告公司应获得高于行业外部企业的平均的收益。在公司的主要成本已从该部分业务中摊销后，要与其他广告公司竞争外部市场的广告业务就具备了更大的价格竞争优势。

④ 有效利用机场的知名度和企业信誉。机场作为民航公共运输服务单位，知名度是不言而喻的，庞大的资产构成、稳定的营收来源、可靠的安全保障及高水准服务的追求都可以成为机场从事非航空业务的无形资产。我们常可以看到这样的广告，"以为航空服务的安全保障和质量水准为您提供……（产品）"或"陆路的价格、航空的消费"等，都是试图利用航空这一品牌的概念来强化相关产品的营销。可见在非航空业务的竞争和发展过程中机场品牌的作用是不可低估的。

⑤ "使用者"生产的产品更具实用性也使相关用户更为信赖。发展机场专用设备设施的生产和服务，机场可以获得比外部生产者更为贴切于生产实际的感受，因此所设计、生产的产品的实用性更强，也可能更为经济。即"为使用而生产"的产品要比"生产供使用"的产品有生命力。例如机电产品系列，机场的某些应用软件以机场为主导开发编制的就比以专业软件公司为主编制的要简洁实用，成本也低。目前国内机场广泛使用的安检信息系统软件就充分表现出这一特色。机场专用设备的大修或更新改造，由机场所属公司来完成往往要比行业外的专业公司能提出实用性更强的意见和措施，这正是由于机场专业技术人员在运用过程中积累的经验及感情比外部技术人员要深刻的缘故。法国巴黎机场国际工程公司之所以在机场的规划及候机楼设计建设中表现出极为强大的竞争力，

很重要的一点就如该公司在宣传手册上突出表明的"依托 ADP(巴黎机场集团)提供的全面的专业技术支持"。

(2) 发展外部市场的主要途径

由相对独立的内部市场进入竞争激烈的外部市场,是机场自营非航空业务发展壮大的必要的过程,也是自营该业务能否成功的重要标志。正确地选择和把握进入外部市场的途径和方式则是能否实现这一目标的关键。总体上说,"先精于内,而后竞于外",即只有把内部市场业务做好了,才有能力和条件参与外部竞争。但不同的资源把握,不同的发展阶段可以有不同的战略选择。

① 打造核心竞争力以抢占市场。所谓核心竞争能力是指企业根据市场需求,通过资源整合等方式发展出竞争对手无法在短期内模拟的独特的技能或方法,从而使企业在竞争中获得长远优势的能力。机场自营的非航空业务一旦进入外部市场,就意味着走向完全竞争的市场。面对众多的竞争对手,不能形成自己特有的竞争优势,就很难在长期的竞争和发展中立于不败之地,也就难以做大做强。

② 综合机场优势以赢得市场。核心竞争力是企业形成的高层次的技能,可以在大市场竞争中获得自己独特的地位,但也不等于机场自营的非航空业务在形成核心竞争能力之前就没有条件打入外部市场。如前所述机场的优势是多方面的,只要善于综合利用这些优势,如利用内部资源以降低成本、利用机场的品牌以提高信誉、利用机场的特殊环境和渠道开展营销等,同样可以在外部市场取得一定的成功。

③ 借助外力以获取市场。可以分两个层次,初级层次为"甘当大企业的小伙伴,为大企业的主导产品打下手。当大企业依靠实力进入某一市场时,可以及时跟进分享部分市场份额"。这一情况在生产类及工程类项目向外部市场拓展的起步阶段尤为适用。例如厦门国际航空港机电工程公司在近 3 年间就先后为国(境)外著名企业在国内中标的 8 个机场 18 个大中型机电工程项目提供安装或更新改造的配套服务业务,一方面获得了对外业务的快速成长,另一方面也在配套服务中提高了队伍的业务技术素质,使公司的竞争力得到很大的提高。高级层次,即通过兼并与机场主导发展的非主营业务的同行或产品密切关联的企业,以迅速获得人才、技术及市场。当然兼并的过程应充分考虑资源整合及企业文化融合等关乎能否实现兼并目标的关键要素,但成功的兼并不失为非主营业务做大做强的一条路子。例如英国机场集团(BAA)一直以经营机场的免税品业务为强项,也是该集团的主要非航空业务。1996 年成立世界免税品公司后,即于 1997 年收购了美国环球免税品公司,迅速扩大了该集团在全球免税品市场的份额。强大的实力使得该公司在免税品的购销上获得更大的优势,也进一步提高了该集团在机场免税品销售领域的竞争力。

④ 营造更具吸引力的环境以扩大市场。机场的某些非航空业务由于其资源运用的要求只能设立并经营于机场范围之内,又由于机场的消费市场有限而使这些业务得不到迅速的成长,如机场的酒店、商业零售或餐饮等往往因旅客流量不足而使某些业务的发展受到一定的制约。这就需要根据市场的细分,努力营造可以吸引外部顾客的经营环境,使市场可以不断地扩大。如新加坡樟宜机场的"购物城"概念,可以吸引市民专程进机场购物或其他消费。机场的宾馆酒店若仅仅为进出港旅客服务,也常常会出现客源不足或不稳定的情况,若辅之以会展或旅游服务设施并开展专项性营销以吸引会务或旅游团队客

人,则可克服因机场远离市区散客或商务客不足的缺陷而把宾馆酒店业务做大。

3. 建立适应市场竞争的合理机制

机场的航空与非航空业务在产品方向、经营手段和方式、人才需求结构等方面都有很大的差异,某些非航空业务的行业特性甚至会导致机场集团内部不同企业间的文化差异。就航空主业而言,其安全、服务的特点要求企业必须形成严格、严谨、细腻的工作作风,传统上形成的重管理轻经营的机场运行模式也造成机场的经营人才相对短缺,运行机制难以适应竞争性更强、对市场反应速度更快、经营手段需要更活的非航空业务发展的需要。因此,提高机场非航空业务的竞争力还需要在建立适应市场竞争的机制上下工夫。

(1) 建立受控与授权相统一的组织形式

我国机场自营的非航空业务发展不快的体制原因往往出于对非航空业务子公司的约束与激励机制难以建立,而建立这一机制的难点又在于如何处理好授权与受控的关系。从公司的治理结构上看,在股权多元化即有机场外股东参与投资的企业运行机制会相对健全,而机场全资企业则常会出现"管而就死"或"放而就乱"的情况。作为竞争性较强的非航空业务,其经营的灵活度要求高,需要有充分的经营自主权,而作为资产的所有权人又不能对公司的经营发展方向及重大决策失去把握,因此必须建立受控与授权相统一的组织形式和管理体制。对所属企业应该在受控的前提下尽可能地授权,使企业适应市场竞争的需要。为此,要处理好如下几个关系:

① 刚性的管理制度与弹性经营空间的关系。机场(母公司)或董事会对所属企业应有严格制度规范,明确界定决策层与经营层的职责与权力,一般情况下对资本性支出如投资、固定资产购置、重大更新改造等应由决策层审批,经营性支出如经营环节的购销、人员、物料等费用应由经营层审批,应突出强调计划、预算、贷款、担保的刚性及内部的制度刚性,但在经审批的计划及制度内的执行应有充分的弹性,即经营层在经营过程要有一定的决策权。机场要保证所属企业在制度规范下有序运行,保障企业在计划的目标和框架下经营发展,同时也不至于因经营过程的"审批"而贻误市场机会。

② 严格的监督与充分的授权的关系。充分授权是竞争性企业生存和发展的必要条件,也是调动经营者积极性的有效措施。但只有授权而缺乏监督则很难保证规范运用权力的长久性,且一旦用权失误也难以纠正。因此应通过建立有效的监督机制,使所授予的权力的运用处于透明状态。在干部体制上可以实行财务主管的委派,财务主管同时对母公司(董事会)及派任企业的总经理负责,设立财务主管的定期报告制度,财务主管的薪酬一律由母公司按特定的办法考核后核发,从多角度促使财务主管成为公司财务制度的认真执行者。同时建立机场内部财务结算中心,及时掌控资金的动态,发现不正常情况及时查询;建立严格的内审制度,根据所属各企业的运行情况开展专项审计、年终审计及离任审计等,适时准确跟踪评价财务执行情况及经营结果;建立所属企业内部科学的经营决策程序,如重大经营业务的会审,大宗设备物资货源材料采购的招标等,在会审及招标过程中母公司(董事会)应有相关部门代表参与(可不具表决权),所派代表仅对决策过程的合理性负责而不对决策的结果负责。监督越到位,授权就可越充分,所属企业经营的灵活度就越大。

③ 共同的目标与不同的考核方式的关系。这主要表现在所属企业总经理及财务主

管两个核心岗位上。利润的最大化是两个岗位的共同目标，但考核的方式应有所侧重，总经理作为主要经营者对公司全面负责，因此除主要考核其经营结果即公司的相关效益指标外，还应考核诚信指标，包括对于社会的守法经营及对公司的执行制度情况。财务主管的考核则应由任职企业的效益指标、总经理的工作评价及母公司（董事会）监督部门的评价三部分构成。前两部分能促使财务主管与总经理在企业经营上协同配合，以创造更好的经营业绩，而后一部分则促使财务主管能更规范地执行公司制度。这两个关键岗位的准确定位及良好的执行是建立所属公司"活而有序""放而不乱"的运行体制的基础。

(2) 建立有效激励的业绩考核办法

业绩考核是保障和推动企业发展的一个重要手段，科学合理的业绩考核首先是设立合理的考核指标体系，即根据所属企业的行业特点、发展阶段及企业的战略导向确定规范并能引导激励企业健康发展的相关指标，同时根据指标与企业发展的相关性确定不同的权重组合或企业经营业绩的评价体系。通常考核的指标多集中在收入、利润、资产，或资本回报率、流动、速动比率等直接反映企业效益及财务情况的指标，但科学合理的考核指标体系还应包括：

① 内部业务与外部业务指标。这是机场自营非航空业务的考核特点，特别是对激励所属企业积极开拓外部市场具有重要的作用。内部业务利用了机场的特殊资源，竞争度相对较低，市场进入成本、经营管理成本也相对低，但业务发展的空间有限，因此指标应相对严格，超指标的奖励力度应相对小。外部业务是非航空业务发展的主导方向，且竞争度高，难度大，考核指标也应相对宽松且超指标的奖励力度应大。笼统地运用统一的指标往往会导致经营者把更多的精力集中在较易取得效益的内部业务上。

② 当期效益与可持续发展指标。当期效益的考核是相对容易的，但往往会由于偏重于当期效益而使经营者为追求短期利益而不愿为企业的长远发展增加投入。因此应根据所属企业的生产经营特点设立一组特殊指标，如新产品研发的投入、新产品投放市场数量及销售情况、公司产品在市场所占比例的变化、企业资质等级的提高、员工教育培训的投入等。围绕这些指标而开展的活动都需要在当期有比较大的投入，产生的仅是企业发展的后劲及远期利益，通过指标的合理设定及考核可以使经营者更加注重长短期利益的协调。

③ 定量指标与定性指标。考核指标以定量为好，既明确直观又易于考核评价。因此业绩考核应尽可能量化考核内容。但还应辅之以定性的指标，如经营者（或班子）经营过程的诚信表现，包括遵纪守法、执行制度；经营团队的建设，包括团队精神的培养、业务管理干部的储备、企业文化的塑造与认同等。定量的指标多由上级机构或董事会委托中介机构考核，而定性指标可采取360°评价办法以提高考核的准确性。

(3) 推行与行业竞争相适应的薪酬体制

由于受历史因素的影响，现阶段我国机场自营非航空业务在薪酬体制上都带有较浓厚的主业色彩，员工薪酬与企业效益的关联度不大，岗位工资差距小，工龄工资所占比重较大。这样的薪酬体制难以适应非航空业务的竞争和发展。

企业竞争以同行企业为主要对象，作为企业体制主要构成的薪酬如果不能在同行中表现出优势，则竞争力一定要受影响。首先是人才的稳定与流动问题。企业的竞争一定程度上表现为人才的竞争,一个企业的经营、管理、技术方面的优秀人才往往受竞争方企业所关注,薪酬的高低不是留住或吸引人才的唯一因素,但却是重要因素,倘若薪酬上长期不能体现某一关键岗位在这一企业的作用和价值,则长远上一定不利于人才的稳定和发展。其次是成本问题。人工成本在任何一个企业中都是不能忽视的。倘若机场所属企业的运行成本高于行业平均水平,则产品就难以打入外部市场。基于民航业务的特点,一般情况下航空主业的整体工资水平是偏高的,这包括辅助性岗位的工资。如果是参照主业而非参照行业上的同等岗位工资,则必然要拉高所属企业的生产经营成本而使企业的产品失去竞争力。

薪酬体制对企业的影响还表现在激励效应上。非航空业务的竞争性强要求薪酬体制与新产品研发、市场营销等经营活动更密切的结合,如对研发人员采取新产品的商品化率与薪酬结合,对营销人员采取低底薪高提成的办法,可以使该岗位员工利益与市场业绩更密切地结合起来。而通过总经理薪酬与利润等指标直接挂钩和营销人员薪酬与销售收入挂钩的办法相结合,则可以在公司内部形成销售收入(市场占有)、成本、利润的调控机制,有利于企业对市场的灵活反应及协调发展。

14.2.3 非航空业务与航空业务的互动关系

与其他产业的纵向多元或横向多元不同,机场的非航空业务衍生于机场资源的特征决定了无论是自营还是以特许经营权等方式让他人经营,都与航空主业直接且密切关联,并形成互动共生的利益共同体(如图 14.4)。

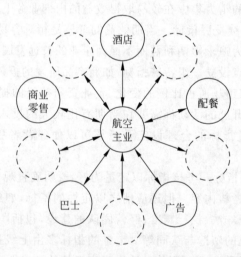

图 14.4　机场航空业务与非航空业务的互动共生关系

主业的发展为非航空业务提供了资源的保障,其资源随着主业的发展而增值。而主业竞争力的提高,无论是品牌形象还是为客户提供更大的附加价值,或者是价格的竞争也都离不开非航空业务的配合和支持。双向的良性互动可以形成群体的竞争优势,使各相关业务获益,反之亦然。

1. 非航空业务对航空业务的影响

非航空业务对航空业务的影响主要表现在服务和财务两个方面。

(1) 非航空服务延伸提高航空业务的竞争力

在机场的航空业务竞争发展过程中，机场当局往往会通过非航空业务使顾客获得更高的附加价值，以提高机场的吸引力。

在客运方面，为扩大机场的辐射区域面开发陆路、水路运输，即使旅客进出机场更为便捷也使机场拥有更广阔的市场。香港机场陆路和水路交通网络的建立已使香港机场的区域概念突破了行政区边境而拓展至大陆的广阔地区。深圳机场建设伊始即把眼光盯紧香港市场，通过海运码头的建设使深圳机场直接服务于往来香港的旅客。机场码头公司的经营和发展与机场主业形成了良好的互动关系。例如码头公司与深圳航空公司在无锡、南京、杭州、福州、重庆等地联合推出"港澳自由行空海快线"服务，通过无缝转接、高质量服务吸引大量前往港澳的旅客，码头公司也赢得很好的经济效益。广州新白云机场建成后也积极发展联运业务，力图通过水路、公路、铁路等多式联运把腹地扩大至香港。珠江三角地区密集的机场竞争已使多式联运业务表现出特殊的地位和作用。

我国的一些机场，为了更好地发展中转业务，充分利用机场非航空业务资源与航空公司、旅行社联手推出极具吸引力的旅游产品。例如选择两个相关联的旅游城市，由中转衔接机场提供一晚的免费酒店住宿及当地旅游交通，其产品即可打出甲地双飞三日游并赠送乙地两日游这一令游客感觉附加值极高的产品。而作为中转机场则在双向航线上增加了客源，并从主业的发展上增加收益。这些都是通过非航空业务推进航空业务发展的成功案例。在中东迪拜机场，由于其位于欧亚的中间位置，是洲际航班的经停机场，为提高该机场的吸引力，机场当局着重发展名牌专卖店，使该机场成为全球名牌消费品的汇聚中心，有些欧洲的名牌产品在这里甚至早于在欧洲本土上市，价格也比欧洲便宜，由此使崇尚名牌的旅客把经停迪拜的航班作为首选航班，有些旅客甚至专程到迪拜选购名牌商品。此外，国外的一些大型机场着力于建设会展等商务圈也都是力图通过发展非航空业务提高机场的竞争能力。

在货运方面，除了发展联运以方便货主外，卡车航班及包机、包舱业务的开拓对航空主业的发展也将起到重要的推动作用。所谓的卡车航班即以某航班号名义而以卡车为运输工具将货物由甲机场运抵乙机场。这种运输方式多用于国际货物国内段的运输。为提高机场国际货物的吸纳能力，扩大机场的腹地，机场当局在服务设施及政策上（主要是海关等联检的报关报验手续，即异地报关）寻求突破，联手货运代理公司发展卡车航班业务。近几年来，香港及我国沿海一些国际机场先后开展这一业务，有效地提高了机场在货运方面的竞争力。包机、包舱本来是货代公司的正常业务。例如生产基地设于厦门的戴尔电脑公司，2000 年开始出口日本，需要开辟日本的货运航线。这自然是机场发展货运业务的机会，但由于戴尔公司能支付的运费很低，而供货量又不均衡，使得航空公司难于开通这一航线。为抓住这一机会发展厦门机场的货运业务，厦门国际航空港集团通过所属货代公司组织包机、包舱业务，一方面协调各服务单位给予价格优惠，另一方面在航线开辟起始阶段给予财务补贴，并及时组织货物调节弥补戴尔电脑不均衡产生的空舱。经过近 4 年的培养，这条航线已成为竞争力很强的厦门机场货运的骨干航线，对厦门机场国际货运业务的发展起到很大的推动作用。

从上述事例可以看到,非航空业务对航空主业的推动是明显的,就非航空业务而言,许多业务可以不由机场直接经营,但应及时协调和引导以使其运作和发展能与航空主业的总体发展战略和步骤相协调。有些非航空业务,对机场的整体发展将有重要影响而在其起步阶段又难以出效益的项目,即所谓的长线投资项目就应考虑到自营的必要性。这一情况通常会由于如下两方面原因而出现:

一是为提高航空主业竞争力而需要调节价格或设立的服务。如联运业务释出可能导致收费太高从而对机场的竞争力有较大影响,或因商务客或散客不足而又需要为过夜航班机组提供住宿及为中转旅客提供配套服务而设立的酒店等。

二是为完善机场的综合配套功能而需要投资的基础设施项目及物业管理,如物流园区、航空工业配套区等。

这些非航空业务虽然在其发展的初始阶段,就其单项业务而言,财务收支上难以平衡,但倘若由于这些业务的发展可以提高航空主业的竞争力,并通过主业的发展可以带来集团整体收益的提高,则坚持自营是必要的。当然主业的发展也将会为这些业务带来新的收益。

(2) 非航空业务创造的效益辅助航空业务发展

就如水利资源的开发利用必须"涵养水源"以保持资源的稳定一样,机场非航空业务基于航空主业派生资源的共生关系,决定了机场开发非航空业务也必然要"涵养水源",即运用非主营业务创造的效益辅助或支撑主业的发展。从机场的效益分析中可以看出,机场的发展越来越关注非航空业务收入,规模越大,经营水平越高的机场,其非航空收入在机场的总收入中的比例越大。

如果把航空与非航空业务切块分析其收益,我们就不难发现,航空业务需要高投入、高运行成本,主业盈利空间有限。如果为增加盈利或保持机场的财务平衡而提高主业的收费标准,则势必降低机场的竞争力或因严重伤害客户利益而影响机场发展。主业提价的负效应是巨大的。因此,改善机场收益更多应从非航空业务寻找来源。而机场非航空业务的资源就像水资源一样,你不去开发虽然也不增加成本,却造成潜在收益的流失。以租赁或特许经营权的形式转让开发利用这些资源,成本和风险都不高,可以说是无本收益或低本高利业务。显然,对追求财务平衡或改善财务状况的机场来说,这是最合适的发展方向。非航空业务收益越大,航空业务的财务压力就越低,主业价格竞争的空间也越大。

客观上任何政府推行机场商业化、私有化的动机都不会是以提高航空业务收费、损害社会整体利益为代价,目标还是借助体制的力量挖掘非航空业务收益及控制航空业务成本以加速机场的发展。

20世纪末兴起的低成本航空公司的出现,更是对机场及地面服务的收费提出了苛刻的要求。为了竞争和发展的需要,有些机场也都采取"算大账"的服务收费方式,常常采取大幅减免航空业务收费,而从增加客流量带来的非航空业务资源产生的新的收益来弥补航空业务收费优惠造成的利益损失。所以在机场与航空公司的协议上机场方通常做出优惠收费的承诺,而相应地要求航空公司做出航班量或旅客量保障的承诺。

2. 非航空业务与航空业务的关系协调

利益的共生关系决定了非航空业务与航空业务的关系协调的重要性。战略上的利益共生也可能出现战术上的利益背离,这就需要建立合理机制,及时合理地协调两者的动作,做到既能保证利益的一致性,又能使两者形成合力提高机场的整体竞争力。

(1) 服务链协调

机场的非航空业务交织于机场服务链的全过程,与机场的安全、服务都直接相关。需要注意协调的主要关系有:

① 非航空业务经营条件与安全管理的关系。通常在非航空业务的经营过程中,经营人员为满足客户的需求而提出让服务对象更便捷地进出隔离区,为扩大经营范围而涉及管制性商品(如烈性酒等可燃消费品及餐饮的刀叉等)销售,为改造或装修而需要带入属于违禁物品的工具等,这与机场的安全管理产生了矛盾。

② 非航空业务经营场地的商业价值与航空业务流程的关系。商业零售追求与人流的融合,因此从有利提高消费可能的角度,往往希望零售或餐饮经营场所尽可能往流程通道靠,若协调不好则可能出现因追逐商业利益而占用流程必要的空间而影响机场服务质量,或因过分考虑流程安排而流失宝贵的市场资源。

③ 服务配套与经营成本的关系。机场航空业务的不均衡即流量的间峰差距较大,特别是早晨始发和晚间到达,旅客必要的配套服务如餐饮、巴士等往往会因旅客需求量小经营成本大而难以保障,由此将直接影响机场的服务质量和整体形象。

(2) 价格协调

机场的特殊资源及相对独立的经营环境可能诱发非航空业务趋利动机的逐渐增强。缺乏价格的协调机制可能出现非航空业务经营者为追逐利益而大幅度提高价格导致机场整体竞争力的削弱和服务质量下滑。再者机场航空业务的价格竞争,经常要通过主业与相关非主营业务的整体联动来进行,如地勤、货站、配餐、巴士等,如果联动关系没处理好,某个环节的优惠就要被其他环节所抵消,也将影响机场的竞争能力。

(3) 环境协调

环境是旅客在机场获得体验价值的重要因素。而许多非航空业务都是机场环境的重要组成部分。非航空业务与环境相协调可以取得相得益彰的效果,反之则直接损害机场形象。在有些机场常可以看到不合理的广告设置和商业布局,为了提升商业价值有的甚至不惜在候机楼主立面或楼顶制作大幅广告,有些商场的设置把候机楼的共享空间分隔得零零碎碎,让旅客感觉到像在狭长嘈杂的摊点中穿梭,感觉很不好。为短期商业利益损害机场的形象,给旅客以局促、压抑、烦乱的感受和体验都将使机场的品牌价值受到直接的影响。

因此,发展非航空业务需要建立良好的协调机制,统筹机场主营与非主营业务的利益,使其和谐发展并产生群体效应,特别是当机场当局自营非航空业务,更应避免为支持其发展而采取影响机场长远利益的短视行为。

本章小结

在航空运输发展的正常状态下,特别是在步入相对成熟的阶段后,越来越多有选择机会的消费者在购买航空运输产品的时候可能会有两重考虑,即从什么地方走(选择机场),及由哪家航空公司承运。选择这一机场并不一定就选择哪家航空公司,而选择了这家航空公司也不一定非从哪个机场走。如何让更多的客户选择我们的产品,这就是航空业务的竞争问题。

机场的收益来自于航空与非航空业务两个方面,且机场航空业的规模越大,机场的商业化经营层次越高,非航空业务在机场整体收益中所占的比重也越大。随着机场的发展,非航空业务的竞争力已越来越成为机场整体竞争力的重要组成部分。

非航空业务来自于机场独特的资源,但资源的存在并不等于效益的存在。机场的资源具有垄断和竞争的两重性,看不到垄断就难以更好地发挥优势,而看不到竞争就可能因依赖于垄断而使资源得不到有效开发。更充分、有效地开发和利用机场资源一直是机场经营者追求的目标,但不同的体制形式,不同的战略导向都会有不同的结果。

复习与思考

1. 分析机场的垄断特征。
2. 机场竞争性的表现形式有哪些?
3. 什么是马太效应?机场竞争的"马太效应"主要表现在哪几个方面?
4. 如何提高机场的非航空业务的竞争力?

在线自测

第15章 机场营销

本章关键词

机场产品(airport products)
航空业务产品(the products of aeronautical business)
非航空业务产品(the products of non-aeronautical business)
机场营销(airport marketing)

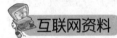

http://www.chinaairports.cn/indxe.html
http://www.caac.gov.cn/
http://www.02311.cn/Sfile/ShowArticle.asp?ArticleID=16699
http://news.carnoc.com/wapview.jsp?newsid=5892
http://www.iata.org/
http://www.icao.int/

"营销概念"进入"大交通"这种传统行业领域已经不是最近的事情了,特别是机场——有着浓厚"服务业"味道的行业。其实一直以来,中国的各处机场都在不遗余力地改善硬件设施,完善服务流程,努力为旅客提供更舒适便捷的服务,让企业的行为更加贴近市场,但是所有的服务都是被动的、单向的、接受式的。

另一方面,在航空这个特殊的市场里,航空公司已经率先推出了自己的品牌产品,像南方航空已经拥有着"无票登机""货运5000""商务2000""真诚9000"等几个服务品牌,以加强自身营销的竞争力。但却没有一个机场拿得出可以代表自身企业的标志。

这种局面终于在2000年10月有了突破,经过两年的孕育,代表白云机场的自有商旅品牌——"易登机"正式诞生。

15.1 机场产品的定义及其基本特征

受传统的生产观念支配下的产品概念的影响,人们习惯于把产品理解为具有特定用途的物质形态。随着第三产业的兴起,产品被定义为客户通过购买获得的需求满足。机场作为服务领域的产业之一,其产品具有"满足客户需求"这一共性,同时又具有非常独特的表现形式。

15.1.1 机场产品的定义

从一个完整的机场概念上说,机场是由多种不同功能的设施和为多客户提供多种服务的很长的生产链条构成的。它包括为飞行器提供进近指挥、起降、停场、加油、配餐、各种地勤服务及为旅客、货物提供的候机楼、货站等过站服务,同时还包括地面运输、餐饮、零售、酒店等其他配套服务。根据这一特性,可以把机场产品分为核心产品、主导产品和延伸产品三个层次。

核心产品是机场整体产品最基本的层次,即客户在使用机场产品过程中和使用后可获得的基本利益和效用。因此,可以把机场的核心产品界定为满足承运人(航空公司)的航空器起降、停场服务及其旅客、货物的过港需要。

主导产品或称主营产品是与机场设施相关联的各种航空运输服务,也就是通常所称的机场航空业务。例如飞机的起降、停场、地勤、机务及候机楼和货站等服务,是机场核心产品的主要体现形式。它因机场不同的体制构成,组合为若干相互联系的产品。通常可以根据不同企业承担的服务项目分别称之为不同的形式产品。例如地勤公司可能承担飞机停场的各种地面服务、机务及部分候机楼服务业务,我们可视之为一个产品组合。

延伸产品或称附属产品是利用机场资源综合开发同时为主营业务提供配套支持的各种业务。如餐饮、零售、酒店及由机场提供的陆路或水路运输服务等。还有一些业务虽没有直接与主营业务相关,但仍可以对核心产品起辅助支撑作用,如广告、机场的房地产开发等,通常把上述两类统称为非航空业务。

15.1.2 机场航空业务产品的基本特征

作为航空地勤及相关配套服务,它既有一般服务产品的共性,也有鲜明的行业特征。综合而言主要有以下几个方面:

(1) 顾客直接感知

由于服务性产品的非实物性(形态),顾客不可能在购买后转移或延期消费,顾客对该产品的购买只能是一种直接的感知或体验过程。服务产品是无形的,它通过环境、设备、人员等载体展示或传递出来,因此这些载体本身就是产品的一部分,即便在销售过程中并不发生所有权的转移。例如便捷的流程和良好的候机环境就是机场产品的组成部分。服务产品虽然有规范的形式、程序和内容,但难以形成固定模式,其感知或体验可能因人(包括销售及购买双方)、时间、地点而异。这一特点使机场可以异地营销,但只能就地消费,且在生产及销售过程中难以保持其产品质量的稳定性。

(2) 生产与销售一体

服务企业的生产过程就是销售过程,同步完成,不可分割。机场不存在半成品,其每个服务环节都在把产品交给客户,任何环节出现问题都相当于交给客户一个不合格产品。而不像生产性企业可以在生产过程中依靠检验把出现质量问题的半成品剔除或返修,最后交给用户的还是合格的产品。因此机场要创造品牌,就必须使员工成为合格的产品生产者,同时又是合格的营销员。

产销一体的特点还导致消费者之间或生产者之间以及两者之间情绪或态度的相互影响并最终影响产品质量。例如当出现航班延误等特殊状态,只要有一位旅客情绪激烈,就容易传感给其他旅客而导致大面积的服务质量问题。因此,机场员工不仅需要具备生产和销售的技巧,还应懂得协调团队动作,管理顾客和因时、因地控制自己的生产和销售行为。

(3) 不可储存

有形产品可以储存,可以根据生产能力和市场需求来调节,且顾客购买后如果不满意还可以退货或调换产品,生产者也可以将所退产品再次销售。而服务产品的即时生产和消费使其表现出不能被储存、不能重复出售,也不能退还的特点。这一特点导致了生产资源难以均衡控制。例如机场的生产运行,往往因航班高峰期过于集中而使设备、人员高度紧张并引起旅客及航空公司的抱怨,而航班高峰间歇则候机楼内空空旷旷,大量员工又处于等待状态。一方面因短暂的能力不足而影响产品质量,另一方面又因能力的闲置而加大机场的生产成本。因此,如何在营销过程中发挥调节作用,使被动的需求尽可能与相对稳定的能力相匹配,对机场提高产品质量和降低整体成本具有十分重要的作用。

服务产品的不可退货或产品召回,就需要服务人员在向顾客提供不合格产品或客户不满意时及时弥补,以减少旅客的抱怨。机场服务出现的差错往往只能通过尊重客户的各种表现形式,使客户在心理上或经济上得到弥补。

(4) 产品组合链条长

与其他服务产品相比,机场可以称之为由一个联合企业群生产出的复杂的组合产品。从服务的链条看,仅旅客出港,由接入机场到完成各种值机、行李托运、联检报关、安全检查、候机服务,到飞机停场的地勤设施设备配套服务、机务、飞机客货舱服务、供油、供水、供餐,到飞机离港要经过上百次直接的服务程序,同时还有旅客的进港及货物的进出港。任何一个环节的问题都会导致机场整体产品的失败。在机场的整个服务链条中,其对象是多元性的,既直接服务于人(旅客、货主、航空公司代表等),也服务于物(飞行器、航空货物)。对象的不同也带来服务的标准、程序、方法的差异。

由于服务的综合性,使该链条的不同环节在专业上表现出极大的跨度,也使该链条常常要由不同的独立运行单位来完成。例如航空地勤的服务业务、土建及机电等工程设施保障业务、飞机过站机务业务、导航指挥业务、安全和应急救援业务,以及其他配套服务业务等。要使分别隶属于不同专业的服务项目都达到较高的专业水准并组合成紧凑和谐的生产链条本已不易,加上体制构成上每一项专门业务都可能分属于一个独立法人经营,同时还有属于政府机构的海关、公安、检验检疫等部门,使得机场当局的生产协调难度很大。而任何一个客户在机场感受到的不愉快,通常不会仅认定于哪个环节或该服务的提供者,而会直接认定该机场,即机场的整体产品因某一环节的瑕疵而遭到客户的否定。当局需要为其他单位产出的次品或废品买单。从这一角度上看,机场的服务产品要创造自己的品牌就比其他服务产品要困难得多。

(5) 主营产品与延伸产品伴生并融合销售

机场的延伸产品源自于主营产品并反过来为主营产品提供支持,成为主营产品的一部分。如候机楼内的商业零售或餐饮,虽不属于主营的航空业务产品,但又是旅客候机配套服务的重要组成部分。良好的配套服务可以使旅客在过港、候机过程中获得更大的需求满足和更有价值的心理体验。特别是在发生航班延误等非正常情况时,如果有较好的餐饮、购物和娱乐服务项目,则对主营产品的缺陷将产生很大的弥补作用。

15.1.3　机场非航空业务产品的基本特征

机场的非航空业务产品具有多样性的特征,既有服务产品如商业零售、酒店、餐饮等,也有物质产品如航空食品等。但在严格的意义上这些产品都不是机场由航空业务派生的直接产品,而属于派生的二级产品。

15.2　机场营销及其特征

15.2.1　机场营销的含义

1. 市场营销

市场营销概念随企业市场实践的发展而不断演进,不同的发展阶段、不同的学者有不同的表述。我们可以把它较为直接地理解为企业为满足消费者利益而提供商品和服务的活动。其主要内容包括市场调研、市场细分、产品开发、价格制定、渠道选择、促销方式、售后服务及信息反馈等。其目的是创造、赢得并保有客户,并为企业创造收益。

市场营销的要素是多方面的,为了使企业有限的资源能更有效地分配到重点要素上,理论界根据市场实践提出营销组合概念,即企业如何综合运用并优化组合若干可控因素,以期实现其经营目标。通行的市场营销组合理论即"4Ps"理论。4Ps 营销组合理论是美国学者尤金·麦卡锡于 1960 年在其《基础市场营销学》中提出来的。他把市场营销的诸多要素归纳为产品(product)、价格(price)、地点或渠道(place)、促销(promotion)四大组合策略,认为企业的市场营销活动只有通过科学合理地运用这四大要素才能取得市场成功。4Ps 理论已为市场营销的理论和实践广泛接受。4Ps 理论产生之后,随着市场实践的发展,许多学者又试图在此基础上进一步发展和完善。有的学者提出应该在 4Ps 基础上增加"政治权力"(political power)和"公共关系"(public relation),将市场组合扩大至 6Ps,以更全面地考虑到影响市场的其他社会因素在营销活动中的作用。有的学者则从服务市场营销的角度提出在 4Ps 基础上增加"有形展示"(physical evidence)、"人"(people)和"服务过程"(process),将服务产品的市场营销与有形产品的市场营销区分开来,形成 7Ps。

7Ps 的营销组合突出表现了服务产品的营销特征。

"有形展示"表现环境及设施设备作为无形服务的有形载体在生产和销售过程的重要性。如机场环境与自然的和谐程度,候机环境的空间、亮度、色彩、声音给旅客的愉悦程度,各种服务设施设备使用的舒适及便捷程度等都会影响旅客对机场提供服务的价值评价。

"人"在服务产品的营销过程中更表现出与有形产品不同的突出作用。服务产品的直接体验和生产与销售一体的特征,使顾客在消费过程中常常把服务人员视之为产品的组成部分。因为服务产品是通过这些人员传递并销售出来的,所以他们的执行甚至是创作(因环境、对象、时间不同而表现不同的技巧)情况对企业的整体营销都相当重要并直接相关。

"过程"同样是服务产品营销的特殊要素。有形产品的生产过程对消费者来讲并不重要,因为消费者需要的是满足其需求的最终产品。服务产品的产销的即时性及生产者与消费者的互动性使服务过程在服务产品营销中表现出特殊的作用。例如机场的进出港流程是否合理;服务程序的设计是否更人性化(如排队等候时间、通关时间等);服务人员对旅客候机过程的需求变化的反应能力;旅客在进出港过程中对特殊服务(如航班延误时的动态信息掌握、问讯的信息满足程度及解决问题的能力等)的参与程度等。

当然我们也可以把上述3P直接理解为"产品"的几个方面,因为这3P都是构成服务产品的要素,但又是其在营销组合中区别于有形产品的特殊要素。

除了上述3个特殊要素外,与一般市场营销相同的其他4个要素就相对易于理解。"产品"指的是服务的范围、内容、形式、质量、标准及品牌等;"价格"指的是客户获得相关需求所应支付的成本,包括价格水平、付款方式及作价原则等;"地点或渠道"指的是提供服务的所在地及其地缘的可达性,就机场而言,即我们通常所称的市场辐射区域或腹地范围;"促销"指的是通过各种市场沟通方式以引起客户对产品的兴趣,提高企业知名度的活动。

在探讨市场营销组合时需要提及的是4Cs理论。20世纪80年代美国营销专家劳特朋提出市场营销应从以生产为中心转换到以消费者为中心。即以顾客(consumer)代替产品(product),企业不是卖所制造的产品而应卖顾客想要的产品,而需按顾客的需要来设计、生产产品并使顾客能以其喜爱的方式便利地获得产品;以成本(cost)代替价格(price),应了解顾客为满足其需求愿意支付的成本并通过降低生产成本和销售价格使企业与客户获得双赢;以沟通(communication)代替促销(promotion),更多地为顾客着想,减少急功近利;以便利(convenience)代替地点(place),为顾客提供更便捷的服务。

理论的多样性来自于市场的多样性。营销本身就是实践性很强的活动,虽然上述理论已被广泛运用于各行业的市场营销实践,这些理论同样对机场有很强的指导作用,但由于社会、人文等环境要素千差万别,行业特点各异,还需要根据本行业或企业的情况及市场环境等特点选择合适的理论工具去探索实际运用的方法。

2. 机场营销

机场营销即机场当局(公司)以市场为导向,采取系统的生产经营行为,为客户提供满足其需要的产品(即机场服务及机场资源),从而实现机场利益目标的过程。

根据机场的产品特点,机场营销可以分为主业营销(或称航空业务营销)与辅业营销(或称非航空业务营销)。

机场的主业营销包括航线营销和航班营销两个方面。

机场航线营销的主要对象是航空公司,目的是通过航空公司增加航线、航班的飞行以带来机场业务量的增加。

机场航班营销的主要对象是旅客、货主、旅行社、航空货运代理公司。目的是为本机场创造更多的客、货源,以维持或推动航班量的增长。

广义的机场产品应是与该机场所拥有的航线和航班共同构成的。没有航线、航班的机场产品是没有意义的。机场首先因开辟了航线使航空公司成为客户,其次因为有了航班使旅客和货主成为客户。所以在一定意义上,机场的航空业务是与该机场的航线及航班结合才能成为旅客和货主的消费品。航线布局越广,航线越多,航班密度越大,旅客的选择性越大,机场的产品就越具吸引力,综合质量也越高,机场的品牌效应也越好。至于哪条航线,哪个航班是由哪个航空公司执行,那就是另外一个产品系列的问题。就如航班时刻表,机场的时刻表与航空公司的时刻表对消费者各有不同的价值。机场的时刻表对消费者提供的是从该机场出行有哪些可供选择消费的机会,当然此时消费者也会考虑到进出港过程所能获得的需求的满足程度;而航空公司的时刻表仅表现该航空公司执行的航班情况,消费者只能对其提供的航班的时间、价格、服务、联程的可能等做出选择。两者是不可互为取代的,除非该机场只有一家航空公司飞行。因此机场的航线、航班营销与航空公司的营销既有其一致性,也有其差异性。机场营销直观上为的是增加开辟本机场航线的航空公司的客货源,但最终落脚点还是机场的业务,即获得更多的机场服务产品的销售机会。

机场的辅业营销包括机场的初级产品营销和二级产品营销。

机场非航空业务的初级产品是指可供开发的伴生性资源,二级产品则可能因自营与非自营等体制关系表现出各机场间的差异性,同时二级产品还因其行业归属不同(如酒店、商业零售、广告、机电维修等)而具有不同的营销特征。机场辅业营销不仅仅是存量资源的营销,而是通过营销实现资源的增量。机场的存量资源是有限的,只有通过营销不断创造增量,即使资源不断丰富,价值含量不断提高,才能使机场的非航空业务收入不断增长。这也才是辅业营销的目的。

15.2.2 机场营销的特征

机场营销除了具有服务营销的一般特征(即人在产品中的特殊作用,注重服务产品的有形展示以及强调服务的传递过程)外,还具有如下三个方面的典型特征:

(1) 两类产品

与其他行业的企业不同,机场的航空与非航空产品是伴生的,只要有航空产品就必然有非航空产品(资源)。

由于两类产品的差异性很大,一个是航空地勤服务产品的销售,另一个是机场商业资源的出租转让,两者营销对象不同,渠道不同,策略和方法也不同,势必要求机场同时具备适应两类产品特点的营销管理能力及合适的营销资源布局。

又由于这两类产品都由众多的子产品构成,且可能分别为不同的企业所拥有(不论是长期拥有,如体制安排或买断;还是短期拥有,如租赁等),所以两类产品在营销过程的协调性将表现得尤为突出。一方面是本类产品内部的营销协调,以争取在机场整体营销策略指导下保持整个生产链中各子产品提供者的品质协同、价格协同、市场区域发展协同和促销手段协同,以避免营销资源的无效耗费。另一方面是两类产品间的营销协调。虽然两类产品的营销对象、渠道、方法等有很大的差异,但其目的是一致的,且其产品又具有很强的互动性,因此两类产品的营销又必须置于机场的统一战略之下协调彼此间的活动,以争取获得机场的最大利益。

（2）双重客户

无论是机场的航空业务或非航空业务,都具有非常独特的直接与间接的双重客户。

就航空业务而言,直接客户是航空公司,间接客户是旅客和货主。因为旅客和货主是在选择了航空运输成为某一航空公司的客户后才成为机场的客户的。所以机场对旅客、货主的航空服务收费也来源于航空公司。而非航空业务的直接客户是相关资源的承租人或受让人,即相当于向机场公司购买客、货流资源或土地资源而从事经营的企业或个人,他们多数应是该行业（如商业零售、广告、酒店等）的专业经营者;间接客户则是机场的零售、广告、酒店的消费者。机场当局的非航空业务收入同样也是不直接向消费者收取（直接经营除外）,而来源于机场资源的承租人或受让人。

双重客户产生双重营销,双重效果。对直接客户营销的效果是直接的,客户的购买行为是主动的,机场的收益也是直接的。对间接客户营销效果是间接的,客户的购买行为是从动的,即便机场有再好的产品,再好的营销,如果航空公司或非航空业务经营者的产品不能为消费者所接受,这些消费者也不可能成为机场的客户。

（3）间接效果

间接客户的消费决定了直接客户的存在,直接客户决定了机场的存在,这一特殊的消费链关系使机场的营销既应重视直接效果,即直接客户的消费需求及结果的变化,同时还应重视间接效果,即间接客户对直接客户的消费需求及结果。例如机场在完成航线营销时,不得不关注相关航班的载运率情况,在完成商业地块招租后,不得不关注其营业情况,并不得不重视对间接客户的营销。对间接客户,其营销的手段和方法上也有所区别。作为航空公司或零售商可能更侧重于宣传本公司的优势,突出个性以提高消费者对本公司产品的印象和购买欲。而机场面对所有的间接客户应是公平的,应创造使消费者能在这个平台上公平选择自己消费产品的环境,因此应突出机场的整体产品,以为直接客户创造市场为目标,即为机场汇聚更大的人气,为各航空公司及商家汇聚更大的客、货源,使之获得更大的收益,要善于从直接客户的收益上看到机场营销的结果。

总之,机场产品的多元性、营销对象的多维性及营销效果的间接性等特征,使得对机场营销的认识比其他行业产品营销要复杂和困难,因此也就产生对机场营销的必要性在认识上和实践上的不确定性,这需要机场经营者给予足够的关注。

15.3 机场营销的对象与内容

机场产品的特点决定了机场客户的多元化。就航空业务而言,其直接客户有航空公司,间接客户有旅客、货主、旅行社、货运代理公司。就非航空业务而言,其直接客户是各相关行业的经营者,间接客户除了航空业务的所有客户外,还有周边社区及机场工作人员。由于机场的社会性很强,所以两方面业务还有一个共同的重要客户即政府的相关机构,虽然它不一定成为机场服务产品的直接购买者,但对机场产品的营销发挥着重大的作用。

15.3.1 对航空公司的营销

航空公司是机场最重要的客户。机场向航空公司营销的目的是通过增加航线航班来增加机场产品的销售。

机场对航空公司营销的主要内容是：

（1）市场推荐

市场推荐是机场实现营销目标的基础性工作。航空公司是否愿意开辟航线或增加航班取决于市场情况及其经营成本。除基地公司外，航空公司对机场所在区域的市场熟悉程度通常要低于机场，因此机场提供可信度高的市场推荐报告，往往能成为航空公司决定开辟这一市场的重要依据。

（2）机场推荐

在向航空公司推荐市场的同时，应做好机场的自我推荐。因为航空公司要进入这一市场首先就要成为机场的消费者，因此机场的推荐就像产品说明书一样应让消费者明白产品的内容特点、使用条件及优势等，以提高对顾客的吸引力。否则，由于航空市场具有相对流动性的特点，在机场竞争日益激烈的情况下该机场区域内即便有一定的市场，航空公司也可能选择邻近的其他机场而使你的市场流失。机场的推荐主要应包括以下几个方面：

① 基础设施保障。包括机场等级、设施设备配套等。

② 安全、服务保障。除了介绍本机场的基本情况、特点和优势外，还应根据不同的航空公司及营销的航线、航班，有针对性地介绍可能引起航空公司关注或可供其选择的内容，特别是对外国航空公司的营销更要有针对性。例如机场的起降间峰分布（尽可能引导航空公司在非高峰时段安排航班以更好地保障服务及降低机场运行成本）、机场开放时间、海关等联检部门的服务时间（特别是对国际货班可能出现夜航或节假日安排航班情况）、对旅客的特殊服务（包括对残疾人提供的设施保障、无障碍流程、延误航班保障条件等）、对货物的特殊服务手段（包括对危险物品、冷冻物品、超大件物品的服务保障能力等）。

③ 配套能力保障。包括机务维修能力、对机组过夜及旅客因中转或延误的住宿接待能力、航空食品供应保障能力、客货运输衔接的多式联运能力等。

④ 收费的条件及依据。营销过程的价格条件一般不会一成不变的。既然向客户推荐产品，客户也自然希望得到更具吸引力的优惠价格。因此可以适时介绍机场的收费标准及其依据，在不同阶段及不同航班量的情况下所能提供的价格优惠条件。当然应注意机场在价格政策上的中立性与公正性，尽可能不出现厚此薄彼的收费条件，以免伤害到其他客户，不利于机场的长远发展。

（3）互动建议

机场对航空公司的营销通常不可能一次联络或递交一份推荐报告就大功告成，往往需要经过一个互动的过程才能实现营销的目的。因此在提出市场及机场推荐时还应提出互动办法和条件的建议。主要内容有：

① 建立联络机制。明确双方的联系渠道、部门、主要人员及必要的时间安排，保持双方的密切联系，以推动营销进程。

② 前期工作的支援与配合。如航空公司对市场及机场的考察配合，非机场单位（航管、联检部门、政府机构、旅行社、航空货代等）的辅助联络及信息传递，航线开辟前的航空公司所应办理的相关手续的协助办理等。

③ 机场设施、服务、价格等条件调整和改善的可能及办法。

④ 促销的配合。新航线的开辟需要有一个促销和培养的过程，保证客户的成功才能保证机场营销的成功。因此机场有责任与航空公司一起开展相关航线的促销活动。围绕促销的内容、形式、渠道、费用等都需要与航空公司建立针对性强的、协调统一的方案，以提高促销的力度和效果。

15.3.2 对旅客、货主、旅行社、货代公司的营销

对这些对象营销的目的是使他们选择航空作为出行或运输的主要交通方式。选择本机场为出发、到达或中转机场。虽然机场的这些营销对象与航空公司一致，或者说航空公司的营销将比机场更直接和有力，但其目的、内容与效果却不完全一致。

从目的上看，航空公司的营销仅针对自己的产品，而机场则是对所有客户航空公司的产品。特别是对中转客货，就航空公司而言，无论从哪个机场中转，以有利于或符合于本航空公司的利益为目标，而是否从本机场中转则直接关系到本机场的切身利益。

从内容上看，航空公司更多表现本公司的优势，由于竞争需要甚至会贬低同一航线上其他公司的产品或冲淡客户与竞争航空公司的联系，而机场则公正均衡地宣传各客户航空公司的优势，使这些对象能有更多的选择机会。同时机场还着重宣传机场优势，能使营销对象对由机场与航空公司共同完成的组合产品有更完整的认识，有利于增强营销的效果。

从效果上看，航空公司仅关注于本公司在所在市场的业务增减，而机场则更关注吞吐量变化所带来的航班的变化。因此机场的营销更有利于产生群体效应，能有效地推动航空公司的业务增长，最终达到机场营销的目的，即客户航空公司的增加和航线航班的增长。

在这一方面机场营销的主要内容有：

(1) 客户航空公司所能提供的服务情况

例如航线布局、航班时刻、各航空公司的服务情况及特点，包括机型、票价、订票、订舱等服务的联系方式。设计一本内容完整并能成为出行或运输指南的机场的航班时刻表就是很好的营销手段之一。

(2) 机场提供的服务情况

机场安全、准点、便捷、舒适的服务保障能力是高品质航空运输服务的重要组成部分，旅客对这些条件是极为关注的。航空运输的高效率可能被不方便的地面运输或长时间的候机等待所抵消，高消费的航空运输可能因低劣的服务使客户感觉物无所值而选择日益改善的其他运输方式。曾经有过的不良经历或误解也可能使机场失去一个客户。对于中间市场的客户，机场服务的情况都明显影响其对始发、到达机场的选择。特别是中转客、货，中转流程、设施、服务条件（包括中转手续的便捷度、中转过程所能提供的休息、娱乐、餐饮等）、联检和通关政策如何更是决定其选择中转机场的重要依据。国内外有些大、中型机场与航空公司配合或独立为中转旅客及航班延误时间较长的旅客提供免费的城市旅

游就是为促销(吸引更多旅客来本机场乘机或中转)而推出的特殊服务。因此适时、准确地宣传机场的特色服务对机场的促销是很有意义的。

(3) 配套服务的能力

例如多式联运、宾馆、餐饮、购物、商务活动的保障能力、服务水平及价格等。这些配套服务的条件往往会构成旅客、货主出行、运输所支出的总成本和所获得的总价值的一部分,机场对此类客户群的促销活动就不应仅提供相关信息,而是应结合营销策略突出宣传本机场有特色的配套服务,使旅客、货主感到选择本机场能获得其他机场所没有的超值服务。

配套服务项目的宣传同时是对辅业的营销,结合主业营销进行更广泛的服务项目的推介,便于旅客、货主选择,也有利于辅业资源价值含量的提高。

(4) 旅游产品设计的参考方案

该营销的主要对象是对本机场拓展航线航班有较大影响的外地旅行社。机场根据航线航班的发展战略及导向,对相关旅游产品(线路)进行分析研究,提出有说服力的推荐方案。一方面可以联合航空公司及本地的旅游部门如景点单位、宾馆酒店等共同推荐具有吸引力的本地旅游产品;另一方面可以联合上、下程航空公司以及本地和第三地旅游部门推出以本地为中间站的旅游产品,这一形式的产品将给机场带来加倍的流量。当然这一营销方式涉及的利益单位较多,操作难度大。因此机场在设计及推荐相关产品时应尽可能调动自身的资源因素,使相关利益单位能受惠于该产品的组合。

15.3.3 对相关非竞争性机场的营销

任何一条航线的开辟都需要两个以上的机场共同完成,无论是始发、到达还是经停机场都对该航线运输的成本和质量有很大的影响。如果该航线上的机场能形成利益联盟,建立共同的营销目标,合力争取航空公司开辟航线、增加航班以致打造精品航线,则势必更有利于形成几家共赢的局面,这就是对相关非竞争性机场营销的目的。

所谓相关非竞争性机场是指那些与本机场发展战略相关又不存在竞争关系的机场。亦即对本机场发展有较大影响的已开或可能开辟航线的另一方机场,且该机场在这一航线上的利益与本机场相一致。这种情况多出现于在相关市场区域内为取得本机场的竞争优势,争取获得更大的中间市场份额而力求建立更具竞争力的航线。例如某国际机场为获得更多的国际中转旅客,而某国内干线或支线机场为接通国际通道获取更多的外国旅客,通过机场间的营销取得目标和行动上的一致,进而共同向航空公司营销,与航空公司一起建立便于与国际航班衔接且价格上具有吸引力的航线航班。国内航线上的枢纽机场与干线机场间、干线机场与支线机场间也可能出现类似的需求。此外,国际货运上卡车航班的兴起,即国际机场间为增加国际货物的吞吐量通过海关监管卡车以空运航班的名义将货物由一个机场运往另一个机场以接通某条国际航线,同样需要机场间的营销。因此,选择合适的相关非竞争机场并开展营销是必要的。

对相关非竞争性机场营销的主要内容是:

(1) 机场战略交流

建立利益联盟并非一般机场间的航线航班或其他业务的简单的合作关系,它需要在特定的业务方向或项目上具有共同的发展目标、利益需求、经营策略及管理手段等才能形成。因此应与建立利益联盟的目标机场在战略上做广泛的交流,协调彼此间的经营理念、目标和方法,使双方在获取共同利益的关键要素上取得一致。

(2) 提供开辟目标航线的相关资料

开辟具有竞争力的航线是建立利益联盟的主要目标,为围绕这一目标的前期调研十分重要。应按照对航空公司营销的市场推荐、机场推荐及互动建议的基本框架和内容形成初步资料提交目标机场,在交流中补充完善。特别是在此后对航空公司营销所需采取的共同步骤、政策及具体办法方面应形成明确的认同,以提高营销的力度和成功率。

(3) 建立沟通渠道及协调机制

在共同进行的航线营销中,需要及时沟通情况,协调动作。在形成利益联盟之后及时提供相关的客货源等动态信息,巩固和发展利益关系。

(4) 服务链延伸

为使目标航线更具竞争力,使旅客、货主获得更大的附加价值,需要联盟机场延伸客、货运输服务或提供配套服务项目,如商务贵宾的全程服务、货物配送服务、为始发旅客提供在到达机场的商务配套服务等。当然机场间服务链延伸的营销并非局限于相关非竞争性机场,它已广泛运用于大中型机场的航线之中。

15.3.4 对周边社区及机场工作人员的营销

对机场周边社区及机场工作人员的营销有两重目标,一是主业上获取周边社区及驻机场各单位的认识、理解和支持,以为机场创造良好的经营环境,进而创造更大的企业价值。二是辅业上增加在机场消费及开发利用机场资源的机会。

在航空主业上该方面的营销更多属于关系营销和社会营销范畴。机场是社会性极强的企业(或机构),其运行和发展一方面给周边社区及机场相关单位提供了发展机会,另一方面也受制于这一社区和单位。就社区而言,机场提供了就业、配套工商业发展、税收等机会,同时也带来土地资源占用、环境污染、规划限制等负面影响。为减少或消除这些负面影响,机场必须付出相应的成本。一般情况下社区对负面影响的允许值越低,反应就越强烈,机场所应支付的成本也就越大。因此,开展关系营销就显得十分必要。

所谓的关系营销,是指对企业生产经营活动中涉及的各种关系加以系统的整合、利用,以构建和谐的关系网的营销活动。关系营销对价值的创造在于它可以建立更高的顾客满意度,从而使企业创造出更多的顾客让渡价值。从机场的存在及生产运行的角度上看,可以把周边社区及相关单位视为顾客,如果通过合适的营销提高他们对机场的满意度及构建和谐的关系,则机场可以大幅度地降低建设和运行的成本,提高运行效率,获取更多的可变现的资源,也就意味着通过营销而获得了更多的顾客让渡的价值。

围绕航空主业的营销内容有:

(1) 及时并持续地宣传和介绍机场建设和发展的动态情况

例如机场的建设项目、进度、投资安排,机场生产运输指标、效益情况,机场的更新改造、新技术运用可能对机场的形象、周边环境带来的影响,机场的发展规划及远景设想等。

(2) 敏感问题的通报及说明

机场因建设而征用市民或农民的土地,因噪音或污水排放对居民利益的影响等都属于敏感问题。机场应建立良好的沟通机制,一方面主动通报情况,引导相关群体准确了解其来源、影响程度、已采取的防治措施,避免因误解引起过激行为;另一方面采取适当措施协助解决由机场造成的较突出的问题,缓解矛盾的情绪。

(3) 共享机场成果

如组织或引导社区居民参观机场,使之了解机场建设的发展、环境条件的改善及由于机场建设给周边社区带来的道路、水电、园林绿化等方面的进步;适当赞助周边社区的公益活动;尽可能为周边社区提供更多的就业和事业发展的机会;通过了解机场及分享机场发展的利益,使之理解和支持机场,从而达到机场营销目的。

周边社区与机场工作人员及接送旅客人员同样是机场非航空业务的营销对象,其营销的主要内容包括:

(1) 机场可供开发的资源及其有利条件

机场某些资源的开发利用,对机场周边的投资者或厂商具有相对的优势,如土地资源的开发或仓储业的发展等,在非航空业务上建立密切的合作关系对促使他们支持机场主业的发展也有间接的意义。

(2) 机场可提供服务的项目、条件及价格

一般的中型机场(包括各驻场单位)有几千名员工,而大型机场则会有上万或几万名员工。接送旅客的人员也是一个不可忽视的机场消费群,德国慕尼黑机场调查发现接送旅客人员与旅客之比接近于 1/3,而且由于旅客下机后要提取行李,或可能碰上延误,或办理进港手续等,预计到达时间往往不是旅客真正到达候机楼的时间,因此接客的人在机场平均要停留 1 个小时以上。加上周边社区人口都是机场各种服务的消费市场的重要组成部分,如宾馆、零售、餐饮、商务、辅助交通以及场地和写字楼出租等,因而为接送旅客人员创造良好的消费环境,适时推荐特色产品(如对预约在机场举行宴会的客户提供更到位的航班动态信息,甚至代理部分登机手续等),可以提高该群体的消费欲望。良好的营销将有效地提高机场相关资源的价值含量。

15.3.5 对非航空业务客户的营销

基于机场非航空业务产品(资源)的特点,其客户分别隶属于不同行业,有不同的经营方式,但机场对这些客户开展营销的目标是一致的,即提高机场资源的价值及收益。因此其营销就具有相同的内容。

(1) 机场资源的推荐

如何使机场非航空业务的初级产品即客、货流资源与土地资源的存量及价值含量更广泛地让其顾客所认识,这是营销的基础。为此机场必须在规划、评估、消费能力及市场潜力调查的基础上及时准确地向潜在的客户即可能进入机场经营而又符合机场要求的厂商通过函件、面荐、广告等方式介绍机场的总体情况(如客货流量、成分、发展情况及预测、交通等信息),拟出让或租赁的资源种类、数量、具体方位、作价办法、经营方式、机场的管理原则等,同时还可以适度介绍该资源的价值评估、国内外机场同业经营情况、机场外围相关资源的存量及价格等供潜在客户参考的相关资料,尽可能引起业界对机场拟转让资源的关注。

(2) 以合理的方式选择客户

客户的选择是机场资源充分体现价值(包括经济的和社会的,如机场形象及消费者利益保障等)的关键要素。首先应做好潜在客户的调查,特别是对已经在其他机场经营或有过机场经营成功经验的厂商,建立潜在客户档案,保持适当的沟通,为选准营销对象打好基础。其次是选择客户,可以是定向邀请,也可以招标选择。定向邀请通常是对知名的品牌连锁店或酒店集团等,它们既有良好的品牌、强大的营销能力及较规范的经营运作方式,对资源的价值含量也会有比较准确的评估,价格也相对客观。招标选择则是通行的方式,需要编制具有吸引力的标书及制订公正合理的评标办法,特别是要把握好对投标人的报价、经营方案及品牌商誉的评判标准,以选择最符合机场利益原则的客户。

(3) 与客户保持良性互动

机场非航空业务初级产品的客户就是承接机场资源的经营者,机场在完成其产品的销售(出让或租赁)后,应建立良好的售后服务机制。由于机场安全和服务管理的特性,售后服务的首要任务就是建立严格的管理规范,及时向经营者通报机场相关的动态性信息及新的制度和标准,帮助经营者建立符合机场要求的经营管理模式;同时要及时反馈机场所获得的各种服务调查结果、旅客投诉意见等,推动服务品质的提高;及时听取经营者的意见和建议,为他们创造更好的经营环境。

(4) 为客户创造更大的价值

机场资源的价值受客货流量、旅客的购买欲望、购买能力、机场周边市场变化等因素的影响而波动。为客户创造价值就是为自己创造价值。因此,加强主业的营销推动客流量增长,加强对周边社区及机场工作人员的营销以增加消费总量,创造更合理的流程和环境布局以提高旅客的购买欲望等都是为客户创造价值的最好办法。在各种资源的营销过程中,以某种资源的付出赢得其他资源的增值。例如通过相对低的价格推动土地资源的开发并聚集更多的人气,以带来更多的人流、物流及更大的消费,提高商业零售、餐饮等资源的价值含量,这也是组合营销的重要内容。

15.3.6 对政府机构的营销

把政府机构确定为机场重要的客户,其依据并不在于政府机构的各种活动所产生的数量可观的航空客货运输消费,而在于政府是机场所创造的社会效益的主要购买者。不管直接间接,有意无意,政府都在通过各种形式和手段鼓励和支持当地机场的发展。政府支持的形式和手段就是其支付的成本,机场发展所产生的社会效益就是机场的产品,也就是政府所希望获得的收益。由于顾客(政府)所支付的费用(支持的手段)及生产者(机场)所创造的产品(社会效益)都难以作具体的价值判断,因此,机场从这一特殊的购买者手中获得更大的让渡价值就是营销的目的。

政府通常用什么"购买"或"换取"机场的社会效益呢?这就是政府天然所拥有的资源。例如土地资源,航线航权资源,政策资源,包括资金投入、补贴、减免税收、赋予某项专有权或优先权、价格、关税政策等。政府是这些资源的拥有者也是提供者,取得更多的政策支持,便是获得更大的让渡价值,这是机场的其他客户所不可比拟的。当然这里并不主张回到"等、靠、要"的老路上去,而是以积极的营销手段争取政府提供更多的资源,同时通过机场的发展创造更大的社会效益,也意味着为政府这一重要的顾客创造更大的价值。

对政府机构营销的主要内容有:

(1) 让政府机构全面了解机场创造的社会效益

机场作为城市重要的基础设施之一,其社会效益是众所周知的。但它能在哪些领域有直接的贡献,贡献率有多大并非谁都明白。政府作为社会效益的受益者代表,当政府对机场的社会效益期望值越高,理解越深刻,给予的支持也越大,即在安排或分配其掌握的资源时倾向性就越大。有研究认为,机场每增加100万旅客就将给所在区域带来1.3亿美元的经济收益和2500个工作岗位;每新增10万吨航空货物,将创造2400个工作岗位并带动50亿~60亿美元的进出口额。我国沿海某著名城市的一位市长也曾说过,开辟一条国际航线胜过引进十个外资项目。要使政府的相关机构更全面地了解机场对社会的贡献,一方面要积极推荐和介绍国内外民航界、经济界已调查研究出的其他机场的社会贡献情况;另一方面还要认真调查分析本机场为当地所创造的社会效益。例如机场带来的就业、税收、投资、消费以及由客流量带来的对旅游、商业、会展等行业的影响和货流带来的产业扩张、产业升级、物流效率提高、成本降低等方面的实际影响。当政府及社会更清晰地意识到机场是社会效益投入产出比很高的行业时,机场要争取获得政府的资源支持就更有条件。

(2) 主动介绍民航及机场的发展动态与趋势

机场的发展需要有相应的环境与条件,也面临着竞争与威胁。由于地方政府并不一定了解民航,可能认为只要把机场建起来就一定能发展,就一定能达到预期的社会效益目标,由此可能导致对机场的经营过程缺乏持续的关心和支持甚至片面要求机场的发展速度以致对发展步伐的指责等。如果政府对机场发展规律缺乏了解,将影响机场在政府心目中的形象,进而影响可能获得的政府资源的支持。因此要主动向政府相关部门介绍机场发展的基本原理及其规律、影响机场发展的因素与条件、行业的动态及相关背景、外地政府对机场支持的政策与措施等,同时还应把本机场的发展情况及时通报政府,提高政府对民航业的了解深度及对机场发展的关注,以争取得到更大的支持。

(3) 向邻近地区政府推荐机场

由于地理及行政区划跨度的影响,邻近地区的政府机构对本机场提供服务的具体情况及配套条件可能缺乏全面的了解,这将导致因"使用不方便"的错觉不愿或不善使用而影响本机场的市场拓展,同时还可能导致邻近地区政府致力于建设"属于自己"的机场而加剧竞争。我国的一些地区在机场合理的服务半径内同时建设几个机场而出现"谁都吃不饱"的情况多源于此。因此要更广泛地与可以提供服务的邻近地区的政府机构沟通,介绍本机场的航线航班,可提供的配套服务,如陆路、水路交通、商务贵宾服务、宾馆酒店、会议接待、旅游包机等具体服务项目及内容;介绍机场可以提供的优惠条件,并按照邻近政府提出的相关需求改进服务,以提高吸引力及亲切度。同时介绍机场的投资建设与经营情况,改变邻近政府以行政区划认识机场的概念,形成"虽非行政隶属,但能为我所用"的认识,以取得政府的有效支持。例如改善连接机场的交通设施,引导客货源使用本机场,为开通某些特殊的航线(如旅游包机等)提供财务支持,放弃或延缓投资建设辖区内机场等。

(4) 向相关国家的外交或商务机构推荐机场

争取外国航空公司开辟本机场的国际航线需要开展对目标航空公司的营销。由于地域及文化差异,机场提供的市场推荐等资料并不一定能得到航空公司的信赖与认可。倘若其国家的驻外机构能认同本机场意见并协助推荐,就更能引起航空公司对该航线的兴趣,提高航线营销的效果。因此,应根据机场的总体战略,与相关国家驻华外交或商务机构建立联系,表达开辟航线的意愿和优势,定期发送机场及相关市场资料,争取获得这些机构的支持,为开辟航线创造更好的条件。

15.4 机场的营销策略

15.4.1 积极主动的机场(产品)推介

积极主动是针对传统机场对于市场的被动性而言的,积极主动地推介自己的产品是机场经营作风的转变和开始,也是开展机场营销的基本动力。

机场的产品推介应注意以下几个问题:

(1) 找准机场的市场定位

定位即机场在整体市场的位置,也就是通过对市场的调查分析,找出并发挥本机场的相对优势以更有针对性地对目标市场开展营销。

准确的机场定位应包括两个层面的综合分析:

① 分析本区域内航空运输在各交通运输服务中的位置。应根据所在区域的地理位置、交通环境、自然资源、社会经济发展、国民收入情况以及其他交通设施的发展情况寻找机场的优势,即在现有以及未来的交通总量中所能占据的市场位置。例如在同等社会经济背景条件下,位于平原地带的铁路、公路交通发达地区对航空运输的需求可能要小于位于多山地区陆路交通较不发达的某些地区;内陆自然资源丰富特别是旅游资源丰富地区的航空需求可能要高于经济比之几倍发达的沿海某些地区。例如四川的九寨黄龙机场,虽位于高原地区,由于旅游资源丰富且陆路交通条件有限,航空在交通运输中的地位就特别突出。该机场通航第一个完整年度旅客吞吐量即达 90 万人次,远远高于沿海地区某些经济更为发达且同样有旅游资源的机场。这样的机场定位于以旅游为基础的航线航班营销,成功率就很高。

② 分析本机场在行业中的位置。应根据航空需求的调查分析以及国家对机场的总体规划布局和邻近机场的发展情况准确定位本机场的性质及市场拓展方向。例如是以国际航班为主导还是以国内航班为主导,是干线还是支线,是以旅游还是以公务、商务为主导。此外,还应考虑周边机场的影响因素,包括分流的可能及在航线布局、旅客对象、客货比例等方面由于优势不同产生不同的市场侧重面(即市场分工)的可能。机场的定位不应该靠投资者(特别是政府)对机场性质(如定位于国际机场或枢纽、干线机场)的主观意愿来确定,而应是科学的市场调查及机场环境分析得出的结果。以不准确的市场定位开展营销往往会导致营销失败。国内有许多机场定位很高而发展很慢,不无这方面原因。

准确的市场定位才能准确地选择营销的目标和手段。

首先是航空公司的选择。根据不同的营销目标选择与之相适应的在航权、运力、航线布局、拥有机型等方面有条件的公司为目标公司。例如英国的利物浦约翰·列侬机场原是一个很小的机场,且离英国第三大机场曼彻斯特机场仅1小时车程。该机场根据市场情况进行了准确的定位,即服务于休闲旅客,并紧紧围绕这一定位开拓市场。该机场利用自己是世界著名歌手约翰·列侬故乡的机场,通过改名等一系列宣传活动来推广自己;把"非繁忙机场"这一劣势转为优势来吸引低成本航空公司和假日旅游包机公司,使机场成为伊西航空的一个基地,并利用良好的地理条件开展夜班货邮,从而成为欧洲发展最快的机场之一。

其次是客货目标市场的选择。根据市场调查结果,向航空公司提供准确的目标市场分析,以期采取合理的价格措施及促销手段,同时也利于机场围绕这一目标市场采取相关的辅助促销及配套服务措施,保障新辟航线、航班的成功。例如厦门机场在争取开通日本及韩国航线时,充分利用厦门环境舒适且周边具有较多高尔夫球场的优势向全日空、日航及大韩航空积极推荐旅游健身市场,航班开通后,大量日、韩游客组成的高尔夫球旅行团已成为这些航线的重要客源。

第三是航线航班推荐。根据机场的市场定位及市场潜力向航空公司推荐合理的航线和航班,包括合理的时刻安排,不同航季的班期及密度(特别是以旅游为主导的机场)等,使航空公司能在该航线航班上产生更好的营运收益。

(2) 选好机场的推介方式

机场的推介方式是灵活多样的,主要有:

① 信函推介。该方式简单易行,成本低、适用面广,但不易引起营销对象的重视。在市场准备较充足,意向较明确的情况下,以机场高层名义直接向航空公司高层发送推介函也可能引起良好的效果。

② 访问推介。即派遣专人或团组直接向营销对象推介机场,这一推介方式利于与营销对象沟通,感觉亲切,便于建立直接的互动关系。

③ 会展推介。即通过参加各种行业内或相关的会议、展览并争取在会上发言、发放推介资料或设置展位等推介机场。该方式接触面广、层次高,可以利用这些机会相对集中地与营销对象的中、高层接触、沟通,易于获得新的市场机会。但一次性费用较高,目标不集中也可能产生不好的效果。这一推介方式多用于国际航线的营销。

④ 专题推介。即以召开机场推介会的方式推介机场。该方式主题突出,目的性强,影响面广,但所需费用高,需要动用较多的人力、物力。

上述几种方式各有长处,应根据不同的对象和目标采取不同的方式或综合运用多种方式才能取得更好的推介效果。同时机场营销是一个动态的过程,一次推介只是一个开端,需要与推介对象保持沟通与互动,紧密跟踪其对推介的各种反应,直至达到营销的目标。

机场推介会是机场营销的重要手段,开好机场推介会应注意把握几个重点:

a. 时机与地点的选择。由于机场推介会需要投入较大的成本,因此其推介的目的要明确,选择的时机和地点要恰当,这样才能产生好的效果。例如1997年,厦门刚刚获得国家批准的落地签证(口岸签证)的政策,为充分利用这一政策发展厦门机场的国际航线,厦门机场策划了以市政府牵头,机场当局、口岸联检单位、旅游部门等代表参加主办的机场推介团队,在新加坡、马来西亚、菲律宾分别开了3场推介会。由于我国当时具有落地签证政策的口岸很少,且同时具有一定的国际航线优势的机场也不多,因此机场的推介得到很大的反响。这类推介会的成功关键在于时机把握的恰当。又比如2004年是我国民航客货运输的高速增长年,特别是长江三角地区的国际客货需求更是蓬勃增长,为了在区内占据更广阔的市场,杭州萧山机场及南京禄口机场都在外商投资重镇苏州举办了机场推介会,萧山机场提出了"天堂苏杭,空港共享"这一既响亮又具吸引力的营销口号,以期吸引更多的国际客、货流向本机场,这些推介会都准确把握了可能获取的市场区域。

　　b. 推介会的准备。信息准备和组织准备是推介会能否成功的关键。信息准备首先要做好市场调查,摸清目标客户的需求条件,即在具备什么样的条件下更愿意选择本机场。其次是哪些对象(包括政府部门、中介机构如旅行社、货代公司等)对目标客户具有实际的影响力。组织准备则是对目标客户需求条件的前期落实,以及确定邀请参加推介会的对象和参加推介会的代表成员。通常参加推介的代表应该包括机场所在地政府官员(既表示政府对机场的重视也利于引起推介地政府的重视与支持)、航空公司代表及机场代表。若以推介国际航线为主则应请口岸联检单位一起参加,以介绍通关条件及口岸优势,使目标客户更了解机场的整体服务水平。

　　c. 推介会效果的跟踪。推介会的召开不能仅仅停留于对邀请对象的一次性宣传或借助媒体造成一次轰动效应,应充分利用推介会期间掌握的客户资源做定向跟踪,了解推介会对客户行为的影响情况,机场采取的各项措施的执行效果以及客户在机场消费过程的满意度等,以及时调整机场并协调航空公司调整相关的政策、设施及服务,稳定并持续发展新的客户。

15.4.2　建立并传播品牌

　　品牌在机场竞争中的意义与作用已在机场航空业务的竞争性分析中阐述。在机场营销中应该充分注意品牌策略的运用。

　　实施机场的品牌策略首先是要致力于树立机场品牌,它包括保持良好的安全和服务记录,不断改进服务更好地满足顾客的需求,创造有特色的服务产品形成机场独特的优势等。建立机场品牌还有一个重要因素是提高机场的地缘可达性及机场航线、航班网络的连接性。没有便捷且低成本的地面交通配套,没有开辟较大纵深且具有一定延展潜力的市场区域,没有相对密集的航线航班使旅客、货主有较强的选择性,也谈不上良好的机场品牌。

　　在建立品牌的同时,应充分注意品牌的"有形展示",即善于利用构成机场服务的各种有形载体把无形的服务品质表现出来,达到品牌传播的目的,强化客户的机场品牌概念。

　　机场的品牌传播有以下几种形式:

　　(1) 机场的外在宣传

　　基于机场的公共基础设施特征,一般情况下都具有较高的知名度。但大众对机场存在的了解并不等于树立了机场的品牌形象,因此需要有计划地安排机场品牌的外在宣传。提起品牌宣传,人们往往会联想到广告,但机场不同于有形产品,也不同于一般的服务产品。通常波音公司可以做单纯的形象广告而无须陈述其产品的具体内容,麦当劳也同样如此,因为他们需要强化客户包括潜在客户对其品牌的意识并引导其购买行为。而机场若仅仅做简单的形象广告,其作用就要大打折扣。一般情况下机场的存在行业内了解,相关区域内的客户也都明白,再通过各种手段强化客户对机场存在的认知就没有太大的实际意义。因为客户需要知道的不是有没有这个机场,而是这个机场能为我提供什么样的服务。因此树立机场品牌的广告应以传达其具有独特性的信息为主导。例如对航空公司而言更希望了解机场客、货市场的成长性及其条件,机场的安全记录情况、服务特征;旅客、货主、旅行社、货代公司更希望了解机场航线航班的分布、密度、时刻安排纳动态情况以及机场能为客户创造的独特的价值(如环境的温馨、出入机场或中转的便捷、口岸通关服务的有效保障);政府机构及相关社区则更希望了解机场的社会贡献度等。简洁而良好的机场评论、有针对性的软广告以及机场专题调研报告都是机场树立品牌,扩大品牌影响力的极好方式。

品牌的外在宣传还有很多有形展示方式,如制作能代表机场服务品牌的影像资料寄送客户或在合适的场合播放,满足客户对服务的心理预期(一些客户可能没有感受服务品质的经验,特别是在特殊情况下如航班延误、中转等,通过系统服务质量的集中展示可以有效提高客户的品牌认知);参加各种质量评比活动,力争获得较高的奖励(香港、新加坡机场都曾在全球机场的服务质量评比中连续被评为第一名,这对以追求中转旅客为主要增长动力的机场而言,既是最好的有形展示,也是最有效的营销);向客户做出某些公开承诺,一方面表现机场的服务水准,另一方面能真正满足目标客户的需要。

(2) 品牌的内在宣传

品牌的内在宣传即不是通过语言图像、依靠听觉或视觉,而是通过顾客的实际体验传播给顾客的品牌。内在宣传有三个重要方面:

一是创造更良好的顾客体验氛围,主要包括环境、过程、服务对象的直接体验。环境体验即创造环保、舒适、可信赖的环境,给旅客以独特的美感,特别是对因中转等需要在机场停留时间较长的旅客,良好的环境体验是品牌的重要因素。环境体验重在细节,广播音量、音调、灯光的控制都直接影响顾客体验结果。过程体验主要在于流程的安排与实施,顾客在接受服务过程中的特殊需求的满足及突发事件的处理情况,特别是后者,顾客的体验最集中也最深刻,往往能成为品牌内在宣传的契机。服务对象体验主要是服务人员的形象、态度及服务水准的展示,这方面我们将在后续的全员营销中重点探讨。需要提及的是服务人员直观形象给顾客的体验,如直接服务旅客岗位的着装应给予亲切感,严肃、威武的制服将给顾客高高在上的距离感;安全保卫人员良好的精神风貌也会对顾客产生直观的安全感。这些都是品牌内在宣传的组成部分。在 2004 年度国际航空运输协会和国际机场协会联合举办的全球机场旅客满意度调查中被评为最佳机场的香港机场的行政总裁彭定中说:"香港国际机场致力于为每次光临的旅客创造愉快而难忘的体验,为此我们都引以为荣。"这就是最好的品牌宣传。

二是机场员工在服务过程中表现的品牌意识及品牌传播意识。当员工为顾客提供了某项满意的服务并受到顾客赞许时,一句"如果您遇到其他困难(或有其他需要)时,我的同事都会这么做(或帮助您)",就不仅能为机场品牌带来活力和个性,而且已经做了最好的品牌宣传。

三是机场在航季高峰或当地节假日及重要活动期间所创造的独特魅力。在顾客特别是嘉宾最集中的时期,如果善于运用各种资源创造具有独特风格或色彩的机场环境,同时为顾客提供更为满意的服务,即能形成良好的品牌效应。我们常会遇到机场在某些重大活动中由于设施、人员准备不足,服务考虑不周,造成顾客甚至是嘉宾的抱怨,这即是对品牌最大的反宣传。国外的一些大机场往往会在重要的节假日或活动期间特别强化机场环境的布置,并在候机楼内开展演出、展览、互动式活动或抽奖等,即是为了强化顾客对机场品牌的认知,形成强烈的印象,从而达到营销的效果。

(3) 让顾客传播品牌

"口碑"即企业品牌的传播,而"口碑"的形成主要源自于客户。通常顾客的品牌传播是机场营销者所难以支配的,但营销者应创造利于传播的环境。

首先是创造传播的题材。一般情况下机场平淡的服务过程难以激起传播的愿望,只有当顾客经受到较强烈的正面或负面的体验时这种愿望才能产生。负面的口碑自然是应该避免的。而创造正面的口碑则需要在研究分析顾客对机场的期待后重点去满足。顾客对服务企业的期待主要有:①提供"够水准的"服务;②实践其服务的承诺;③"多走1里路",即比其他企业在服务上考虑得更细致、更到位以及提供更多的延伸服务;④能马上为顾客解决难题;⑤有失误立即改正及有主动认错的勇气。如果我们的机场在其中的哪个方面表现得比其他机场要好,提供更好的个性化服务即能够形成顾客传播机场品牌的题材。

其次是鼓励和引导潜在的客户与现有客户的交流。例如让正在做开辟航线前期调研的航空公司与已经在本机场有成功经验的航空公司(特别是外国航空公司)进行沟通;请有一定影响力的货运代理公司或货主在适当的场合(如行业聚会上)介绍本机场的货运优势、通关条件等。

15.4.3 合理灵活的价格政策

价格是市场营销中最重要、最敏感的因素之一。机场的局部有限垄断特征使价格不像完全竞争性企业表现得那么突出,但随着机场竞争的加剧,价格因素也日显重要。

在市场经济条件下,影响产品价格的因素是复杂的。而我国的民航机场又是由计划经济时代的事业单位脱胎而来,由全国整齐划一且相对稳定的价格体制而来,在步入市场经济环境并转变为企业经营时,就应该充分研究和认识影响机场价格的因素,并合理灵活地运用价格政策,使机场能在市场经济的环境下取得更好的发展。

影响企业定价的因素主要有成本、需求和竞争三个方面。

成本是产品价值的基础组成部分,通常它决定着产品价格的最低界限,即如果企业的产品价格低于成本,企业便无利可图。但由于机场的社会公用设施及局部有限垄断特性,决定了机场难以按自身的市场目标定价,往往要受行业整体价格的某些约束,加上竞争因素的影响,因此机场难以依靠大幅度提高价格来保持自己的盈利,只能依靠降低成本来保证在社会合理价格下的盈利空间。在一定程度上其生产经营的成本越低,价格的弹性空间也越大。再者,由于机场成本主要由固定成本(折旧及财务费用)及半固定成本(一定规模下的人工及水电)组成,因此其成本对价格的影响因素也表现出较大弹性。客观上无论其价格是否低于构成成本,只要高于为这一航班提供服务所支付的变动成本,对机场都应当说是有利的。况且,机场还应考虑到由于客货流的增加所带来的非航空业务的收益。因此机场在进行价格决策时的成本考虑就带有更大的策略性和灵活性。

　　需求与供给关系决定了产品的市场价格。一般情况下产品价格与需求成正比,而与供给量成反比。与其他产品不同,机场的供求对价格变动的敏感性较低。主要原因:一是由于机场的公共设施特征,其价格受社会或政府的监控与约束,不可完全按供求的关系来决定;二是机场的收费在航空公司该航线上的经营成本比重并不很大,客货源的保障要比机场的价格弹性对航空公司的经营收益影响更大,因此机场价格(收费)并不能成为航空公司飞与不飞的决定性因素;三是由于机场的投资及建设周期的影响及价格的社会约束,机场价格对机场供给的影响是缓慢而滞后的,或者说机场的供给更多取决于社会利益因素而非价格因素。

　　竞争对机场的定价有着直接的影响。这主要取决于机场的总体竞争环境及机场自身的竞争战略。在机场密度高,各机场间共同市场区域大的情况下,机场产品价格(收费)的敏感度也相对高,即机场收费对航空公司选择飞哪个机场或飞不飞有一定影响。而当机场确定自己在某一区域的竞争战略时,竞争机场的价格则对本机场的价格决策具有决定性的影响。

　　根据影响机场产品价格(收费)的三大要素的分析,我们可以这样认为,合理灵活地运用价格政策的主要依据是机场的竞争环境与竞争策略。在最高价格既定的情况下,成本是决定价格弹性空间的主要因素(这里排除了政府出于社会利益的需要对机场经营实行补贴的情况)。

　　从国际民航组织规定的机场中性服务立场出发,机场的价格政策应以公平为原则,对竞争性客户(有竞争关系的航空公司)同一政策,在公布的标准价格下采取灵活的策略,以更好地发挥价格在营销组合中的作用。

　　机场实行灵活的价格政策的主要办法有:

　　(1) 航线航班目标价格法

　　即为了鼓励航空公司开辟新的航线或增加航班,机场采取收费价格折扣、减免相关费用或对航空公司适当的财务补贴的价格策略。例如为保持香港机场在竞争中的优势地位,香港机场当局于2001年3月至2002年3月推出新航点优惠政策,即给予开辟新航线的航空公司起降费回扣,首年回扣50%,次年回扣25%。该计划实施期间共有17家航空公司开辟了23条新航线,回扣的优惠金额达4400万港元。该优惠办法于2004年9月起再次推出。又如美国佛罗里达州的墨尔本国际机场,为了与相距62英里的奥兰多国际机场竞争,为每家新开辟墨尔本机场航线的航空公司提供至少20万美元的初期促销费用,而且一年内免收起降费及售票柜台、行李装运和办公室的费用或租金,而且还为每位乘机旅客提供8美元的推销费。这些项目加起来,每家航空公司将可获得120万美元的优惠补贴。但机场同时要求航空公司承诺在3年内至少再向1个尚未与墨尔本机场通航的城市每天开通1个以上航班。

　　(2) 客货市场目标价格法

　　即为了提高客货流量或培养某一特定市场,机场采取航班或搭客奖励办法,或采取补贴包舱、包座位的价格策略。例如在"非典"期间,为支持航空公司稳定市场,马来西亚吉隆坡机场和新加坡机场、香港机场都分别对所有飞本机场的航空公司提供50%或15%的起降费回扣。为鼓励航空公司载运更多旅客到新加坡,保持竞争优势,巩固枢纽地位,新加坡樟宜机场于2003年设立2.1亿新元的航空枢纽发展基金。航空公司可以获得起降费、办公室和仓库租赁费15%的折扣。基金还同时为航空公司进行业务拓展和促销计划提供资助。2004年又推出4000万新元的航空公司搭客增幅奖励计划,对客货流的增长起到很好的推动作用(新加坡樟宜机场营销的价格优惠方案详见附件录15.1)。厦门机场为满足戴尔(Dell)电脑公司及时将产品运往日本的需求,同时培育该机场飞往日本的货运航线,于2001年起对货代公司包舱进行补贴。由于有大宗货物的支撑加上舱位销售价格合理,该货运航线发展很快,由原有1家公司飞包机发展为3家航空公可飞班机或包机,机场也逐步退出对包舱的补贴。

(3) 机场设施调节价格法

即为了充分有效或更为均衡地利用机场设施设备,同时也减少为短暂高峰期而配备的人员成本,机场根据不同季节、时段、航线采取的不同收费标准的价格策略。例如多数的旅游城市机场,在旅游淡季时往往造成机场设施的大量闲置及工作人员冗余。而几乎所有机场都有较明显的航班高峰时段,在这一时段往往显得设备设施不足,人员紧张,甚至影响到服务质量,而非高峰时段同样出现闲置与冗余。为减缓峰谷之间的差距,提高设施设备及人员的使用效率,降低投资及运行成本,机场若采取在非高峰时段为航空公司提供大幅度优惠的价格政策,对鼓励和引导航空公司减少缩减淡季航班或将航班计划调整到非高峰时段具有一定的影响作用,由此机场与航空公司将共同获益。

15.4.4 多产品联动或捆绑营销

机场虽然具有两类产品,双向客户的特点,但其产品之间的关联性强,围绕着主业而存在,且多数子产品都在同一产业链上。随着机场商业化程度的提高,专业化分工越来越强,机场两部分子产品的经营主体也越来越多。在机场的营销过程中,两类产品之间、各子产品之间以及不同的经营主体之间,能否以机场的主导顾客即航空公司为主要对象,以增加航线航班,提高客货流量为目标,调动一切有效的资源开展营销,是能否形成群体竞争优势并实现机场内各关联企业整体利益最大化的关键。因此,应发挥机场营销的整合功能,在机场服务产业链上的各产品间和各主体间建立营销联动机制,在主业的营销上统一战略目标,统一战术步伐,发挥团队作用,形成营销合力,以更有效地实现营销目标。

机场的多产品联动营销主要有两种方式:

(1) 机场内部的产业链联动

这包括产品的组合及价格的组合。

产品组合即在营销过程中,根据客户的需求由机场当局牵头,组合各经营单位,集中提供各种产品介绍、服务质量标准,集中与客户交流及商洽,一揽子提供客户所需的各种产品。例如飞机起降服务、地勤服务、候机楼服务、货站服务、机务维修服务以及机组过夜和航班延误所需的酒店服务、航空配餐服务等。若由于各项服务分别由不同的经营主体负责,客户需要逐个项目调查了解,分别谈判、签约,一则影响效率,二则在运行中可能增加协调难度而增加客户成本,对营销工作的开展是不利的。

价格组合即在统一的营销战略指导下,为形成更明显的价格优势而采取的联动的价格优惠。不论是航空公司还是旅客货主,在机场的成本都以服务链中各环节成本综合构成,一个环节的优惠影响力有限,且可能由于其他环节较高的收费所抵消。对旅客而言,较高的内陆路运输成本或机场内的其他消费成本甚至可能抵消掉机票的折扣优惠。因此,要形成整体竞争优势,提高营销成效就必须建立机场内部产业链中各经营主体的价格协调机制,以使价格因素在营销整合中发挥更大的作用。

(2) 机场集团或联盟内的多机场联动

即集团内或通过建立利益联盟的相关机场为实现某一营销的目标,协调营销行为,最大限度地利用有效资源而开展的营销活动。多机场联动营销同样可以表现在两个方面,一是价格联动,共同形成更有吸引力的价格条件,更有效地提高目标航空公司投入动力的信心;二是多产品组合打造精品航线,形成对市场更大的影响力。倘若起讫的两端机场能与经营该航线的航空公司共同按市场需求提升服务品质,为客户创造更大的价值,则势必形成多方共赢的局面。

15.4.5 公共关系营销

公共关系营销是指机场为改善与社会公共的关系,促进社会公众对机场的认识、理解、信任和支持,树立良好的机场形象,促进机场产品销售而进行的各种信息沟通、关系协调等系列活动。机场的公共关系营销主要有以下几种方式:

(1) 利用各种媒体扩大宣传

机场是社会公众关注的焦点之一,在公众心目中建立什么样的形象对机场的经营与发展具有直接的影响作用。对机场及其产品的正面宣传和渠道很多,最经济有效的方式一是与新闻单位建立良好的关系,通过新闻媒体正面报道机场的经营动态、发展情况、服务及安全保障、新服务产品的开发、对社会的贡献等。由于新闻媒体具有较高的权威性且覆盖面广,容易取得社会公众的认可和接受。二是利用各种专业杂志发表各种研究性文章,通过机场各方面经验总结及案例引用,树立机场在公众的形象。以上两种方式都是"投入小,效果好"的宣传方式。三是自办媒体即机场内部的报纸杂志向各相关单位广泛寄送交流,或陈列于候机楼大厅等供公众阅读。国外的大中型机场在宣传方面都倾注了大量的人力和财力。例如德国的法兰克福机场就设置了特殊的公共关系部和新闻部开展有关宣传工作。其公关部主要负责对外新闻发布(召开新闻发布会),以及对政府和各党派开展公关。新闻部则负责向媒体提供稿件,向机场网站提供新闻,采集与机场有关的各种外界的报道及出版3份机场报纸。新闻部共有12名员工,每年的开支达1500万欧元。

(2) 有针对性地发布营销广告

广告是企业产品促销的有效手段。由于机场产品的特点,就航空业务产品而言,其广告目标的选择,将决定广告的作用和效果。例如对航空公司的促销就不宜以广告的方式进行,因为航空公司更希望了解的是广告难以表达的市场调查及机场的能力与条件。而对于机场新增的航线航班,通过适当广告宣传就有助于扩大在市场的影响,聚集更多的客流与货流,提高新增航线航班的成功率。从表面上看,这样的广告投入是替航空公司做市场,而最终还是做了机场的市场。在这一方面国外机场有很多成功的范例。例如1999年美国巴尔的摩至伦敦航线的宣传。该宣传活动包括在电视台播放广告,在伦敦的出租车及地铁站投放广告等,广告促销费用达280万美元,该费用全部由机场支付。这次活动取得了很好的促销效果,并因此在意大利罗马召开的一次国际会议上获得了最高奖项。

(3) 合力处理投诉及负面事件

机场作为公共服务单位,生产链条长、服务环节多、工作牵涉面广,服务过程中难免出现各种差错和意外,而这些差错和意外又往往最易引起社会公众特别是媒体的关注和炒作。对这些事件的处理直接关系到机场的形象和声誉,甚至会对机场的整体经营管理带来重大影响。良好的应对策略和技巧不仅可以减少或消除这些事件所产生的负效应,有时甚至可以变坏事为好事,为机场树立更良好的公众形象。合理处理投诉及负面事件的主要策略是:

① 建立投诉受理及调查处理机制。有研究表明,不满意的顾客会向10~16个人(依抱怨的严重性而定)提及其不愉快的经历,而如果你的反应让这一顾客满意,他们只会向半数的人诉说这个经历,而且说的话都是正面的。要使抱怨的顾客满意首先就是要让顾客"投诉有门",并启动相应的处理程序。

② 建立良好的投诉协调网络。无论在机场哪个服务环节,由哪个单位提供的服务,只要是在机场经历不愉快事件,一般都投诉于机场。因此应建立各关联单位处理投诉的协调网络及合理的跟踪和反馈工作渠道,避免因非机场本身责任的投诉"石沉大海"而使顾客因对机场误解产生不良情绪。

③ 设立发言人制度,正面引导媒体舆论。机场出现的不正常状况往往是媒体追逐的焦点,若机场不能主动提供情况,做合理的说明,媒体只能通过其他渠道了解情况,并可能因此做出不利于机场的报道。例如发生航班延误、个别旅客出现不合理要求或过激行为,媒体若得不到正面的信息,常可能片面听取个别旅客的意见而形成不公正的报道,而在社会上引起不良反应。

④ 制定合理的处置预案。包括对各种投诉、不正常状况或负面事件的处理程序、协调对象、补救措施及赔偿办法,尽可能缩短处理过程,避免扩大其负面影响。

⑤ 及时反馈处理结果。不仅应反馈给顾客,重大的事件应及时通过新闻媒体向社会反馈,显示机场对顾客的责任感,树立顾客对机场的信心。

(4) 开展社会公益或专题公关活动

通过支持社会福利项目、赞助文化教育等社会公益事业,组织员工参加社会志愿者组织、扶贫帮困等活动,主动承担社会责任,通过举办各种展览会、联谊会,组织公众对象参观机场等,都是树立机场形象和声誉,提高机场在市场的地位和影响力的有效办法。

15.4.6 全员营销

生产即销售的行业特征决定了全员营销对机场的重要作用。就机场的航空业务产品而言,其全员营销又有别于其他服务行业的全员推销,它不仅具有直接扩大或增加产品销售量的战术目标,更具有激发全体成员的营销意识为实现机场整体营销目标发挥作用的战略意义。

推进机场的全员营销,应重视以下几个方面的工作:

(1) 树立全员营销意识

认识机场营销的必要性和建立机场营销的职能部门对开展机场营销是重要的,但不能把营销界定为仅仅是这些部门的职责。没有各部门的协调配合,任何营销行为都难以获得成功。在机场的生产服务上可分为一线部门与二线部门,而从全员营销的角度上看,机场各部门都应视同为一线部门。各部门及机场的所有工作人员都应围绕机场营销的整体战略,通过为顾客创造更大的价值来赢得更多的客户。

机场的企划部门应把机场营销作为机场竞争发展的要点,把营销与机场的各战略发展阶段和步骤相结合,使营销融入机场的各项经营管理活动,贯穿于机场整个业务流程。

机场的财务部门应善于从营销战略出发,根据机场的投入产出情况、市场及客户的需求提出更具竞争力和吸引力的财务支持策略,特别是相关的价格政策,创造更有利于在经济上共赢的局面。

机场的运行标准部门应从如何满足客户不断提高的服务期待来调整流程设计及运行规范,推动服务质量的持续改进,以更好地满足客户的需求。

生产一线上的安全和服务保障部门更应从如何满足顾客的需要及如何为顾客创造更大的价值来开展工作。例如在服务过程开展顾客的需求调查或满意度调查,就不应仅视为服务管理的内容,而应放在营销的高度来对待。一方面通过这样的活动来创造顾客更满意的产品,另一方面通过这类活动建立与客户更密切的联系,使客户更具亲切感并感受到更多的尊重。该活动也可视为公共关系营销的一种形式。

如果每个员工都认识到只有满足顾客的需要才能满足机场的发展需要。全员营销的意识就自然形成。每个部门以至每个员工都考虑到我能为客户做些什么,不管这是直接的还是间接的,并从这一角度去开展工作,机场的营销就水到渠成。

(2) 建立有利于全员营销的管理机制

服务产品的营销组合突出"人"的因素,是基于服务产品是通过人传递及销售出来的特征。因此人力资源管理过程中应充分考虑到全员营销的素质及体制要求。机场员工特别是从事直接服务于客户岗位的员工招聘应特别关注其"服务于人"的意愿及性格特质,聘用"热心服务"和"乐于助人"的员工是开展全员营销的基础。培训员工掌握为顾客提供个性化服务的技巧,授权员工在工作过程中有满足顾客合理要求的自由,奖励为顾客所赞赏的员工等都是开展全员营销所必须配套的工作。

建立机场内部的营销沟通与协调机制。机场在开展专项营销活动时,应及时让各部门及员工了解意图及措施安排,使员工能围绕营销目标做好各项准备工作,并激励员工做好相关的关系营销和交往营销。如当机场开展对低成本航空公司营销时,一方面要调整相关服务及条件以适应和满足低成本航空公司的需求,另一方面应关注传统航空公司的反应及可能对其造成的影响,尽可能不因发展新客户而丢失了老客户。在新老客户的营销过程中机场各部门、环节、员工的行为都可能对能否达到理想的营销效果带来影响。

(3) 建立新型的服务文化

我们可以把传统的对服务的认识理解为"为现在的服务",因为这一服务强调按程序及规定完成,满足顾客既定的需求,这样的服务文化是生产任务型的,对顾客需求的满足是被动的。新型的服务文化应是营销式的服务,是"为未来的服务",它主动地去研究顾客的需求并不断去满足顾客对服务的潜在的"期待"。

建立新型的服务文化首先应着力于革新僵化的组织。没有适应竞争环境的组织形式就难有全员营销的组织行为。我国机场传统上以事业单位为主导的组织形式缺乏不断满足客户需求的基本动力,机场的企业化经营及机场服务的专业化将有利于推动以营销为主导的新型服务文化的建立。其次应着力于开展个性化服务,由于旅客对服务的"期待"因人而异,且逐步升级,因此应善于从市场研究发现新的需求,通过提供个性化服务,使客户获得的价值比预期多、成本比预期少,以强化客户关系并获得更多客户。最后,让员工分享营销的成果。即建立合理的薪酬及奖励机制,使员工能从每一条航线开辟,每一个航班增加,每一年客货吞吐量的增长以至每一次顾客对机场及员工的赞赏中得到精神、情感和利益上的满足,从服务中感受营销的成果,也因成果的激励而奉献更好的服务。

本章小结

机场产品分为核心产品、主导产品和延伸产品三个层次。

作为航空地勤及相关配套服务的机场航空业务产品,它既有一般服务产品的共性,也有鲜明的行业特征。综合而言主要有以下几个方面:(1)顾客直接感知;(2)生产与销售一体;(3)不可储存;(4)产品组合链条长;(5)主营产品与延伸产品伴生并融合销售。

机场的非航空业务产品具有多样性的特征,既有服务产品如商业零售、酒店、餐饮等,也有物质产品如航空食品等。但在严格的意义上这些产品都不是机场由航空业务派生的直接产品,而属于派生的二级产品。

机场营销即机场当局(公司)以市场为导向,采取系统的生产经营行为,为客户提供满足其需要的产品(即机场服务及机场资源),从而实现机场利益目标的过程。

机场营销除了具有服务营销的一般特征(即人在产品中的特殊作用,注重服务产品的有形展示以及强调服务的传递过程)外,还具有如下三个方面的典型特征:(1)两类产品;(2)双重客户;(3)间接效果。

机场产品的特点决定了机场客户的多元化。就航空业务而言,其直接客户有航空公司,间接客户有旅客、货主、旅行社、货运代理公司。就非航空业务而言,其直接客户是各相关行业的经营者,间接客户除了航空业务的所有客户外,还有周边社区及机场工作人员。由于机场的社会性很强,所以两方面业务还有一个共同的重要客户即政府的相关机构,虽然它不一定成为机场服务产品的直接购买者,但对机场产品的营销发挥着重大的作用。

机场营销可以通过以下途径:积极主动的机场产品推荐;建立并传播品牌;合理灵活的价格政策;多产品联动或捆绑营销;公共关系营销;全员营销。

复习与思考

1. 什么是机场营销?机场营销具有哪些典型特征?
2. 机场营销的对象有哪些?
3. 如何进行机场营销?

 在线自测

附录

新加坡机场营销价格优惠方案

新加坡机场为巩固其亚太枢纽港的地位,特别注重机场营销工作。机场管理当局在机场营销方面设计了多种优惠条件以吸引更多的航空公司加盟和激励航空公司投入更多的运力来经营新加坡机场的航线。下面介绍新加坡机场所采用的几种营销方案。

一、新航空公司的加盟

该方案主要为鼓励新的航空公司加盟新加坡机场的经营。对于新的航空公司进入新加坡机场,机场管理当局所提供的优惠条件是:给予为期2年的100%机场起降费(landing fees)的折扣(实际上就是免费,但操作上略有不同);办公室租金给予50%的折扣;同时给予20万元的市场促销费。市场促销费的支付方式是:新的航空公司只要开航,机场当局就支付30%(即6万元),由航空公司自由支配。但是要求这个6万元要为新加坡带来一定数量的旅客。比如估计每个旅客的促销费用为5元,那么6万元必须带来12 000个旅客,在达到这个规定的客流量后,余下的70%才开始支付,每3个月结算一次,直到20万元付完为止。机场当局之所以对起降费采取100%折扣方式,即要求航空公司必须预先支付3个月的起降费,每满3个月再金额退款,这与免费在做法上稍有不同。其好处是由于缴纳费用在先,且若未能将新航线经营3个月以上,起降费不予退还,有利于促进航空公司全力经营该航线,实现更大幅度增加客源的目标。

二、增加航班飞行密度

该方案鼓励航空公司增加航班密度。比如某航空公司将新加坡—厦门航线一周5个航班的频率提升为每周7班,那么对于新增的两个班次的起降费实行为期一年的100%机场起降费的折扣。

三、开辟新航线

该方案鼓励航空公司开辟与新加坡尚未通航的城市之间的航线。对于新航线的开辟,航空公司在该航线上将享受为期2年的100%机场起降费的折扣。

四、航线客流量的提升

该方案鼓励航空公司采取各种方式来提升新加坡航线的客流量。机场当局会按照航

空公司所经营的航线的客流量的上升情况给予一定的奖励。该方案为：客流量上升5%以内的，按照每个旅客5元的标准对新增部分进行奖励；客流量上升在5%～10%之间的，按照每个旅客6元的标准对新增部分进行奖励；客流量上升在10%～20%之间的，按照每个旅客7元的标准对新增部分进行奖励；客流量上升在20%以上的，按照每个旅客8元的标准对新增部分进行奖励。

五、包机的优惠

该方案鼓励航空公司将包机转变为定期航班。对于包机飞行班次安排少于四个星期的，起降费的折扣是50%；高于四个星期的，给予100%的折扣。该方案鼓励航空公司在经过适当时间的包机经营后，能够根据市场的情况将包机转变为定期航班。

新加坡机场当局所推出的机场营销优惠条件适用于所有航空公司，对于近年来在亚洲地区出现并迅速发展的廉价航空公司，新加坡机场当局并没有给予其他更多的优惠政策。

这些优惠条件不适用于基地航空公司——新加坡航空公司。但是机场当局也在检讨这个政策，因为新航在近两年油价快速上涨的情况下，深感经营压力，将原来不遗余力拓展经营网络的经营理念转变到争取经营利润上来。在这种情况下，新航对开辟新航线的动力非常不足，而是在重点关注于原有航线的利润率上。在这种情况下，机场当局也在考虑试图通过将这些优惠政策应用于新航，以激发新航开辟新航线的热情。

第16章 机 场 群

本章关键词

多机场系统(multi airport system)　　机场群(airport group)

互联网资料

http://www.caac.gov.cn/
http://www.caacnews.com.cn/
http://www.iata.org/
http://www.icao.int/

2008年《全国民用机场布局规划》提出了构筑规模适当、结构合理、功能完善的北方、华东、中南、西南、西北五大区域机场群的发展战略规划。

2011年《中国民用航空发展第十二个五年规划》中对建设机场群提出更高的要求和目标：促进珠三角、长三角、京津冀等区域经济发展，提升区域机场合作以及功能互补，形成区域联动的多机场发展体系；以需求为导向，满足不同区域经济发展和航空运输需求为前提，优化机场布局，加快机场建设，提升机场容量，重点是缓解现有大型机场延误以及容量饱和问题。

2014年全国民航工作会议中提出主要任务之一：进一步完善航线网络，加快大型国际航空枢纽建设，以京津冀、长三角、珠三角等地区为重点，构建协同运行的机场群。

2016年《关于进一步深化民航改革工作的意见》中提出改革任务之一：以北京、上海、广州等大型国际枢纽为核心整合区域机场资源，实现区域机场一体化发展，服务国家打造京津冀、长三角和珠三角等世界级城市群，建设三大世界级机场群。

2016年《中国民用航空发展第十三个五年规划》提出构建国家综合机场体系。

2017年《"十三五"现代综合交通运输体系发展规划》提出完善运输机场功能布局的建设任务，强调建设京津冀、长三角、珠三角世界级机场群。

16.1 机场群发展简介

随着经济全球化的发展，全球航空公司加速整合，航空公司正日益趋向联盟化、多枢纽、大型化和全球化。顺应航空公司联盟的发展，中国机场业同样需要组建自己的"航空母舰"发挥其正反馈作用,促进我国民用机场科学健康地均衡发展,迎接我国民航事业的美好未来,巩固我国在全球民航运输业的领先地位,实现从民航大国向民航强国的历史性跨越。

面对发展机遇,为加快新时代民航强国建设,国家提出"机场群"这一全新的规划理念。2008年《全国民用机场布局规划》提出了构筑规模适当、结构合理、功能完善的北方、华东、中南、西南、西北五大区域机场群的发展战略规划。2011年《中国民用航空发展第十二个五年规划》对建设机场群提出更高的要求和目标：促进珠三角、长三角、京津冀等区域经济发展,提升区域机场合作以及功能互补,形成区域联动的多机场发展体系；以需求为导向,满足不同区域经济发展和航空运输需求为前提,优化机场布局,加快机场建设,提升机场容量,重点是缓解现有大型机场延误以及容量饱和问题。2014年全国民航工作会议中提出主要任务之一：进一步完善航线网络,加快大型国际航空枢纽建设,以京津冀、长三角、珠三角等地区为重点,构建协同运行的机场群。2016年《关于进一步深化民航改革工作的意见》中提出改革任务之一：以北京、上海、广州等大型国际枢纽为核心整合区域机场资源,实现区域机场一体化发展,服务国家打造京津冀、长三角和珠三角等世界级城市群,建设三大世界级机场群。2016年《中国民用航空发展第十三个五年规划》提出构建国家综合机场体系,2017年《"十三五"现代综合交通运输体系发展规划》提出完善运输机场功能布局的建设任务,强调建设京津冀、长三角、珠三角世界级机场群。

机场群这一全新规划理念从提出、完善到更高要求和目标的实现,发生了一系列的变化、提升和发展。一方面机场群依托的空间范围发生了变化,由基于我国民航地区管理局的现行行政管辖范围,转变为依托三大经济都市圈；另一方面提出更高的要求和目标——构建协同运行的世界级机场群。这一系列的变化和发展一方面是考虑到在市场经济条件下资源整合的重要性和经济全球化下提高我国机场整体竞争力的紧迫性。相关研究资料表明,如果进行有效的航空资源整合,可以节省10%的运输成本,提高15%的运输效率。另一方面也是为主动顺应我国"一带一路"建设、京津冀协同发展、长江经济带三大战略的重要举措。

16.2 多机场系统与机场群

16.2.1 多机场系统

最初出现的概念为多机场系统,1976—1996年Richard de Neufville对当时世界主要大都市区的多机场系统在规划、建设和运营过程中出现的各类问题进行系统研究,首次界定"Multi Airport System"概念,译为多机场系统。他认为多机场系统就是在大都会地区提供商业运输服务的多个重要机场的组合,而不管单个机场的所有权或者政治控制。

这个定义包括了以下四个要点：

强调机场服务于商业运输。它排除了军事基地；它也不考虑专门用于飞机制造或者展览的机场；它也忽略通用航空机场。

它指的是在一个大都会地区,而不是一个城市。从实际来看,这个地区可能包括几个不同的城市。这一空间形式在发达国家和发展中国家早已出现,随着城市的发展呈现出聚集现象,形成大都会地区。在空间形态上区域内部各城市连成一片,在贸易、文化、科技、人口等方面都有紧密联系。

它的核心是市场,没有考虑是谁拥有机场。同样,本定义也没有考虑行政边界,因而多机场系统中的几家机场彼此在运输和服务上展开竞争,这种竞争导致运输集中到主要的机场,而二线机场的运输则很不稳定。

该定义突出多机场系统中存在一个或多个运量较大的核心机场,主要体现核心机场设施对大都会地区航空运输服务有意义的贡献。

16.2.2 机场群

根据对国外"多机场系统"运行和管理的研究,我国学者提出了"机场群"的概念。2007年,北京航空航天大学张宁教授首次提出"机场群"的概念,他认为,按照资源优化配置的目标,依据航线布局、航班编排、空中交通管理、机场产业联合、航空运输合理化、地理限制、生态自然环境制约与国家区域发展战略的要求,优化配置空间区域并在此区域内形成机场协同关系,这些机场形成了机场群。这一概念类似于国外学者界定的"多机场系统",主要强调了机场之间区位关联性和协调运行,以充分发挥机场资源和空域资源效用。

2014年,韦薇博士认为区域机场群是指在经济区或城市群区域内存在一个或多个枢纽机场以及多个相邻的中小型机场,它们共同服务于同一个航空运输市场,在充分发挥区域枢纽机场"核心"和"带动"作用的基础上,依托成熟便捷的地面交通网络,通过协调管理机制统一机场发展规划、机场建设与机场资产,统一协调各成员机场的市场和利益,统一协调航线布局、空域资源和飞行程序运行,统一调配机场设备和技术,共享机场资源,实现成员机场的合作共赢,促进区域民航和经济的协调发展。

国家从战略层面也先后提出机场群的建设和发展目标,分别是《全国民用机场布局规划》和《中国民用航空发展第十二个五年计划》。

两《规划》将全国机场按其民航管理区域的行政归属,分为"五大机场群",并分别提出了各机场群的未来发展重点:

(1) 北方机场群。以北京首都机场为核心枢纽,围绕东北振兴和天津滨海新区,借助于优越的地理位置以及良好的资源优势,从而更好地提升区域经济发展。周边机场包括天津机场、大连机场、沈阳机场等。

(2) 华东机场群。华东地区作为我国整体经济发展最快也是经济最为发达的地区,其整体机场群建设主要是围绕上海浦东国际机场,培育其发展成为具有较强竞争力的国际枢纽机场,发挥周边上海虹桥、杭州、南京、厦门、青岛在内的区域枢纽机场作用,以及济南、福州、南昌、合肥等机场的骨干作用,共同服务于长三角地区、海峡西岸经济区和山东半岛蓝色经济区的发展。

(3) 中南机场群。中南机场群的建设围绕广州白云国际机场,将其培养成为具有较强竞争力的国际枢纽机场,发挥武汉、郑州在内的区域枢纽机场作用,深圳、长沙、南宁、海口等干线机场以及河池、神农架等支线机场在区域内的骨干功能,共同满足珠三角地区、中部地区、北部湾地区、海南国际旅游岛的区域发展。

(4) 西南机场群。西南机场群主要是以昆明机场为核心,成都、重庆机场作为区域枢纽,立足于两大城市的经济发展基础,不断加快西南地区航空运输发展速率,稳步发展黔江、康定、腾冲、六盘水等支线机场,促进少数民族地区经济发展,为旅游资源开发提供交通保障。

(5) 西北机场群。西北机场群以乌鲁木齐机场为核心,强化与中亚地区之间的合作,同时向东部延伸,提升西安机场的区域枢纽功能,并由此进一步辐射至西宁、银川等经济发展相对落后的区域,发展天水、固原等支线机场。

16.2.3 多机场系统与机场群之间的差异

国家战略中界定的"机场群"概念,首先依据我国民航地区管理局的现行行政管辖范围,形成了以民航地区管理局为基础的五大机场群,范围内机场之间的联系主要依赖于航空公司所经营的航线网络战略,机场之间并不存在除了市场之外的任何其他直接关联性,地面交通、航线网络、运营管理等方面的功能合作联系更是空白。其次以经济都市圈为范围,经济圈区域内存在一个或多个枢纽机场以及多个相邻的中小型机场,它们共同服务于同一个航空运输市场,依托区域经济一体化发展,促进区域枢纽机场"核心"和"带动"作用,从而形成协同运行的机场群。到目前以城市群为范围,依托成熟便捷的地面交通网络,通过协调管理机制统一机场发展规划、机场建设与机场资产,统一协调各成员机场的市场和利益,统一协调航线布局、空域资源和飞行程序运行,统一调配机场设备和技术,共享机场资源,实现成员机场的合作共赢,促进区域民航和经济的协调发展,以建设世界级机场群为发展目标。

国外的机场群大多数是在政府的前期规划推动下,按目标、根据发展需求、动态地、有计划地、逐步地建设了一市多个机场或一个区域内多个机场,通过资源整合形成跨越行政区域的多机场合作运行模式。这种机场群的协调运行和管理机制,在规划和投资建设之时已经解决。其一,规划和投资建设之时已经确立拥有共同的投资主体,成立统一的协调机构,拥有对该系统中所有成员机场的运行管理和资源统配的权力,所有成员机场是利益共同体。这是国外机场群得以协调运行的关键机制。其二,围绕"政府引导,政策协调""资源整合,协同运行""定位清晰,错位经营"三个方面落实机场群协调管理机制。其三,在机场群协调运行层面,在协调机构的统一管理下,依托协调管理机制统一机场发展规划、机场建设与机场资产,统一协调各成员机场的市场和利益,统一协调航线布局、空域资源和飞行程序运行,统一调配机场设备和技术,共享机场资源,实现成员机场的合作共赢,促进区域机场群的协调运行与健康发展。

16.3 国外机场群发展模式

16.3.1 美国模式——纽约机场群

以纽约机场群为代表的美国模式,空间分布上呈现多核心发展模式,如图16.1所示。其特征是:(1)机场群的演化发展历程时间是连续的,经历规划、建设、组织、运行、管理阶

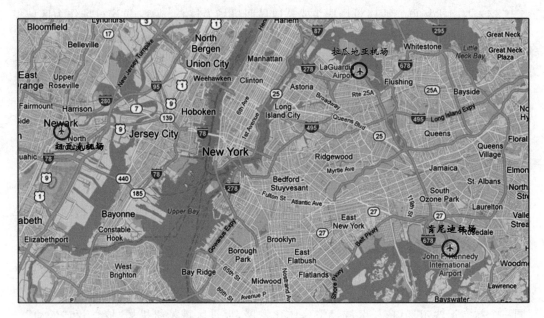

图 16.1 纽约机场群

段。(2)采用动态、弹性、战略性规划方法制定区域机场系统发展规划,应对未来机场群发展过程中各种可能发生的不确定事件。(3)规划建设遵循国家、州等层面制定发布的各类详细完善的机场群规划咨询公告,包括 FAA 制定的 AC150/5050-3B(州航空系统规划)、AC150/5070-5(大都市机场系统规划)、AC150/5070-7(机场系统规划办法);各州民航运输管理机构制定的各自区域甚至是跨区域的机场系统规划,例如新英格兰区域航空系统规划(New England Regional Aviation System Plan),威斯康辛州机场系统规划 2020(Wisconsin State Airport System Plan 2020),皮吉特湾区域委员会 2001 区域机场系统规划(Puget Sound Regional Council 2001 Regional Airport System Planning)。(4)机构统一管理,政府政策引导协调。纽约新泽西港区管委会(The Port Authority of New York and New Jersey)成立于 1921 年,被赋予广泛综合规划职能、相当规模的基础设施资源控制能力和跨区域协调能力。成立之初是纽约和新泽西两个州为了改善纽约港区交通状况,在不增加联邦政府权力前提下,共同探索的一种基于自主合作方式的州际联合管理机构。它负责对整个纽约港区的交通状况进行全面研究,并向两个州政府提出改进计划和发展规划,对区域内基础设施规划进行统一协调和运行管理。从 1943 年开始,港区管委会对这两个州在该地区的机场、汽车站和海港实行统一规划和统一管理,对纽约地区的综合交通协调发展发挥了重要作用。

另一方面,美国政府也通过相关政策,对繁忙机场业务进行调节。1960 年中期,随着全球民航运输业的发展,美国航空面临的航班时刻需求与机场容量的矛盾日益突出,特别是纽约地区的肯尼迪机场、拉瓜迪亚机场、纽瓦克机场,以及华盛顿里根机场与芝加哥奥黑尔等几个大型国际枢纽机场,高峰时段的航班延误现象和因延误带来的损失日益增加,引起旅客和航空公司本身的强烈不满。为了缓解纽约地区机场繁忙和大量延误现象,1968 年 FAA 针对三大交通拥挤机场肯尼迪机场(JFK)、拉瓜迪亚机场(LGA)、纽瓦克机场(EWR)制定了《高密度机场航班时刻暂行管理条例》(High Density Rule),条例规定,在1969—2006年间,政府将保持对这些机场在东部时间下午03:00—07:59高峰小时期间的跨大西洋地区航班需求进行数量限制,并提高高峰小时期间的机场起降费用,以限制这些机场的小型飞机或短程航班,缓解航班拥塞。这一政策的实施,客观上也促进了纽约地区机场群成员机场的市场定位进一步合理分工和专业化经营。在航线布局市场分工方面,纽约肯尼迪国际机场主要是欧美国际航线,新泽西纽瓦克国际机场主要是东亚、南美航线,纽约拉瓜迪亚机场主要是国内航线。纽约新泽西空港事务管理局还兼有这三个机场之间的地面交通发展规划的管理职能。

16.3.2 英国模式——伦敦机场群

以伦敦机场群为代表的英国模式,空间分布上呈现单核发展模式,以希思罗机场为核,周边中小机场盖特威克机场、斯坦斯特德机场、卢顿机场和伦敦城市机场为辅,错位功能定位发展。如图16.2所示为伦敦机场群内各机场的分布情况,其依托产权关系为纽带。1966年英国政府成立了英国机场管理局(British Airport Authority,BAA),代表政府专门从事机场管理。随着航空公司放松管制的影响,1987年英国政府将BAA下属的七个机场(即伦敦机场群)的资产所有权转让给投资公司,成立了英国机场管理局机场股份有限公司(BAA plc),实行集团化企业模式的管理和运营。英国民航局(CAA)对BAA进行安全监督和行业规范管理,竞争委员会(Competition Commission)对机场各项收费价格进行管理和监督。现在的BAA属Grupo Ferrovial财团下的ADI Limited以及GIC等投资公司所有。

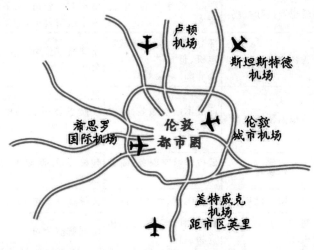

图16.2 伦敦机场群

16.3.3 国外多机场系统协调战略

(1)资源整合,协同运行

区域范围内几大机场达成共识形成"多机场系统"后,首先根据地区经济发展及航空运输市场需求状况、各机场在既有市场中的地位和优势、机场地面保障服务能力，对市场需求在系统内不同机场之间进行协调，并对航季航班航线进行必要的动态调整，使各机场都能发挥其市场优势；统一空域协调，统一航班飞行程序运行管理，使各机场的航班协同运行，以充分发挥各机场设施设备、保障服务能力和空域等资源的效用，缓解繁忙机场的航班保障压力，促进"枢纽机场－支线航空"的协调发展，使区域机场的整体效益最大化。

另一方面，区域范围内多个机场构成多机场系统后，各机场容量的扩充将从整个系统的服务能力出发进行通盘规划，以充分发挥系统中各机场的设施效用，也缓解了大型繁忙城市机场扩建受周围土地、噪声、空域等各种条件的制约和高昂的扩建成本。通过这种系统内机场资源整合和统一发展规划，可以发挥利用率较低的机场作用，盘活区域内机场资源，不仅带动了闲置机场的发展，节省大量土地和投资，也带动了小机场周边地区的经济发展。澳大利亚悉尼市就是一成功案例。

（2）定位清晰，协调发展

为避免"多机场系统"中各成员机场之间的竞争以及大型机场的市场垄断，使各机场在市场中和航线网络中发挥优势，各得其所和共同发展，促进整个区域的航空运输业和区域经济协调发展，"多机场系统"中对各成员机场在市场和航线网络中的发展进行清晰定位，使各机场有明确的发展重点。

上述两种典型的机场群其市场定位及分工如表 16.1 所示。

表 16.1　两大机场群内成员机场的市场定位及分工

机场群	管理机构	机场名称	市场定位	主要服务对象及运营航空公司
大伦敦地区机场群	英国机场管理局	希思罗国际机场	洲际、长途旅客，中转旅客	常规航空公司，几乎没有包机公司和低成本航空公司，是英航的主要枢纽机场
		盖特威克机场	部分洲际、远程旅客，包机、低成本旅客，主要非洲、南美航线	常规航空公司、包机公司和低成本航空公司
		斯坦斯特德机场	低成本航空服务、航空货运	低成本航空公司和货运航空公司，是瑞安航空公司的基地机场，也是联邦快递、日本货运公司在英国的航空货运中心
		卢顿机场	低成本航空服务、商务飞行	包机公司、低成本航空公司、私人飞机旅客
		伦敦城市机场	商务飞行、私人飞行	商务飞行公司
纽约地区机场群	纽约新泽西港务管理局	纽约肯尼迪国际机场	欧美国际航线、旅客和货物运输	常规航空公司
		纽约拉瓜迪亚机场	美国国内市场	美国航空公司、全美航空、达美航空
		新泽西纽瓦克国际机场	东亚国际航线、旅客和货物运输	美国大陆航空公司、货运航空公司

（3）专业管理，错位经营

随着机场系统整合进程的逐步深入，管理机构在多机场系统范围内逐步实施统一管理和措施,保证系统内不同层次机场的协调发展和整个系统运营效率的提高,逐步形成机场资产管理和机场运行管理的专业化。例如巴黎机场集团的地勤服务、法兰克福机场的货运服务业务、英国机场集团的商业零售业务等。

通过上述多机场系统协调运行发展战略,有利于机场向专业化、集约化和规模化方向发展,避免超大规模机场带来的一系列弊病:机场过度繁忙导致航班延误晚点现象严重、空域容量压力增加、机场扩建对城市土地资源和地面交通等配套基础实施带来的巨大压力、机场安全运行的复杂性增加、机场之间争夺市场引起的消耗性竞争。机场实施整合后,各机场在功能设置上不再追求原来"大而全、小而全"的运营模式,能够协调发展,有助于提高整个地区机场的总体运营效率和竞争力。

16.4　我国三大机场群发展现状

2016年《关于进一步深化民航改革工作的意见》中提出以北京、上海、广州等大型国际枢纽为核心整合区域机场资源,实现区域机场一体化发展,服务国家打造京津冀、长三角和珠三角等世界级城市群,建设三大世界级机场群的战略任务。基于我国经济区发展现状以及全国机场布局,目前我国机场群主要有京津冀机场群(未来双核结构)、长三角机场群(单核结构)和珠三角机场群(多核结构)。

16.4.1　京津冀机场群

京津冀机场群目前共有8个机场,京津冀地区主要机场的管理模式分别为:首都机场归民航局管理,天津机场、北京新机场归属首都机场集团;石家庄正定机场和秦皇岛山海关机场由河北省机场集团管理公司管理,目前也已由首都机场集团托管。

京津冀机场群目前出现许多亟需协调发展的问题。其一,京津冀主要机场运营规模相差梯度较大。首都机场和天津机场是旅客吞吐量千万级的运输机场,石家庄机场却不足千万。其中2017年北京首都机场旅客吞吐总量占本地区旅客吞吐量的55.45%,占比最高。但是受运行资源深度饱和的影响,2013—2017年北京首都机场旅客增长速度一直低于本地区和全国机场的平均增速。京津冀地区航空运输结构的差异性,其一主要源于地区经济社会发展的差异。北京与天津人均GDP已过10万人民币,河北省人均GDP落后于全国平均水平,且与全国平均水平之间的差距逐年增大。综合考虑产业结构与布局、人口密度、政治、文化等多种因素,京津冀机场航空运输发展不均衡有其一定的必然性。其二,与其他发展较为成熟的机场群不同,京津冀主要机场间的地理空间位置较远,未来三市四场间的距离约为85~230公里(其他机场群大约在60公里以内可达,甚至更近)。这种特征决定了各机场既有各自需要满足的腹地市场,又存在一定的竞争市场。在运营航空公司、通航市场,以及在同一通航市场上价格、服务等方面都要有更为丰富的体现。其三,无论在国内,还是国际与地区市场,在通航机场数量与航班频次方面,首都机场在区域机场群内都具有压倒性优势,且航线整体运营绩效较好。首都机场表现出我国大型航空枢纽形成过程中的明显中国特色,即多功能复合型枢纽。既要满足国内OD旅客需求,同时又要承担国内、国际枢纽作用。若只强调OD旅客需求,或国内枢纽作用,会使民航运输业在参与国际竞争,尤其是东北亚国际航空枢纽竞争中处于不利地位。其四,在航班时刻资源使用方面,首都机场已经是众所周知的深度饱和;天津机场也处于即将饱和状态,时刻资源的稀缺性日益显现;石家庄机场在时刻资源使用方面,目前还有一定的裕度。影响航班时刻资源使用的核心关键问题是可用空域资源供给。随着航空运输量的不断增长与可用空域资源供给之间的矛盾越来越突出,京津冀地区主要机场运营模式也在悄然发生变化。

北京新机场于2019年9月30日投入运营。从某种程度上说,北京新机场的建设将打破现有航空运输市场的平衡,将是新的政策与原有政策的博弈,也是经济区划与行政区划的博弈。对现有资源进行整合,着眼于经济一体化框架下的各个城市比较优势互补采取差别化战略和一体化战略,适时进行宏观的行政体制改革,探索新的与战略相适应的管理构架,并及时构建与当前经济发展相适应的政策体系,以充分发挥资源整体效益是必然选择。

16.4.2　长三角机场群

长三角地区已建成的运输机场数量高达18个,加上周边的通航机场(不算直升机起降点)23个,共有41个已建机场在使用,这41个机场已经构成了长三角机场群的雏形。未来规划建设的机场数量同样很大,高达82个通航机场,未来总共120多个机场建设完成时,将很好展现机场群的概念。长三角地区机场分布密度为0.87个/万平方公里,居各经济区之首,远高于全国0.17的水平,甚至超过了美国0.6的机场分布水平,是世界上机场密集度最高的区域之一。

建设协同发展的长三角机场群具有以下有利条件:

(1) 长三角机场群经济辐射作用增强。随着机场群不断扩容,旅客吞吐量和货物吞吐量进一步增加,提高了对周边地区的经济辐射作用。反过来,长三角经济活跃程度的提高增加了机场建设的需求。两者形成了一种相辅相成的良性关系。

(2) 综合交通更为完善。地面交通能力在很大程度上影响甚至决定着整个机场体系的运营效率。长三角地区的各级政府都能够认识到地面交通条件对于提升本地机场竞争力的重要性,并在实际工作中积极改善、整合机场的地面交通系统,重点发展城市轨道交通、高速铁路建设,加强城际间的高速公路联网对接,成功打造长三角都市圈内中小城市"3小时互通",所有地区"20分钟上高速",上海与长三角以外周边地区"5小时沟通",形成以上海为中心、覆盖长三角的"半日交通圈"。苏通大桥、杭州湾大桥的相继通车,缓解了地面交通压力,为南通兴东机场、杭州萧山国际机场及宁波栎社国际机场的发展提供了一个很好的平台,对长三角航空运输业的发展起到了推进作用。

16.4.3　珠三角机场群

广东省珠江口附近的14个市、县区域组成了"小珠三角",香港和澳门相继回归后,考虑到两地与珠三角地区具有地域和经济上不可分割的联系,因此将香港、澳门加上广东省的小珠三角,构成了"大珠三角"。"大珠三角"区域主要包括八个机场,分别是广州白云机场、深圳宝安机场、珠海金湾机场、汕头外砂机场、湛江机场、梅县机场、香港机场和澳门机场。

2004年2月实施机场属地化管理时组建了广东省机场管理集团公司,对广州白云机场、汕头外砂机场、湛江机场和梅县机场的航线布局、航班时刻、技术和设备等资源实施统一管理。深圳机场由深圳市政府管理,珠海机场由珠海市国资委与香港机场管理局合作管理。此外,香港和澳门机场分别归属两个特别行政区管理。

珠三角机场群目前发展现状主要体现为:

(1) 珠三角机场的整体均衡格局再被突破

香港机管局曾以合资公司形式获得珠海机场20年专营权,广州新白云机场耗资15亿实施航站楼扩建工程已于2018年4月投入运营,惠州、佛山等支线机场将恢复军民两用功能。大珠三角地区的香港、广州、深圳、澳门、珠海五大机场的竞合步入了"群雄时代"。深圳机场在稳健发展中寻求突破,将会打破目前珠三角机场的整体均衡格局。

(2) 珠三角五大机场竞争与合作酝酿着变局

珠三角五大机场之间的关系更多地体现在对航空市场的竞争和对市场资源的争夺。虽然香港机场的客运量、货运量年增幅在全球名列前茅,但受限于大陆的航权政策等一系列因素,导致机场的发展已现局促。周边广州、深圳等机场的迅速发展,迫使香港必须与内地经济区域更紧密地连接起来,才能吸引新的人流货流,确保香港国际机场业务持续增长。

不仅是港澳机场与内地机场存在竞争,内地机场之间的明争暗斗也异常激烈。从2005年开始,在东莞、佛山等航空客货源充足的珠三角城市,广州机场和深圳机场就纷纷修建异地候机楼和异地货站,在这片市场上展开了激烈的竞争,甚至在其中某些竞争激烈的城市,为了尽快地占领市场份额,两个机场会暂时舍弃成本考虑,高密度地修建好几个异地候机楼或异地货站。此外,在硬件设施方面,珠三角区域的各个机场也是互不示弱,掀起了一场机场扩建竞赛,以期能够在区域竞争中占得先机。

建设协同发展的珠三角机场群具有以下有利条件:

(1) 珠三角五大机场在《珠江三角洲地区改革发展规划纲要》刚刚出台的背景下达成合作,《珠江三角洲地区改革发展规划纲要》的核心思想正是在于实现珠三角区域经济社会一体化,把珠三角地区的深化合作提升到国家战略层面,谋求更大的自主权,突破现有的多重限制,使这个区域内市场要素的流动、基础设施的连接、现有城市与城市之间的关系及相互之间的交往达到了一个全新的境界。这就意味着,未来珠三角区域各城市的劳动力、土地、资本、技术、信息等资源将突破现有行政区划限制,实现统一的优化配置,政府之间的配合更高效,区域经济的实力和核心竞争力更强大,整个珠三角区域将成为与东京、纽约相似的一个大城市都会圈。

(2) 在区域合作的大前提下,《珠江三角洲地区改革发展规划纲要》对于珠三角的机场发展也有着明确指示:加强珠江三角洲民航机场与港澳机场的合作,构筑优势互补、共同发展的机场体系。因此,五大机场重启合作大幕,政策指引相当清晰明确。在这样的宏观背景下,五大机场之间要开展合作显然将获得更为有力的政府支持和更加广泛的市场资源。

16.4.4 机场群协调运行的政策与建议

结合发达国家民航发展经验,为推进我国机场群的发展,提出以下建议:

1. 政府引导,政策配套

根据目前我国政府和民航行业的管理体制特点,在推进实施"机场群"战略过程中,国家改革与政府引导的作用至关重要。

(1) 建立具有相当权威的机场群发展协调机构。

现阶段我国三大城市群已经初步形成了一定的互相合作以及协调机制,但是,由于各自行政以及制度之间的差异性,特别是省市与直辖市之间的行政管理的差异性,决定了区域内部的协调沟通成本较高,由此就需要建立相应的机场群发展协调机构,由中央政府进行统一协调安排,并创立系统的协调制度,包括制定协调原则、明确协调目标和建立协调机制三个方面,由中央政府协调地方政府的行为及其利益关系,建立区域之间的合作制度,实现基础设施共建共享。

(2) 改革政府官员的考核指标,促进区域机场群的协调发展。

我国传统的政府官员绩效考核更多的是看重于地区经济增长,看重的是某一点的 GDP 增长状况,并没有充分从宏观层面,从区域经济发展的整体利益考虑。而这无疑非常容易导致囚徒困境下的区域中各地官员的非合作均衡。因此,要想真正改变传统的省市之间的利益争夺,将竞争性转变为合作性,就必须要消除区域间合作和一体化中以邻为壑行为,改变传统的官员考核制度,真正将区域经济发展、地区利益作为考核的重要指标,鼓励以及培养官员之间的合作意识与协调能力,只有这样才能够真正促进长三角区域机场群的协调发展,避免恶性竞争以及过于看重本市或是本区域经济发展的短视行为。

(3) 深化机场管理体制改革,突出发展战略重点,促进区域机场资源整合。

进一步深化我国民用机场的行业管理体制改革,中央政府和国家民航局加强对民用机场发展的领导。特别是在机场改扩新建过程中,针对目前空域容量紧张、机场繁忙、航班延误现象严重的重点区域机场,从国家的全局利益出发,结合国家综合交通、枢纽机场和枢纽航线网络发展战略重点,中央政府和民航局加强对机场属地政府的协调和政策引导,协调利益关系,促进区域机场联合和综合交通发展,同时严格控制航空运输繁忙地区机场发展规模、基础设施建设项目投资审批,促进区域机场加强深层次合作和资源整合,推动国家机场群战略实施。

(4) 政策配套,加强资源调控,促进区域机场合理定位和资源整合。

在政府的政策引导和加强对机场发展规模控制的基础上,结合国家枢纽机场和航线网络发展战略,对空域、航权、航线、航班时隙等重要资源进行协调,并给予相关政策支持,如重点基础设施建设审批、机场用地、口岸开放、航权审批等政策,促使区域机场规划发展进行合理定位和专业化分工,促进区域机场资源整合,逐步实施国家民航局两个《规划》的机场群战略。

2. 行业协调,落实措施

为稳步推进两个《规划》机场群战略实施,在上述的政府引导和相关政策配套基础上,民航管理当局采取积极而具体措施,加强对机场、空管和航空公司行业管理的统一协调,形成"围绕一个目标(实施机场群战略),统一落实行动(空管、机场、航空公司的行业管理部门)"的联动调控机制:

(1) 加强对机场发展规划和建设项目的审批,深化机场收费政策改革,对机场的高峰时段、区域性、机场规模等实行差异化收费,引导航空公司增开周边中小机场航班。

(2) 加强航线和航班计划审批,促进机场群成员机场的合理定位和专业化发展。如机场群中心机场国际航线、远程航线优先,限制进出机场群的非枢纽性短程航班和时隙分配。

(3) 空管部门加强对区域机场,特别是多跑道机场的飞行程序的审批认证,加强对区域航线的审批,以充分发挥区域空域的合理利用。

(4) 促进机场群内各机场之间的地面快速交通通道建设和综合交通建设。

3. 加强研究,循序渐进

由于机场群的形成和发展遵循着生命周期演化机制,因此我国在推进实施机场群战略,构建能够统一运行、充分发挥区域机场资源、协调发展的真正意义上的机场群,需要进一步开展和加强相关政策、理论与具体举措的研究,选择重点区域进行试点,允许不同形式、不同程度的区域性机场资源整合,循序渐进,逐步总结提高,推动我国机场群的健康发展。

4. 合理定位,错位发展

中央政府和行业主管部门,通过对机场设施规模、航线、机型、航班等政策进行调控,加强对机场的发展定位引导,抑制一些机场和地方政府"大而全""小而全"的贪婪性经营思维,引导区域内各机场"有所为,有所不为"的错位发展。

本章小结

多机场系统就是在大都会地区提供商业运输服务的多个重要机场的组合,而不管单个机场的所有权或者政治控制。

按照资源优化配置的目标,依据航线布局、航班编排、空中交通管理、机场产业联合、航空运输合理化、地理限制、生态自然环境制约与国家区域发展战略的要求,优化配置空间区域并在此区域内形成机场协同关系,这些机场形成了机场群。

区域机场群是指在经济区或城市群区域内存在一个或多个枢纽机场以及多个相邻的中小型机场,它们共同服务于同一个航空运输市场,在充分发挥区域枢纽机场"核心"和"带动"作用的基础上,依托成熟便捷的地面交通网络,通过协调管理机制统一机场发展规划、机场建设与机场资产,统一协调各成员机场的市场和利益,统一协调航线布局、空域资源和飞行程序运行,统一调配机场设备和技术,共享机场资源,实现成员机场的合作共赢,促进区域民航和经济的协调发展。

2016年《关于进一步深化民航改革工作的意见》中提出以北京、上海、广州等大型国际枢纽为核心整合区域机场资源,实现区域机场一体化发展,服务国家打造京津冀、长三角和珠三角等世界级城市群,建设三大世界级机场群的战略任务。基于我国经济区发展现状以及全国机场布局,目前我国机场群主要有京津冀机场群(未来双核结构)、长三角机场群(单核结构)和珠三角机场群(多核结构)。

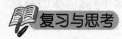
复习与思考

1. 什么是多机场系统?
2. 什么是机场群?
3. 多机场系统和机场群的差异是什么?
4. 结合发达国家民航发展经验,为推进我国机场群的发展,你的建议是什么?

在线自测

附　　录

附录 1　国内城市机场代码表

附录 2　国际城市机场代码表

附录 3　民用机场运营管理暂行办法

附录 4　全国民用运输机场布局规划

附录 5　民用运输机场服务质量标准

参 考 文 献

[1] 钱炳华,张玉芬.机场规划设计与环境保护[M].北京:中国建筑工业出版社,2000.
[2] 亚历山大 T.韦尔斯.机场规划与管理[M].赵洪元,译.北京:中国民航出版社,2004.
[3] 高金华,王维.机场工程[M].天津:天津科学技术出版社,2000.
[4] 李永,朱天柱.民航机场地面服务概论[M].北京:中国民航出版社,2006.
[5] 唐琮沅.基于CRP范式的机场企业战略研究[M].北京:中国民航出版社,2006.
[6] 理查德·德·纽弗威尔,阿米第·R.欧都尼.机场系统:规划、设计和管理[M].高金华,等,译.北京:中国民航出版社,2006.
[7] 王侗倪.机场竞争与机场营销[M].北京:中国民航出版社,2005.
[8] 赵巍.机场特许经营的理论和实践[M].北京:中国民航出版社,2005.
[9] 田静,竺志奇.机场服务概论[M].北京:中国民航出版社,2007.
[10] 朱沛.机场规划与运营管理[M].北京:兵器工业出版社,2005.
[11] 诺曼·阿什弗德,H.P.马丁·斯坦顿,克里弗顿·A.摩尔.机场运行[M].高金华,等,译.北京:兵器工业出版社,2006.
[12] [美]约翰·R.迈耶,约瑟·A.戈曼兹—伊伯尼兹.走向民营化:交通运输业民营化的国际经验[M].曹钟勇,译.北京:中国铁道出版社,2000.
[13] 余英.汉堡机场收费规制的新旧体系[J].中国民用航空,2003,(4):45~47.
[14] 余英.放松规制后欧洲机场用户收费结构和定价体系[J].价格月刊,2003,(3):32.
[15] 余英.我国机场航空收费的激励性管制研究[J].云南社会科学,2007,(2):74~78.
[16] 张永莉,张晓全.民营化:民用机场改革的新趋势[J].综合运输,2005,(8):24~26.
[17] 顾承东.大型国际机场多元化融资模式研究[D].同济大学博士学位论文,2006,(5),48~49.
[18] 张潮.BAA的经营之道——访英国机场集团(BAA)高级主管[J].中国民用航空,2005,(11):70~71.
[19] 蒋作舟.中国民用机场建设与管理[J].中国民用航空,2002,(4):25~26.
[20] 余英.网络型产业的政府管制[D].暨南大学博士学位论文,2004,(4),83~86.
[21] 余英.机场起降时刻分配政策及其改革方案[J].外国经济与管理,2003,(3):24~28.
[22] 刘得一.民航概论[M].北京:中国民航出版社,1999.
[23] 文伟.机场私有化——迎接21世纪的挑战:机场所有制的新形式[J].民航经济与技术,1999(3):53~58.
[24] 唐亚林,曹前长,庄永海.小城镇公益事业民营化:经验、问题与对策[J].江淮论坛,2004(6):28~34.
[25] 倪海云.对昆明机场和云南航空货运业务合竞关系的研究[D].云南大学硕士学位论文,2004(4):36~37.
[26] 万青.航空运输地理[M].北京:中国民航出版社,2006.
[27] 马少华.机场特许经营权[M].北京:中国商业出版社,2005.
[28] 何蕾,王益友.民航机场地面服务[M].北京:化学工业出版社,2013.

[29] 孙立.虹桥国际机场低碳运行管理实践[M].上海:上海科学技术出版社,2013.
[30] 马玲玉.机场要客服务[M].北京:中航出版传媒有限责任公司,2013.
[31] 黄佳.机场枢纽与竞争力[M].北京:北京交通大学出版社,2011.
[32] 刘武君,陈建国.浦东国际机场货运站运营管理研究[M].上海:上海科学技术出版社,2013.
[33] 罗良翌,先梦瑜,李伟.机场服务[M].北京:科学出版社,2012.
[34] 傅国华.机场航站楼的设计理念[M].上海:同济大学出版社,2012.
[35] 中国民用机场协会.2009—2010中国民用机场发展报告[M].北京:人民交通出版社,2011.
[36] 秦灿灿.机场衔接城市大型机场集疏运体系规划研究[M].北京:中国建筑工业出版社,2010.
[37] 顾承东,刘武君.机场融资——大型国际机场多元化融资模式研究[M].上海:上海科学技术出版社,2009.
[38] 曾小舟.机场运行管理[M].北京:科学出版社,2017.
[39] 陈文华.民用机场运营与管理[M].北京:清华大学出版社,2019.

教师服务

感谢您选用清华大学出版社的教材！为了更好地服务教学，我们为授课教师提供本书的教学辅助资源，以及本学科重点教材信息。请您扫码获取。

▶▶ 教辅获取

本书教辅资源，授课教师扫码获取

▶▶ 样书赠送

物流与供应链管理类重点教材，教师扫码获取样书

清华大学出版社

E-mail: tupfuwu@163.com
电话：010-83470332 / 83470142
地址：北京市海淀区双清路学研大厦 B 座 509
网址：http://www.tup.com.cn/
传真：8610-83470107
邮编：100084